Antropologia estrutural

Claude Lévi-Strauss

Antropologia estrutural

Tradução Beatriz Perrone-Moisés

COSACNAIFY

Permitam, com este livro a ser publicado em 1958, ano do centenário de Émile Durkheim, que um discípulo inconstante renda homenagem à memória do fundador da *Année Sociologique*, ateliê prestigioso no qual a etnologia contemporânea recebeu parte de suas armas, e que relegamos ao silêncio e ao abandono, menos por ingratidão do que devido à triste certeza que temos de que a empresa atualmente excederia nossas forças.

ρύσεον μεν πρώτιστα γένος.

Prefácio

Em estudo recente, Jean Pouillon escreveu uma frase que, espero, não se importará em ver citada por mim no início deste livro, pois corresponde admiravelmente a tudo o que desejei realizar em termos científicos, duvidando constantemente de tê-lo conseguido: "Lévi-Strauss com certeza não é o primeiro, nem o único, a sublinhar o caráter estrutural dos fenômenos sociais, mas sua originalidade está em ser o primeiro a levar isso a sério e daí tirar, imperturbavelmente, todas as conseqüências".[1]

Eu me sentirei realizado se este livro puder levar outros leitores a compartilhar dessa opinião.

Estão aqui reunidos dezessete dentre a centena de textos escritos nos últimos quase trinta anos. Alguns deles se perderam, outros podem cair no esquecimento sem desvantagem. Entre os que me pareceram menos indignos de subsistir, fiz uma seleção, excluindo os trabalhos de caráter puramente etnográfico e descritivo e outros, de alcance teórico, mas cuja substância se encontra incorporada em meu livro *Tristes trópicos*. Dois textos são aqui publicados pela primeira vez (caps. V e XVI), reunidos com outros quinze que me parecem apropriados para esclarecer o método estrutural em antropologia.

Para formar esta coletânea, deparei com uma dificuldade para a qual devo chamar a atenção do leitor. Vários de meus artigos foram escritos diretamente em inglês, e era preciso, portanto, traduzi-los. No decorrer do trabalho, impressionou-me a diferença de tom e de

1. Jean Pouillon, "L'Œuvre de Claude Lévi-Strauss", *Les Temps Modernes,* 12e année, n. 126, julho 1956, p. 158.

composição entre os textos concebidos em cada uma das línguas. Daí decorre uma heterogeneidade que, temo, pode comprometer o equilíbrio e a unidade da obra.

Tal diferença se explica, certamente, pelo menos em parte, por causas sociológicas: não se pensa e não se expõe do mesmo modo quando o público é francês ou anglo-saxão. Mas há também razões pessoais. Por mais que eu esteja habituado à língua inglesa, na qual ensinei durante vários anos, eu a utilizo incorretamente e num registro limitado. Penso em inglês o que escrevo nessa língua, mas, ainda que nem sempre me dê conta disso, digo o que posso com os meios lingüísticos de que disponho, não o que quero. O que acarreta em mim uma sensação de estranheza diante de meus próprios textos, quando tento traduzi-los para o francês. Visto ser altamente provável que o leitor compartilhe essa insatisfação, era preciso que eu a justificasse.

Tentei minimizar o problema adotando uma tradução bastante livre, resumindo certos trechos e desenvolvendo outros. Artigos em francês também foram ligeiramente remanejados. E, por fim, acrescentei algumas notas aqui e ali, para responder a críticas, corrigir erros ou incorporar novos fatos.

Paris, 1º de novembro de 1957.

INTRODUÇÃO

1. História e etnologia[1]

Mais de meio século se passou desde que Hauser e Simiand expuseram e opuseram os pontos de princípio e método que, segundo eles, distinguem entre si a história e a sociologia. Lembramos que tais diferenças dizem respeito essencialmente ao caráter comparativo do método sociológico, monográfico e funcional do método histórico.[2] Ambos os autores concordam quanto a essa oposição, discordando apenas quanto ao valor respectivo de cada método.

O que aconteceu desde então? Somos obrigados a constatar que a história se ateve ao programa modesto e lúcido que lhe era proposto e que avançou em seu caminho. Do ponto de vista da história, os problemas de princípio e de método parecem estar definitivamente resolvidos. Não acontece o mesmo com a sociologia. Não se pode dizer que ela não se tenha desenvolvido: entre seus ramos, a etnografia e a etnologia, que são aqueles de que trataremos mais especificamente aqui, floresceram durante as últimas três décadas, numa prodigiosa produção de estudos teóricos e descritivos. Isso se fez, porém, à custa de conflitos, divisões e confusões, nos quais se pode reconhecer, transposto ao âmago da própria etnologia, o debate tradicional – muito mais simples nessa forma – que parecia opor a etnologia, como um todo, a uma outra disciplina, a história, também considerada em seu conjunto. Num paradoxo suplementar, veremos que a tese dos historiadores é retomada textualmente entre etnólogos, e justamente por aqueles que se proclamam adversários

1. Publicado em *Revue de Métaphysique et de Morale* (Lévi-Strauss 1949a).
2. H. Hauser 1903; F. Simiand 1903.

do método histórico. Para compreender tal situação, é indispensável retraçar brevemente sua origem e, para maior clareza, estabelecer algumas definições.

Deixaremos de lado, neste artigo, o termo "sociologia", que desde o início do século ainda não fez por merecer o sentido geral de *corpus* do conjunto das ciências sociais, desejado para ele por Durkheim e Simiand. Tomada na acepção que lhe davam, ainda corrente em vários países da Europa e inclusive na França, de reflexão acerca dos princípios da vida social e das idéias que os homens tiveram e têm a esse respeito, a sociologia equivale à filosofia social e se mantém alheia a nosso estudo. E se virmos nela, como ocorre nos países anglo-saxões, um conjunto de pesquisas positivas a respeito da organização e do funcionamento das sociedades do tipo mais complexo, a sociologia se torna uma especialidade da etnografia, sem poder almejar, em razão da própria complexidade de seu objeto, atingir resultados tão precisos e ricos quanto esta última, cuja consideração apresenta, por essa razão, maior valor tópico do ponto de vista metodológico.

Resta definir a própria etnografia e a etnologia. Distingui-las-emos, de maneira bastante sumária e provisória, mas suficiente para um início de investigação, dizendo que a etnografia consiste na observação e análise de grupos humanos tomados em sua especificidade (muitas vezes escolhidos entre os mais diferentes do nosso, mas por razões teóricas e práticas que nada têm a ver com a natureza da pesquisa), visando à restituição, tão fiel quanto possível, do modo de vida de cada um deles. A etnologia, por sua vez, utiliza comparativamente (e com finalidades que haveremos de determinar adiante) os documentos apresentados pela etnografia. Com essas definições, a etnografia assume o mesmo sentido em todos os países, e a etnologia corresponde aproximadamente ao que se entende, nos países anglo-saxões (em que o termo "etnologia" está caindo em desuso), por antropologia social e cultural (a antropologia social se dedica basicamente ao estudo das instituições consideradas como sistemas de representação, e a antropologia cultural ao das técnicas, eventualmente também das instituições, consideradas como técnicas a serviço da vida social). Por fim, nem é preciso dizer que se, eventualmente, os resultados do estudo objetivo das sociedades complexas e das sociedades ditas primitivas puderem ser integrados, para fornecer conclusões universalmente válidas do ponto de vista diacrônico ou sincrônico, a sociologia, tendo atingido sua forma positiva, perderá automaticamente o primeiro sentido que apontamos e passará a merecer aquele que sempre almejou, o de realização das ciências sociais. Ainda não chegamos lá.

Isso posto, o problema das relações entre as ciências etnológicas e a história, que é ao mesmo tempo seu drama interior revelado, pode ser assim formulado: ou nossas ciências se debruçam sobre a dimensão diacrônica dos fenômenos, isto é, a sua ordem no tempo, e se tornam incapazes de fazer-lhes a história, ou buscam trabalhar como os historiadores, e a dimensão temporal se lhes escapa. Pretender reconstituir um passado cuja história não temos meios de atingir ou querer fazer a história de um presente sem passado, eis o drama, da etnologia num caso, da etnografia no outro. De todo modo, é esse o dilema no qual seu desenvolvimento, ao longo dos últimos cinqüenta anos, parece ter freqüentemente encurralado uma e outra.

I

Não é nos termos da oposição clássica entre evolucionismo e difusionismo que essa contradição se afirma, posto que, desse ponto de vista, as duas escolas concordam. A interpretação evolucionista é, na etnologia, a repercussão direta do evolucionismo biológico.[3] A civilização ocidental aparece como a expressão mais avançada da evolução das sociedades humanas, e os grupos primitivos como "sobrevivências" de etapas anteriores, cuja classificação lógica poderá fornecer, automaticamente, a ordem de aparecimento no tempo. Mas a tarefa não é assim tão simples: os Esquimós, grandes técnicos, são sociólogos medíocres e, na

3. Isso é verdade no final do século XIX. Mas não podemos esquecer que, historicamente, o evolucionismo sociológico é anterior ao outro.

Austrália, ocorre o inverso. Poderíamos multiplicar os exemplos. Uma escolha ilimitada de critérios permitiria construir um número ilimitado de séries, todas diferentes. O neo-evolucionismo de Leslie White (1943, 1945, 1947) tampouco se mostra capaz de superar essa dificuldade, pois se o critério por ele proposto – quantidade média de energia disponível, em cada sociedade, por habitante – corresponde a um ideal aceito em certos períodos e em certos aspectos da civilização ocidental, dificilmente se percebe como haveria de ser feita essa determinação para a imensa maioria das sociedades humanas, em que a categoria proposta parece, além disso, não ter significado.

Buscar-se-á, assim, recortar as culturas em elementos isoláveis por abstração e estabelecer, não mais entre as próprias culturas, mas entre elementos do mesmo tipo em culturas diferentes, tais relações de filiação e de diferenciação progressiva que os paleontólogos descobrem na evolução das espécies vivas. Para um etnólogo, diz Tylor,

> *o arco e a flecha constituem uma espécie, o costume de deformar a cabeça das crianças é uma espécie, o hábito de agrupar os números em dezenas é uma espécie. A distribuição geográfica desses objetos e sua transmissão de uma região a outra devem ser estudadas do mesmo modo que os naturalistas estudam a distribuição geográfica de suas espécies animais ou vegetais* (1871, v. 1: 7).

Nada mais perigoso, porém, do que essa analogia. Embora o desenvolvimento da genética deva permitir a superação definitiva da noção de espécie, o que a tornou – e a torna ainda – válida para os naturalistas é o fato de cavalos gerarem efetivamente cavalos e assim, através de um número suficiente de gerações, o *Equus caballus* ser verdadeiramente descendente do *Hipparion*. A validade histórica das reconstruções dos naturalistas é garantida, em última análise, pelo elo biológico da reprodução. Ao contrário, um machado nunca engendra outro machado; entre dois instrumentos idênticos, ou entre dois instrumentos diferentes mas cuja forma de algum modo se assemelha, houve e haverá sempre uma descontinuidade radical, decorrente do fato de que um não provém do outro, e sim, cada um deles, de um sistema de representação. Assim, o garfo europeu e o garfo polinésio, reservado para as refeições rituais, não constituem uma espécie, nem tampouco o canudo pelo qual o cliente sorve uma limonada no terraço de um café, a *bombilla* para beber mate e os tubos para bebida utilizados, por razões mágicas, por certas tribos americanas. O mesmo ocorre no âmbito das instituições: não é possível juntar num mesmo grupo o costume de matar os velhos por razões econômicas e o de antecipar-lhes a partida para o outro mundo a fim de não privá-los das alegrias por ele oferecidas por tempo demais.

Portanto, quando Tylor escreve:

> *Uma vez que se pode inferir uma lei de um conjunto de fatos, o papel da história detalhada fica largamente superado. Se vemos um ímã atrair um pedaço de ferro, e se conseguimos extrair da experiência a lei geral de que ímãs atraem o ferro, não cabe nos esforçarmos para aprofundar a história do ímã em questão* (1865: 3),

na realidade, ele nos prende num círculo. Isso porque, à diferença dos físicos, os etnólogos ainda não têm certeza quanto à determinação dos objetos que correspondem, em seu caso, ao ímã e ao ferro, ou sobre a possibilidade de identificar superficialmente objetos que se apresentam superficialmente como dois ímãs ou dois pedaços de ferro. Só uma "história detalhada" poderá dirimir as dúvidas em cada caso. A crítica à noção de totemismo tem fornecido, há bastante tempo, um excelente exemplo dessa dificuldade. Se limitarmos sua aplicação aos casos incontestáveis em que a instituição se apresenta com todas as suas características, tais casos serão por demais especiais para permitirem formular uma lei de evolução religiosa. E, se extrapolarmos a partir de alguns poucos elementos, será impossível, sem uma "história detalhada" das idéias religiosas de cada grupo, saber se a presença de nomes animais ou vegetais, ou de determinadas práticas ou crenças relativas a espécies animais ou vegetais, podem ser explicadas como vestígio de um sistema totêmico anterior, ou por razões totalmente diferentes, como por exemplo a tendência lógico-estética do espírito humano de conceber sob a forma de grupos os conjuntos – físico, biológico e social – que compõem seu universo, cuja generalidade foi demonstrada pelo estudo clássico de Durkheim e Mauss (1901-02).

Nesse ponto, as interpretações evolucionista e difusionista têm muito em comum. Tylor, aliás, as tinha formulado e aplicado lado a lado, e é igualmente juntas que elas se afastam dos métodos dos historiadores. Estes sempre estudam indivíduos, sejam eles pessoas ou eventos, ou grupos de fenômenos individualizados por sua posição no espaço e no tempo. Ora, os difusionistas podem quebrar as espécies dos comparatistas para tentar reconstituir indivíduos com fragmentos tomados de categorias diferentes. Jamais conseguirão construir senão um pseudo-indivíduo, já que as coordenadas espaciais e temporais resultam do modo como os elementos foram selecionados e ligados uns aos outros, em vez de conferirem ao objeto uma unidade real. Os "ciclos" ou os "complexos" culturais dos difusionistas são, como os "estágios" dos evolucionistas, fruto de uma abstração à qual sempre irá faltar a corroboração de testemunhos. Sua história é conjetural e ideológica. Essa reserva se aplica mesmo aos estudos mais modestos e rigorosos, como os de Lowie (1913), Spier (1921) e Kroeber (1941) sobre a distribuição de certos traços culturais em regiões delimitadas da América do Norte. Não tanto, certamente, porque do fato de que tal arranjo é possível jamais se poderá concluir que as coisas com efeito se passaram assim, pois é sempre legítimo formular hipóteses e, pelo menos em certos casos, os centros de difusão e os itinerários são altamente prováveis. O que torna esses estudos decepcionantes é sobretudo o fato de nada nos ensinarem acerca dos processos conscientes e inconscientes, traduzidos em experiências concretas, individuais ou coletivas, pelos quais homens que não possuíam uma instituição vieram a incorporá-la, seja por invenção, seja por transformação de instituições anteriores, seja por tê-la recebido de fora. Diferentemente, parece-nos que é essa busca um dos objetivos essenciais da etnografia, assim como dos historiadores.

***

Ninguém contribuiu mais do que Boas para denunciar tais contradições. Uma rápida análise de suas posições essenciais permitirá investigar até que ponto ele mesmo escapou delas, e se elas não são inerentes às condições nas quais se faz o trabalho etnográfico.

Em relação à história, Boas começa com uma declaração de humildade: "Em matéria de história dos povos primitivos, tudo o que os etnólogos elaboraram se reduz a reconstruções, e não pode ser outra coisa" (1936: 137-41). E àqueles que o censuraram por não ter feito a história de determinados aspectos de uma civilização à qual, no entanto, consagrara a maior parte de sua vida, ele deu uma resposta heróica: "Infelizmente, não dispomos de nenhum fato que lance qualquer luz sobre tais desenvolvimentos" (id. ibid.). Porém, uma vez reconhecidas essas limitações, é possível definir um método cujo campo de aplicação haverá de ser restrito pelas condições excepcionalmente desfavoráveis em que trabalham os etnólogos, mas de que se pode esperar algum resultado. O estudo detalhado dos costumes e de seu lugar na cultura global da tribo que os pratica, unido a uma investigação relativa à sua distribuição geográfica entre as tribos vizinhas, permite determinar, de um lado, as causas históricas que conduziram à sua formação e, do outro, os processos psíquicos que os tornaram possíveis (id. [1896] in 1940: 276).

Para ser legítima, a pesquisa deve restringir-se a uma pequena região, com fronteiras claramente definidas, e as comparações não poderão ser estendidas para além da área escolhida como objeto de estudo. Efetivamente, a recorrência de costumes ou instituições análogas não pode ser tomada como prova de contato na ausência de uma cadeia contínua de fatos do mesmo tipo que permita ligar os fatos das extremidades por uma série de intermediários (id. ibid.: 277). É certo que nunca se obtém certeza cronológica, mas é possível atingir altíssimas probabilidades em relação a fenômenos, ou grupos de fenômenos, limitados em extensão no espaço e no tempo. Foi possível, assim, retraçar a evolução das sociedades secretas dos Kwakiutl num período de meio século; certas hipóteses sobre relações antigas entre as culturas do norte da Sibéria e as do Noroeste americano tomaram forma; os itinerários seguidos por certos temas míticos da América do Norte foram razoavelmente reconstituídos.

No entanto, essas investigações rigorosas raramente conseguem captar a história. Em toda a obra de Boas, o resultado delas parece ser mais negativo. Tanto entre os Pueblo do Sudoeste como entre as tribos do Alasca e da Colúmbia Britânica, constata-se que a organização social assume formas extremas nas duas bordas do território considerado e que as regiões intermediárias apresentam uma série de tipos de transição. Assim, os Pueblo ocidentais possuem clãs matrilineares sem metades e os do leste, metades patrilineares sem clãs. A parte norte da costa do Pacífico se caracteriza por clãs pouco numerosos e a proliferação de grupos locais com privilégios claramente afirmados, ao passo que a parte sul tem uma organização bilateral e grupos locais sem privilégios marcados.

O que podemos concluir daí? Que há evolução entre um tipo e outro? Para que essa hipótese fosse legítima, seria preciso ser capaz de provar que um dos tipos é mais primitivo do que o outro, que, dado o tipo primitivo, ele evolui necessariamente para a outra forma e, finalmente, que tal lei age com mais rigor no centro da região do que em sua periferia. Na ausência dessa tripla e impossível demonstração, nenhuma teoria de sobrevivências se sustenta e, nesse caso específico, os fatos não autorizam nenhuma reconstrução no sentido de afirmar, por exemplo, a anterioridade histórica das instituições matrilineares em relação às patrilineares: "Só se pode afirmar que fragmentos de desenvolvimentos históricos arcaicos não podem deixar de subsistir". Mas se é possível, até verossímil, que a instabilidade inerente às instituições matrilineares as tenha muitas vezes levado, onde elas existem, a se transformar em instituições patrilineares ou bilaterais, não decorre disso, de modo algum, que o direito materno tenha sempre e por toda parte constituído a forma primitiva (Boas 1924: 340-44).

Essa análise crítica é decisiva, mas, levada ao extremo, conduziria a um total agnosticismo histórico. Entretanto, para Boas, ela se situa mais contra as pretensas leis universais do desenvolvimento humano e as generalizações fundadas naquilo que ele certa vez chamou de "possibilidades de 40%" (id. 1936) do que contra um esforço modesto e consciencioso de reconstrução histórica, com objetivos precisos e limitados. Quais seriam, segundo ele, as condições de tal esforço? Boas reconhece que, em etnologia, "as provas da mudança só podem ser obtidas por métodos indiretos", ou seja, como em filologia comparada, por uma análise de fenômenos estáticos e um estudo de sua distribuição (id. 1920: 311-22). Mas não podemos esquecer que Boas, geógrafo de formação e discípulo de Ratzel, tomou consciência de sua vocação etnológica no decorrer de seu primeiro trabalho de campo, pela revelação, para ele fulgurante, da originalidade, particularidade e espontaneidade da vida social de cada agrupamento humano. Essas experiências sociais, essas interações constantes do indivíduo sobre o grupo e do grupo sobre o indivíduo, nunca podem ser deduzidas, têm de ser observadas, ou, como ele disse certa vez, "para compreender a história, não basta saber como as coisas são; é preciso saber como vieram a ser o que são" (id. ibid.).

Podemos, com isso, determinar o ritmo do pensamento de Boas e captar seu caráter paradoxal. Sendo não apenas geógrafo por sua formação universitária, mas também físico, é sem dúvida um objeto científico e um alcance universal que ele define para as investigações etnológicas: "Ele costumava dizer que o problema era determinar as relações entre o mundo objetivo e o mundo subjetivo do homem tal como toma forma em sociedades diferentes" (R. Benedict 1943: 27). Porém, ao mesmo tempo que sonhava em aplicar a esse mundo subjetivo os métodos rigorosos que aprendera na prática das ciências naturais, Boas reconhecia a infinita diversidade dos processos históricos pelos quais ele se constitui em cada caso. O conhecimento dos fatos sociais só pode resultar de uma indução, a partir do conhecimento individual e concreto de grupos sociais localizados no espaço e no tempo. Indução que, por sua vez, só pode resultar da história de cada grupo. E o objeto dos estudos etnográficos é tal que essa história permanece inatingível na imensa maioria dos casos. Assim, Boas traz as exigências do físico de fazer a história de sociedades sobre as quais só possuímos documentos que desencorajam o historiador. Quando ele consegue, suas reconstruções atingem realmente a história, mas uma história do instante fugidio, o único que pode ser captado, uma *micro-história*, que não consegue se ligar ao passado mais do que a *macro-história* do evolucionismo e do difusionismo.[4]

Por esse esforço desesperado para superar, com rigor, labor e gênio, exigências contraditórias, a obra de Boas continua, e continuará por muito tempo, a dominar de sua altura monumental todos os desenvolvimentos ulteriores. Os que foram produzidos ao longo dos últimos anos, pelo menos, não podem ser compreendidos senão como tentativas de escapar do dilema que ele mesmo havia formulado, sem no entanto reconhecer-lhe um caráter inelutável. Assim, Kroeber esforçou-se por afrouxar um pouco os impiedosos critérios de validade que Boas havia imposto às reconstruções históricas, justificando seu método com a observação de que, afinal, os historiadores, embora em situação melhor do que os etnólogos, graças à massa de documentos de que dispõem, estão longe de se mostrar tão exigentes (Kroeber 1935: 539-69). Malinowski e sua escola, com a quase totalidade da escola americana contemporânea, tomaram a orientação oposta: já que a própria obra de Boas demonstra o quanto é vão procurar saber "como as coisas vieram a ser o que são", renuncia-se a "compreender a história" para fazer do estudo das culturas uma análise sincrônica das relações entre seus elementos constitutivos, no presente. Toda a questão está em saber se, como indicam as profundas observações de Boas, a mais penetrante análise de uma cultura única, incluindo a descrição de suas instituições e de suas relações funcionais, e o estudo dos processos dinâmicos pelos quais cada indivíduo age sobre sua própria cultura, e a cultura sobre o indivíduo, podem adquirir pleno sentido sem o conhecimento do desenvolvimento histórico que levou às formas atuais (Boas 1936). Esse ponto, central, ficará mais claro na discussão de um problema específico.

4. Não nos referimos aqui aos trabalhos arqueológicos de Boas, que dizem respeito à arqueologia e não à etnologia, nem a suas investigações acerca da disseminação de certos temas mitológicos, que são estudos históricos a partir de documentos etnográficos. Do mesmo modo, ao formular suas hipóteses acerca do povoamento primitivo da América, Paul Rivet utiliza documentos arqueológicos, lingüísticos e etnográficos, numa pesquisa que é propriamente histórica – é do ponto de vista histórico que tais tentativas devem ser examinadas. Pode-se dizer o mesmo de certos trabalhos de Rivers.

II

Designa-se pelo nome de organização dualista um tipo de estrutura social encontrado com freqüência na América, na Ásia e na Oceania, caracterizado pela divisão do grupo social – tribo, clã ou aldeia – em duas metades, cujos membros têm, uns com os outros, relações que podem ir da colaboração mais estreita a uma hostilidade latente, geralmente associando os dois tipos de comportamento. O objetivo das metades às vezes parece ser a regulamentação do casamento – são então chamadas de exogâmicas. Às vezes, seu papel se limita a atividades religiosas, políticas, econômicas, cerimoniais ou simplesmente esportivas, ou ainda a apenas algumas dessas atividades. Em certos casos, a afiliação à metade é transmitida por linha materna; em outros, por linha paterna. A divisão em metades pode ou não coincidir com a organização clânica. Pode ser simples ou complexa, caso em que existem diversos pares de metades que se entrecortam, dotados de funções diferentes. Em suma, conhecem-se quase tantas formas de organização dualista quantos são os povos que as possuem. Onde ela começa, então, e onde acaba?

Afastemos desde já as interpretações evolucionista e difusionista. A primeira, que tende a considerar a organização dualista como um estágio necessário do desenvolvimento da sociedade, teria antes de determinar uma forma simples de que as formas observadas seriam realizações particulares, sobrevivências ou vestígios e, em seguida, postular a presença dessa forma, no passado, entre povos nos quais nada comprova que uma divisão em metades tenha jamais existido. O difusionismo, por sua vez, escolherá um dos tipos observados, geralmente o mais rico e mais complexo, como representante da forma primitiva da instituição, e localizará sua origem na região do mundo em que se encontra mais bem ilustrada, sendo todas as outras formas resultado da migração e de empréstimos a partir do foco de difusão. Em ambos os casos, designa-se arbitrariamente um tipo, dentre todos os que são fornecidos pela experiência, e faz-se dele o modelo, ao qual se trata de ligar todos os demais, por um método especulativo.

Deveríamos então, levando ao extremo um nominalismo boasiano, tentar estudar cada um dos casos observados em sua individualidade? Deve-se constatar, de um lado, que as *funções* atribuídas à organização dualista não coincidem e, do outro, que a *história* de cada grupo social mostra que a divisão em metades provém de origens as mais diversas (Lowie 1940). A depender do caso considerado, a organização dualista pode resultar da invasão de uma população por um grupo de imigrantes, da fusão – por razões igualmente variáveis, econômicas, demográficas, cerimoniais – de dois grupos territorialmente vizinhos, da cristalização, sob forma de instituição, das regras empíricas destinadas a garantir as trocas matrimoniais no seio de um grupo, da repartição, no seio de um grupo, por duas partes do ano, dois tipos de atividade ou duas frações da população, de comportamentos antitéticos, considerados igualmente indispensáveis para a manutenção do equilíbrio social etc. Seremos assim levados a romper a noção de organização dualista como uma falsa categoria e, estendendo o raciocínio para todos os demais aspectos da vida social, a negar as *instituições* em benefício exclusivo das *sociedades*. A etnologia e a etnografia (a primeira, aliás, reduzida à segunda) não passariam então de uma história envergonhada demais de si mesma, em razão da falta de documentos escritos ou figurados, para ousar assumir seu verdadeiro nome.

***

Contra tal renúncia, Malinowski e seus sucessores protestaram, com razão. Mas podemos nos perguntar se, ao se proibirem toda e qualquer história, alegando que a história dos etnólogos não é boa o bastante para que valha a pena preocupar-se com ela, eles não teriam desistido rápido demais. Pois de duas uma. Ou os funcionalistas proclamam que todo estudo etnológico deve provir do estudo minucioso das sociedades concretas, de suas instituições e das relações que estas estabelecem entre si e com os costumes, crenças e técnicas, ou das relações entre o indivíduo e o grupo, e dos indivíduos entre si dentro do grupo. Nesse caso, farão simplesmente o que Boas havia recomendado fazer, nesses mesmos termos, desde 1895 e, na mesma época, também a escola francesa, com Durkheim e Mauss: boa etnografia (Malinowski fez etnografia admirável, no início de sua obra, sobretudo com seus *Argonautas do Pacífico Ocidental*), mas não se percebe em que a posição teórica de Boas teria sido superada.

Ou então eles esperam encontrar, em sua ascese, a salvação. E por um raro milagre, fazendo o que todo bom etnógrafo deve fazer e faz, e com a única condição suplementar de fechar decididamente os olhos para qualquer informação histórica relativa à sociedade considerada e para todo dado comparativo tomado de sociedades vizinhas ou afastadas, pretenderão chegar automaticamente, em seu recolhimento interior, às verdades gerais cuja possibilidade Boas jamais negou (mas que ele situava no final de uma empresa tão ampla que todas as sociedades primitivas terão decerto desaparecido antes de ela ter podido progredir sensivelmente). É essa a atitude de Malinowski (1939: 43), cuja prudência tardia não basta para fazer esquecer tantas proclamações ambiciosas. É também essa a atitude de muitos etnólogos da nova geração, que, antes de irem a campo, não se permitem realizar o estudo das fontes e da bibliografia regional, sob o pretexto de não estragar a maravilhosa intuição que permitirá ao etnólogo, num diálogo atemporal com sua pequena tribo e acima de um contexto de regras e costumes altamente diferenciados – cada um deles, no entanto, com inestimáveis variantes entre povos vizinhos ou afastados (mas Malinowski não qualificara de "herodotagem" a curiosidade pelas "excentricidades primitivas do homem"?) –,[5] atingir verdades eternas sobre a natureza e a função das instituições sociais.

Quando nos limitamos ao estudo de uma única sociedade, podemos fazer uma obra preciosa. A experiência comprova que as melhores monografias geralmente se devem a pesquisadores que viveram e trabalharam numa única região. Mas nos proibimos qualquer conclusão

5. Id. 1937: 155. Na página seguinte, fala-se também desses "costumes bizarros e sórdidos" nos quais, apesar de tudo, é possível descobrir "um núcleo de princípios práticos e racionais". É uma volta ao século XVIII, mas ao ruim.

quanto às outras. Quando, ainda por cima, limitamo-nos ao instante presente da vida de uma sociedade, somos, para começar, vítimas de uma ilusão, pois tudo é história: o que foi dito ontem é história, o que foi dito há um minuto é história. Principalmente, condenamo-nos a não conhecer o presente, porque só o desenvolvimento histórico permite avaliar, em si e em suas relações recíprocas, os elementos do presente. E muito pouca história (já que tal é, infelizmente, a sina do etnólogo) é melhor do que história nenhuma. Como se há de apreciar devidamente o papel – tão surpreendente para os estrangeiros – do aperitivo na vida social francesa, se ignorarmos o valor tradicional de prestígio atribuído, na Idade Média, aos vinhos densos e aromados? Como analisar o costume moderno sem nele reconhecer vestígios de formas anteriores? Raciocinar de outro modo é impedir-se de operar uma distinção essencial: entre função primária, que corresponde a uma necessidade atual do organismo social, e função secundária, que se mantém apenas devido à resistência do grupo a renunciar a um hábito. Pois dizer que uma sociedade funciona é um truísmo. Mas dizer que tudo, numa sociedade, funciona é um absurdo.

Boas, contudo, já havia oportunamente chamado a atenção para esse risco do truísmo que ronda a interpretação funcionalista: "Há sempre o perigo de as vastas generalizações que se tiram do estudo da integração cultural se reduzirem a lugares-comuns" (1930: 84-98). Porque são universais, tais características dizem respeito aos biólogos e psicólogos. O papel do etnógrafo é descrever e analisar as diferenças que aparecem no modo como elas se manifestam nas diversas sociedades, e o do etnólogo, de explicá-las. Afinal, o que aprendemos acerca da "instituição da roça" (*sic*) quando se nos diz que "está universalmente presente, sempre que o meio é favorável à exploração do solo, e o nível social suficientemente elevado para permitir que exista" (Malinowski 1935b, v. IV: 625)? E sobre a canoa de balancim, suas múltiplas formas e as especificidades de sua distribuição, quando ela é definida como aquela cujas "disposições dão a maior estabilidade, navegabilidade e manuseabilidade compatíveis com as limitações materiais e técnicas das culturas da Oceania" (id. ibid.: 627)? E sobre o estado de sociedade em geral, e sobre a infinita diversidade das práticas e costumes, quando somos postos diante da seguinte assertiva: "As necessidades orgânicas do homem [o autor enumera: alimentação, proteção, reprodução] fornecem os imperativos fundamentais que conduzem ao desenvolvimento da vida social"?[6] Essas necessidades são, no entanto, compartilhadas por humanos e animais. Poder-se-ia também pensar que uma das tarefas essenciais do etnógrafo é descrever e analisar as complicadas regras de casamento nas diversas sociedades humanas e os costumes a elas relacionados. Malinowski contesta:

> *Para falar francamente, eu diria que os conteúdos simbólico, representativo ou cerimonial do casamento têm, para o etnólogo, uma importância secundária* [...] *A verdadeira essência do ato do casamento é que, graças a uma cerimônia muito simples ou muito complicada, ele dá uma expressão pública, reconhecida coletivamente, ao fato de dois indivíduos ingressarem no estado de casamento* (id. 1934: 48-49).

Se é assim, para que ir a tribos longínquas? E as 603 páginas de *Sexual Life of Savages in North-Western Melanesia* [A vida sexual dos selvagens no Noroeste da Melanésia] teriam algum valor se fosse esse o seu único ensinamento? Do mesmo modo, deveremos tratar com leviandade o fato de certas tribos praticarem a liberdade e outras a castidade pré-nupcial, alegando que esses costumes se reduzem a uma única função, que é a de garantir a permanência do casamento (id. 1935b, 630)? O que interessa ao etnólogo não é a universalidade da função, que está longe de ser indubitável e que não pode ser afirmada sem um estudo atento de todos os costumes dessa ordem *e de seu desenvolvimento histórico*, apesar de esses costumes serem tão variáveis. Ora, com efeito, uma disciplina cujo objetivo primeiro, senão o único, é analisar e interpretar as diferenças se poupa de todos os problemas ao se ater apenas às semelhanças.

6. Parece, inclusive, que para Malinowski nenhuma distinção se impõe quando se passa do geral ao específico: "A cultura, tal como a encontramos entre os Masai, é um instrumento destinado à satisfação das necessidades elementares do organismo". E sobre os Esquimós: "Eles têm, em relação às questões sexuais, a mesma atitude que os Masai. E têm também um tipo mais ou menos semelhante de organização social" (Malinowski 1937: 136, 140).

Com isso, porém, ela perde completamente os meios de distinguir o geral a que pretende do banal com que se contenta.

***

Poder-se-ia dizer talvez que essas incursões desastradas no campo da sociologia comparada são exceções na obra de Malinowski. Contudo, a idéia de que a observação empírica de uma sociedade qualquer permite chegar a motivações universais aparece ali constantemente, como um elemento de corrupção que corrói e enfraquece registros cuja vivacidade e riqueza são, por outro lado, bem conhecidas.

As idéias que os indígenas das ilhas Trobriand têm acerca do valor e do lugar de cada sexo no corpo social são de grande complexidade. Eles se orgulham de ter mais mulheres do que homens em seus clãs e, caso contrário, se sentem amargurados. Ao mesmo tempo consideram a superioridade masculina como um dado: os homens possuem uma virtude aristocrática que falta a suas companheiras. Por que observações tão penetrantes têm de ser embotadas pela afirmação brutal que as introduz, contradizendo-as? "Para que a família se mantenha, e até para que exista, a mulher e o homem são igualmente indispensáveis; conseqüentemente, os indígenas consideram que ambos os sexos possuem o mesmo valor e a mesma importância" (id. 1929, v. 1: 29). A primeira parte é um truísmo, e a segunda não corresponde aos fatos descritos. Poucos estudos retiveram tanto a atenção de Malinowski quanto o da magia, e em toda a sua obra encontra-se a tese, constantemente repetida, de que no mundo inteiro (id. 1935b: 634 ss), como nas ilhas Trobriand, a magia intervém por ocasião de "toda atividade ou empreendimento importante, cujo desenlace o homem não pode controlar" (id. 1929: 40). Deixemos de lado a tese geral e consideremos sua aplicação ao caso particular.

Somos informados de que os homens trobriandeses utilizam a magia nas seguintes ocasiões: roça, pesca, caça, construção da canoa, navegação, escultura, feitiçaria, meteorologia; as mulheres, para abortos, cuidados com os dentes e fabricação de saiotes de palha (id. ibid.: 43-45). Não apenas esses trabalhos representam só uma parte daqueles "cujo desenlace o homem não pode controlar", como não são, desse ponto de vista, comparáveis entre si. Por que os saiotes de palha e não o preparo de cabaças e a cerâmica, que sabemos ser uma técnica altamente arriscada? Podemos decretar de saída que um conhecimento mais aprofundado da história do pensamento religioso na Melanésia, ou fatos registrados em outras tribos, que revelam o papel muitas vezes atribuído à fibra vegetal como símbolo de mudança de estado (Boas 1895; Griaule 1938, 1947), não podem lançar nenhuma luz sobre essa seleção? Citaremos mais dois textos que ilustram as contradições desse método intuitivo. No livro sobre a vida sexual dos Melanésios, aprendemos que um dos principais motivos do casamento é ali, como em toda parte, "a inclinação natural de todo homem após a primeira juventude de ter uma casa e um lar só seu [...] e [...] um desejo natural [*natural longing*] de ter filhos" (Malinowski 1929, v. 1: 81). Porém, em *Sex and Repression*, que acrescenta um comentário teórico à pesquisa de campo, lê-se o seguinte: "No homem, subsiste ainda a necessidade de um protetor afetuoso e interessado da mulher grávida. Mas os mecanismos inatos desapareceram, como comprova o fato de, na maioria das sociedades [...] o macho recusar qualquer responsabilidade sobre sua prole, a menos que seja obrigado a isso pela sociedade" (id. 1927: 204). Bastante estranha, essa inclinação natural!

Os continuadores de Malinowski não estão infelizmente isentos dessa curiosa mistura de dogmatismo e empiricismo que contamina todo o seu sistema. Quando Margaret Mead (1935: 279), por exemplo, caracteriza três sociedades vizinhas da Nova Guiné pelas formas diferentes e complementares que ali assumiriam as relações entre os sexos (homem gentil, mulher gentil; homem agressivo, mulher agressiva; mulher agressiva, homem gentil), é admirável a elegância da construção. Mas ergue-se a suspeita de simplificação e apriorismo diante de outras observações que apontam para a existência de uma pirataria especificamente feminina entre os Arapesh (Fortune 1939). E, ainda, quando a autora classifica as tribos norte-americanas em competitivas, cooperativas e individualistas (Mead 1937: 461), encontra-se tão longe de uma verdadeira taxonomia quanto um zoólogo que definisse as espécies segundo o critério de os animais serem solitários, gregários ou sociais.

Na verdade, podemos nos perguntar se todas essas construções apressadas, que só conseguem fazer das populações estudadas "reflexos de nossa própria sociedade" (Boas 1936), de nossas categorias e de nossos problemas, não decorreriam, como Boas percebeu com clareza, de uma superestimação do método histórico, e não da atitude contrária. Pois, afinal, foram historiadores que formularam o método funcionalista. Enumerando o conjunto dos traços que caracterizavam um determinado estado da sociedade romana, Hauser acrescentou, em 1903: "Tudo isso em conjunto forma um *complexus* inextricável, todos esses fatos se explicam uns pelos outros, muito mais do que a evolução da família romana poderia ser explicada pela da família judaica, ou chinesa, ou asteca" (1903: 414).[7] Malinowski poderia ter sido o autor da afirmação, exceto pelo fato de Hauser acrescentar eventos às instituições. E sua afirmação certamente requer uma dupla restrição: o que vale para a *evolução* não vale igualmente para a *estrutura* e, para os etnólogos, os estudos comparativos podem suprir, em certa medida, a ausência de documentos escritos. O paradoxo, contudo, permanece: a crítica das interpretações evolucionista e difusionista mostrou-nos que, quando etnólogos pensam estar fazendo história, fazem o contrário da história. E é quando crêem não fazê-la que se comportam como o fariam bons historiadores que estivessem limitados pela mesma falta de documentos.

III

Quais são, de fato, as diferenças entre o método da etnografia (tomando o termo no sentido estrito, definido no início deste artigo) e o da história? Ambas estudam sociedades que são *outras* em relação àquela em que vivemos. O fato de tal alteridade estar ligada a um afastamento no tempo (por menor que seja) ou no espaço, ou mesmo a uma heterogeneidade cultural, é secundário, diante da similitude das posições. Qual é o objetivo buscado por

7. Declarações análogas encontram-se nos trabalhos metodológicos de H. Berr, L. Febvre e H. Pirenne.

ambas as disciplinas? É a reconstituição exata do que ocorreu, ou ocorre, na sociedade estudada? Se disséssemos que sim, esqueceríamos que, nos dois casos, lida-se com sistemas de representações que diferem para cada membro do grupo e que, em conjunto, diferem das representações do investigador. Um estudo etnográfico, por melhor que seja, jamais transformará o leitor em indígena. A Revolução de 1789 vivida por um aristocrata não é o mesmo fenômeno que a Revolução de 1789 vivida por um *sans-culotte*, e nem uma nem outra corresponde, de modo algum, à Revolução de 1789 pensada por Michelet ou por Taine. A única coisa que historiadores e etnógrafos conseguem fazer, e a única coisa que se pode pedir que façam, é expandir uma experiência particular para as dimensões de uma experiência geral ou mais geral, de modo que ela se torne, por essa razão, acessível *enquanto experiência* a homens de outras terras ou outro tempo. E conseguem fazê-lo graças às mesmas condições: exercício, rigor, simpatia, objetividade.

Como procedem? Aqui começa a dificuldade, pois muitas vezes se opõem – mesmo na Sorbonne – história e etnografia sob o pretexto de que a primeira se baseia no estudo e na crítica de documentos de autoria de vários observadores, que podem ser confrontados e justapostos, ao passo que a segunda consiste, por definição, na observação de um só.

Pode-se responder a essa crítica que o melhor meio de permitir que os etnógrafos superem esse obstáculo é multiplicá-los. E certamente não o conseguiremos desencorajando vocações com objeções prejudiciais. O argumento já não se aplica, aliás, diante do próprio desenvolvimento da etnografia: existem, hoje, muito poucos povos que não tenham sido estudados por vários investigadores, e cuja observação, feita a partir de várias perspectivas, não se estenda por várias décadas, às vezes até por vários séculos. Além do mais, o que fazem os historiadores senão cercar-se de testemunhos de etnógrafos amadores, muitas vezes tão afastados da cultura que descrevem quanto o investigador moderno em relação aos polinésios ou aos pigmeus? Os historiadores da Europa antiga estariam menos avançados se Heródoto, Diodoro, Plutarco, Saxo Grammaticus e Nestor tivessem sido etnógrafos profissionais, informados quanto aos problemas, habituados às dificuldades da investigação, treinados para a observação objetiva? Em lugar de desconfiar dos etnógrafos, os historiadores preocupados com o futuro de sua ciência deveriam, ao contrário, render-lhes graças.

Mas o paralelismo metodológico que se pretende traçar entre a etnografia e a história, para opô-las, é ilusório. O etnógrafo é alguém que colhe os fatos e os apresenta (se for um bom etnógrafo) em conformidade com exigências que são as mesmas do historiador. É o papel dos historiadores utilizar esses trabalhos, quando as observações escalonadas por um período de tempo suficiente lho permitem; é o papel dos etnólogos, quando observações do mesmo tipo, relativas a um número suficiente de regiões diferentes, lhe dão essa possibilidade. Em todos os casos, os etnógrafos produzem documentos que podem servir aos historiadores. E se documentos já existirem, e o etnógrafo decidir integrar sua substância a seu estudo, o historiador não deve invejá-lo – contanto que o etnógrafo tenha um bom método histórico, evidentemente – por ter o privilégio de fazer a história de uma sociedade da qual possui experiência vivida?

Portanto, é nas relações entre história e etnologia no sentido estrito que reside o debate. Propomo-nos a mostrar que a diferença fundamental entre elas não é nem de objeto, nem de objetivo, nem de método e que, tendo o mesmo objeto, que é a vida social, o mesmo objetivo, que é a melhor compreensão do homem, e um método em que varia apenas a dosagem dos procedimentos de pesquisa, elas se distinguem sobretudo pela escolha de perspectivas complementares. A história organiza seus dados em relação às expressões conscientes, e a etnologia, em relação às condições inconscientes da vida social.

***

O fato de a originalidade da etnologia provir da natureza inconsciente dos fenômenos coletivos já se fazia notar, ainda que de forma confusa e equivocada, numa fórmula de Tylor. Depois de ter definido a etnologia como o "estudo da cultura ou civilização", ele a descreveria como um conjunto complexo, que incluiria "os conhecimentos, crenças, artes, moral, direito, costumes, e todas as demais aptidões ou hábitos adquiridos pelo homem enquanto membro de uma sociedade" (Tylor 1871, v. I: 1).

Bem, é sabido que, entre a maioria dos povos primitivos, é muito difícil obter uma justificativa moral, ou uma explicação racional, para um costume ou uma instituição: ao ser interrogado, o indígena se contenta em responder que sempre foi assim, que assim ordenaram os deuses, ou os antepassados. Ainda que encontremos explicações, elas sempre têm o caráter de racionalizações ou elaborações secundárias. Não resta dúvida de que as razões inconscientes pelas quais um costume é praticado ou uma crença compartilhada se afastam muito daquelas que são invocadas para justificá-los. Mesmo em nossa sociedade, os modos à mesa, os hábitos sociais, as regras de vestuário e muitas de nossas atitudes morais, políticas e religiosas são escrupulosamente observados por cada um de nós, sem que sua origem ou verdadeira função tenham sido objeto de reflexão demorada. Agimos e pensamos por hábito, e a formidável resistência que se opõe a seu desrespeito, ainda que mínimo, provém mais da inércia do que de uma vontade consciente de manter costumes cuja razão fosse compreendida. O pensamento moderno certamente favoreceu a crítica de costumes, mas tal fenômeno não constitui uma categoria estranha ao estudo etnológico. Na verdade, constitui seu resultado, se de fato sua origem principal se situar na profunda tomada de consciência etnográfica suscitada no pensamento ocidental pela descoberta do Novo Mundo. E, ainda hoje, as elaborações secundárias tendem a retomar a mesma expressão inconsciente imediatamente após terem sido formuladas. Com uma rapidez surpreendente, demonstração clara de que se trata de uma propriedade intrínseca de certos modos de pensar e de agir, o pensamento coletivo assimila interpretações que um dia pareceram extremamente audaciosas, como a prioridade do direito materno, o animismo ou, em tempos mais recentes, a psicanálise, para resolver automaticamente problemas cuja natureza parece ser escapar perpetuamente tanto da vontade como da reflexão.

Cabe a Boas o mérito de ter definido, com admirável lucidez, a natureza inconsciente dos fenômenos culturais, nas passagens em que os comparava, nesse aspecto, à linguagem, antecipando assim desenvolvimentos posteriores do pensamento lingüístico, bem como um futuro etnológico cujas promessas mal começamos a entrever. Ele mostrou que a estrutura da língua permanece desconhecida pelo falante até o advento de uma gramática científica e que, mesmo então, ela continua a modelar o discurso no exterior da consciência do sujeito, impondo a seu pensamento quadros conceituais que são tomados por categorias objetivas. E acrescentou:

> *A diferença essencial entre os fenômenos lingüísticos e os demais fenômenos culturais é que os primeiros jamais se tornam claramente conscientes, ao passo que os outros, embora possuam a mesma natureza inconsciente, freqüentemente se elevam ao nível do pensamento consciente, originando assim raciocínios secundários e reinterpretações* (Boas 1911, parte I: 67).

Essa diferença de nível não esconde, contudo, sua profunda identidade, nem diminui o valor exemplar do método lingüístico para as investigações etnológicas. Ao contrário,

> *a grande vantagem da lingüística, nesse ponto, é que as categorias da linguagem permanecem, em seu conjunto, inconscientes; por isso, pode-se acompanhar seu processo de formação sem que intervenham, como fontes de equívoco ou obstáculos, as interpretações secundárias, freqüentes na etnologia a ponto de poderem obscurecer irremediavelmente a história do desenvolvimento das idéias* (id. ibid.: 70-71).

Os resultados da fonologia moderna permitem, por si sós, avaliar o imenso alcance de tais teses, formuladas oito anos antes da publicação do *Curso de lingüística geral* de Ferdinand de Saussure, que prepararia seu advento. A etnologia, porém, ainda não as aplicou. Pois Boas, que partiria delas para fundar a lingüística americana e que, graças a elas, pôde refutar concepções teóricas incontestadas na época,[8] deu mostras, no tocante à etnologia, de uma timidez que continua freando seus sucessores.

8. Numa época em que a lingüística indo-européia ainda acreditava firmemente na teoria da "língua-mãe", Boas demonstrava que certos traços, comuns a várias línguas americanas, podiam tanto resultar da formação secundária de áreas de afinidade como de uma origem comum. Seria preciso esperar por Troubetzkoy para ver a mesma hipótese aplicada aos fatos indo-europeus.

Na verdade, a análise etnográfica de Boas, incomparavelmente mais honesta, sólida e metódica do que a de Malinowski, ainda permanece, como esta, no nível do pensamento consciente dos indivíduos. É verdade que Boas não se permite considerar as racionalizações secundárias e reinterpretações que se impõem a Malinowski de tal modo que ele só consegue eliminar as dos indígenas se as substituir pelas próprias. Mas Boas continua a utilizar as categorias do pensamento individual e, em seus escrúpulos científicos, apenas consegue desencarná-las e retirar-lhe as ressonâncias humanas. Ele restringe a extensão das categorias que compara e não as constitui num outro plano; e, quando a operação de fragmentação lhe parece impossível, impede a si mesmo de comparar. Contudo, o que legitima a comparação lingüística é mais, e algo diferente, que um recorte: é uma análise real. O lingüista extrai das palavras a realidade fonética do fonema e deste, a realidade lógica dos elementos diferenciais (Jakobson 1938). E, tendo reconhecido em várias línguas a presença dos mesmos fonemas ou a utilização dos mesmos pares de oposição, não compara seres individualmente distintos: é o mesmo fonema, o mesmo elemento, que lhe garante nesse novo plano a identidade profunda de objetos empiricamente diferentes. Não se trata de dois fenômenos semelhantes, mas de um único. A passagem do consciente ao inconsciente é acompanhada por um progresso do específico em direção ao geral.

Assim, tanto em etnologia como em lingüística, não é a comparação que funda a generalização, e sim o contrário. Se, como cremos, a atividade inconsciente do espírito consiste em impor formas a um conteúdo, e se essas formas são fundamentalmente as mesmas para todos os espíritos, antigos e modernos, primitivos e civilizados[9] (como mostra tão claramente o estudo da função simbólica tal como expressa na linguagem), é necessário e suficiente atingir a estrutura inconsciente, subjacente a cada instituição e a cada costume, para obter um princípio de interpretação válido para outras instituições e outros costumes, contanto, evidentemente, que se avance o suficiente na análise.

***

9. Cf. nosso artigo em Lévi-Strauss 1949d, cap. x deste volume.

Como chegar a essa estrutura inconsciente? É aí que o método etnológico e o método histórico se juntam. Nem é preciso invocar aqui o problema das estruturas diacrônicas, para o qual os conhecimentos históricos são, evidentemente, indispensáveis. Certos desenvolvimentos da vida social comportam, certamente, uma estrutura diacrônica. Mas o exemplo da fonologia ensina aos etnólogos que tal estudo é mais complexo e levanta outros problemas, diversos daqueles das estruturas sincrônicas, que mal começaram a abordar (Jakobson 1931). Contudo, mesmo a análise das estruturas sincrônicas implica um recurso constante à história. Ao mostrar instituições que se transformam, só ela permite extrair a estrutura subjacente a formulações múltiplas e que permanece através da sucessão de eventos. Retomemos o problema da organização dualista, evocado acima. Se não quisermos decidir ver nela um estágio universal do desenvolvimento da sociedade, nem um sistema inventado num único lugar e momento, e se, ao mesmo tempo, sentirmos com tal força o que todas as instituições dualistas possuem em comum para nos resignarmos a considerá-las como produtos heteróclitos de histórias únicas e incomparáveis, caberá analisar cada sociedade dualista para encontrar, por detrás do caos de regras e costumes, um esquema único, sempre presente e agindo em contextos locais e temporais diferentes. Tal esquema não poderia corresponder nem a um modelo particular da instituição nem ao agrupamento arbitrário de características comuns a várias formas: consiste em relações de correlação e oposição, sem dúvida inconscientes, inclusive para os povos de organização dualista, mas que, sendo inconscientes, devem estar igualmente presentes entre aqueles que jamais conheceram tal instituição.

Desse modo, os Mekeo, os Motu e os Koita da Nova Guiné, cuja evolução social Seligman foi capaz de reconstituir para um período de tempo bastante considerável, possuem uma organização de grande complexidade, constantemente posta em questão por fatores históricos múltiplos. Guerras, migrações, cismas religiosos, pressão demográfica e competições por prestígio fazem desaparecer clãs e aldeias ou provocam o surgimento de novos grupos. No entanto, tais parceiros, cuja identidade, número e repartição variam incessantemente, sempre se encontram unidos por relações cujo conteúdo é igualmente variável, mas cujo caráter formal se mantém através de todas as vicissitudes: ora econômica, ora jurídica, ora matrimonial, ora religiosa e ora cerimonial, a relação de *ufuapie* agrupa em pares, no nível do clã, do subclã ou da aldeia, unidades sociais que se devem prestações recíprocas. Em certas aldeias de Assam, cuja crônica foi feita por C. von Fürer-Haimendorf, as trocas matrimoniais são freqüentemente comprometidas por brigas entre rapazes e moças da mesma aldeia ou antagonismos entre aldeias vizinhas. Tais dissensões acarretam a retirada de um determinado grupo, às vezes até seu extermínio, mas o ciclo sempre é restabelecido, por uma reorganização da estrutura de troca ou pela admissão de novos parceiros. Os Mono e os Yokut da Califórnia, entre os quais determinadas aldeias possuem organização dualista e outras não, por sua vez, permitem estudar como um esquema social idêntico pode realizar-se por intermédio de uma forma institucional precisa e definida ou fora dela. Em todos esses casos, há algo que se mantém e que a observação histórica permite determinar progressivamente, graças a uma espécie de filtragem que deixa passar o que poderíamos chamar de conteúdo lexical das instituições e dos costumes, retendo apenas os elementos estruturais. No caso da organização dualista, parecem ser três esses elementos: exigência da regra, noção de reciprocidade, considerada como uma forma que permite integrar imediatamente a oposição entre eu e outrem, e caráter sintético da dádiva. Tais fatores se encontram em todas as sociedades consideradas e, ao mesmo tempo, explicam práticas e costumes menos diferenciados que, como se vê desse modo, cumprem, inclusive entre povos sem organização dualista, a mesma função que ela (Lévi-Strauss 1949b, caps. VI e VII).

A etnologia não pode, portanto, permanecer indiferente aos processos históricos e às expressões mais conscientes dos fenômenos sociais. Porém, se lhes dá a mesma atenção apaixonada que os historiadores, é para conseguir, por uma espécie de marcha regressiva, eliminar tudo o que eles devem ao evento e à reflexão. Seu objetivo é atingir, para além da imagem consciente e sempre diferente que os homens formam de seu devir, um inventário das possibilidades inconscientes, que não existem em número ilimitado, cujo repertório e cujas relações de compatibilidade ou incompatibilidade que cada uma mantém com todas as outras fornecem uma arquitetura lógica a desenvolvimentos históricos que podem ser imprevisíveis, mas nunca são arbitrários. Nesse sentido, a célebre fórmula de Marx, "os homens fazem sua própria história, mas não sabem que a fazem", justifica, em seu primeiro termo, a história e, no segundo, a etnologia. Mostra, ao mesmo tempo, que os dois procedimentos são indissociáveis.

***

Pois se a etnologia consagra sua análise principalmente aos elementos inconscientes da vida social, seria absurdo supor que os historiadores os ignorem. Estes certamente pretendem, antes de mais nada, dar conta de fenômenos sociais em função dos eventos nos quais eles se encarnam e do modo como os indivíduos os pensaram e viveram. Porém, em sua marcha progressiva para determinar e explicar o que apareceu aos homens como conseqüência de suas representações ou de seus atos (ou das representações e atos de alguns deles), os historiadores sabem perfeitamente, e cada vez mais, que têm de lançar mão de todo o aparelho das elaborações inconscientes. Foi-se o tempo de uma história política que se contentava em arrolar cronologicamente dinastias e guerras segundo o eixo de racionalizações secundárias e reinterpretações. A história econômica é, em larga medida, a história de operações inconscientes. De modo que todo bom livro de história – e mencionaremos um dos grandes – está impregnado de etnologia. Em seu *Problema da descrença no século XVI* (1946), Lucien Febvre recorre constantemente a atitudes psicológicas e a estruturas lógicas que o estudo dos documentos, bem como o dos textos indígenas, só permite atingir indiretamente, visto que sempre fugiram à consciência dos que falavam e escreviam: ausência de nomenclatura e de escalas, representação imprecisa do tempo, características comuns a várias técnicas etc. Todas essas indicações são tanto etnológicas quanto históricas, pois transcendem testemunhos dos quais nenhum se situa – não por acaso – nesse plano.

Seria portanto inexato dizer que, no caminho do conhecimento do homem que leva do estudo dos conteúdos conscientes ao das formas inconscientes, historiadores e etnólogos caminham em direções opostas. Ambos vão no mesmo sentido. O fato de o deslocamento que efetuam conjuntamente se apresentar a cada qual sob uma modalidade diferente – para os historiadores, passagem do explícito ao implícito e para os etnólogos, do particular ao universal – não muda em nada a identidade do procedimento fundamental. No entanto, num caminho em que seguem no mesmo sentido o mesmo percurso, apenas sua orientação é diversa. Os etnólogos caminham para a frente, buscando, através de um consciente que nunca deixam de considerar, chegar cada vez mais perto do inconsciente a que se dirigem. Os historiadores, por sua vez, avançam, por assim dizer, em marcha a ré, mantendo o olhar fixo nas atividades concretas e particulares, das quais só se afastam para encará-las sob um ângulo mais rico e mais complexo. Verdadeiro Janus de duas faces, de qualquer modo é a solidariedade entre as duas disciplinas que permite manter a visão da totalidade do percurso.

Uma observação final, para tornar mais preciso nosso pensamento. A história e a etnologia são tradicionalmente distintas pela presença ou ausência de documentos escritos nas sociedades em que realizam suas pesquisas. A distinção não é falsa, mas não cremos que seja essencial, pois decorre das características profundas que tentamos determinar, em lugar de explicá-las. A ausência de documentos escritos na maior parte das sociedades primitivas obrigou, de fato, a etnologia a desenvolver métodos e técnicas apropriados ao estudo de atividades que permanecem, por isso mesmo, imperfeitamente conscientes em todos os níveis em que se expressam. Porém, além de essa limitação poder ser muitas vezes superada por meio da tradição oral, tão rica entre certos povos da África e da Oceania, não se pode considerá-la como uma barreira rígida. A etnologia se interessa por populações que possuem escrita, como o México antigo, o mundo árabe e o Extremo Oriente; e conseguiu-se fazer a história de povos que jamais a tiveram, como os Zulu, por exemplo. Trata-se, mais uma vez, de uma diferença de orientação, não de objeto, e de dois modos de organizar dados menos heterogêneos do que parecem. Os etnólogos se interessam principalmente pelo que não está escrito, nem tanto porque os povos que estudam não escrevem, e mais porque aquilo que lhes interessa é diferente de tudo o que os homens geralmente pensam em fixar na pedra ou no papel.

Até agora, uma repartição de tarefas, justificada por antigas tradições e por necessidades do momento, contribuiu para confundir os aspectos teórico e prático da distinção e, assim, para separar a etnologia da história mais do que convém. Somente quando elas abordarem em conjunto o estudo das sociedades contemporâneas poderemos apreciar plenamente os resultados de sua colaboração e nos convencer de que, nesse caso como nos demais, elas nada podem uma sem a outra.

LINGUAGEM E PARENTESCO

II. A análise estrutural em lingüística e antropologia[1]

No conjunto das ciências sociais, ao qual ela indiscutivelmente pertence, a lingüística ocupa um lugar excepcional: não é uma ciência social como as outras, mas aquela que, de longe, realizou os maiores progressos; é certamente a única que pode reivindicar o nome de ciência e que conseguiu ao mesmo tempo formular um método positivo e conhecer a natureza dos fatos que lhe cabe analisar. Dessa situação privilegiada decorrem certas imposições: a lingüística verá com freqüência pesquisadores de disciplinas vizinhas, mas diferentes, inspirar-se em seu exemplo e tentar seguir seus passos. *Noblesse oblige*, uma revista como a *Word* não pode se limitar à demonstração de teses e pontos de vista estritamente lingüísticos, devendo acolher também os psicólogos, sociólogos e etnógrafos desejosos de aprender com a lingüística moderna o caminho que leva ao conhecimento positivo dos fatos sociais. Como escrevia já há vinte anos Marcel Mauss, "a sociologia estaria certamente muito mais avançada se sempre tivesse procedido a exemplo dos lingüistas".[2] A estreita analogia de método entre essas duas disciplinas lhes impõe um dever especial de colaboração.

Desde Schrader (1890, cap. XII, parte 4), não é mais necessário demonstrar o quanto a lingüística pode auxiliar os sociólogos no estudo das questões de parentesco. Foram lingüistas e filólogos (Schrader 1890; Rose 1911)[3] que mostraram a improbabilidade da hipótese – a que ainda

1. Publicado em *Word, Journal of the Linguistic Circle of New York* (Lévi-Strauss 1945a).
2. "Rapports réels et pratiques de la psychologie et de la sociologie", in Mauss 1950.
3. Ver também, a esse respeito, as obras mais recentes de G. Thomson, favorável à hipótese de sobrevivências matrilineares.

se apegavam tantos sociólogos na mesma época – de sobrevivências matrilineares na família antiga. Os lingüistas fornecem aos sociólogos etimologias que permitem estabelecer entre certos termos de parentesco laços que não eram imediatamente perceptíveis. Inversamente, os sociólogos podem informar os lingüistas quanto a costumes, regras positivas e proibições que tornam compreensível a persistência de determinados traços da linguagem, ou a instabilidade de termos ou grupos de termos. Durante uma sessão recente do Círculo Lingüístico de Nova York, Julien Bonfante ilustrou esse ponto de vista lembrando a etimologia da palavra para "tio" em certas línguas românicas, como o grego θεῖος, que dá, em italiano, espanhol e português, *zio* e *tio*. E acrescentava que, em certas regiões da Itália, o tio se chama *barba*. "Barba", o "divino" tio, quantas sugestões esses termos trazem para os sociólogos! As investigações do saudoso Hocart (1915, 1923, 1925 etc.) acerca do caráter religioso da relação avuncular e o roubo do sacrifício pelos parentes maternos vêm imediatamente à mente. Qualquer que seja a interpretação que convenha dar aos fatos apresentados por Hocart (a sua não é inteiramente satisfatória), não resta dúvida de que a lingüística colabora para a solução do problema ao localizar, no vocabulário contemporâneo, a persistência tenaz de certas relações desaparecidas. Entrementes, a sociologia explica à lingüística a razão de sua etimologia e confirma sua validade. Mais recentemente, foi encarando como lingüista os sistemas de parentesco da Ásia Meridional que Paul K. Benedict (1942, 1943) pôde dar uma contribuição importante à sociologia da família dessa parte do mundo.

Contudo, agindo desse modo, lingüistas e sociólogos seguem independentemente seus caminhos respectivos. Embora com certeza façam uma parada de tempos em tempos para comunicar uns aos outros certos resultados, estes provêm de procedimentos diferentes, e nenhum esforço é feito para tentar beneficiar um dos grupos com os progressos técnicos e metodológicos logrados pelo outro. Tal atitude era explicável numa época em que a pesquisa lingüística se baseava sobretudo na análise histórica. Em relação à pesquisa etnológica, tal como era praticada no mesmo período, a diferença era mais de grau do que de natureza. Os lingüistas possuíam um método mais rigoroso e seus resultados eram mais seguros. Os sociólogos podiam inspirar-se em seu exemplo, "deixando de tomar como base de suas classificações a consideração no espaço das espécies atuais" (Brunschvicg 1927: 562). Mas, finalmente, a antropologia e a sociologia esperavam da lingüística apenas lições. Nada levava a pressagiar uma revelação.[4]

O nascimento da fonologia modificou profundamente essa situação. Ela não renovou apenas as perspectivas lingüísticas – uma transformação de tal amplitude não se limita a uma disciplina específica. A fonologia desempenha, em relação às ciências sociais, o papel renovador que a física nuclear, por exemplo, desempenhou para com o conjunto das ciências exatas. Em que consiste essa inovação, quando tentamos encará-la em suas implicações mais gerais? A resposta a essa pergunta nos é dada pelo ilustre mestre da fonologia N. Troubetzkoy. Num artigo programático (de 1933), ele resume o método fonológico a quatro procedimentos fundamentais: em primeiro lugar, a fonologia passa do estudo dos fenômenos lingüísticos *conscientes* para o de sua infra-estrutura *inconsciente*; recusa-se a tratar os *termos* como entidades independentes, tomando como base de sua análise, ao contrário, as *relações* entre os termos; introduz a noção de *sistema* – "A fonologia atual não se limita a declarar que os fonemas são sempre membros de um sistema, ela *mostra* sistemas fonológicos concretos e evidencia sua estrutura" (id. 1933: 243) – finalmente, ela visa à descoberta de *leis gerais*, descobertas ou por indução, "ou deduzidas logicamente, o que lhes dá um caráter absoluto" (id. ibid.).

Assim, pela primeira vez, uma ciência social consegue formular relações necessárias. É esse o sentido da última frase de Troubetzkoy, enquanto as regras precedentes mostram como a lingüística deve proceder para atingir tal resultado. Não cabe aqui mostrar que as pretensões de Troubetzkoy são justificadas; a grande maioria dos lingüistas modernos parece estar de acordo quanto a esse ponto. Mas, quando um

4. Entre 1900 e 1920, os fundadores da lingüística moderna, Ferdinand de Saussure e Antoine Meillet, situavam-se decididamente sob a égide dos sociólogos. Foi apenas depois de 1920 que Marcel Mauss começou a reverter a tendência, como dizem os economistas.

acontecimento dessa importância ocorre numa das ciências do homem, os representantes das disciplinas vizinhas são, mais do que autorizados, obrigados a verificar imediatamente suas conseqüências e sua possibilidade de aplicação a fatos de outra ordem.

Novas perspectivas então se descortinam. Já não se trata mais de uma colaboração apenas ocasional, em que lingüistas e sociólogos, cada qual trabalhando em seu canto, lançam mutuamente, de tempos em tempos, o que crêem poder ser de interesse para o outro. No estudo dos problemas de parentesco (e certamente também no estudo de outros problemas), os sociólogos se vêem numa situação formalmente análoga à dos lingüistas fonólogos: como os fonemas, os termos de parentesco são elementos de significação; como eles, só adquirem essa significação se integrados em sistemas; os "sistemas de parentesco", assim como os "sistemas fonológicos", são elaborados pelo espírito no estágio do pensamento inconsciente; e por fim, a recorrência, em regiões afastadas do mundo e em sociedades profundamente diferentes, de formas de parentesco, regras de casamento e atitudes igualmente prescritas entre certos tipos de parentes etc. leva a crer que, num caso como no outro, os fenômenos observáveis resultam da operação de leis gerais, mas ocultas. O problema pode, portanto, ser formulado do seguinte modo: numa *outra ordem de realidade*, os fenômenos de parentesco são fenômenos do *mesmo tipo* que os fenômenos lingüísticos. Poderiam os sociólogos, utilizando um método análogo *quanto à forma* (senão quanto ao conteúdo) ao que é utilizado pela fonologia, levar sua ciência a um progresso análogo ao que acaba de se dar nas ciências lingüísticas?

Nossa inclinação para tomar essa direção aumenta quando fazemos uma constatação suplementar: o estudo das questões de parentesco apresenta-se, atualmente, nos mesmos termos, e parece enfrentar as mesmas dificuldades, que a lingüística às vésperas da revolução fonológica. Existe entre a velha lingüística, que buscava essencialmente na história seu princípio de explicação, e certas tentativas de Rivers uma notável analogia. Em ambos os casos, o estudo diacrônico deve dar conta, de modo exclusivo ou quase exclusivo, dos fenômenos sincrônicos. Comparando a fonologia à velha lingüística, Troubetzkoy definia a primeira como um "estruturalismo e um universalismo sistemáticos", opondo-a ao individualismo e ao "atomismo" das escolas anteriores. Ao considerar o estudo diacrônico, ele assume uma perspectiva profundamente modificada: "A evolução do sistema fonológico é, em cada momento dado, dirigida pela *tendência em direção a um objetivo*. [...] Tal evolução possui, portanto, um sentido, uma lógica interna, que cabe à fonologia histórica evidenciar"(id. ibid.: 245; Jakobson 1931 e 1929). Essa interpretação "individualista", "atomista", baseada exclusivamente na contingência histórica, criticada por Troubetzkoy e Jakobson, é de fato exatamente aquela que se costuma aplicar às questões de parentesco (Rivers 1914: passim; 1924, cap. IV). Cada detalhe da terminologia, cada regra específica de casamento é associada a um costume diferente, como conseqüência ou como vestígio; mergulha-se num oceano de descontinuidades. Ninguém se pergunta como os sistemas de parentesco, tomados em seu conjunto sincrônico, poderiam ser o resultado arbitrário do encontro entre várias instituições heterogêneas (na maior parte hipotéticas, aliás) e, ainda assim, funcionar com alguma regularidade e eficácia.[5]

Contudo, uma dificuldade preliminar obsta a transposição do método fonológico aos estudos de sociologia primitiva. A analogia superficial entre os sistemas fonológicos e os sistemas de parentesco é tão grande que conduz imediatamente a um caminho equivocado, que consiste em assimilar os termos de parentesco aos fonemas da língua do ponto de vista de seu tratamento formal. Sabe-se que, para atingir uma lei de estrutura, os lingüistas analisam os fonemas em "elementos diferenciais", que podem então ser organizados em um ou vários "pares de oposições" (Jakobson 1938). Os sociólogos poderiam sentir-se tentados a dissociar os termos de parentesco de um sistema dado seguindo um método análogo. Em nosso sistema de parentesco, por exemplo, a palavra "pai" possui uma conotação positiva no que diz respeito ao sexo, à idade relativa e à geração, mas, por outro lado, possui uma extensão nula e não pode traduzir uma relação de aliança. Poder-se-ia, assim, indagar em relação a cada sistema quais são as relações expressas e, para

5. No mesmo sentido, ver S. Tax 1937.

cada termo do sistema, qual conotação – positiva ou negativa – possui com respeito a cada uma das relações: geração, extensão, sexo, idade relativa, afinidade etc. É nesse estágio "microssociológico" que se poderia esperar perceber as leis de estrutura mais gerais, como os lingüistas descobrem as suas no estágio infrafonêmico, e os físicos, no inframolecular, isto é, no nível do átomo. A interessante tentativa de Davis e Warner (1935) poderia ser interpretada nesses termos.

Porém, uma tripla objeção se apresenta imediatamente. Uma análise realmente científica deve ser real, simplificadora e explicativa. Assim, os elementos diferenciais que se encontram no termo da análise fonológica possuem existência objetiva do triplo ponto de vista psicológico, fisiológico e até físico; são menos numerosos do que os fonemas formados por sua combinação e, afinal, permitem compreender e reconstruir o sistema. Nada de comparável resultaria da hipótese precedente. O tratamento dos termos de parentesco, tal como acabamos de imaginá-lo, só é analítico na aparência, pois, na verdade, o resultado é mais abstrato do que o princípio. Em vez de caminhar em direção ao concreto, afastamo-nos dele, e o sistema definitivo – se é que há sistema – só poderia ser conceitual. Em segundo lugar, a experiência de Davis e Warner prova que o sistema obtido por esse procedimento é infinitamente mais complicado e difícil de interpretar do que os dados da experiência.[6] E, finalmente, a hipótese não possui nenhum valor explicativo, já que não permite compreender a natureza do sistema e menos ainda reconstituir sua gênese.

Qual seria a razão desse fracasso? A fidelidade demasiado literal ao método da lingüística, na verdade, trai seu espírito. Os termos de parentesco não possuem uma existência apenas sociológica, são também elementos do discurso. No afã de transpor para eles os métodos de análise

6. Assim, ao término da análise desses autores, o termo "marido" se vê substituído pela fórmula: $C^{2a}/^{2d}/^{o}\ S\ U^{1a\,8}/Ego$ (Davis & Warner 1935).

Aproveitamos para mencionar dois estudos recentes que utilizam um aparelho lógico muito mais refinado e que apresentam grande interesse quanto ao método e quanto aos resultados: "A Semantic Analysis of the Pawnee Kinship Usage" (Lounsbury 1956) e "The Componential Analysis of Kinship" (Goodenough 1956).

dos lingüistas, não devemos esquecer que, sendo parte do vocabulário, tais métodos lhes são aplicáveis de modo não analógico, mas direto. E a lingüística ensina, justamente, que a análise fonológica não se aplica às palavras, mas apenas às palavras previamente dissociadas em fonemas. *Não existem relações necessárias no estágio do vocabulário.*[7] Isso vale para todos os elementos do vocabulário, inclusive os termos de parentesco. Vale em lingüística e, portanto, deve valer *ipso facto* para uma sociologia da linguagem. Estamos considerando aqui a possibilidade de uma tentativa que consistiria, portanto, em estender o método fonológico esquecendo seus fundamentos. Kroeber, em artigo já antigo (1909), previu tal dificuldade profeticamente. E, se foi então levado a concluir pela impossibilidade de uma análise estrutural dos termos de parentesco, é porque a lingüística se encontrava naquele momento reduzida a uma análise fonética, psicológica e histórica. De fato, as ciências sociais devem compartilhar as dificuldades da lingüística, entretanto também podem beneficiar-se de seus progressos.

Tampouco se deve esquecer a profundíssima diferença existente entre o quadro dos fonemas de uma língua e os termos de parentesco de uma sociedade. No primeiro caso, não há dúvidas quanto à função. Todos sabemos para que serve uma língua: serve à comunicação. O que os lingüistas por muito tempo ignoraram – e que só a fonologia lhes permitiu descobrir – é o meio graças ao qual a linguagem obtém esse resultado. A função era evidente, o sistema permanecia desconhecido. Os sociólogos encontram-se na situação inversa: sabemos perfeitamente, desde Lewis H. Morgan, que os termos de parentesco constituem sistemas, mas continuamos ignorando o uso a que se destinam. O desconhecimento dessa situação inicial reduz a maioria das análises estruturais dos sistemas de parentesco a puras tautologias. Elas demonstram o que é evidente e deixam de lado o que permanece incógnito.

Isso não significa que devamos desistir de introduzir ordem e descobrir significado nas nomenclaturas de parentesco. Mas é preciso no mínimo reconhecer os problemas específicos colocados por uma

7. Como poderá perceber o leitor no cap. v, atualmente eu adotaria uma formulação mais nuançada.

sociologia do vocabulário e o caráter ambígüo das relações que unem seus métodos aos da lingüística. Por isso, seria preferível nos limitarmos à discussão de um caso em que a analogia se apresente de modo simples. Felizmente, isso nos é possível.

O que costumamos chamar de "sistema de parentesco" recobre, na verdade, duas ordens de realidade distintas. Primeiro, há os termos, pelos quais se expressam os diferentes tipos de relações familiares. Mas o parentesco não se expressa apenas numa nomenclatura: os indivíduos, ou classes de indivíduos, que utilizam os termos se sentem (ou não se sentem, dependendo do caso) obrigados uns em relação aos outros a um determinado comportamento – respeito ou familiaridade, direito ou dever, afeto ou hostilidade. Assim, ao lado do que propomos chamar de *sistema terminológico* (e que constitui, propriamente falando, um sistema de vocabulário), existe outro sistema, de natureza igualmente psicológica e social, que designaremos como *sistema de atitudes*. E, se é verdade que (como mostramos acima) o estudo dos sistemas terminológicos nos coloca numa situação análoga àquela em que nos encontramos diante de sistemas fonológicos, mas invertida, a situação se vê, por assim dizer, "endireitada" quando se trata dos sistemas de atitudes. Pressentimos o papel desempenhado por estes, que é garantir a coesão e o equilíbrio do grupo, porém não percebemos sua necessidade.[8] Em outras palavras, e como no caso da linguagem, conhecemos a função, e é o sistema que nos falta.

Vemos assim, entre *sistema terminológico* e *sistema de atitudes*, uma profunda diferença, e nos afastamos nesse ponto de A. R. Radcliffe-Brown (1935, 1941), se é que ele realmente acreditou, como foi algumas vezes acusado, que o segundo não passava da expressão, ou tradução no plano afetivo, do primeiro. Durante estes últimos anos, vários exemplos foram fornecidos de grupos cujo quadro dos termos de parentesco

8. Devemos notar a exceção da obra notável de W. L. Warner (1930-31) "Morphology and Functions of the Australian Murngin Type of Kinship", em que a análise do sistema de atitudes, ainda que discutível em princípio, inaugura uma nova fase no estudo das questões de parentesco.

não reflete exatamente o das atitudes familiares, e vice-versa (Opler 1937; Halpern 1942). Seria equivocado crer que em toda sociedade o sistema de parentesco constitui o principal meio de regular as relações individuais, e, mesmo nas sociedades em que lhe cabe tal papel, ele nem sempre o cumpre no mesmo grau. Além disso, deve-se sempre distinguir entre dois tipos de atitudes. De um lado, as atitudes difusas, não cristalizadas e desprovidas de caráter institucional que podemos considerar como reflexo ou efeito, no plano psicológico, da terminologia. Do outro, ou além das precedentes, as atitudes codificadas, obrigatórias, sancionadas por tabus ou privilégios, e que se exprimem por meio de um cerimonial fixo. Longe de refletirem automaticamente a nomenclatura, tais atitudes parecem muitas vezes ser elaborações secundárias, destinadas a resolver contradições e suprir falhas inerentes ao sistema terminológico. Esse caráter sintético evidencia-se de maneira particularmente notável entre os Wik Monkan da Austrália. Nesse grupo, os privilégios de zombaria marcam uma contradição entre as relações de parentesco que ligam dois homens, antes do casamento, e a relação teórica que deveria existir entre eles para dar conta de seu posterior casamento com duas mulheres que não se relacionam entre si de modo correspondente (Thomson 1935). Existe contradição entre dois sistemas de nomenclatura possíveis, e a ênfase posta nas atitudes representa um esforço de integrar, ou superar, a contradição entre os termos. Concordaremos facilmente com Radcliffe-Brown para afirmar a existência de "relações reais de interdependência entre a terminologia e o resto do sistema" (1941: 8).[9] Alguns de seus críticos se equivocaram ao concluir, diante da ausência de rigoroso paralelismo entre as atitudes e a nomenclatura, pela autonomia recíproca entre as duas ordens. Tal relação de interdependência não é, contudo, uma correspondência termo a termo. Antes, o sistema de atitudes constitui uma integração dinâmica do sistema terminológico.

9. Em inglês no original. [N.T.] Essa fórmula de Radcliffe-Brown parece-nos muito mais satisfatória do que sua afirmação de 1935 de que as atitudes apresentam "um grau razoavelmente alto de correlação com a classificação terminológica" (id. ibid.: 53).

Mesmo na hipótese – a que aderimos sem reservas – de uma relação funcional entre os dois sistemas, é portanto justificável, por razões metodológicas, que tratemos as questões referentes a um e a outro como questões separadas. É isso que propomos fazer aqui no tocante a uma questão considerada, merecidamente, como ponto de partida de toda teoria das atitudes, a do tio materno. Tentaremos mostrar como uma transposição formal do método adotado pelos fonólogos permite lançar uma nova luz sobre o assunto. Os sociólogos lhe dedicaram uma atenção particular porque a relação entre tio materno e sobrinho parecia ser objeto de considerável elaboração num grande número de sociedades primitivas. Mas não basta constatar tal freqüência; é preciso descobrir-lhe a razão.

Lembremos brevemente as principais etapas do desenvolvimento dessa questão. Durante todo o século XIX, e até Sidney Hartland (1917), costumava-se interpretar a importância do tio materno como uma sobrevivência do regime matrilinear, o qual permanecia puramente hipotético e cuja possibilidade era particularmente duvidosa diante de exemplos europeus. Por outro lado, a tentativa de Rivers (1907) de explicar a importância do tio materno no sul da Índia como um resíduo do casamento entre primos cruzados desembocava num resultado especialmente consternador: o próprio autor tinha de reconhecer que a interpretação não era capaz de dar conta de todos os aspectos envolvidos e se contentar com a hipótese de que *vários* costumes diversos e hoje desaparecidos (dos quais o casamento de primos era apenas um) teriam de ser invocados para compreender a existência de *uma só* instituição. O atomismo e o mecanicismo triunfavam (id. ibid.: 624). Na verdade, foi apenas com o artigo fundamental de Lowie (1919) acerca do complexo matrilinear que se abriu o que chamaríamos de "fase moderna" da questão do avunculado. Lowie mostra que a correlação invocada, ou postulada, entre a predominância do tio materno e um regime matrilinear não resiste à análise, pois que o avunculado pode ser encontrado associado tanto a regimes patrilineares como a regimes matrilineares. O papel do tio materno não pode ser explicado como conseqüência ou sobrevivência de um regime de direito materno. Trata-se simplesmente da aplicação particular "de uma tendência muito geral de associar relações sociais definidas a formas de parentesco definidas desconsiderando-se o lado materno ou paterno".[10] Esse princípio, introduzido por Lowie em 1919, segundo o qual existe uma tendência geral a *qualificar as atitudes*, constitui a única base positiva de uma teoria dos sistemas de parentesco. Porém, simultaneamente, Lowie deixava algumas questões em aberto: o que exatamente chamamos de avunculado? Não estaríamos confundindo num termo único costumes e atitudes diferentes? E, se de fato existe uma tendência a qualificar todas as atitudes, por que apenas algumas atitudes se vêem associadas à relação avuncular e não, em cada grupo considerado, quaisquer atitudes possíveis?

Abramos aqui um parêntese para sublinhar a notável analogia que se manifesta entre o encaminhamento de nossa questão e certas etapas da reflexão lingüística. A diversidade das atitudes possíveis no âmbito das relações interindividuais é praticamente ilimitada; o mesmo acontece com a diversidade de sons que o aparelho vocal pode articular, e efetivamente produz, nos primeiros meses da vida humana. Contudo, cada língua retém apenas um pequeno número de sons dentre todos os possíveis, e a lingüística se propõe duas perguntas a esse respeito: por que certos sons são selecionados? Que relações existem entre um ou vários dos sons escolhidos e todos os demais (Jakobson 1941)? Nosso esboço da história da questão do tio materno encontra-se exatamente no mesmo estágio: o grupo social, assim como a língua, encontra à sua disposição um riquíssimo material psicofisiológico e, também como ela, só retém desse material certos elementos, alguns dos quais pelo menos são sempre os mesmos nas mais diversas culturas, combinados em estruturas sempre diversificadas. Perguntamo-nos, assim, qual seria a razão da escolha e quais são as leis das combinações.

No que concerne à questão específica da relação avuncular, é para Radcliffe-Brown que devemos nos voltar. Seu célebre artigo acerca do tio materno na África do Sul (1924) é a primeira tentativa de determinar e analisar as modalidades do que poderíamos chamar de "princípio geral da qualificação das atitudes". Bastará aqui lembrar as teses fundamentais desse estudo que se tornou um clássico.

10. Em inglês no original. [N.T.]

Segundo Radcliffe-Brown, o termo "avunculado" recobre dois sistemas de atitudes antitéticas. Num caso, o tio materno representa a autoridade familiar; é temido, obedecido e possui direitos sobre o sobrinho. No outro, é o sobrinho que goza em relação ao tio de privilégios de familiaridade e pode tratá-lo mais ou menos como a uma vítima. Em segundo lugar, existe uma correlação entre a atitude para com o tio materno e a atitude para com o pai. Em ambos os casos, encontramos os mesmos dois sistemas de atitudes, mas invertidos: nos grupos em que a relação entre pai e filho é de familiaridade, a relação entre tio materno e sobrinho é marcada pelo rigor, e onde o pai se apresenta como o austero depositário da autoridade familiar, é o tio que é tratado com liberdades. Os dois grupos de atitudes formam, portanto, como diriam os fonólogos, dois pares de oposições. Radcliffe-Brown terminava propondo uma interpretação do fenômeno: a filiação determina, em última análise, o sentido de tais oposições. Em regimes patrilineares, em que o pai e a linhagem paterna representam a autoridade tradicional, o tio materno é considerado como uma "mãe masculina", geralmente tratado do mesmo modo que ela e às vezes até chamado pelo mesmo termo que a mãe. A situação inversa ocorre em regimes matrilineares: neles, é o tio materno que encarna a autoridade, e as relações de ternura e familiaridade se concentram no pai e em sua linhagem.

Essa contribuição de Radcliffe-Brown é importantíssima. Depois da crítica definitiva da metafísica evolucionista, conduzida magistralmente por Lowie, é o esforço de síntese retomado a partir de uma base positiva. Dizer que esse esforço não atingiu imediatamente seu objetivo não significa diminuir a homenagem devida ao grande sociólogo inglês. Reconheçamos, assim, que o artigo de Radcliffe-Brown também deixa em aberto questões consideráveis: primeiro, o avunculado não está presente em todos os sistemas matrilineares e patrilineares e pode ser encontrado em sistemas que não são nem um nem outro.[11] Além disso, a relação avuncular não se dá entre dois, mas entre quatro termos: supõe

11. Como entre os Mundugomor da Nova Guiné, em que a relação entre tio materno e sobrinho é sempre de familiaridade, enquanto a filiação é alternadamente patrilinear e matrilinear. Cf. Mead 1935: 176-85.

um irmão, uma irmã, um cunhado e um sobrinho. A interpretação de Radcliffe-Brown isola arbitrariamente certos elementos de uma estrutura global, que deve ser tratada como tal. Alguns exemplos simples tornarão evidente essa dupla dificuldade.

A organização social dos indígenas das ilhas Trobriand, na Melanésia, se caracteriza pela filiação matrilinear, relações de liberdade e familiaridade entre pai e filho e um antagonismo marcado entre tio materno e sobrinho (Malinowski 1929). Os Tcherkesse do Cáucaso, que são patrilineares, ao contrário, colocam a hostilidade entre pai e filho, enquanto o tio materno ajuda o sobrinho e o presenteia com um cavalo quando ele se casa (Dubois de Monpereux 1839, apud Kovalevski 1893). Até aqui, permanecemos dentro dos marcos do esquema de Radcliffe-Brown. Mas consideremos as outras relações familiares em causa: Malinowski mostrou que, nas ilhas Trobriand, marido e mulher vivem numa atmosfera de intimidade afetuosa e que suas relações apresentam um caráter de reciprocidade. As relações entre irmão e irmã, em compensação, são marcadas por um tabu extremamente rigoroso. E o que ocorre no Cáucaso? É a relação entre irmão e irmã que é afetuosa, tanto que entre os Pschav filhas únicas "adotam" um "irmão", que irá desempenhar junto a elas o papel habitual do irmão, de casto companheiro de leito (id. ibid.). A situação entre os cônjuges é totalmente diferente: um tcherkesse não ousa aparecer em público com sua mulher e só a visita em segredo. Segundo Malinowski, não há insulto mais grave em Trobriand do que dizer a um homem que ele se parece com sua irmã; o Cáucaso apresenta um equivalente dessa proibição na interdição de perguntar a um homem sobre a saúde de sua mulher.

Quando se consideram sociedades do tipo "Tcherkesse" ou do tipo "Trobriand", não basta, portanto, estudar a correlação entre as atitudes pai/filho e tio/filho da irmã. Tal correlação é apenas um aspecto do sistema global, em que quatro tipos de atitude estão presentes, e organicamente inter-relacionados, a saber: irmão/irmã, marido/mulher, pai/filho e tio materno/filho da irmã. Os dois grupos que nos serviram de exemplo fornecem aplicações de uma lei que pode ser formulada assim: em ambos os grupos, a relação entre tio materno e sobrinho está para a relação entre irmão e irmã assim como a relação entre pai e filho está para a relação entre marido e mulher. De modo que, uma vez conhecido um par de relações, sempre será possível deduzir o outro.

Consideremos agora outros casos. Em Tonga, na Polinésia, a filiação é patrilinear como entre os Tcherkesse. As relações entre marido e mulher parecem ser públicas e harmoniosas, as brigas domésticas são raras e, embora seja geralmente de *status* superior ao do marido, a mulher "nem pensa em rebelar-se contra ele [...] em todas as questões domésticas, ela se submete de bom grado à autoridade dele". Analogamente, grande liberdade reina entre o tio materno e o sobrinho, que é *fahu*, acima da lei, em relação ao tio, com quem se podem permitir todos os atrevimentos. Opõem-se a essas relações livres aquelas entre filho e pai. Esse último é *tapu*, o filho está proibido de tocar-lhe a cabeça ou os cabelos, de tocar nele enquanto ele come, de dormir em sua cama ou sobre seu travesseiro, de compartilhar sua bebida ou comida e de manipular os objetos que lhe pertencem. Mas o *tapu* mais rigoroso é o que prevalece entre irmão e irmã, que não devem nem mesmo ficar juntos sob o mesmo teto (Gifford 1929: 16-22).

Embora sejam igualmente patrilineares e patrilocais, os indígenas do lago Kutubu, na Nova Guiné, apresentam uma estrutura inversa à precedente: "Nunca vi maior proximidade entre pai e filho", escreve a respeito deles F. E. Williams. As relações entre marido e mulher são caracterizadas pelo baixíssimo estatuto atribuído ao sexo feminino, pela "marcada separação entre os centros de interesse masculino e feminino". As mulheres, diz Williams, "devem trabalhar duro para seus senhores [...] às vezes, protestam e recebem uma surra". Contra seus maridos, as mulheres sempre podem contar com a proteção de seus irmãos, junto a quem buscam refúgio. Quanto às relações entre o sobrinho e o tio materno: "'Respeito' é o termo que melhor as resume [...] com um quê de medo", pois o tio materno tem o poder (como entre os Kipsigi da África) de maldizer o sobrinho e causar-lhe uma doença grave (Williams 1940-41: 265-80, 1941-42, 1941).

Essa última estrutura, presente numa sociedade patrilinear, é contudo do mesmo tipo que a dos Siuai de Bougainville, de filiação matrilinear. Entre irmão e irmã, "relações amigáveis e generosidade mútua". Entre pai e filho, "nada indica uma relação de hostilidade, de autoridade rígida ou de respeito temeroso". Mas as relações do sobrinho com seu tio materno se situam "entre a disciplina rígida e uma interdependência espontaneamente reconhecida". No entanto, "os informantes dizem que todos os meninos sentem certo medo de seus tios maternos e que obedecem a eles mais do que aos seus pais". Entre marido e mulher, por sua vez, não parece reinar o bom entendimento: "Poucas jovens esposas são fiéis [...] os jovens maridos estão sempre desconfiando e tendem a ter ataques de ciúmes [...] o casamento implica uma série de ajustes difíceis" (Oliver 1955: passim).

Quadro idêntico, ainda mais marcado, em Dobu: matrilineares e vizinhos dos Trobriand igualmente matrilineares, com uma estrutura muito diferente. Os casais dobuanos são instáveis, praticam assiduamente o adultério, e marido e mulher temem constantemente morrer pela feitiçaria um do outro. De fato, a observação de Fortune de que "é um grave insulto fazer alusão aos poderes de feitiçaria de uma mulher se seu marido puder ouvir" parece ser uma permutação das proibições trobriandesa e caucasiana mencionadas acima.

Em Dobu, o irmão da mãe é considerado o mais severo de todos os parentes. "Continua batendo nos sobrinhos muito tempo depois de os pais terem parado de fazê-lo" e é proibido pronunciar seu nome. A relação de afeto existe com o "umbigo", o marido da irmã da mãe, ou seja, um dublê do pai, mais do que com o próprio pai. Este é, entretanto, considerado "menos severo" do que o tio e, contrariando a lei de transmissão hereditária, sempre procura favorecer o próprio filho em prejuízo do sobrinho uterino. Finalmente, o laço entre irmão e irmã é "o mais forte de todos os laços sociais" (Fortune 1932: 8, 10, 45, 62-64 ss).

Que conclusão se deve tirar desses exemplos? A correlação entre formas de avunculado e tipos de filiação não esgota o problema. Formas diferentes de avunculado podem coexistir com um mesmo tipo de filiação, patrilinear ou matrilinear. Mas sempre encontramos a mesma relação fundamental entre os quatro pares de oposições que são necessários para a elaboração do sistema. Isso aparece mais claramente nos esquemas (abaixo) que ilustram nossos exemplos, nos quais o sinal [+] representa relações de liberdade e familiaridade e o sinal [–], as relações marcadas pela hostilidade, pelo antagonismo ou pela reserva. A simplificação não é totalmente legítima, mas pode ser utilizada provisoriamente. Faremos mais adiante as distinções indispensáveis.

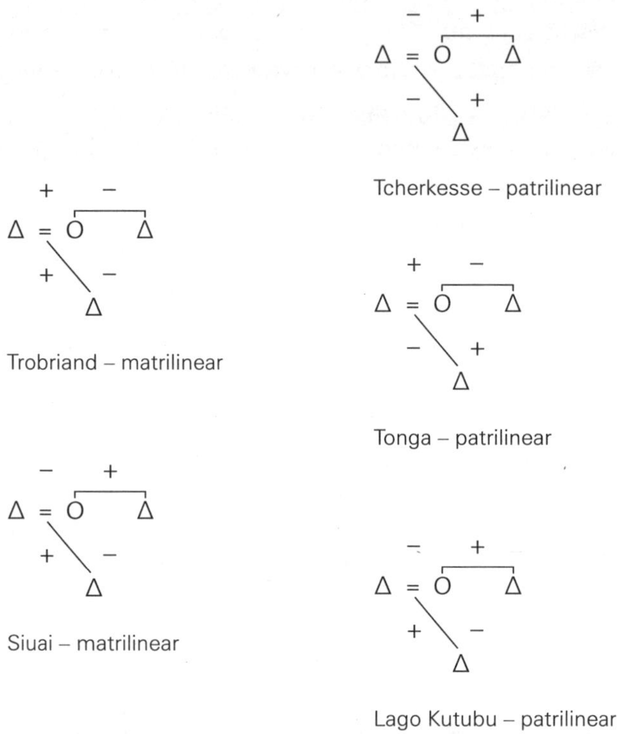

Figura 1

A lei sincrônica de correlação assim sugerida pode ser verificada diacronicamente. Se resumirmos a evolução das relações familiares na Idade Média, tal como se depreendem da descrição de Howard (1904), obteremos o seguinte esquema aproximado: o poder do irmão sobre a irmã diminui, o do futuro marido aumenta e, simultaneamente, o laço entre pai e filho se enfraquece e aquele entre tio materno e sobrinho se reforça.

Essa evolução parece ser confirmada pelos documentos coligidos por L. Gautier (1890), pois nos textos "conservadores" (Raoul de Cambrai, Geste des Loherains etc.), a relação positiva se estabelece entre pai e filho e só paulatinamente vai se deslocando em direção àquela entre tio materno e sobrinho.[12]

***

Vemos, assim,[13] que, para ser compreendido, o avunculado deve ser tratado como uma relação inserida num sistema, e que é o sistema que deve ser considerado, em seu conjunto, para perceber sua estrutura. Essa estrutura se funda em quatro termos (irmão, irmã, pai, filho), unidos entre si por dois pares de oposições correlativas, de tal modo que em cada uma das duas gerações em questão sempre há uma relação positiva e uma relação negativa. Se nos perguntarmos o que é essa estrutura, e qual sua razão de ser, a resposta é a seguinte: essa é a estrutura de parentesco mais simples que se pode conceber e que pode existir. É, na verdade, *o elemento de parentesco*.

Em favor dessa afirmação, pode-se invocar um argumento de ordem lógica: para que exista uma estrutura de parentesco, é necessário que nela se encontrem os três tipos de relação familiar que sempre são dados na sociedade humana, isto é, uma relação de consangüinidade, uma relação de aliança e uma relação de filiação, ou, em outras palavras, uma relação entre germanos, uma relação entre cônjuges e uma relação entre pais e filhos. É fácil perceber que a estrutura aqui considerada é aquela que permite satisfazer a essa tripla condição segundo o princípio da maior economia. Mas essas considerações possuem um caráter abstrato, e uma prova mais direta pode ser invocada para nossa demonstração.

12. Consultar também, acerca desse tema, Gummere 1901 e Farnsworth 1913.

13. Os parágrafos precedentes foram escritos em 1957, substituindo o texto original, em resposta à judiciosa observação feita por meu colega Luc de Heusch, da Universidade Livre de Bruxelas, de que um de meus exemplos era materialmente incorreto. Registro aqui meu agradecimento a ele.

O caráter primitivo e irredutível do elemento de parentesco tal como o definimos decorre, imediatamente, da existência universal da proibição do incesto. Esta equivale a dizer que, na sociedade humana, um homem só pode obter uma esposa de um outro homem, que a cede na pessoa de uma filha ou irmã. De modo que não é preciso explicar como o tio materno surge na estrutura de parentesco: ele não surge, é nela prontamente dado, é sua condição. O erro da sociologia tradicional, e da lingüística tradicional, estava em considerar os termos, e não as relações entre os termos.

Antes de avançarmos, afastemos rapidamente algumas objeções que poderiam surgir. Em primeiro lugar, se a relação entre "cunhados" forma o eixo inevitável em torno do qual se constrói a estrutura de parentesco, por que fazer a criança gerada pelo casamento figurar na estrutura elementar? Deve-se ter em mente que a criança representada pode tanto ser uma criança nascida como por nascer. Isso posto, a criança é indispensável para atestar o caráter dinâmico e teleológico do procedimento inicial, que funda o parentesco na e por meio da aliança. O parentesco não é um fenômeno estático; existe apenas para perpetuar-se. Não nos referimos ao desejo de perpetuar a raça, mas ao fato de que, na maioria dos sistemas de parentesco, o desequilíbrio inicial que se produz, numa dada geração, entre aquele que cede uma mulher e aquele que a recebe só pode ser estabilizado pelas contraprestações que ocorrem nas gerações seguintes. Até mesmo a mais elementar das estruturas de parentesco existe simultaneamente na ordem da sincronia e na da diacronia.

Em segundo lugar, não se poderia conceber uma estrutura simétrica, igualmente simples, mas na qual os sexos estariam invertidos, isto é, uma estrutura envolvendo uma irmã, seu irmão, a mulher deste e a filha nascida de sua união? Certamente. Mas tal possibilidade teórica pode ser imediatamente eliminada com base na experiência: na sociedade humana, são os homens que trocam mulheres, e não o contrário. Resta saber se algumas culturas não teriam tendido a realizar uma espécie de imagem fictícia dessa estrutura simétrica. Casos assim hão de ser raros.

Chegamos então a uma objeção mais séria. É possível que, na verdade, apenas tenhamos conseguido inverter a questão. A sociologia tradicional obstinou-se em explicar a origem do avunculado, e nós nos livramos dessa busca tratando o irmão da mãe não como um elemento extrínseco, mas como um dado imediato da mais simples das estruturas familiares. Por que razão, então, não encontramos o avunculado sempre e por toda parte? Pois, embora possua uma distribuição bastante freqüente, ele não é universal. Teria sido inútil evitar a explicação dos casos em que ele existe para fracassar diante de sua ausência.

Observemos inicialmente que o sistema de parentesco não possui a mesma importância em todas as culturas. Ele fornece a algumas o princípio ativo que regula todas as relações sociais, ou a maior parte delas. Em outros grupos, como a nossa sociedade, essa função está ausente ou muito atenuada. Em outras ainda, como as sociedades dos índios das planícies norte-americanas, ela é apenas parcialmente cumprida. O sistema de parentesco é uma linguagem; não é uma linguagem universal, e outros modos de expressão e ação podem lhe ser preferidos. Do ponto de vista dos sociólogos, isso equivale a dizer que, diante de uma determinada cultura, propõe-se sempre uma questão preliminar: o sistema é sistemático? A pergunta, absurda à primeira vista, só o seria, na verdade, em relação à língua, que é o sistema de significação por excelência. Ela não pode não significar, e toda a sua existência está na significação. A questão deve, ao contrário, ser examinada com rigor crescente à medida que nos afastamos da língua para considerarmos outros sistemas, que possuem igualmente a intenção de significar, mas cujo valor de significação permanece parcial, fragmentário ou subjetivo, como a organização social, a arte etc.

Além disso, interpretamos o avunculado como um traço característico da estrutura elementar. Esta, resultante de relações definidas entre quatro termos, é, de nosso ponto de vista, o verdadeiro *átomo de parentesco*.[14] Não há existência que possa ser concebida ou dada aquém das exigências fundamentais de sua estrutura e, por outro lado, ele é a única matéria-prima de construção dos sistemas mais complexos. Pois

14. Nem é preciso lembrar que o atomismo, tal como o criticamos em Rivers, é o da filosofia clássica, e não a concepção estrutural do átomo como a encontramos na física moderna.

sistemas mais complexos existem; ou, para formular mais precisamente, todo sistema de parentesco é elaborado a partir dessa estrutura elementar que se repete, ou se desenvolve mediante a integração de novos elementos. É preciso, assim, considerar duas hipóteses: a de que o sistema de parentesco em foco procede por justaposição simples de estruturas elementares, nos quais, conseqüentemente, a relação avuncular permanece sempre aparente; e a de que a unidade de construção do sistema já é de ordem mais complexa. Neste último caso, a relação avuncular, embora esteja presente, pode ser submergida num contexto diferenciado. Pode-se conceber, por exemplo, um sistema que tome por ponto de partida a estrutura elementar e agregue, à direita do tio materno, a mulher deste e, à esquerda do pai, primeiro a irmã do pai, e em seguida o marido desta. Seria fácil demonstrar que um desenvolvimento dessa ordem acarreta, na geração seguinte, um desdobramento paralelo: a criança deverá, nesse caso, ser diferenciada em filho e filha, cada um deles unido por uma relação simétrica e inversa aos termos que, na estrutura, ocupam as outras posições periféricas (posição preponderante da irmã do pai na Polinésia, *nhlampsa* sul-africana e herança da mulher do irmão da mãe). Numa estrutura de tal ordem, a relação avuncular continua manifesta, mas já não é predominante. Em estruturas de complexidade ainda maior, ela pode desaparecer ou se confundir com outras. Mas justamente porque integra a estrutura elementar, a relação avuncular reaparece com clareza, e tende a se acentuar, sempre que o sistema considerado apresentar um aspecto crítico: ou porque se encontra em processo de transformação rápida (costa noroeste do Pacífico) ou porque se encontra no ponto de contato e conflito entre culturas profundamente diferentes (Fiji, sul da Índia) ou ainda porque está passando por uma crise fatal (Idade Média européia).

É preciso, finalmente, acrescentar que os símbolos, positivo e negativo, que utilizamos nos esquemas anteriores representam uma simplificação excessiva, aceitável apenas como etapa da demonstração. Na verdade, o sistema das atitudes elementares possui pelo menos quatro termos: uma atitude de afeto, ternura e espontaneidade; uma atitude resultante do intercâmbio de prestações e contraprestações; e, além dessas relações bilaterais, duas relações unilaterais, uma que corresponde à atitude do credor, e a outra, à do devedor. Em outras palavras: mutualidade [=], reciprocidade [±], direito [+], obrigação [−]. Essas quatro atitudes fundamentais podem ser representadas em suas relações recíprocas do seguinte modo:

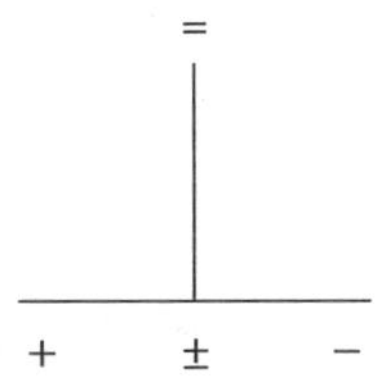

Figura 2

Em muitos sistemas, a relação entre dois indivíduos freqüentemente se expressa não por uma única atitude, mas por várias delas, formando um pacote, por assim dizer (nas ilhas Trobriand, por exemplo, encontramos entre marido e mulher mutualidade *mais* reciprocidade). Essa é mais uma razão para a possível dificuldade em apreender a estrutura fundamental.

***

Tentamos mostrar tudo o que a análise acima deve aos mestres contemporâneos da sociologia primitiva. Contudo, é preciso notar que, em seu ponto mais fundamental, ela se afasta de seus ensinamentos. Citemos, por exemplo, Radcliffe-Brown:

> *A unidade de estrutura com que um parentesco é construído é o grupo que chamo de "família elementar", que consiste de um homem, sua mulher e seu filho ou filhos... A existência da família elementar cria três tipos especiais de relação social, aquela entre genitor e filho, aquela entre filhos dos mesmos genitores* (siblings) *e aquela entre marido e mulher, enquanto genitores da(s) mesma(s) criança(s)... As três relações que existem dentro da família elementar constituem o que chamo*

de primeira ordem. Relações de segunda ordem são as que dependem da conexão entre duas famílias elementares por um membro comum, tais como pai do pai, irmão da mãe, irmã da esposa etc. Na terceira ordem estão, por exemplo, filho do irmão do pai e esposa do irmão da mãe. Assim, se tivermos a informação genealógica, poderemos traçar relações de quarta, quinta ou enésima ordem (1941: 2).[15]

A idéia expressa nesse trecho, segundo a qual a família biológica constitui o ponto a partir do qual toda sociedade elabora seu sistema de parentesco, não é exclusiva do mestre inglês. Com efeito, nenhuma idéia seria atualmente endossada com tanta unanimidade. E não há, parece-nos, idéia tão perigosa. Sem dúvida, a família biológica está presente e se reproduz na sociedade humana. Mas o que confere ao parentesco seu caráter social não é aquilo que ele tem de manter da natureza. É o procedimento essencial pelo qual ele se afasta dela. Um sistema de parentesco não se encontra nos laços objetivos de filiação ou consangüinidade dados entre os indivíduos. Ele só existe na consciência dos homens, é um sistema arbitrário de representações, e não o desenvolvimento espontâneo de uma situação de fato. Isso não significa que tal situação seja necessariamente contradita ou mesmo simplesmente ignorada. Radcliffe-Brown mostrou, em estudos hoje clássicos, que até os sistemas aparentemente mais rígidos e mais artificiais, como os sistemas australianos de classes matrimoniais, levam em conta o parentesco biológico. Mas essa sua indiscutível observação deixa de lado o fato que, para nós, é decisivo: na sociedade humana, o parentesco só pode se estabelecer e se perpetuar por meio de, e graças a, relações de aliança. Ou seja, as relações que Radcliffe-Brown define como de "primeira ordem" são função daquelas que ele considera secundárias e derivadas e delas dependem. O caráter primordial do parentesco humano está em requerer, como condição de existência, o estabelecimento de relações entre o que Radcliffe-Brown chama de "famílias elementares". Assim, o que é de fato "elementar" não são as famílias, termos isolados, e sim a relação entre esses termos.

15. Citação em inglês no original. [N.T.]

Nenhuma outra interpretação pode dar conta da universalidade da proibição do incesto, de que a relação avuncular, em seu aspecto mais geral, é apenas um corolário, ora manifesto, ora encoberto.

Porque são sistemas de símbolos, os sistemas de parentesco fornecem ao antropólogo um campo privilegiado, no qual seus esforços quase (e insistimos no quase) atingem os da ciência social mais desenvolvida, isto é, a lingüística. Mas a condição desse encontro, de que se pode esperar uma melhor compreensão do homem, é jamais perder de vista o fato de que, tanto no caso do estudo sociológico como no do estudo lingüístico, estamos em pleno simbolismo. E se é legítimo, até inevitável, em certo sentido, recorrer à interpretação naturalista para tentar compreender o surgimento do pensamento simbólico, uma vez dado este, a explicação deve mudar radicalmente de natureza, tanto quanto o fenômeno recém-surgido difere de todos os que o precederam e prepararam. A partir de então, qualquer concessão ao naturalismo ameaçaria pôr em risco os imensos progressos já realizados no campo da lingüística e que começam a despontar na sociologia da família, condenando esta última a um empirismo sem inspiração nem fecundidade.

III. Linguagem e sociedade[1]

Num livro de fundamental importância para o futuro das ciências sociais, Wiener (1948) considera a possibilidade de extensão a elas dos métodos matemáticos de predição que possibilitaram a construção das grandes máquinas de calcular eletrônicas. Sua resposta é, finalmente, negativa, e ele a justifica por duas razões.

Em primeiro lugar, Wiener estima que a própria natureza das ciências sociais implica a repercussão de seu desenvolvimento sobre o objeto de investigação. A interdependência entre o observador e o fenômeno observado é uma noção corrente na teoria científica contemporânea. Em certo sentido, ilustra uma situação universal. Contudo, ela pode ser considerada irrelevante nos campos que se abriram para as investigações matemáticas mais avançadas. A astrofísica, por exemplo, possui um objeto vasto demais para que a influência do observador possa se exercer. A física atômica, por sua vez, estuda objetos pequeníssimos, mas que, por serem muito numerosos, só nos permitem apreender valores estatísticos ou médias, em que a influência do observador se encontra, por outras vias, anulada. Ela permanece sensível, porém, nas ciências sociais, pois as modificações que produz são *da mesma ordem de grandeza* que os fenômenos estudados.

Em segundo lugar, Wiener nota que os fenômenos que cabem propriamente às pesquisas sociológicas e antropológicas são definidos em função de nossos próprios interesses: dizem respeito à vida, à educação, à trajetória e à morte de indivíduos semelhantes a nós. Conseqüentemente,

1. Adaptado do original em inglês, publicado em *American Anthropologist* (Lévi-Strauss 1951).

as séries estatísticas de que dispomos para estudar qualquer fenômeno são invariavelmente reduzidas demais para servirem de base a uma indução legítima. Wiener conclui que a análise matemática, aplicada às ciências sociais, só pode fornecer resultados de pouco interesse para o especialista, comparáveis aos que seriam atingidos mediante a análise estatística de um gás e aplicados a um ser aproximadamente da ordem de grandeza de uma molécula.

Tais objeções são irrefutáveis quando remetidas às investigações consideradas por Wiener, a saber, as monografias e os trabalhos de antropologia aplicada. Nesses casos, trata-se sempre de comportamentos individuais, estudados por um observador que é também um indivíduo, ou ainda do estudo de uma cultura, de um "caráter nacional", de um modo de vida, por um observador que é incapaz de se desvencilhar totalmente de sua própria cultura, ou daquela de que provêm seus métodos e suas hipóteses de trabalho, que pertencem a um tipo específico de cultura.

Contudo, pelo menos num campo das ciências sociais, as objeções de Wiener perdem muito de seu peso. Em lingüística, e mais especificamente em lingüística estrutural – considerada basicamente do ponto de vista da fonologia –, as condições que ele estabelece para um estudo matemático parecem encontrar-se reunidas. A linguagem é um fenômeno social. Dentre os fenômenos sociais, é o que apresenta mais claramente as duas características fundamentais para possibilitar um estudo científico. Primeiro, quase todos os comportamentos lingüísticos se situam no nível do pensamento inconsciente. Ao falarmos, não temos consciência das leis sintáticas e morfológicas da língua. Além disso, não temos consciência dos fonemas que utilizamos para diferenciar o sentido de nossas palavras; e temos ainda menos consciência – supondo que possamos tê-la às vezes – das oposições fonológicas que permitem analisar cada fonema em elementos diferenciais. Finalmente, a falta de apreensão intuitiva persiste mesmo quando formulamos as regras gramaticais ou fonológicas de nossa língua. Tal formulação emerge unicamente no plano do pensamento científico, ao passo que a língua vive e se desenvolve como elaboração coletiva. Nem mesmo os especialistas conseguem fundir completamente seus conhecimentos teóricos e sua experiência de sujeito falante. Seu modo de falar é pouquíssimo afetado pelas interpretações que possam ter dele e que remetem a outro nível. Em lingüística é possível, portanto, afirmar que a influência do observador sobre o objeto observado é irrisória: não basta que o observador tome consciência do fenômeno para que este seja por isso modificado.

A linguagem apareceu muito cedo no desenvolvimento da humanidade. E mesmo que se considere a necessidade de dispor de documentos escritos para realizar um estudo científico, temos de reconhecer que a escrita data de muito tempo e que fornece séries suficientemente longas para possibilitar uma análise matemática. As séries disponíveis em lingüística indo-européia, semítica e sino-tibetana são da ordem de 4 ou 5 mil anos. E, quando falta a dimensão histórica – no caso das línguas ditas "primitivas" –, ela pode muitas vezes ser compensada pela comparação de formas múltiplas e contemporâneas, graças às quais uma dimensão espacial, por assim dizer, substitui proveitosamente a que falta.

A linguagem é, portanto, um fenômeno social que constitui um objeto independente do observador e para a qual dispomos de longas séries estatísticas. Duas razões para considerá-la apta a satisfazer às exigências dos matemáticos, tal como formuladas por Wiener.

Numerosas questões lingüísticas remetem às máquinas de calcular modernas. Se conhecêssemos a estrutura fonológica de uma língua qualquer e as regras que presidem ao agrupamento das consoantes e das vogais, uma máquina estabeleceria facilmente não só a lista das combinações de fonemas que formam as palavras de *n* sílabas existentes no vocabulário como de todas as demais combinações compatíveis com a estrutura da língua, tal como previamente definida. Uma máquina que recebesse as equações que determinam os diversos tipos de estrutura conhecidos em fonologia, o repertório de sons que o aparelho fonador humano pode produzir e os menores limites diferenciais entre tais sons, previamente determinados por métodos psicofisiológicos (com base em um inventário e em uma análise dos fonemas mais próximos) poderia fornecer um quadro exaustivo das estruturas fonológicas de *n* oposições (*n* podendo ser determinado com o valor mais alto que se desejar). Obter-se-ia, desse modo, uma espécie de tabela periódica das estruturas lingüísticas, comparável à dos elementos, que a química moderna deve a Mendeleiev. Bastaria então localizar na tabela as línguas já estudadas, marcar a posição e as relações com as demais línguas, daquelas cujo estudo direto ainda é insuficiente para nos fornecer um conhecimento teórico a seu respeito, e seria inclusive possível descobrir a localização de línguas extintas, futuras ou simplesmente possíveis.

Um último exemplo. Jakobson (1948) propôs recentemente uma hipótese segundo a qual uma única língua poderia comportar várias estruturas fonológicas diferentes, cada uma delas envolvida num certo tipo de operação gramatical. Deve haver uma relação entre todas essas modalidades estruturais da mesma língua, uma "metaestrutura", que pode ser considerada como a lei do grupo formado pelas estruturas modais. Se pedíssemos a uma calculadora que analisasse cada uma das modalidades, certamente chegaríamos, através de métodos matemáticos conhecidos, à "metaestrutura" da língua, que deveria ser em geral complexa demais para que fosse possível restituí-la com métodos empíricos de observação.

A questão aqui levantada pode então ser definida como segue. De todos os fenômenos sociais, a linguagem é o único que parece atualmente prestar-se a um estudo realmente científico, que explique o modo como se formou e preveja certas modalidades de sua evolução futura. Tais resultados foram obtidos graças à fonologia e na medida em que ela foi capaz de atingir, para além das manifestações conscientes e históricas da língua, sempre superficiais, realidades objetivas. Estas consistem em sistemas de relações, que são o produto da atividade inconsciente do espírito. De onde as perguntas: seria possível realizar uma redução desse tipo em relação a outros tipos de fenômenos sociais? Em caso afirmativo, um método idêntico conduziria aos mesmos resultados? E, por fim, se respondêssemos afirmativamente à segunda pergunta, poderíamos admitir que diversas formas de vida social são substancialmente de mesma natureza, sistemas de comportamento, cada um dos quais uma projeção no plano do pensamento consciente e socializado, das leis universais que regem a atividade inconsciente do espírito? Evidentemente, não nos é possível responder de um só golpe a todas essas questões.

Assim, apenas indicaremos algumas balizas e esboçaremos os principais caminhos que a investigação poderia tomar com proveito.

Começaremos evocando alguns trabalhos de Kroeber que possuem importância metodológica inegável para nosso debate. Em seu estudo acerca da evolução do estilo do vestuário feminino, Kroeber investigou a moda, isto é, um fenômeno social intimamente ligado à atividade inconsciente do espírito. Raramente sabemos com exatidão por que um determinado estilo nos agrada ou por que sai de moda. Kroeber mostrou que essa evolução, aparentemente arbitrária, obedece a leis, que não são acessíveis à observação empírica nem tampouco a uma apreensão intuitiva dos fatos da moda. Manifestam-se apenas quando se mede um certo número de relações entre os vários elementos do vestuário. Tais relações podem ser expressas na forma de funções matemáticas, cujos valores, calculados num determinado momento, fornecem uma base para a previsão (Kroeber e Richardson 1940).

Assim, a moda, que se poderia supor como o aspecto mais arbitrário e contingente dos comportamentos sociais, é passível de estudo científico. O método delineado por Kroeber, além de se parecer com o da lingüística estrutural, pode ser aproximado de certas investigações das ciências sociais, notadamente as de Teissier a respeito do crescimento dos crustáceos. Este autor mostrou que é possível formular leis de crescimento, contanto que se considerem as dimensões relativas dos elementos que compõem os membros (as pinças, por exemplo) em lugar de suas formas. A determinação dessas relações leva ao estabelecimento de parâmetros com os quais leis de crescimento podem ser formuladas (Teissier 1936). Portanto, o objeto da zoologia científica não é a descrição das formas animais, tais como são intuitivamente percebidas; tratase essencialmente de definir relações abstratas mas constantes, nas quais aparece o aspecto inteligível do fenômeno estudado.

Apliquei um método análogo ao estudo da organização social, principalmente das regras de casamento e dos sistemas de parentesco. Foi assim possível estabelecer que as regras de casamento observáveis nas sociedades humanas não devem ser classificadas – como se costuma fazer – em categorias heterogêneas e diversamente intituladas:

proibição do incesto, tipos de casamento preferencial etc. Todas elas representam modos de garantir a circulação das mulheres no seio do grupo social, isto é, de substituir um sistema de relações consangüíneas, de origem biológica, por um sistema sociológico de aliança. Uma vez formulada essa hipótese de trabalho, restaria apenas empreender o estudo matemático de todos os tipos de troca concebíveis entre *n* parceiros para daí deduzir as regras de casamento operantes nas sociedades existentes. Outras seriam, ao mesmo tempo, descobertas, correspondendo a sociedades possíveis. Finalmente, poderíamos compreender sua função, seu modo de operação e a relação entre formas diferentes.

Pois bem, a hipótese inicial foi confirmada pela demonstração – obtida de maneira puramente dedutiva – de que todos os mecanismos de reciprocidade conhecidos pela antropologia clássica (isto é, aqueles fundados numa organização dualista e o casamento por troca entre parceiros em número de 2, ou de um múltiplo de 2) constituem casos particulares de uma forma de reciprocidade mais geral, entre um número qualquer de parceiros. Tal forma geral de reciprocidade tinha permanecido oculta, porque os parceiros não dão uns aos outros (e não recebem uns dos outros): não se recebe daquele a quem se dá e não se dá àquele de quem se recebe. Cada qual dá a um parceiro e recebe de outro, no interior de um ciclo de reciprocidade que opera num único sentido.

Esse gênero de estrutura, tão importante quanto o sistema dualista, já tinha sido observado e descrito algumas vezes. Alertados pelas conclusões da análise teórica, reunimos e compilamos os documentos esparsos que mostram a considerável extensão do sistema. Ao mesmo tempo, foi possível interpretar as características comuns de um grande número de regras de casamento, como a preferência pelos primos cruzados bilaterais, ou por um tipo unilateral, em linha paterna ou materna. Costumes que pareciam ininteligíveis aos etnólogos tornaram-se claros, a partir do momento em que foram reduzidos a modalidades diversas das leis da troca. Estas, por sua vez, puderam ser reduzidas a certas relações fundamentais entre o modo de residência e o modo de filiação.

Toda a demonstração, cujas principais articulações recapitulamos, acima pode ser levada a bom termo com uma condição: tomar as regras de casamento e os sistemas de parentesco como uma espécie de linguagem, ou seja, um conjunto de operações destinadas a garantir um certo tipo de comunicação entre os indivíduos e os grupos. O fato de aqui a "mensagem" ser constituída pelas *mulheres do grupo* que *circulam* entre os clãs, linhagens ou famílias (e não, como na linguagem em si, pelas *palavras do grupo* circulando entre indivíduos) não altera em nada a identidade do fenômeno, considerado em ambos os casos.

Seria possível ir mais longe? Ao alargarmos a noção de comunicação para nela incluir a exogamia e as regras que decorrem da proibição do incesto, podemos lançar algumas luzes sobre uma questão ainda misteriosa, a da origem da linguagem. Comparadas à linguagem, as regras do casamento formam um sistema complexo do mesmo tipo que ela, porém mais tosco, e no qual um bom número de traços arcaicos, comuns a ambos, se encontra preservado. Todos reconhecemos que as palavras são signos, mas os poetas são ainda, entre nós, os últimos a saber que as palavras também foram valores. Em compensação, o grupo social considera as mulheres como valores de um tipo essencial, contudo temos dificuldade em compreender que tais valores possam se integrar em sistemas significativos, qualidade que mal começamos a atribuir aos sistemas de parentesco. Tal equívoco fica evidente numa crítica algumas vezes feita às *Estruturas elementares do parentesco*: "livro antifeminista", disseram alguns, porque as mulheres nele são tratadas como objetos. É legítima a surpresa diante do fato de se atribuir às mulheres o papel de elementos num sistema de signos. No entanto, vale lembrar que, se as palavras e os fonemas perderam (de modo mais aparente do que real, aliás) seu caráter de valores, para se tornarem meros signos, a mesma evolução não poderia se reproduzir integralmente no que diz respeito às mulheres. As palavras, ao contrário das mulheres, não falam. Estas são ao mesmo tempo signos e produtoras de signos e, enquanto tais, não podem ser reduzidas ao estado de símbolos ou peões.

Essa dificuldade teórica também comporta, entretanto, uma vantagem. A posição ambígua das mulheres, nesse sistema de comunicação entre homens, composto pelas regras do casamento e o vocabulário de parentesco, fornece uma imagem grosseira, mas utilizável, do tipo de relação que os homens podem ter tido, há muito tempo, com as palavras. Por essa via, teríamos assim acesso a um estado que reflete de modo aproximado certos aspectos psicológicos e sociológicos característicos dos primórdios da linguagem. Como no caso das mulheres, o impulso original que levou os homens a "trocar" palavras talvez devesse ser buscado numa representação desdobrada, ela mesma resultante do surgimento primeiro da função simbólica. Assim que um objeto sonoro é apreendido como portador de um valor imediato, ao mesmo tempo para quem fala e para quem ouve, adquire uma natureza contraditória, cuja neutralização só é possível mediante essa troca de valores complementares a que se reduz toda a vida social.

Essas especulações podem ser julgadas arriscadas. Contudo, se nos for concedido o princípio, decorre daí pelo menos uma hipótese que pode ser submetida a um controle experimental. Somos, com efeito, levados a nos perguntar se diversos aspectos da vida social (inclusive a arte e a religião), cujo estudo, como já sabemos, pode se valer de métodos e noções emprestados da lingüística, não consistiriam em fenômenos cuja natureza é a mesma que a da própria linguagem? Como verificar tal hipótese? Quer nos limitemos ao exame de uma única sociedade, quer o estendamos a várias, será necessário proceder a uma análise suficientemente aprofundada dos diferentes aspectos da vida social para atingir um nível em que seja possível passar de um a outro, isto é, elaborar uma espécie de código universal, capaz de exprimir as propriedades comuns às estruturas específicas ligadas a cada um dos aspectos. O emprego de tal código deverá ser legítimo para cada sistema tomado isoladamente e para todos, quando se tratar de compará-los. Desse modo, estaremos em condições de saber se atingimos sua natureza mais profunda e se constituem ou não realidades do mesmo tipo.

Permitam-me proceder aqui a uma experiência orientada nessa direção. Um antropólogo, considerando os traços fundamentais dos sistemas de parentesco característicos de várias regiões do mundo, pode tentar traduzi-los numa forma suficientemente geral para que tenha sentido até para um lingüista, isto é, para que este possa aplicar o mesmo tipo de formalização à descrição das famílias lingüísticas correspondentes às mesmas regiões. Uma vez efetuada essa redução preliminar, lingüistas e antropólogos poderão se perguntar se modalidades diferentes de comunicação – regras de parentesco e casamento de um lado, linguagem do outro –, tais como podem ser observadas na mesma sociedade, podem ou não ser ligadas a estruturas inconscientes similares. Em caso de resposta afirmativa, teríamos a certeza de havermos chegado a uma expressão realmente fundamental.

Postulemos, assim, que existe uma correspondência formal entre a estrutura da língua e a do sistema de parentesco. Se a hipótese tiver fundamento, deveremos verificar, nas regiões seguintes, a presença de línguas comparáveis, em sua estrutura, aos sistemas de parentesco tais como definidos abaixo.

1. Área indo-européia – A regulamentação do casamento em nossas sociedades contemporâneas parece estar fundada no seguinte princípio: contanto que se decrete um pequeno número de prescrições negativas (graus proibidos), a densidade e a fluidez da população bastam para obter um resultado que, em outras sociedades, só seria possível mediante um grande número de regras positivas e negativas, a saber, uma coesão social resultante de casamentos entre cônjuges cujo grau de parentesco seja muito afastado, ou até impossível de traçar. Essa solução de tipo estatístico parece ter por origem um traço característico da maioria dos antigos sistemas de parentesco indo-europeus. Em nossa terminologia, correspondem a uma *fórmula simples de troca generalizada*. Contudo, na área indo-européia, a fórmula não se aplica diretamente às linhagens, e sim a conjuntos complexos de linhagens, do tipo *bratsvo*, verdadeiros conglomerados no interior dos quais cada linhagem goza de relativa liberdade em relação à regra de troca generalizada, que funciona estritamente no nível dos conjuntos em si. Pode-se assim dizer que um traço característico das estruturas de parentesco indo-européias reside no fato de exporem o problema da coesão social em termos simples e, ao mesmo tempo, garantirem a possibilidade de lhe dar múltiplas soluções.

Se a estrutura lingüística fosse análoga à estrutura de parentesco, teria as seguintes propriedades: línguas com estrutura simples, utilizando elementos numerosos. E a oposição entre *simplicidade de estrutura*, de um lado, e *complexidade dos elementos*, do outro, se traduziria pelo fato de vários elementos sempre estarem disponíveis (e como que concorrendo uns com os outros) para ocupar a mesma posição na estrutura.

2. Área sino-tibetana – A complexidade dos sistemas de parentesco é de outra ordem. Todos dependem ou derivam da forma mais simples concebível da troca generalizada, isto é, o casamento preferencial com a filha do irmão da mãe. Como mostrei alhures (Lévi-Strauss 1949b: 291-380), esse tipo de casamento garante a coesão social ao custo mínimo, e é ao mesmo tempo extensível a qualquer número de parceiros.

Enunciando tais afirmações numa forma suficientemente geral para torná-las utilizáveis por lingüistas, diríamos portanto que a estrutura é complexa, ao passo que os elementos em si são pouco numerosos. Fórmula que aliás parece bastante apropriada para expressar um aspecto característico das línguas tonais.

3. Área africana – Os sistemas de parentesco africanos possuem uma tendência comum de desenvolvimento da instituição do "preço da noiva", associada à freqüente proibição do casamento com a esposa do irmão da mulher. Resulta disso um sistema de troca generalizada mais complexo do que aquele fundado exclusivamente no casamento preferencial com a prima cruzada matrilateral. Ao mesmo tempo, o tipo de coesão social ocasionado pela circulação dos bens se aproxima, em certa medida, do tipo estatístico de coesão existente em nossas sociedades.

As línguas africanas deveriam, portanto, apresentar diversas modalidades intermediárias entre os tipos examinados nos itens 1 e 2.

4. Área oceânica – Os bem conhecidos traços característicos dos sistemas de parentesco polinésios teriam como equivalente, no plano lingüístico, estrutura simples e elementos pouco numerosos.

5. Área norte-americana – Essa região do mundo apresenta um desenvolvimento excepcional dos sistemas de parentesco chamados "crow-

omaha", que é preciso distinguir cuidadosamente de todos os outros que expressam a mesma indiferença em relação aos níveis generacionais.[2] Os sistemas crow-omaha não podem ser definidos simplesmente pela localização dos dois tipos de primos cruzados unilaterais em níveis generacionais diferentes; sua propriedade distintiva (pela qual se opõem ao sistema miwok) está na assimilação dos primos cruzados a parentes, em vez de afins. Os sistemas miwok são igualmente freqüentes no Velho e no Novo Mundo, ao passo que os sistemas crow-omaha propriamente ditos, a não ser por umas poucas exceções, só se encontram na América.[3] Pode-se dizer que tais sistemas abolem a distinção entre troca restrita e troca generalizada, isto é, entre duas fórmulas geralmente tidas como incompatíveis. Por esse viés, a aplicação simultânea de duas fórmulas simples permite garantir casamentos entre graus afastados, enquanto a aplicação isolada de uma ou outra teria apenas desembocado no casamento entre tipos diferentes de primos cruzados.

Em termos de estrutura lingüística, isso equivaleria a dizer que certas línguas americanas poderiam conter elementos, em número relativamente elevado, apropriados para se articularem em estruturas relativamente simples, mas graças a uma assimetria imposta a estas últimas.

***

O caráter precário e hipotético dessa reconstrução é inegável. Ao efetuá-la, o antropólogo vai do conhecido para o desconhecido (pelo menos no que lhe diz respeito). Conhece as estruturas de parentesco, mas não as das línguas correspondentes. As características diferenciais enumeradas acima teriam algum sentido no plano lingüístico? Somente os lingüistas poderão dizer. Como antropólogo social, leigo em matéria de lingüística, tentei apenas ligar eventuais propriedades estruturais –

2. O que significa que rejeitamos categoricamente a assimilação, proposta por Murdock, dos sistemas crow-omaha ao tipo miwok. Cf. Murdock 1949: 224, 340.

3. Isso deixou de ser verdadeiro. Atualmente, sistemas desse tipo são conhecidos alhures, notadamente na África. [N. da 2ª ed., 1974]

concebidas em termos muito genéricos – a certos traços dos sistemas de parentesco. No tocante à justificativa das escolhas específicas que fiz em relação a estes últimos, remeto o leitor a um trabalho cujas conclusões suponho conhecidas (Lévi-Strauss 1949b) e que aqui, por falta de espaço, apenas evoquei brevemente. Terei ao menos indicado certas propriedades gerais dos sistemas de parentesco característicos de várias regiões do mundo. Caberá aos lingüistas dizer se as estruturas lingüísticas dessas regiões podem ser, ainda que de modo muito aproximativo, formuladas nos mesmos termos ou em termos equivalentes. Se assim for, um grande passo terá sido dado em direção ao conhecimento dos aspectos fundamentais da vida social.

Estaria, pois, aberto o caminho para a análise estrutural e comparada dos costumes, instituições e comportamentos aprovados pelo grupo. Estaríamos em condições de compreender certas analogias fundamentais entre manifestações da vida em sociedade aparentemente muito afastadas entre si, como a linguagem, a arte, o direito e a religião. E também poderíamos, afinal, esperar superar um dia a antinomia entre a cultura, coisa coletiva, e os indivíduos que a encarnam, já que, nessa nova perspectiva, a suposta "consciência coletiva" se reduziria a uma expressão, no nível do pensamento e dos comportamentos individuais, de certas modalidades temporais das leis universais em que consiste a atividade inconsciente do espírito.

IV. Lingüística e antropologia[1]

Talvez seja a primeira vez que antropólogos e lingüistas se reúnem com o objetivo declarado de comparar suas respectivas disciplinas. De fato, não é um problema simples. As dificuldades que enfrentamos no decorrer de nossas discussões podem ser explicadas, a meu ver, por várias razões. Não nos contentamos em confrontar lingüística e antropologia, colocando-nos numa perspectiva muito geral. Tivemos de encarar vários níveis, e pareceu-me que, em diversas ocasiões, no decorrer de uma mesma discussão, passamos inconscientemente de um nível para outro. Comecemos, assim, por distingui-los.

Em primeiro lugar, tratou-se da relação entre *uma* determinada língua e *uma* determinada cultura. Para estudar uma cultura, é necessário o conhecimento da língua? Em que medida e até que ponto? Inversamente, o conhecimento da língua implica o da cultura, ou pelo menos de alguns de seus aspectos?

Também discutimos num outro nível, em que a questão já não é a da relação entre *uma* língua e *uma* cultura, e sim a da relação entre *linguagem* e *cultura* em geral. Mas talvez tenhamos negligenciado um pouco esse aspecto. Durante nossas discussões, jamais enfrentamos a questão da atitude concreta de uma cultura para com sua língua. Para dar um exemplo, nossa civilização trata a língua de um modo que se poderia qualificar de desmedido: falamos a torto e a direito, qualquer

1. Traduzido e adaptado do original em inglês *Conference of Anthropologists and Linguists* (Bloomington, Indiana, 1952), publicado em *Supplement to International Journal of American Linguistics*, a partir de uma transcrição da gravação em fita magnética (Lévi-Strauss 1953a).

pretexto é bom para nos exprimirmos, interrogarmos, comentarmos. Esse modo de abusar da linguagem não é universal. Nem mesmo é freqüente. A maior parte das culturas que chamamos primitivas usa a linguagem com parcimônia, não se fala a qualquer momento ou a respeito de qualquer coisa. As manifestações verbais muitas vezes são limitadas a circunstâncias prescritas, fora das quais se medem as palavras. Tais problemas foram evocados em nossos debates, mas não lhes foi concedida a mesma importância que aos do primeiro nível.

Um terceiro grupo de questões recebeu ainda menos atenção. Penso aqui na relação não mais entre *uma* língua – ou a linguagem em si – e *uma* cultura – ou a cultura em si –, mas entre a lingüística e a antropologia, consideradas como ciências. Esse ponto, embora seja a meu ver capital, permaneceu em segundo plano em todas as nossas discussões. Como explicar essa desigualdade de tratamento? Na verdade, o problema das relações entre linguagem e cultura é um dos mais complicados que existem. A linguagem pode ser tratada como *produto* de uma cultura: uma língua usada por uma sociedade reflete a cultura geral da população. Porém, num outro sentido, a linguagem é uma *parte* da cultura, constitui um de seus elementos, entre outros. Lembremos a célebre definição de Tylor, para quem a cultura é um conjunto complexo que compreende instrumentos, instituições, crenças, costumes e, evidentemente, língua. A depender do ponto de vista adotado, as questões que se levantam não são as mesmas. Além disso, é possível tratar a linguagem como *condição* da cultura, e por duas razões. Uma diacrônica, já que é principalmente por intermédio da linguagem que o indivíduo adquire a cultura de seu grupo; a criança é instruída e educada pela palavra, é repreendida e elogiada com palavras. De um ponto de vista mais teórico, a linguagem se apresenta igualmente como condição da cultura, na medida em que esta possui uma arquitetura similar à da linguagem. Ambas se constroem por intermédio de oposições e correlações ou, em outras palavras, de relações lógicas. De modo que a linguagem pode ser considerada como uma fundação, destinada a receber as estruturas, às vezes mais complexas, mas do mesmo tipo que as suas, que correspondem à cultura tomada em seus vários aspectos.

As observações acima visam ao aspecto objetivo de nossa questão, que também possui implicações subjetivas não menos importantes. No decorrer de nossos debates, pareceu-me que os motivos que levaram antropólogos e lingüistas a se reunirem não são da mesma natureza, e que tais diferenças às vezes beiram a contradição. Os lingüistas não pararam de nos explicar que a orientação atual de sua ciência os preocupa. Temem perder contato com as demais ciências do homem, por estarem concentrados em análises que envolvem noções abstratas, cada vez mais difíceis de serem compreendidas por seus colegas. Os lingüistas, sobretudo os estruturalistas, perguntam-se o que, exatamente, estudam. Que coisa lingüística é essa que parece se descolar da cultura, da vida social, da história e dos próprios homens que falam? Os lingüistas quiseram reunir-se com antropólogos na esperança de se aproximar deles, precisamente porque contam recuperar, graças a nós, a apreensão concreta dos fenômenos, de que seu método parece afastá-los.

Os antropólogos, por sua vez, recebem essa iniciativa de modo singular. Sentimo-nos, em relação aos lingüistas, numa posição delicada. Durante anos, trabalhamos lado a lado e, repentinamente, temos a impressão de que eles se distanciam, à medida que os vemos passar para o outro lado da barreira, por muito tempo considerada intransponível, que separa as ciências exatas e naturais das ciências humanas e sociais. Como se quisessem nos pregar uma peça, põem-se a trabalhar com o rigor que estávamos resignados a admitir como privilégio das ciências da natureza. O que produz em nós certa melancolia e, admitamos, muita inveja. Gostaríamos de aprender com os lingüistas o segredo de seu sucesso, para talvez aplicarmos ao complexo campo de nossos estudos – parentesco, organização social, religião, folclore, arte – os métodos rigorosos cuja eficácia a lingüística tem verificado todos os dias.

Permitam-me abrir aqui um parêntese. Meu papel, nesta sessão de encerramento, é exprimir o ponto de vista dos antropólogos. Gostaria, assim, de dizer aos lingüistas o quanto aprendi com eles. E não apenas durante nossas sessões plenárias, mas talvez até mais ao assistir aos seminários lingüísticos que ocorriam paralelamente, nos quais pude avaliar o grau de precisão, minúcia e rigor que eles atingiram em estudos que continuam pertencendo às ciências do homem, tanto quanto à própria antropologia.

Há mais. Nos últimos três ou quatro anos, temos assistido a um florescimento da lingüística no plano teórico e, além disso, a temos visto realizar uma colaboração técnica com os engenheiros dessa nova ciência chamada "da comunicação". Para tratar de suas questões, vocês já não se contentam com um método teoricamente mais seguro e rigoroso do que o nosso, e vão à procura dos engenheiros, pedindo-lhes que construam dispositivos experimentais aptos a verificar ou infirmar suas hipóteses. Ao longo de um ou dois séculos, as ciências humanas e sociais se resignaram a contemplar o universo das ciências exatas e naturais como um paraíso para elas irremediavelmente inacessível, e eis que a lingüística consegue abrir uma pequena porta entre os dois mundos. Salvo engano, os motivos que trouxeram os antropólogos até aqui se encontram em curiosa contradição com os que trouxeram os lingüistas. Estes se aproximam de nós esperando tornar seus estudos mais concretos, ao passo que os antropólogos recorrem aos lingüistas na medida em que estes se lhes apresentam como guias capazes de tirálos da confusão a que parece condená-los uma exagerada familiaridade com fenômenos concretos e empíricos. De modo que esta conferência por vezes se apresentou a mim como uma espécie de carrossel diabólico, em que os antropólogos correm atrás dos lingüistas e estes, por sua vez, perseguem os antropólogos, cada grupo tentando obter do outro justamente aquilo de que gostaria de se livrar.

Demoremo-nos um instante nesse ponto. De onde viria o mal-entendido? Sem dúvida, a princípio, da dificuldade inerente ao objetivo que nos propusemos. Fiquei particularmente impressionado com a sessão durante a qual Mary Haas tentou exprimir em fórmulas, no quadro-negro, os problemas aparentemente muito simples do bilingüismo. Tratava-se da relação entre duas línguas apenas, e já nos víamos diante de um número enorme de combinações possíveis, que a discussão só aumentou. Além das combinações, foi preciso apelar para dimensões que complicaram ainda mais o problema. Aquela reunião ensinou-nos, em primeiro lugar, que todo esforço para formular numa linguagem comum as questões lingüísticas e as questões culturais nos coloca imediatamente numa situação extraordinariamente complexa. E não devemos nos esquecer disso.

Em segundo lugar, fizemos como se o diálogo se estabelecesse entre dois protagonistas apenas, de um lado a língua, do outro, a cultura. E como se nosso problema pudesse ser integralmente definido em termos de causalidade: a língua exerceria influência sobre a cultura ou, ao contrário, a cultura sobre a língua? Não nos demos suficientemente conta de que língua e cultura são duas modalidades paralelas de uma atividade mais fundamental: refiro-me aqui ao hóspede sempre presente entre nós, embora ninguém tenha pensado em convidá-lo para nossos debates, o *espírito humano*. O fato de um psicólogo como Osgood ter se sentido constantemente obrigado a intervir na discussão basta para atestar essa presença, como de um terceiro, desse fantasma imprevisto.

Ainda que nos situemos num ponto de vista teórico, podemos, a meu ver, afirmar que deve existir alguma relação entre língua e cultura. Ambas levaram vários milênios para se desenvolver e essa evolução transcorreu paralelamente em espíritos de homens. Desconsidero, é evidente, os casos freqüentes de adoção de uma língua estrangeira por sociedades que antes falavam outra. No ponto em que estamos, podemos nos limitar aos casos privilegiados nos quais a cultura e a língua evoluíram lado a lado durante algum tempo, sem a intervenção marcada de fatores externos. Será que concebemos o espírito humano como algo compartimentado por divisórias tão estanques que nada pode atravessá-las? Antes de responder a essa pergunta, dois problemas devem ser examinados: o do nível em que devemos nos colocar para buscar as correlações entre as duas ordens, e o dos próprios objetos entre os quais podemos estabelecer tais correlações.

Nosso colega Lounsbury propôs, há alguns dias, um exemplo notável da primeira dificuldade. Os Oneida, nos disse ele, utilizam dois prefixos para denotar o gênero feminino e, embora tenha se mantido muito atento, em campo, para os comportamentos sociais que acompanham o emprego de um e outro, não conseguiu determinar atitudes diferenciais significativas. Talvez o problema tenha sido mal colocado de saída. Como teria sido possível estabelecer uma correlação no nível dos comportamentos? Estes não se situam no mesmo plano que as categorias inconscientes do pensamento, a que teria sido preciso chegar primeiro analiticamente, para compreender a função diferencial dos dois prefixos. As atitudes sociais remetem à observação empírica. Não pertencem ao mesmo nível que as estruturas lingüísticas, e sim a um nível diferente, mais superficial.

Entretanto, parece-me difícil encarar como mera coincidência o aparecimento de uma dicotomia própria ao gênero feminino numa sociedade como a dos Iroqueses, em que o direito materno foi levado a seu ponto extremo. Talvez fosse o caso de dizer que uma sociedade que atribui às mulheres uma importância que noutras partes lhes é negada tem de pagar de outra forma o preço dessa opção. Esse preço, no caso, consistiria na incapacidade de pensar o gênero feminino como categoria homogênea. Uma sociedade que, ao contrário de quase todas as outras, reconhece plenas capacidades às mulheres teria, em compensação, de assimilar uma fração de suas mulheres – as muito jovens, ainda incapazes de desempenhar seu papel – a animais, e não a seres humanos. Porém, ao propor essa interpretação, não postulo uma correlação entre linguagem e atitudes, e sim entre expressões homogêneas, já formalizadas, da estrutura lingüística e da estrutura social.

Lembrarei um outro exemplo. Uma estrutura de parentesco realmente elementar – um átomo de parentesco, digamos – consiste de um marido, uma mulher, uma criança e um representante do grupo de que o primeiro recebeu a segunda. A proibição universal do incesto nos impede de fato de constituir o elemento de parentesco apenas com uma família consangüínea; ele resulta, necessariamente, da união de duas famílias, ou grupos consangüíneos. A partir dessa base, tentemos realizar todas as combinações das atitudes possíveis no seio da estrutura elementar, postulando (unicamente para efeito de demonstração) que as relações entre indivíduos podem ser definidas como positivas e negativas. Perceberemos que certas combinações correspondem a situações empíricas, efetivamente observadas por etnógrafos em determinadas sociedades. Quando as relações entre marido e mulher são positivas, e aquelas entre irmão e irmã negativas, verifica-se a presença de duas atitudes correlativas: positiva entre pai e filho e negativa entre tio materno e sobrinho. É também conhecida uma estrutura simétrica, em que todos os sinais são invertidos, de modo que, com freqüência, se encontram disposições do tipo

$$\begin{pmatrix} + & - \\ + & - \end{pmatrix}$$

ou

$$\begin{pmatrix} - & + \\ - & + \end{pmatrix}$$

isto é, duas permutações. Por outro lado, disposições do tipo

$$\begin{pmatrix} + & - \\ - & + \end{pmatrix} \quad \begin{pmatrix} - & + \\ + & - \end{pmatrix}$$

e do tipo

$$\begin{pmatrix} + & + \\ - & - \end{pmatrix} \quad \begin{pmatrix} - & - \\ + & + \end{pmatrix}$$

são, umas freqüentes, mas fluidas, e as outras raras, talvez até impossíveis, sob forma marcada, pois ameaçariam provocar uma fissão da estrutura elementar, diacrônica ou sincronicamente.[2]

Tais formalizações poderiam ser transpostas para o terreno lingüístico? Não vejo como. Mas fica claro que a antropologia utiliza aqui um método próximo ao da lingüística. Ambos tratam de organizar unidades constitutivas em sistemas, porém seria inútil tentar levar mais além o paralelo, buscando, por exemplo, correlações entre a estrutura das atitudes e o sistema dos fonemas, ou a sintaxe da língua do grupo em questão. Tal esforço não teria sentido algum.

2. Cf., para ilustrações de uma análise mais detalhada, Lévi-Strauss 1945a, cap. II deste volume.

Tentemos delimitar mais precisamente nosso problema. Ao longo de nossas discussões, o nome e as idéias de Whorf (1952, 1956) foram mencionados com bastante freqüência. De fato, Whorf dedicou-se a descobrir as correlações entre língua e cultura, embora nem sempre tenha, ao que parece, conseguido convencer. Talvez porque se tenha mostrado muito menos exigente em relação à cultura do que em relação à linguagem. Esta última é por ele encarada enquanto lingüista (bom ou ruim, não cabe a mim decidir), ou seja, o objeto de sua atenção não é dado por uma apreensão empírica e intuitiva da realidade, ele o apreende ao cabo de uma análise metódica e de um considerável trabalho de abstração. Mas a entidade cultural que usa como elemento de sua comparação é pouquíssimo elaborada, permanecendo tal como dada por uma observação tosca. Whorf tenta descobrir correlações entre objetos pertencentes a dois níveis muito afastados, pela qualidade da observação e pelo refinamento da análise a que cada um deles é submetido.

Coloquemo-nos, pois, decididamente no nível dos sistemas de comunicação. A respeito das próprias sociedades estudadas por Whorf, duas observações podem ser feitas. Em primeiro lugar, é impossível representar um sistema de parentesco hopi por um modelo bidimensional; três dimensões são indispensáveis, condição que, aliás, se verifica para todos os sistemas de tipo crow-omaha. A razão disso é o fato de o sistema hopi envolver três tipos de dimensões temporais. Uma corresponde à linhagem materna (para Ego feminino); é um tempo cronológico, progressivo e contínuo, em que se sucedem, na ordem, os termos avó, mãe, (Ego), filha e neta. Trata-se, portanto, de um contínuo genealógico. Os contínuos em que se estendem as demais linhagens possuem propriedades diferentes. Na linhagem da mãe do pai, indivíduos pertencentes a várias gerações são todos chamados pelo mesmo termo: uma mulher é sempre "irmã do pai", quer se trate de uma mãe, de sua filha ou da filha desta. O contínuo é um quadro vazio, no interior do qual nada acontece nem se produz. A linhagem materna (para Ego masculino) se desenvolve num terceiro tipo de contínuo, no qual, geração após geração, os indivíduos alternam entre duas classes, a dos "germanos" e a dos "sobrinhos" (fig. 3).

Encontramos essas três dimensões no sistema de parentesco Zuñi, mas de forma atenuada e, dir-se-ia, quase abortada. É notável, aliás, que o contínuo retilíneo da linha materna nele dê lugar a um contínuo em anel, com apenas três termos, um que significa indiferentemente "avó" e "neta", um para "mãe" e, finalmente, um para "filha".

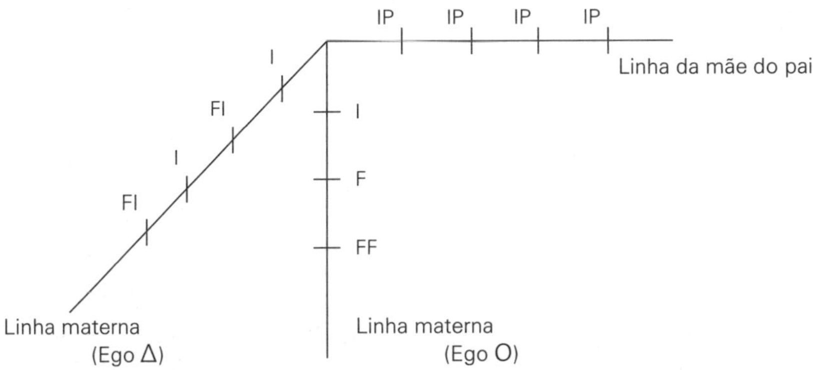

Figura 3

Consideremos agora um terceiro tipo pueblo, o de Acoma e Laguna, grupos que pertencem a uma outra família lingüística, o Keresan. Esses sistemas se caracterizam por um notável desenvolvimento dos termos ditos "recíprocos": dois indivíduos que ocupam uma posição simétrica em relação a um terceiro designam um ao outro pelo mesmo termo.

Ao passarmos dos Hopi para Acoma, observamos, portanto, várias transformações dos sistemas de parentesco. Um modelo tridimensional dá lugar a um modelo bidimensional. Um sistema de referência com três ordenadas, representáveis sob a forma de contínuos temporais, altera-se em Zuñi e se torna, em Acoma, um contínuo espaço-temporal. De fato, um observador membro do sistema só pode pensar sua relação com outro membro por intermédio de um terceiro que, portanto, tem de ser dado simultaneamente.

Pois bem, tais transformações correspondem às que é possível extrair do estudo dos mitos, quando se comparam versões dos mesmos mitos entre os Hopi, os Zuñi e em Acoma. Tomemos o exemplo do mito de emergência. Os Hopi o concebem a partir de um modelo genealógico: as divindades formam uma família, em que são marido, mulher, pai, avô, filha etc. uns dos outros, um pouco como no panteão dos antigos gregos. Essa estrutura genealógica está longe de ser tão clara em Zuñi, onde o mito correspondente é antes organizado de modo histórico e cíclico. Em outras palavras, a história é subdividida em períodos, cada um dos quais reproduzindo aproximadamente o precedente, e cujos protagonistas possuem entre si relações de homologia. E finalmente, em Acoma, a maior parte dos protagonistas, concebidos entre os Hopi e em Zuñi como indivíduos, se encontram desdobrados, sob a forma de pares cujos termos se opõem por atributos antitéticos. Assim, a cena da emergência, colocada em primeiro plano nas versões hopi e zuñi, tende a ser eclipsada em Acoma por outra cena, a da criação do mundo pela ação conjugada de duas forças, a do alto e a do baixo. Em lugar de progressão contínua, ou periódica, o mito se apresenta como um conjunto de estruturas bipolares, análogas às que compõem o sistema de parentesco.

Que conclusão se pode tirar disso? Sendo possível constatar uma correlação entre sistemas ligados a âmbitos aparentemente tão afastados quanto o parentesco e a mitologia, a hipótese de uma correlação do mesmo tipo com o sistema lingüístico nada tem de absurdo. Caberá aos lingüistas dizer de que tipo de correlação se trata. Surpreenderia aos antropólogos que nenhuma correlação fosse extraída, de um tipo qualquer, pois isso significaria que correlações manifestas entre campos muito afastados – parentesco e mitologia – se desfazem quando se comparam outros campos como a mitologia e a língua, certamente mais próximos.

Esse modo de expor a questão nos aproxima dos lingüistas, que estudam o que chamam de aspectos, entre os quais o do tempo, preocupando-se, assim, com as diversas modalidades que a noção de tempo pode assumir numa dada língua. Quem sabe essas modalidades pudessem ser comparadas, tais como se manifestam no plano lingüístico e no plano do parentesco. Sem pretender antever o resultado de tal tentativa, parece-me que pelo menos é legítimo propô-la, de modo que a questão levantada possa ser respondida por um sim ou por um não.

Passo agora para um exemplo mais complexo, mas que me permitirá mostrar com maior clareza como a antropologia deve conduzir sua análise se quiser tomar a dianteira sobre a lingüística e encontrá-la num terreno comum. Proponho-me considerar dois tipos de estruturas sociais observáveis em regiões afastadas entre si, uma que vai aproximadamente da Índia até a Irlanda, e outra do Assam até a Manchúria. Que não me entendam mal: não estou afirmando que cada uma dessas regiões ilustra exclusivamente um único tipo de estrutura social. Postulo apenas que os exemplos mais bem definidos e mais numerosos de cada um dos sistemas se encontram nas duas regiões mencionadas, cujas fronteiras deixamos imprecisas, mas que correspondem *grosso modo* à área das línguas indo-européias e à das línguas sino-tibetanas, respectivamente.

Caracterizarei as estruturas em questão por meio de três critérios: regras de casamento, organização social e sistema de parentesco.

	Área indo-européia	*Área sino-tibetana*
REGRAS DE CASAMENTO	Sistemas circulares, resultado direto de regras explícitas, ou indireto, do fato de a escolha do cônjuge ser determinada por leis de probabilidade	Sistemas circulares coexistem com sistemas de troca simétrica
ORGANIZAÇÃO SOCIAL	Unidades sociais numerosas, organizadas em estruturas complexas (do tipo família extensa)	Unidades sociais pouco numerosas, organizadas em estruturas simples (do tipo clã ou linhagem)
SISTEMA DE PARENTESCO	a) Subjetivo b) Termos pouco numerosos	a) Objetivo b) Termos muito numerosos

Consideremos primeiro as regras de casamento. A maior parte dos sistemas encontrados na área indo-européia podem ser reduzidos, apesar da aparente diversidade, a um tipo simples, que chamei alhures de sistema circular, ou forma simples de troca generalizada, porque permite a integração de um número qualquer de grupos. A melhor ilustração de tal sistema é fornecida pela regra do casamento preferencial com a filha do irmão da mãe, de cuja mera operação resulta que um grupo A recebe suas mulheres de um grupo B, B de C, e C de A. Os parceiros estão, assim, dispostos em círculo, e o sistema funciona qualquer que seja o número deles, já que sempre é possível introduzir mais um parceiro no circuito.

Não estou supondo que num momento recuado de sua história todas as sociedades falantes de uma língua indo-européia tenham praticado o casamento com a filha do irmão da mãe. Minha hipótese nada tem de reconstrução histórica. Apenas constato que a maioria das regras matrimoniais observáveis numa área que é também a das línguas indo-européias pertence, direta ou indiretamente, a um mesmo tipo, de que a regra de casamento supracitada oferece o modelo lógico mais simples.

No que diz respeito à organização social, a família extensa parece ser a forma mais freqüente no mundo indo-europeu. Sabemos que uma família extensa é composta por várias linhagens colaterais reunidas para a exploração de uma propriedade comum, preservando, ao mesmo tempo, certa liberdade quanto a suas alianças matrimoniais. Esta última condição é importante, pois se todas as famílias extensas fossem, *enquanto tais*, assimiladas a parceiros num sistema de troca matrimonial (se, por exemplo, a família A tomasse seus cônjuges exclusivamente na B, e B na C etc.), elas se confundiriam com clãs.

Essa diferenciação das linhas colaterais no interior da família extensa é assegurada de vários modos pelos sistemas indo-europeus. Alguns deles, que ainda podem ser estudados na Índia, determinam uma regra preferencial de casamento aplicável apenas à linhagem primogênita, enquanto as outras gozam de maior independência, podendo até mesmo implicar livre escolha, com exceção dos graus proibidos. O sistema dos antigos eslavos, até onde é possível reconstituí-lo, apresenta traços singulares, que sugerem que a "linhagem exemplar" (isto é, a única, dentro da família extensa, sujeita a uma regra matrimonial estrita) pode ter sido oblíqua em relação ao eixo patrilinear de filiação, de modo que, a cada geração, a incumbência de satisfazer a regra preferencial passava de uma linhagem para outra. Quaisquer que sejam as modalidades, um traço comum permanece: nas estruturas sociais fundadas na família extensa, as diferentes linhagens que constituem cada família não estão sujeitas a uma regra de casamento homogênea. Em outras palavras, posta a regra, ela sempre comporta várias exceções. Finalmente, os sistemas de parentesco indo-europeus utilizam muito poucos termos, e estes são organizados de uma perspectiva subjetiva, isto é, as relações de parentesco são concebidas a partir do sujeito e os termos vão se tornando cada vez mais vagos e raros à medida que se aplicam a parentes mais afastados. Termos como pai, mãe, filho, filha, irmão e irmã possuem relativa precisão, tio e tia já são bastante elásticos e, para além disso, já não há praticamente nenhum termo disponível. Os sistemas indo-europeus são, assim, sistemas egocentrados.

Examinemos agora a área sino-tibetana. Nela se encontram justapostos dois tipos de regras matrimoniais. Um corresponde ao que foi descrito acima para a área indo-européia, e o outro pode ser definido, em sua forma mais simples, como um casamento por troca, caso particular do tipo precedente. Em lugar de integrar um número qualquer de grupos, esse segundo sistema funciona com um número par (2, 4, 6, 8) e os trocadores sempre se encontram agrupados dois a dois.

A organização social, por sua vez, se caracteriza por formas clânicas, simples ou complexas. Contudo, a complexidade nunca é realizada de modo orgânico (como ocorre com as famílias extensas). Antes, resulta mecanicamente da subdivisão dos clãs e linhagens, ou seja, a quantidade dos elementos pode aumentar, mas a estrutura em si permanece simples.

Os sistemas de parentesco costumam possuir muitos termos. No sistema chinês, por exemplo, há centenas de termos, e novos termos podem ser indefinidamente criados pela combinação dos termos elementares. De tal maneira que qualquer grau de parentesco, por mais afastado que seja, sempre pode ser descrito com a mesma precisão que os graus mais próximos. Trata-se, nesse sentido, de um sistema completamente objetivo. Como observou Kroeber há tempos, é difícil imaginar dois sistemas mais diferentes um do outro do que o chinês e o europeu.

Somos, assim, levados às seguintes conclusões. Na área indo-européia, a estrutura social (regras de casamento) é simples, mas os elementos (organização social) destinados a compor a estrutura são numerosos e complexos. Na área sino-tibetana, a situação se inverte. A estrutura é complexa, porque justapõe, ou integra, dois tipos de regras matrimoniais, mas a organização social, de tipo clânico ou equivalente, permanece simples. Por outro lado, a oposição entre *estrutura* e *elementos* se traduz, no nível da terminologia (isto é, já num nível lingüístico), por características antitéticas, tanto no que diz respeito à armação (*subjetiva* ou *objetiva*) como aos termos em si (*numerosos* ou *pouco numerosos*).

Quando descrevemos desse modo a estrutura social, não podemos pelo menos encetar um diálogo com os lingüistas? Durante uma sessão anterior, Roman Jakobson destacou as características fundamentais das línguas indo-européias. Observam-se nelas, dizia ele, uma defasagem entre a forma e a substância, múltiplas exceções às regras, grande liberdade quanto à escolha dos meios para expressar a mesma idéia... Esses traços não se assemelham aos que apontamos a respeito da estrutura social?

Para definir adequadamente as relações entre linguagem e cultura, é preciso, parece-me, excluir de saída duas hipóteses. Uma, de que não haveria relação alguma entre as duas ordens. E a hipótese inversa, de uma correlação total em todos os níveis. No primeiro caso, seríamos colocados diante da imagem de um espírito humano desarticulado e parcelado, dividido em compartimentos e níveis entre os quais nenhuma comunicação é possível, situação bastante estranha, e sem relação com o que se constata em outros campos da vida psíquica. Mas, se a correspondência entre a língua e a cultura fosse absoluta, os lingüistas e os antropólogos já se teriam dado conta disso, e não estaríamos aqui para debater. Minha hipótese de trabalho reivindica, portanto, uma posição intermediária: certas correlações podem provavelmente ser extraídas entre determinados aspectos e em determinados níveis, e cabe a nós descobrir quais são esses aspectos e onde estão esses níveis. Antropólogos e lingüistas podem colaborar nessa tarefa. Mas a principal beneficiária de nossas eventuais descobertas não será nem a antropologia nem a lingüística, tal como as concebemos atualmente. Essas descobertas serão proveitosas para uma ciência ao mesmo tempo muito antiga e muito nova, uma *antropologia* entendida no sentido mais amplo, isto é, um conhecimento do homem associando diversos métodos e diversas disciplinas, e que um dia irá nos revelar as forças secretas que movem esse hóspede presente em nossos debates sem ter sido convidado, o espírito humano.

V. Posfácio aos capítulos III e IV[1]

No mesmo número dos *Cahiers Internationaux de Sociologie* em que foi publicado um artigo de Gurvitch que me é em parte consagrado, encontra-se outro, de Haudricourt e Granai, mais bem informado e que expressa um pensamento mais nuançado.[2] Estaríamos mais facilmente de acordo se eles tivessem, antes de escrever seu artigo, tomado conhecimento de meus dois artigos acerca das relações entre língua e sociedade, em vez de se aterem apenas ao primeiro. Na verdade, os dois artigos formam um todo, já que o segundo responde às objeções levantadas nos Estados Unidos pela publicação do primeiro. Por esse motivo, foram reunidos neste volume.[3]

Devo admitir, diante de Haudricourt e Granai, que, como o primeiro artigo foi escrito e o segundo falado, diretamente em inglês (o segundo é a transcrição de uma gravação magnética), sua expressão é por vezes imprecisa. Talvez eu seja mais responsável do que meus adversários por certos equívocos por eles cometidos a respeito de meu pensamento. No conjunto, porém, a principal crítica que lhes faço é por adotarem uma posição extraordinariamente tímida.

Aparentemente preocupados diante do rápido desenvolvimento da lingüística estrutural, eles tentam introduzir uma distinção entre *ciência da linguagem* e *lingüística*. A primeira, dizem, "é mais ampla do que a lingüística, mas nem por isso a contém; desenvolve-se num nível

1. Inédito (1956).
2. Haudricourt & Granai 1955. A respeito do artigo de Gurvitch, ver adiante, cap. XVI.
3. Caps. III e IV (publicados originalmente em Lévi-Strauss 1951, 1953a).

diferente; elas não empregam os mesmos conceitos e, em conseqüência, os mesmos métodos que a ciência das línguas". Isso é verdadeiro até certo ponto. Mas tal distinção consistiria, antes, em fundamento para o direito dos etnólogos (que não se percebe bem até que ponto é aqui contestado) de se dirigirem diretamente à ciência da linguagem quando estudam (como dizem com excelência nossos autores) "o conjunto indefinido dos sistemas de comunicação reais ou possíveis", esses "sistemas simbólicos que não são o sistema da língua", que compreendem "os campos dos mitos, dos rituais, do parentesco, que aliás podem ser considerados como outras tantas linguagens específicas" (Haudricourt e Granai 1955: 127). E já que nossos autores afirmam, em seguida, que

> *nessa qualidade, e em graus diversos, eles são passíveis de uma análise estrutural análoga à que se aplica ao sistema da língua. Nesse espírito, são bem conhecidos os notáveis estudos de Lévi-Strauss acerca dos "sistemas de parentesco", que incontestavelmente aprofundaram e esclareceram questões de enorme complexidade* (id. ibid.),

eu poderia simplesmente registrar tal aprovação, já que nunca pretendi fazer outra coisa, nem estender o método a outros campos que não esses.

No entanto, nossos autores tentam tomar com uma mão o que dão com a outra, ao abrirem uma petição de princípios. Segundo eles, "interpretar a sociedade como um todo em função de uma teoria geral da comunicação" equivaleria a "reduzir de modo implícito (e por vezes declarado) a sociedade ou a cultura à língua" (id. ibid.: 114). A crítica é nesse ponto formulada anonimamente, mas mais adiante é feita a mim explicitamente: "Claude Lévi-Strauss expõe com clareza a questão da identidade entre a língua e a sociedade, e parece concluí-la pela afirmativa" (id. ibid.: 126). Mas o adjetivo *inmost*, que utilizo, quer dizer "o mais profundo", o que não exclui outros aspectos, de valor explicativo menor. Haudricourt e Granai cometem aí o mesmo erro que Gurvitch: imaginam que o método estrutural, aplicado à etnologia, tem por ambição atingir um conhecimento total das sociedades, o que seria absurdo. Queremos apenas extrair da riqueza e da diversidade empíricas, que sempre transbordarão nossos esforços de observação e descrição, constantes que são recorrentes em outros lugares e outros tempos. Ao procedermos assim, trabalhamos como os lingüistas, e a distinção que se quer manter, entre o estudo de uma língua específica e o estudo da linguagem, parece bastante frágil. "O número sempre crescente de leis que descobrimos traz para o primeiro plano a questão das regras universais que fundam o sistema fonológico das línguas [...] do mundo [...] pois a suposta multiplicidade de seus elementos diferenciais é largamente ilusória". Com efeito, "as mesmas leis de implicação subjazem a todas as línguas do mundo, tanto do ponto de vista estático como do ponto de vista dinâmico" (Jakobson & Halle 1956: 27, 28, 17, passim). De modo que não apenas o estudo de uma língua conduz inevitavelmente à lingüística geral, como também, para além dela, nos leva pelo mesmo movimento até a consideração de todas as formas de comunicação: "Como as gamas musicais, as estruturas fonológicas [*phonemic patterning*] constituem uma intervenção da cultura na natureza, um artifício que impõe regras lógicas ao contínuo sonoro" (id. ibid.: 17).[4]

Sem reduzir a sociedade ou a cultura à língua, pode-se preparar essa "revolução copernicana" (como dizem Haudricourt e Granai) que consistirá em interpretar a sociedade, em seu conjunto, em função de uma teoria da comunicação. Desde já, tal tentativa é possível em três níveis, pois as regras de casamento servem para garantir a comunicação das mulheres entre os grupos, assim como as regras econômicas servem para garantir a comunicação de bens e serviços, e as regras lingüísticas, a comunicação de mensagens.

Essas três formas de comunicação são, ao mesmo tempo, formas de troca, entre as quais relações existem manifestamente (visto que as relações matrimoniais são acompanhadas por prestações econômicas, e a linguagem intervém em todos os níveis). É portanto legítimo procurar saber se há entre elas homologias e quais são as características formais

4. E, mais adiante: "O estudo das constantes da estrutura fonológica de uma língua deve ser completado por uma busca pelas constantes universais da estrutura fonológica da linguagem" (id. ibid.: 28).

de cada tipo considerado isoladamente e as transformações que permitem passar de um a outro.

Essa formulação da questão, que sempre foi a minha,[5] mostra o quão pouco fundada é a crítica que me faz Gurvitch. Segundo ele, eu pensaria que "a comunicação, considerada como base da vida em comum, é antes de mais nada 'o falar'" (Gurvitch 1955b: 16). Buscar na linguagem um modelo lógico capaz de nos auxiliar – por ser mais acabado e mais bem conhecido – a compreender a estrutura de outras formas de comunicação não equivale de modo algum a tratá-la como origem destas últimas.

Mas na sociedade há muito além de trocas matrimoniais, econômicas e lingüísticas. Há também linguagens, de que Haudricourt e Granai reconhecem a existência e as analogias que apresentam com a própria língua: arte, mito, rito e religião, às quais me dediquei há tempos ou mais recentemente.[6] Existem, por fim, uns tantos elementos atualmente não estruturáveis, ou por natureza, ou em razão da insuficiência de nossos conhecimentos. São eles que se invoca em nome de não sei qual misticismo, pois creio que Haudricourt e Granai, apesar das aparências, estão presos a uma certa metafísica da história. Parece-me mais proveitoso escolher, como objeto imediato de nossos estudos, esses níveis estratégicos de que falei, não porque sejam os únicos ou porque o resto se confunda com eles, mas porque somente eles, no estado atual da ciência, permitem introduzir em nossas disciplinas modos de raciocínio rigorosos.

Portanto, rejeito o dilema que nossos autores enunciam: ou a sociedade não existe como conjunto, e é feita da justaposição de sistemas irredutíveis, ou então todos os sistemas considerados são equivalentes e exprimem, cada qual em sua própria linguagem, a totalidade do social (Haudricourt e Granai 1955: 128). Eu já tinha previamente respondido a isso, em 1953, no artigo que meus críticos não leram:

5. Cf. Lévi-Strauss 1953b, cap. XV deste volume.

6. Arte, cap. XIII; mito, caps. X e XI; rito, cap. XII deste volume.

Para definir adequadamente as relações entre linguagem e cultura, é preciso, parece-me, excluir de saída duas hipóteses. Uma, de que não haveria relação alguma entre as duas ordens. E a hipótese inversa, de uma correlação total em todos os níveis [...] *Minha hipótese de trabalho reivindica, portanto, uma posição intermediária: certas correlações podem provavelmente ser extraídas entre determinados aspectos e em determinados níveis, e cabe a nós descobrir quais são esses aspectos e onde estão esses níveis* (Lévi-Strauss 1953a, cap. IV deste volume).

Se pretendêssemos estabelecer uma série de correspondências termo a termo entre a linguagem e a cultura considerada como o conjunto dos dados relativos a uma determinada sociedade, cometeríamos um erro lógico que forneceria um argumento mais simples e mais forte do que os empregados por Haudricourt e Granai: de fato, o todo não pode ser equivalente às partes. Tal erro de julgamento estaria por vezes presente na metalingüística americana, com a qual Haudricourt e Granai tentam tendenciosamente me confundir? É possível. Mas, salvo engano meu, a palavra e a coisa ficaram na moda, nos Estados Unidos, posteriormente à minha comunicação no Congresso Internacional dos Americanistas realizado em Nova York em 1949 (Lévi-Strauss 1951, cap. III deste volume) e esta buscava alhures sua inspiração.[7] As críticas que eu mesmo fiz à pretensa metalingüística, desde 1952, são mais técnicas e se situam em outro plano. O erro de Whorf e de seus discípulos decorrem de compararem dados lingüísticos muito elaborados, resultantes de uma análise prévia, com observações etnográficas situadas num nível empírico ou no plano de uma análise ideológica que implica um recorte arbitrário da realidade. Comparam, assim, elementos que não são de mesma natureza, e correm o risco de desembocar em truísmos ou hipóteses frágeis.

Haudricourt e Granai cometem o mesmo erro quando escrevem:

O objeto da lingüística é constituído por línguas (*no sentido corrente da palavra: língua francesa, língua inglesa etc.*). *Em sociologia, objetos*

7. Por exemplo, em certos artigos de Sapir. Cf. Sapir 1949.

comparáveis seriam o que chamamos sociedades ou estruturas globais (nação, povo, tribo etc.). Com efeito, é necessário que o objeto cuja natureza se quer estudar seja o mais independente possível dos demais objetos (1955: 126).

Nesse caso, estamos de fato sem rumo e a crítica não tem dificuldade nenhuma em triunfar. Nos dois estudos que correspondem aos caps. III e IV deste volume, proponho algo totalmente diferente. O objeto da análise estrutural comparada não é a língua francesa ou a língua inglesa, e sim um certo número de estruturas que um lingüista pode atingir a partir desses objetos empíricos que são, por exemplo, a estrutura fonológica do francês, ou sua estrutura gramatical, ou sua estrutura lexical, ou ainda a do discurso, que não é totalmente indeterminado. Não comparo a essas estruturas a sociedade francesa, nem mesmo a estrutura da sociedade francesa, como supõe ainda Gurvitch (para quem uma sociedade enquanto tal possui uma estrutura), mas um certo número de estruturas, que busco onde é possível encontrá-las, e não alhures: no sistema de parentesco, na ideologia política, na mitologia, no ritual, na arte, no "código" de boas maneiras e – por que não? – na culinária. É entre essas estruturas, que são todas expressões parciais – porém privilegiadas para o estudo científico – dessa totalidade que chamamos de sociedade francesa, inglesa ou outra, que busco saber se há propriedades comuns. E, também nesse caso, não se trata de substituir um conteúdo original por outro, de reduzir este àquele, mas de saber se as propriedades formais apresentam entre si homologias, e quais homologias, ou contradições, e quais contradições, ou relações dialéticas expressáveis sob forma de transformações. Finalmente, não afirmo que tais comparações sempre serão produtivas, apenas que o serão às vezes, e que essas confluências serão de grande importância para compreendermos não só a posição de uma determinada sociedade em relação a outras do mesmo tipo mas também as leis que regem sua evolução no tempo.

Daremos aqui um exemplo diferente dos que se encontram nos artigos em questão. Como a língua, creio que a culinária de uma sociedade é analisável em elementos constitutivos que poderíamos chamar, no caso, de "gustemas", que estão organizados segundo determinadas estruturas de oposição e correlação. Poderíamos, assim, distinguir a culinária inglesa e a francesa por meio de três oposições: *endógeno/exógeno* (isto é, matérias-primas nacionais ou exóticas), *central/periférico* (base da refeição e acompanhamentos), *marcado/não marcado* (isto é, saboroso ou insípido). Teríamos então um quadro, no qual os sinais [+] e [–] correspondem ao caráter pertinente ou não pertinente de cada oposição no sistema considerado:

	culinária inglesa	culinária francesa
endógeno/exógeno	+	–
central/periférico	+	–
marcado/não marcado	–	+

Ou seja, a culinária inglesa compõe os pratos principais da refeição com produtos nacionais preparados de modo insípido e os acompanha de preparados de base exótica em que todos os valores diferenciais são fortemente marcados (chá, bolo de frutas, geléia de laranja, vinho do Porto). Na culinária francesa, inversamente, *endógeno/exógeno* torna-se muito fraco ou desaparece, e gustemas igualmente marcados são combinados entre si, em posição tanto central como periférica.

Essa definição poderia ser igualmente aplicada à culinária chinesa? Sim, se nos limitarmos às oposições acima, mas não se introduzirmos outras, como *acre/doce*, mutuamente exclusivas na culinária francesa, à diferença da chinesa (e da alemã), e se atentarmos para o fato de que a culinária francesa é diacrônica (oposições diferentes são acionadas nos diversos momentos da refeição, como, por exemplo, o caso dos *hors d'oeuvre*, construídos sobre a oposição *preparo máximo/preparo mínimo*, do tipo embutidos/folhas,[8] que não se encontra em sincronia nos pratos seguintes), ao passo que a culinária chinesa é concebida em sincronia,

8. "*Crudités*" no original, que corresponde sobretudo a legumes e frutas crus. Optou-se aqui por "folhas" para remeter imediatamente às saladas, apenas lavadas, ou seja, objeto de "preparo mínimo". [N.T.]

isto é, as mesmas oposições valem para construir todas as partes da refeição (que, talvez por isso mesmo, é servida de uma só vez). Seria necessário recorrer a outras oposições para atingir uma estrutura exaustiva, como entre assado e cozido, que desempenha um papel importante na culinária popular do interior do Brasil (sendo o *assado* o modo sensual, e o *cozido* o modo nutritivo, mutuamente exclusivos, de preparar as carnes). Existem, finalmente, certas incompatibilidades, que são conscientes no grupo social e que possuem valor normativo: *alimento aquecedor/alimento refrescante*, *bebida láctea/bebida alcoólica*, *fruta fresca/fruta fermentada* etc.

Uma vez definidas essas estruturas diferenciais, não há nada de absurdo em se perguntar se elas pertencem exclusivamente ao campo considerado, ou se se encontram (de modo geral transformadas, aliás) em outros campos da mesma sociedade ou de sociedades diferentes. E se descobríssemos que são comuns a vários campos, teríamos razões para concluir que atingimos um valor significativo das atitudes inconscientes da sociedade, ou sociedades, em questão.

Escolhi deliberadamente esse exemplo um tanto tênue porque diz respeito a sociedades contemporâneas, pois que Haudricourt e Granai, que parecem por vezes reconhecer o valor de meu método no que diz respeito a sociedades primitivas, se empenham em distingui-las radicalmente das sociedades mais complexas. Nestas, dizem, a apreensão da sociedade global é impossível. Ora, mostrei que jamais se trata de apreender a sociedade global (empresa, de qualquer modo, irrealizável *stricto sensu*), mas sim de nela discernir níveis que sejam comparáveis e assim se tornem significativos. Hei de reconhecer que tais níveis são mais numerosos, e cada um deles em si mais difícil de estudar em nossas enormes sociedades modernas do que em pequenas tribos selvagens. Contudo, a diferença é de grau, não de natureza. Também é fato que, no mundo ocidental moderno, as fronteiras lingüísticas raramente coincidem com as fronteiras culturais, porém a dificuldade não é intransponível. Em lugar de comparar certos aspectos da língua e certos aspectos da cultura, podem-se comparar os aspectos diferenciais da língua e da cultura, em duas sociedades ou subsociedades que possuem em comum uma, mas não a outra. A questão, no caso, será saber se existe uma relação entre a maneira suíça ou belga de falar francês e outras particularidades que parecem ser próprias dessas sociedades, quando comparadas às particularidades correspondentes da nossa. Tampouco concordo com a afirmação de que os fatos sociais possuem uma dimensão espacial, enquanto a língua seria indiferente ao número de indivíduos que a falam. Parece-me, ao contrário, que é possível postular *a priori* que as "grandes línguas" e as "pequenas línguas" devem manifestar, em sua estrutura e em seu ritmo de evolução, não apenas a extensão da circunscrição que ocupam como também a presença, em suas fronteiras, de circunscrições lingüísticas de uma ordem de grandeza diferente da sua.

Os mal-entendidos que pululam no artigo de Haudricourt e Granai correspondem a dois erros, um que consiste em opor abusivamente os pontos de vista diacrônico e sincrônico, e o outro o de cavar um fosso entre a língua, supostamente arbitrária em todos os níveis, e os demais fatos sociais que não podem ter o mesmo caráter. Para fazerem uso de tais afirmações, é digno de nota o fato de nossos autores decidirem ignorar o artigo de Roman Jakobson, "Princípios de fonologia histórica" (1949: 315-36), e o artigo, não menos memorável, de Émile Benveniste (1939), em que este discute o princípio saussuriano da natureza arbitrária do signo lingüístico.

Em relação ao primeiro ponto, nossos autores afirmam que a análise estrutural aprisiona lingüistas e etnólogos na sincronia. Ela levaria, assim, inevitavelmente a "construir para cada estado considerado um sistema irredutível aos demais" e, portanto, "a negar a história e a evolução da língua". Tal perspectiva puramente sincrônica conduziria à concepção insustentável de que duas interpretações fonológicas de uma mesma realidade fonética deveriam ser consideradas igualmente válidas.

Essa crítica pode ser feita a certos neopositivistas americanos, mas não aos estruturalistas europeus. Haudricourt e Granai, no entanto, cometem aqui uma grave confusão: em determinadas etapas da investigação científica, é uma atitude salutar considerar que duas interpretações são igualmente aptas a dar conta dos mesmos fatos. Essa era, até o século XX – e talvez seja até hoje –, a situação da física. O erro está não em reconhecer essa situação, quando ela existe, mas em conformar-se com ela e não tentar superá-la. E a análise estrutural já fornece meios para escapar disso, pelo princípio da solução única, que Jakobson, entre outros, utiliza constantemente, tendo-o tomado emprestado dos físicos: *Frustra fit per plura quod fieri potest per pauciora*. Esse princípio nos orienta na direção oposta à do pragmatismo, do formalismo e do neopositivismo, já que a afirmação de que a explicação mais econômica é também aquela que, entre todas as consideradas, se aproxima mais da verdade, funda-se, em última análise, no postulado da identidade entre as leis do mundo e as do pensamento.

Mas, sobretudo, desde o artigo de Jakobson, sabemos que a oposição entre sincronia e diacronia é largamente ilusória, boa apenas nas etapas preliminares da investigação. Basta citá-lo:

> *Seria um grave erro considerar estática e sincronia como sinônimos. O corte estático é uma ficção, um procedimento científico auxiliar apenas, não um modo particular do ser. Podemos considerar a percepção de um filme, além de diacronicamente, sincronicamente; contudo, o aspecto sincrônico de um filme não é igual a uma imagem isolada extraída do filme. A percepção do movimento também está presente no aspecto sincrônico. O mesmo ocorre com a língua.*

E ainda, para responder diretamente às considerações – aliás bastante interessantes em si mesmas – de nossos autores acerca da evolução do francês falado:

> *As tentativas de identificar a* sincronia, *a* estática *e o campo de aplicação da* teleologia *de um lado e, do outro, a* diacronia, *a* dinâmica *e a esfera da* causalidade mecânica *reduzem ilegitimamente o quadro da sincronia, fazem da lingüística histórica um amontoado de fatos disparatados e criam a ilusão, superficial e nociva, de um abismo entre as questões de sincronia e as de diacronia* (1949: 333-34 e 335-36).

O segundo equívoco de Haudricourt e Granai consiste em opor com rigidez a língua – que nos põe "em presença de um duplo arbitrário", o da palavra em relação ao significante e o da significação do conceito em relação ao objeto físico que ele denota – e a sociedade, que possui "uma relação direta [...] com a natureza [...] num grande número de casos" (1955: 126-27), o que limitaria sua vocação simbólica.

Eu poderia dar-me por satisfeito com a ressalva "um grande número de casos" e responder que me dedico, justamente, aos outros. Porém, como me parece que a afirmação implícita de nossos autores é uma das mais perigosas que se possam formular, detenho-me nela um instante.

Desde 1939, Benveniste se perguntava se um dia os lingüistas não estariam capacitados a contribuir para a questão metafísica do acordo entre o espírito e o mundo. Se, por enquanto, era melhor deixá-lo de lado, os lingüistas deveriam, de todo modo, dar-se conta de que "postular a arbitrariedade dessa relação é, para o lingüista, uma maneira de se defender contra a questão" (Benveniste 1939: 26). Haudricourt (já que é ele o lingüista do time) continua na defensiva, embora saiba muito bem, sendo etnógrafo e tecnólogo, que nem a técnica é tão natural nem a linguagem tão arbitrária quanto ele diz.

Nem mesmo os argumentos lingüísticos invocados em favor dessa oposição são satisfatórios. Será que o nome *pomme de terre*[9] resulta realmente de uma convenção arbitrária, que "designa um objeto que não é uma maçã e não está na terra", e que o caráter arbitrário do conceito é evidenciado quando se constata que, em inglês, batata é *potato*? Na verdade, a escolha em francês de um termo largamente inspirado por considerações didáticas traduz as condições técnicas e econômicas bastante particulares que marcaram a aceitação definitiva desse produto alimentício em nosso país. Reflete também as formas verbais correntes nas principais regiões em que a planta foi importada. E, finalmente, a solução *pomme de terre* era, se não necessária, pelo menos viável em francês, porque a palavra *pomme*, que na origem significava todo fruto arredondado com sementes ou caroço, já tinha um alto rendimento funcional, atestado por formações anteriores como *pomme de pin* [= pinha],

9. Batata, literalmente "maçã/pomo de terra". A partir daqui, as traduções dos termos em francês e em inglês figurarão no próprio texto, entre colchetes. [N.T.]

pomme de chêne [= bugalho], *pomme de coing* [= marmelo], *pomme de grenade* [= romã] etc. Uma escolha em que se exprimem fenômenos históricos, geográficos, sociológicos, ao mesmo tempo que tendências propriamente lingüísticas, pode realmente ser considerado arbitrário? Digamos, antes, que *pomme de terre* não se impunha à língua francesa, mas existia como uma das soluções possíveis (produzindo, inclusive, por oposição, *pomme de l'air* [= pomo do ar], freqüente na linguagem dos cozinheiros, e que substitui o termo, corrente em francês arcaico, *pomme vulgaire* [= pomo vulgar] para o fruto da árvore, já que é o outro "pomo" que se vê dotado de maior coeficiente de vulgaridade). A solução resulta de uma escolha entre possíveis preexistentes.

Arbitrária no plano dos conceitos, a língua o seria igualmente no das palavras: "Não existe [...] nenhuma relação inteligível entre a pronúncia de uma palavra e o conceito que representa. Por exemplo, que relação pode haver entre o fato de fechar os lábios no início e no fim da palavra *pomme* e o fruto arredondado que conhecemos?" (Haudricourt e Granai 1955: 127).

O princípio saussuriano aqui invocado por nossos autores é incontestável se nos mantivermos estritamente no plano da descrição lingüística. Desempenhou um papel considerável na ciência das línguas, ao permitir que a fonética se emancipasse das interpretações metafísicas naturalistas. Representa, porém, apenas um momento do pensamento lingüístico, e, assim que se tenta apreciar as coisas de um ponto de vista mais geral, seu alcance se limita e sua precisão se perde.

Para simplificar meu pensamento, direi que o signo lingüístico é arbitrário *a priori*, mas deixa de sê-lo *a posteriori*. Nada há, *a priori*, na natureza de certos preparados à base de leite fermentado que imponha a forma sonora *fromage* [= queijo], ou melhor, *from-*, já que a desinência está presente em outras palavras. Basta comparar o francês *froment* [= fermento], cujo conteúdo semântico é totalmente diferente, e o inglês *cheese*, que significa o mesmo que *fromage*, com outro material fonético. Até aí, o signo lingüístico se apresenta como arbitrário.

Em compensação, não há por que ter certeza de que tais opções fonéticas, arbitrárias em relação ao *designatum*, não reverberam imperceptivelmente, em seguida, talvez não no sentido geral das palavras, mas sobre sua posição num meio semântico. Determinação *a posteriori* que se produz em dois níveis, o fonético e o do vocabulário.

No plano fonético, os fenômenos de sinestesia foram bastante descritos e estudados. Praticamente todas as crianças e vários adultos, ainda que em geral não o reconheçam, associam espontaneamente os sons, fonemas ou timbres de instrumentos musicais a cores e formas. Essas associações também existem no plano do vocabulário, em certos campos fortemente estruturados, como os termos do calendário. Embora as cores associadas não sejam sempre as mesmas para cada fonema, ao que parece os sujeitos constroem, com termos variáveis, um sistema de relações que corresponde, de modo analógico e num outro plano, às propriedades fonológicas estruturais da língua considerada. Assim, um sujeito cuja língua materna é o húngaro verá as vogais do seguinte modo: i, í, branco; e, amarelo; é, um pouco mais escuro; a, bege; á, bege escuro; o, azul-escuro; ó, preto; u, ú, vermelho como sangue. E Jakobson registra, a respeito dessa observação:

> *O cromatismo crescente das cores claras e escuras é paralelo à oposição entre vogais anteriores e posteriores, exceto no tocante às vogais u, cuja percepção parece anormal. O caráter ambivalente das vogais anteriores arredondadas está claramente indicado: ö, ő, base azul bem escuro com manchas claras, difusas, espalhadas; ü, ű, base vermelho intenso com pintinhas rosa* (Reichard, Jakobson & Werth 1949: 226).

Não se trata, portanto, de particularidades explicáveis pela história pessoal ou pelos gostos de cada um. Como dizem os autores que acabamos de citar, não só o estudo desses fenômenos "pode revelar aspectos importantíssimos da lingüística, do ponto de vista psicológico e teórico" (id. ibid.: 224), como também nos leva diretamente à consideração das "bases naturais" do sistema fonético, isto é, a estrutura do cérebro. Retomando a questão num número posterior da mesma revista, David I. Mason conclui sua análise assim:

> *Existe provavelmente, no cérebro humano, um mapa de cores pelo menos em parte similar, do ponto de vista topológico, ao mapa das freqüências sonoras que também deve ali existir. Se existir, como sugere Martin Joos, um mapa cerebral das formas da cavidade bucal* [...] *ele deve ser o* inverso, *de algum modo, tanto do mapa das freqüências como do mapa das cores* (Mason 1952: 41, citando Joos 1948).

Assim, se admitirmos, em conformidade com o princípio saussuriano, que nada predestina *a priori* certos grupos de sons a designar determinados objetos, isso não torna menos provável que, uma vez adotados, esses grupos de sons produzam nuances específicas no conteúdo semântico que lhes foi associado. Observou-se nos poetas ingleses uma preferência pelas vogais de alta freqüência (de *i* a *ɛ*) para sugerir tons pastéis ou pouco luminosos, ao passo que as vogais de baixa freqüência (de *u* a *a*) são ligadas às cores fortes ou escuras (id. ibid., apud McDermott 1940). Mallarmé lamentava que as palavras francesas *jour* [= dia] e *nuit* [= noite] tivessem o valor fonético inverso de seu respectivo sentido. A partir do momento em que o francês e o inglês atribuem valores fonéticos heterogêneos ao mesmo alimento, a posição semântica do termo já não é absolutamente a mesma. Para mim, que só falei inglês em alguns períodos de minha vida, sem por isso ser bilíngüe, *fromage* e *cheese* de fato querem dizer a mesma coisa, mas com nuances diferentes: *fromage* evoca certa espessura, uma matéria pastosa e pouco friável, um sabor denso. É uma palavra particularmente apropriada para designar o que os queijeiros chamam de "*pâtes grasses*" [= pastas gordas ou gordurosas]. Ao passo que *cheese*, mais leve, fresco, um pouco ácido e se escamoteando sob o dente (cf. forma do orifício bucal), me faz imediatamente pensar no queijo branco. O "queijo arquetípico" não é portanto o mesmo para mim, quando penso em francês ou em inglês.

Quando consideramos o vocabulário *a posteriori*, isto é, já constituído, as palavras perdem muito de sua arbitrariedade, pois o sentido que lhes damos deixa de ser somente função de uma convenção. Depende do modo como cada língua recorta o universo de significação a que a palavra pertence, é função da presença ou ausência de outras palavras para exprimir sentidos próximos. Assim, *time* e *temps* [= tempo] não podem ter o mesmo sentido em francês [ou português] e inglês, pelo simples fato de o inglês dispor também de *weather*, que nos falta. Inversamente, *chair* e *armchair* se encontram, retrospectivamente, num ambiente semântico mais restrito do que *chaise* [= cadeira] e *fauteuil* [= poltrona]. As palavras são contaminadas, ainda, por suas homófonas, apesar das diferenças de sentido. Se convidássemos um grande número de pessoas a fornecer associações livres suscitadas pela série *quintette* [= quinteto], *sextuor* [= sexteto] e *septuor* [= septeto], me espantaria muito que elas só remetessem ao número de instrumentos e que o sentido de *quintette* não fosse, até certo ponto, influenciado por *quinte* [= acesso violento] (de tosse) e o de *sextuor* por *sexe* [= sexo],[10] enquanto *septuor* impõe uma sensação de duração, devido à modulação hesitante da primeira sílaba, que a segunda resolve com atraso, como que com um majestoso acorde. Em sua obra literária, Michel Leiris (1948, 1955) ensaiou o estudo dessa estruturação inconsciente do vocabulário, cuja teoria científica resta por fazer. Seria um engano ver nisso um jogo poético, e não a percepção, como no telescópio, de fenômenos muito afastados da consciência clara e do pensamento racional, mas cujo papel é fundamental para uma melhor inteligência da natureza dos fatos lingüísticos.

De modo que o caráter arbitrário do signo lingüístico é apenas temporário. O signo, uma vez criado, tem sua vocação especificada, de um lado em função da estrutura natural do cérebro e, do outro, em relação ao conjunto dos demais signos, isto é, do universo da língua, que tende naturalmente para o sistema.

Foi também arbitrariamente que as regras de trânsito atribuíram os respectivos valores semânticos ao farol vermelho e ao farol verde. Teria sido possível fazer a escolha inversa. No entanto, as ressonâncias afetivas e os harmônicos simbólicos do vermelho e do verde não seriam por isso invertidos. No sistema atual, o vermelho evoca o perigo, a violência e o sangue, e o verde, a esperança, a tranqüilidade e o plácido

10. Tanto que eu mesmo tenho dificuldade em não empregar em francês o termo *sextette* (que seria um anglicismo), certamente em razão da desinência feminina.

curso de um processo natural como o da vegetação. O que ocorreria se o vermelho fosse o sinal da pista livre, e o verde, o da passagem proibida? Certamente o vermelho seria percebido como testemunho de calor humano e comunicabilidade, e o verde, como símbolo gelado e venenoso. O vermelho não tomaria simplesmente o lugar do verde e vice-versa. A escolha do signo pode ser arbitrária, mas mesmo assim ele conserva um valor próprio, um conteúdo independente que se combina com a função significante para modulá-la. Se a oposição *vermelho/verde* for invertida, seu conteúdo semântico será perceptivelmente deslocado, porque o vermelho continua sendo vermelho, e o verde, verde, não somente enquanto estímulos sensoriais, cada um dotado de um valor próprio, mas porque são também os suportes de uma simbólica tradicional que, a partir do momento em que existe historicamente, já não pode mais ser manipulada de modo completamente livre.

Quando passa da linguagem para os outros fatos sociais, é surpreendente que Haudricourt se deixe seduzir por uma concepção empirista e naturalista das relações entre meio ambiente e sociedade, quando ele mesmo tanto fez para mostrar o caráter artificial da relação que os une. Acabo de mostrar que a linguagem não é assim tão arbitrária; contudo, a relação entre natureza e sociedade o é bem mais do que o artigo em questão quer nos fazer crer. Será preciso lembrar que todo o pensamento mítico, o ritual inteiro, consistem numa reorganização da experiência sensível no interior de um sistema semântico? Que as razões pelas quais diversas sociedades escolhem utilizar ou rejeitar determinados produtos naturais e, quando os selecionam, as modalidades do uso que deles fazem dependem não só de suas propriedades intrínsecas, mas também do valor simbólico que lhes é atribuído? Evitarei retomar aqui exemplos que estão em qualquer manual, e invocarei uma única autoridade, não suspeita de idealismo, a de Marx. Na *Crítica da economia política*, ele investiga as razões que teriam levado os homens a escolher os metais preciosos como padrão de valor. Enumera várias delas, ligadas às "propriedades naturais" do ouro e da prata, como homogeneidade, uniformidade relativa, divisibilidade em quaisquer frações que sempre podem ser reunificadas pela fundição, peso específico elevado, raridade, mobilidade, inalterabilidade, e prossegue:

Por outro lado, o ouro e a prata não são apenas produtos negativamente superabundantes e supérfluos; suas propriedades estéticas fazem deles a matéria natural do luxo, do ornamento, das necessidades de se enfeitar, em suma, a forma positiva do supérfluo e da riqueza. Eles são, em certa medida, a luz solidificada que se extraiu do mundo subterrâneo; a prata, de fato, reflete todos os raios luminosos em sua mistura original, e o ouro, a cor mais potente, o vermelho. Mas o sentido das cores é a forma mais popular do senso estético em geral. Jacob Grimm mostrou as relações etimológicas, em diferentes línguas indo-germânicas, que ligavam os nomes dos metais preciosos às cores (Marx 1899: 216).

Assim, é o próprio Marx que nos convida a extrair sistemas simbólicos, subjacentes tanto à linguagem como às relações que o homem tem com o mundo. "Somente o hábito da vida cotidiana nos faz crer que é banal e simples que uma relação de produção tome a forma de um objeto" (id. ibid.: 14).

Mas, a partir do momento em que várias formas da vida social – econômica, lingüística etc. – se apresentam como relações, abre-se o caminho para uma antropologia concebida como uma teoria geral das relações e para a análise das sociedades em função dos caráteres diferenciais próprios aos sistemas de relações que definem umas e outras.

ORGANIZAÇÃO SOCIAL

VI. A noção de arcaísmo em etnologia[1]

Apesar de todos os seus defeitos, e em que pesem críticas merecidas, o termo "primitivo", por falta de um melhor, parece ter definitivamente se instalado no vocabulário etnológico e sociológico contemporâneo, de modo que estudamos sociedades "primitivas". Mas o que exatamente entendemos por isso? Em termos gerais, a expressão é bem clara. Sabemos que "primitivo" designa um vasto conjunto de populações que permaneceram desprovidas da escrita e alijadas, por essa razão, dos métodos de investigação propriamente históricos; atingidas, apenas recentemente, pela expansão da civilização mecânica e portanto alheias, por sua estrutura social e sua concepção de mundo, às noções que a filosofia e a economia políticas consideram fundamentais quando se trata de sua própria sociedade. Mas onde passa o divisor? O México antigo satisfaz ao segundo critério, mas muito imperfeitamente ao primeiro. O Egito e a China arcaicos abrem-se para a investigação etnológica, evidentemente não porque desconheçam a escrita, mas porque a massa de documentos preservados é insuficiente para tornar desnecessário o emprego de outros métodos; e nenhum dos dois está fora da área da civilização mecânica, apenas a precederam no tempo. Inversamente, o fato de folcloristas trabalharem no presente e no interior da civilização mecânica de forma alguma os afasta dos etnólogos. Temos assistido, há uma década, nos Estados Unidos, a uma sensacional evolução que é certamente reveladora, em primeiro lugar, da crise espiritual por que passa a sociedade americana contemporânea (que começa a duvidar de

1. Publicado em *Cahiers Internationaux de Sociologie* (Lévi-Strauss 1952c).

si mesma e que só consegue se apreender por intermédio desse autoestranhamento que tem aumentado a cada dia), mas que, ao abrir para os etnólogos as portas das fábricas, dos serviços públicos nacionais e municipais, até mesmo do estado-maior, proclama implicitamente que, entre a etnologia e as demais ciências do homem, a diferença está no método e não no objeto.

Por isso, é apenas o objeto que queremos considerar aqui. É impactante a constatação de que, ao perder o sentimento do objeto que lhe é próprio, a etnologia americana deixe dissolver-se o método – demasiado empírico, mas preciso e cuidadoso – com que a tinham armado seus fundadores, em favor de uma metafísica social não raro simplista e de procedimentos de investigação duvidosos. Um método não pode se firmar, menos ainda se ampliar, sem um conhecimento cada vez mais exato de seu objeto particular, de seus caracteres específicos e de seus elementos distintivos. Estamos longe disso. Sem dúvida, o termo "primitivo" parece estar definitivamente fora do alcance das confusões decorrentes de seu sentido etimológico e alimentadas por um evolucionismo ultrapassado. Um povo primitivo não é um povo atrasado ou retardado; pode, em determinados campos, exibir uma inventividade e uma capacidade de realização que deixam bem para trás os feitos dos civilizados. É o caso, por exemplo, da verdadeira "sociologia planejada" que revela o estudo da organização familiar das sociedades australianas, da integração da vida afetiva num complexo sistema de direitos e obrigações na Melanésia e, praticamente por toda parte, da utilização do sentimento religioso como fundamento para uma síntese viável, ainda que nem sempre harmônica, das aspirações individuais e da ordem social.

Um povo primitivo tampouco é um povo sem história, embora o transcorrer desta nos escape freqüentemente. Os trabalhos de Seligman acerca dos indígenas da Nova Guiné (1910) mostram como uma estrutura social aparentemente bastante sistemática foi ora extraída, ora mantida, por uma sucessão de eventos contingentes, como guerras, migrações, rivalidades e conquistas. Stanner descreveu os debates ocasionados, numa sociedade moderna, pela promulgação de uma legislação relativa ao parentesco e ao casamento: os "jovens turcos" reformadores, convertidos às doutrinas de uma população vizinha, fazem triunfar um sistema mais sutil sobre a simplicidade das instituições antigas, e indígenas que se afastaram por alguns anos de sua tribo já não conseguem, na volta, adaptar-se à nova ordem (Stanner 1936-37). Na América, o número, a distribuição e as inter-relações entre clãs dos Hopi não eram, há dois séculos, os mesmos que atualmente (Lowie 1929a). Sabemos de tudo isso, mas o que tiramos daí? Uma distinção, teoricamente complicada, e de fato impraticável, entre supostos "primitivos", assim designados por uma convenção (que incluem, aliás, a quase totalidade dos povos estudados pelos etnólogos), e uns poucos "verdadeiros primitivos", limitados aos Australianos e Fueguinos, segundo o resumo do curso de Marcel Mauss (1947: 1, nota 1). Acabamos de ver o que se deve pensar dos Australianos. Os Fueguinos (e algumas outras tribos sul-americanas que lhes são associadas por certos autores) (Cooper 1940, v. II: 147, 160) seriam então os únicos, ao lado de certos grupos pigmeus, a gozar do exorbitante privilégio de ter durado e de não ter história? Essa estranha asserção se apóia num duplo argumento. Primeiro, a história desses povos nos é totalmente desconhecida e, em razão da ausência ou escassez das tradições orais e dos vestígios arqueológicos, permanecerá para sempre fora de alcance. Isso não permite concluir que ela não exista. Em segundo lugar, tais povos evocam, pelo arcaísmo de suas técnicas e instituições, o que nos é possível reconstituir quanto ao estado social de populações muito antigas, que viveram há dez ou vinte milênios; donde a conclusão de que assim eram naqueles tempos remotos e assim permaneceram até hoje. A filosofia que explique por que, em alguns casos, aconteceu alguma coisa e por que, nesses casos, não aconteceu nada.

Uma vez aceito nesse plano filosófico, o debate parece não ter saída. Admitamos portanto, como uma possibilidade teórica, que certos fragmentos étnicos possam ter ficado para trás no movimento, aliás desigual, que carrega a humanidade, ou porque evoluíram com uma lentidão quase imperceptível, que teria preservado até hoje o principal de seu frescor primitivo, ou porque, ao contrário, seu ciclo de evolução teria sido precocemente abortado, deixando-os congelados numa inércia definitiva. A verdadeira questão não se apresenta assim. Quando consideramos no presente tal ou qual população aparentemente arcaica, seria possível determinar critérios cuja presença ou ausência permitiria decidir, não pela afirmativa – visto que a hipótese é ideológica e não passível de demonstração –, mas pela negativa? Se tal demonstração negativa puder ser feita para cada caso conhecido e invocado, a questão estará decidida em termos práticos, se não teóricos. Mas então surgiria um novo problema a ser resolvido: uma vez excluída a consideração do passado, quais seriam as características formais, relativas à estrutura, que distinguem as sociedades ditas primitivas daquelas que chamamos de modernas ou civilizadas?

São essas as questões que gostaríamos de evocar, discutindo o caso de certas sociedades sul-americanas em relação às quais a hipótese de um arcaísmo original foi recentemente renovada.

***

Desde Martius (1867), os etnólogos costumam repartir as culturas indígenas da América tropical em duas grandes categorias. As da costa e do sistema Orinoco-Amazonas se caracterizam por um *habitat* de floresta ou ribeirinho, à beira da floresta, com agricultura tecnicamente rudimentar, mas com vastas extensões cultivadas com várias espécies, organização social diferenciada, esboçando ou afirmando uma clara hierarquia social e grandes casas coletivas, atestando tanto o nível da indústria indígena como o grau de integração da sociedade. Aruak, Tupi e Carib compartilham, em graus diversos, tais características. O Brasil Central, ao contrário, é ocupado por populações de cultura mais rudimentar: às vezes nômades, desprovidas de habitações permanentes e de cerâmica, vivem da coleta ou, caso sejam sedentárias, recorrem à caça individual ou coletiva, mais do que à agricultura, que não passa, entre elas, de uma ocupação acessória. Sob o nome de Jê, Martius acreditou poder congregar numa única família cultural e lingüística populações na realidade diferentes pela língua e por outros aspectos de suas culturas. Via nelas os descendentes dos selvagens Tapuias descritos pelos viajantes do século XVI como inimigos tradicionais dos Tupi da costa, que os teriam empurrado para o interior no bojo de migrações que os fariam senhores do litoral e do vale do Amazonas. Sabemos que tais migrações duraram até o século XVII, e exemplos até mais recentes são conhecidos.

Essa sedutora construção foi abalada, ao longo das últimas duas décadas, pelas pesquisas do saudoso Curt Nimuendaju entre várias tribos da suposta família Jê, que habitam o cerrado compreendido entre a cadeia costeira e o vale do Araguaia, no leste e no nordeste brasileiros. Entre os Ramkokamekrã, os Kayapó, os Xerente e os Apinayé, Nimuendaju descobriu primeiro uma agricultura mais original do que se supunha: algumas dessas tribos cultivam espécies (*Cissus sp.*) desconhecidas alhures. Mas, sobretudo no campo da organização social, esses supostos primitivos revelavam sistemas de uma espantosa complexidade: metades exogâmicas entrecortando metades esportivas ou rituais, sociedades secretas, associações masculinas e classes de idade. Tais estruturas normalmente acompanham níveis de cultura muito mais elevados. Conclui-se disso que ou tais estruturas não são exclusivas desses níveis, ou o arcaísmo dos supostos Jê não é tão incontestável quanto parece. Os intérpretes das descobertas de Nimuendaju, sobretudo Lowie e Cooper, se inclinaram mais pela primeira explicação. Assim, Lowie escreve que "a presença de metades matrilineares em culturas tais como a dos Canela e a dos Bororo prova que essa instituição pode surgir localmente entre caçadores-coletores ou, na melhor das hipóteses, entre povos que permaneceram na primeira fase da agricultura" (1941: 195). Mas será que os Jê e seus correspondentes no planalto ocidental, Bororo e Nambikwara, merecem plenamente tal definição? Não seria igualmente possível ver neles regressivos que, havendo partido de um nível mais alto de vida material e de organização social, teriam dele conservado certos traços como vestígios de antigas condições? A essa hipótese, sugerida em correspondência privada, Lowie teve a amabilidade de responder que a alternativa era concebível, mas que seus termos permaneceriam igualmente duvidosos, enquanto não se tivesse produzido "um modelo preciso tal que se pudesse demonstrar que a organização social dos Canela e dos Bororo constitui sua réplica atenuada" (id. ibid.).

Há vários modos de responder a essa exigência, e a primeira é certamente enganosa em sua simplicidade. Contudo, as altas culturas pré-colombianas do Peru e da Bolívia tiveram algo que se assemelhava à organização dualista: os habitantes da capital dos Incas estavam repartidos em dois grupos, alto Cuzco e baixo Cuzco, cujo significado não era meramente geográfico, já que nos rituais as múmias dos antepassados eram solenemente colocadas em duas fileiras correspondentes, como ocorria na China dos Chu (Vega 1787, t. 1: 167; Maspero 1927: 251-52). E foi o próprio Lowie que, comentando nossa descrição de uma aldeia bororo, cujo esquema reflete a complexa estrutura social, evoca nesse sentido o plano de Tiahuanaco tal como foi reconstituído por Bandelier (Nimuendaju e Lowie 1927: 578). O mesmo dualismo, ou pelo menos seus temas fundamentais, se prolonga até a América Central, no antagonismo ritual entre as ordens astecas da Águia e do Jaguar. Ambos os animais são personagens da mitologia dos Tupi e de outras tribos sul-americanas, como comprovam o motivo do "jaguar celeste" e o engaiolamento ritual de uma águia-harpia nas aldeias indígenas do Xingu e do Machado. Tais semelhanças entre as sociedades tupi e asteca se estendem a outros aspectos da vida religiosa. Talvez o modelo concreto de que as culturas primitivas do cerrado são a réplica atenuada se encontre nos altiplanos andinos.

A resposta é simples demais. Entre as grandes civilizações do planalto e os bárbaros do cerrado certamente houve contato: intercâmbios comerciais, reconhecimentos militares, escaramuças de fronteira. Os indígenas do Chaco sabiam da existência dos Incas e descreviam para os primeiros viajantes, por ouvirem dizer, seu prestigioso reino. Orellana encontrou objetos de ouro no médio Amazonas, e machados de metal de proveniência peruana foram desenterrados até no litoral de São Paulo. Contudo, o ritmo extremamente acelerado de expansão e declínio das civilizações andinas não pode ter permitido mais do que encontros esporádicos e de curta duração. Por outro lado, a organização social dos Astecas e dos Incas chegou até nós por intermédio de descrições de conquistadores encantados com a própria descoberta, com um caráter sistemático que certamente não possuíam. Em ambos os casos, estamos diante do encontro efêmero de culturas muito diversas, em muitos casos bastante antigas e heterogêneas. O fato de uma determinada tribo entre tantas outras ter ocupado temporariamente um lugar proeminente não basta para nos levar à conclusão de que seus costumes específicos foram adotados em toda a extensão do território sobre o qual exerceu sua influência, ainda que seus dignitários tivessem interesse em difundir tal ficção, sobretudo junto aos recém-chegados europeus. Nem no Peru nem no México, jamais se tratou verdadeiramente de um império, cujo modelo os povos colonizados, clientes ou simplesmente testemunhas deslumbradas, teriam buscado reproduzir com seus humildes meios. As analogias entre altas e baixas culturas decorrem de razões mais profundas.

Na verdade, a organização dualista é apenas um traço entre outros comuns aos dois tipos. Traços que se distribuem de modo muito confuso, desaparecem e reaparecem, indiferentes à distância geográfica ou ao nível de cultura considerado. Parecem como que espalhados ao acaso por toda a extensão do continente. Ora se encontram presentes, ora estão ausentes, ora agrupados, ora isolados, luxuosamente desenvolvidos numa grande civilização ou parcimoniosamente preservados na mais baixa. De que maneira se poderia dar conta de cada uma dessas ocorrências por fenômenos de difusão? Seria preciso determinar, para cada caso, um contato histórico, datá-lo com precisão, traçar um itinerário de migração, tarefa não apenas irrealizável, mas que além disso não corresponderia à realidade, a qual nos apresenta uma conjuntura global, que é preciso compreender enquanto tal. Trata-se de um vasto fenômeno de sincretismo, cujas causas históricas e locais são bem anteriores ao início do que chamamos de história pré-colombiana da América, e que por sensatez metodológica devemos aceitar como situação inicial, a partir da qual nasceram e se desenvolveram as altas culturas do México e do Peru.

Seria possível encontrar a imagem dessa situação inicial no estado atual das baixas culturas do cerrado? Impossível. Não existe transição concebível ou etapas que possam ser reconstituídas entre o nível cultural dos Jê e os primórdios da cultura maia ou os níveis arcaicos do vale do México. De modo que tanto umas quanto outras derivam de uma base certamente comum, mas que deve ser buscada num plano intermediário entre as atuais culturas do cerrado e as antigas civilizações dos altiplanos.

Várias indicações confirmam essa hipótese. Primeiro, a arqueologia, que encontra, inclusive num passado recente, centros de civilização relativamente evoluída por toda a América tropical, nas Antilhas, em Marajó, em Cunani, no baixo Amazonas, na foz do Tocantins, na planície de Mojos, em Santiago del Estero, e também os grandes petroglifos do vale do Orinoco e de outras regiões, que supõem um trabalho de equipe de que encontramos, até hoje, notáveis aplicações entre os Tapirapé, para a abertura e o cultivo de roças (Baldus 1944-1946). No início do período histórico, Orellana admirava ao longo do Amazonas culturas variadas, numerosas e desenvolvidas. Seria lícito supor que, na época de seu apogeu, as tribos inferiores não participassem, pelo menos em certa medida, dessa vitalidade cujos indícios acabamos de evocar?

A própria organização social dualista não constitui um traço diferencial das populações do cerrado. Foi localizada, na floresta, entre os Parintintin e os Mundurucu, é provável entre os Tembé e os Tukuna e certa nos dois extremos do Brasil, entre os Palikur e os Terena, Aruak de alta qualidade. Eu mesmo a encontrei, em estado de vestígio, entre os Tupi-Kawahib do alto Machado, de modo que, em suas modalidades matrilinear e patrilinear, pode-se circunscrever uma área de organização dualista que vai da margem direita do Tocantins até o Madeira. É impossível definir a organização dualista na América do Sul como um traço típico dos níveis mais primitivos, já que é compartilhado por vizinhos da floresta, hábeis agricultores e caçadores de cabeças, que possuem culturas muito mais elevadas.

Não devemos dissociar a organização social dos povos do cerrado da de seus vizinhos dos vales de mata e das margens de rios. E, inversamente, às vezes tribos de cultura muito diferente são situadas nos níveis supostamente arcaicos. O exemplo dos Bororo apresenta uma demonstração particularmente impressionante dessas falsas analogias. Para fazer deles "verdadeiros primitivos" ou quase, invoca-se um texto de Von den Steinen:

> *As mulheres, habituadas a arrancar raízes selvagens na mata, começaram a cortar brotos* (de mandioca), *revolvendo cuidadosamente o solo na esperança de encontrar raízes comestíveis. Essa tribo de caçadores desconhecia qualquer agricultura verdadeira e, principalmente, não*

sabia o que é a paciência de esperar pelo desenvolvimento dos tubérculos ([1897] 1940: 581).

Conclui-se que, antes do contato com a frente de pacificação que haveria de controlá-los, os Bororo viviam exclusivamente de caça e coleta. Esquece-se aí que as roças em questão eram de soldados brasileiros, e não dos indígenas, e que, segundo o mesmo autor, "os Bororo não tinham o menor interesse pelas dádivas da civilização"(id. ibid.: 580). Basta situar essas observações em seu contexto, que apresenta um quadro expressivo da desintegração da sociedade bororo sob a influência de seus assim chamados pacificadores, para perceber seu caráter anedótico. O que elas nos ensinam? Que os Bororo não cultivavam a terra? Mas eles estavam sendo impiedosamente perseguidos e exterminados pelos colonizadores havia mais de cinqüenta anos. Não seria porque os indígenas achavam mais vantajoso pilhar as roças dos postos militares do que abrir roças eles mesmos?

Alguns anos mais tarde, em 1901, Cook (1908) registrava "roças de milho amarelo pequeno" entre os Bororo do rio Ponte de Pedra (um afluente, então pouco conhecido, do rio São Lourenço). Em 1905, a respeito das aldeias que haviam permanecido independentes no rio Vermelho, Radin escrevia:

Os Bororo não plantam nada na colônia Theresa Christina, e talvez por essa razão o Prof. Von den Steinen, que só os viu cultivar obrigados, tenha concluído que eles jamais foram uma tribo agrícola. Mas Fric descobriu, entre os que ainda vivem em estado selvagem, roças cuidadosamente mantidas (Fric & Radin 1906: 391-92).

Melhor ainda, o mesmo autor descreve um ritual agrário, "cerimônia de bênção das sementes cujo consumo levaria à morte caso não tivessem sido assim consagradas", que consistia na lavagem da espiga de milho ainda verde, em seguida colocada diante do *aroetorrari* (ou xamã), que dançava e cantava várias horas seguidas, fumava incessantemente e assim entrava numa espécie de êxtase hipnótico. Tremendo dos pés à cabeça, "ele então morde a espiga, lançando gritos intermitentes. A mesma cerimônia é realizada quando se mata um animal de caça grande [...] ou peixe [...] Os Bororo crêem que quem tocar em carne ou milho não consagrado [...] morrerá juntamente com todos os seus" (id. ibid.). Quando se considera que, exceto pelas aldeias do rio Vermelho, a sociedade Bororo desmoronou completamente entre 1880 e 1910, fica difícil admitir que tivessem tido tempo, e se dado à pena, num intervalo tão trágico e tão breve, de coroar uma recentíssima agricultura com um ritual agrário complicado. Só se já possuíssem o ritual, o que, nesse caso, implicaria necessariamente o caráter tradicional da agricultura.

Trata-se, portanto, de saber se em algum caso é possível falar de verdadeiros caçadores-coletores na América do Sul. Algumas tribos parecem muito primitivas atualmente: Guayaki do Paraguai, Siriono da Bolívia, Nambikwara das nascentes do Tapajós e os coletores do vale do Orinoco. Contudo, são raras as que desconhecem por completo a agricultura e elas sempre se encontram isoladas entre grupos de nível mais elevado. A história de cada uma delas, se a conhecêssemos, explicaria melhor sua condição particular do que a hipótese de serem sobrevivências de um nível arcaico. Elas freqüentemente praticam uma agricultura elementar, que não chega a suplantar a caça, a pesca e a coleta. Isso não basta para provar que se trata de cultivadores debutantes e não de cultivadores regressivos, devido a novas condições de existência que lhes teriam sido impostas.

O saudoso padre J. M. Cooper (1940) sugeriu uma repartição das tribos da América tropical em dois grandes grupos, por ele denominados "silval" e "marginal", sendo este último subdividido em "savanal" e "intra-silval". Consideraremos apenas a distinção principal, que talvez apresente alguma utilidade prática, mas não pode ser tomada por uma representação dos fatos. Nada prova, nem mesmo sugere, que o cerrado tenha sido habitado num período arcaico; em compensação, parece estar bastante claro que, mesmo em seu *habitat* atual, as tribos "savanais" buscam manter os resquícios de um modo de vida florestal.

Nenhuma distinção geográfica é mais clara ou mais consciente para os indígenas sul-americanos do que a que há entre o cerrado e a floresta.

O cerrado não se presta à agricultura, nem à coleta de produtos selvagens, sua vegetação e sua fauna são pobres. A floresta brasileira, ao contrário, é pródiga em frutos e caça e o solo, contanto que seja apenas raspado, é rico e fértil. O contraste entre os agricultores da floresta e os caçadores do cerrado pode ter um significado cultural, mas não tem fundamento natural. No Brasil tropical, a floresta e as beiras de rio são o meio mais favorável para a agricultura, para a caça, para a pesca *e também* para a coleta. Se o cerrado é desfavorecido, o é de todos esses pontos de vista. Não se pode distinguir entre uma cultura pré-agrícola, que teria sido conservada pelos povos do cerrado, e uma cultura superior, fundada na agricultura de coivara na floresta, pois os povos da floresta não são apenas os melhores agricultores (entre outros), como também os melhores coletores (igualmente entre outros). A razão disso é simplíssima: há muito mais para coletar na floresta do que fora dela. A agricultura e a coleta existem nos dois ambientes, e ambas são mais desenvolvidas em um deles.

Esse maior controle das sociedades da floresta sobre o ambiente natural se afirma tanto com relação às espécies selvagens quanto às cultivadas. O ambiente vegetal varia entre o leste e o oeste da floresta tropical, mas o modo de vida muda menos do que as espécies utilizadas: a cestaria é idêntica, embora a matéria-prima varie, os entorpecentes desempenham o mesmo papel ritual, ainda que preparados com plantas diferentes. Os produtos mudam, os costumes permanecem. Por outro lado, o determinismo da savana só tem um efeito negativo: ele não abre novas possibilidades, apenas restringe as da floresta. Não existe uma "cultura do cerrado". O que se pretende designar assim é uma réplica atenuada, um eco enfraquecido, uma imitação impotente da cultura da floresta. Povos coletores teriam escolhido o *habitat* florestal tanto quanto povos agricultores. Ou, melhor dizendo, teriam ficado na floresta, se tivessem podido. Se não estão nela, não é por causa de uma pretensa "cultura do cerrado" que seria própria deles; é porque foram expulsos de lá. Os Tapuia, por exemplo, foram empurrados para o interior pelas grandes migrações dos Tupi.

Isso posto, reconheceremos que em alguns casos precisos o novo *habitat* pode ter exercido uma influência positiva. A habilidade dos Bororo na caça foi sem dúvida estimulada ou favorecida pela freqüentação dos pântanos ricos em caça do curso médio do Paraguai, e a importância da pesca na economia xinguana é certamente maior do que a que podia ter nas regiões setentrionais de onde vêm os Aweti e os Kamayurá. Porém, sempre que podem, as tribos do cerrado se agarram à floresta e a modos de vida florestais. Toda a agricultura é realizada nas estreitas faixas de mata ciliar que, mesmo no cerrado, acompanha os principais rios. Na verdade, não seria possível plantar fora dali e os Bakairi riem do veado da lenda, tão estúpido que queria plantar mandioca no meio do cerrado (Steinen 1897: 488). Os indígenas fazem longas viagens para chegar à mata, onde podem encontrar alguns produtos de que precisam, como caniços grandes, conchas e sementes. Mais impressionantes ainda são as características do preparo das plantas selvagens. As tribos da floresta lançam mão para isso de uma rica gama de conhecimentos e procedimentos; para extrair o amido do miolo de certas palmeiras, para produzir a fermentação alcoólica de grãos armazenados e para utilizar plantas venenosas na alimentação, por exemplo. Entre os povos do cerrado, tudo isso se reduz a uma coleta desordenada seguida de consumo imediato, como se tivesse sido necessário compensar o desaparecimento de um regime alimentar bem mais equilibrado. Até a coleta se apresenta, entre eles, como uma técnica empobrecida e diminuída (Lévi-Strauss 1944c, 1948b).[2]

***

As considerações acima dizem respeito exclusivamente à América tropical. Porém, se estiverem corretas, permitirão extrair critérios de validade mais geral, utilizáveis em todos os casos a respeito dos quais se levan-

2. Essa reconstrução foi engenhosamente criticada por M. I. P. de Queiroz, que invoca vários elementos importantes da mitologia e do ritual dos Xerente para sugerir que esses indígenas viviam no cerrado há muito tempo. Hei de reconhecer que existe aí um problema, ainda que seja arriscado interpretar, como fazem os próprios Xerente, certos temas míticos difundidos no Novo Mundo desde o Canadá até o Peru em função da história econômica de uma tribo específica. Cf. Queiroz 1953: 99-108.

tasse a hipótese de um autêntico arcaísmo. Parece-nos fora de dúvida que chegaríamos então à mesma conclusão, a saber, de que o verdadeiro arcaísmo é assunto de arqueólogos e especialistas em pré-história, e que os etnólogos, dedicados ao estudo de sociedades vivas e atuais, não devem esquecer que, para o serem, *é preciso que tenham vivido, durado e, portanto, mudado*. Pois bem, uma mudança capaz de gerar condições de vida e de organização tão elementares que evocam um estado arcaico só pode ser uma regressão. Trata-se de saber se é possível, por uma crítica interna, distinguir esse pseudo-arcaísmo do verdadeiro.

A questão do primitivismo de uma determinada sociedade costuma ser colocada pelo contraste entre ela e seus vizinhos mais ou menos próximos. Constata-se uma diferença de nível cultural entre essa sociedade e as que podem mais facilmente ser com ela comparadas. Sua cultura é mais pobre, devido à ausência ou precariedade de técnicas cuja utilização corrente – ou mesmo a invenção – é geralmente situada no período neolítico, como habitações permanentes, cultivo, criação de animais, polimento da pedra, tecelagem e cerâmica. Associa-se em geral a tais traços – embora a indução seja mais duvidosa nesse caso – uma organização social diferenciada. Não há dúvida de que tais contrastes existem em certas regiões do mundo; e decerto persistem até nossos dias. Porém, nos casos de pseudo-arcaísmo que aqui consideramos, eles não são exclusivos. Queremos dizer com isso que as sociedades em questão não diferem de suas vizinhas mais evoluídas em todos os aspectos, apenas em alguns, enquanto em outros campos existem numerosas analogias.

O exemplo mais notável, e que já comentamos, é o da organização dualista. Na América do Sul, essa instituição (ou, mais precisamente, esse esquema de organização) representa um elemento comum a várias sociedades, das mais primitivas às mais avançadas, com uma série de intermediárias. A língua dos Bororo e a dos Nambikwara apresentam também afinidades evidentes com dialetos de fora da área geográfica dessas tribos e características de civilizações mais altas; o tipo físico, tão diferente entre os dois grupos, sugere uma origem meridional num caso e setentrional no outro. O mesmo ocorre em relação à organização social, certas instituições familiais, as instituições políticas e a mitologia, todas apresentando traços cuja expressão mais desenvolvida deve ser buscada fora. De modo que, se a questão do arcaísmo é levantada pela constatação da diferença entre determinadas sociedades, notar-se-á imediatamente que, no caso das sociedades pseudo-arcaicas, tais diferenças nunca se estendem ao conjunto; permanecem semelhanças que contrabalançam as oposições.

Consideremos agora a sociedade supostamente "arcaica" não em relação a outras, mas em sua estrutura interna. Estaremos diante de um espetáculo singular: essa estrutura abunda em discordâncias e contradições. O exemplo dos Nambikwara é particularmente demonstrativo, pois sua família lingüística, dispersa por um território equivalente à metade da França,[3] apresenta um dos níveis de cultura mais primitivos que se podem encontrar atualmente no mundo. Alguns de seus bandos, pelo menos, ignoram completamente a construção de habitações permanentes e a cerâmica, a tecelagem e a agricultura estão reduzidas à sua mais simples expressão; a vida nômade, de grupos de cinco a seis famílias temporariamente reunidas sob a liderança de um chefe sem autoridade verdadeira, parece estar inteiramente dominada pelas exigências da coleta de produtos selvagens e pela preocupação em não morrer de fome. Mas, em lugar da bela simplicidade que se poderia esperar de técnicas tão rudimentares e de uma organização tão pobre, a cultura nambikwara é pródiga em enigmas.

Vimos, entre os Bororo, o contraste entre um ritual agrário elaborado e uma agricultura aparentemente ausente, mas cuja realidade se verifica por uma investigação mais cuidadosa. Os Nambikwara apresentam, num campo vizinho (na América tropical, consumidora de mandioca-brava, o alimento e o veneno não constituem categorias exclusivas), uma situação análoga, porém inversa. Os Nambikwara são especialistas em venenos. Entre seus produtos tóxicos, encontra-se o curare, em sua ocorrência mais meridional. Entre os Nambikwara, sua

3. O território francês tem uma superfície de 543.965 km^2, comparável à do Estado de Minas Gerais (587.172 km^2). [N.T.]

fabricação não é acompanhada por nenhum ritual, operação mágica ou procedimento secreto, ao contrário do que ocorre em todos os outros lugares onde é produzido. A receita do curare se reduz ao produto básico e o método de fabricação constitui uma atividade puramente profana. E, no entanto, os Nambikwara têm uma teoria dos venenos que lança mão de todos os tipos de considerações místicas, fundada numa metafísica da natureza. Curiosamente, essa teoria não intervém no preparo dos venenos em si, apenas justifica sua eficácia, ao passo que se destaca em primeiro plano na confecção, manipulação e utilização de outros produtos, designados pelo mesmo nome e aos quais os indígenas atribuem idêntico poder, embora se trate de substâncias inofensivas e de caráter puramente mágico.

Esse exemplo merece atenção, pois é rico em ensinamentos. Primeiro, reúne os dois critérios que propusemos para a detecção do pseudo-arcaísmo. A presença do curare numa região tão distante de sua área atual de difusão, e entre um povo de cultura tão inferior àquelas em que costuma ser encontrado, constitui uma *coincidência externa*. Mas o caráter positivo de sua fabricação – numa sociedade que utiliza concomitantemente venenos mágicos, que aglutina todos os seus venenos num mesmo termo e que também interpreta seu efeito com perspectivas metafísicas – é uma *discordância interna*, cujo valor é ainda mais significativo, pois que a presença, entre os Nambikwara, de um curare reduzido ao produto-base e cujo preparo exclui qualquer ritual, levanta de modo impressionante a questão de saber se as características aparentemente arcaicas de sua cultura o são na origem, ou consistem em resíduos de uma cultura empobrecida. É muito mais verossímil interpretar a contradição entre a teoria e a prática, em matéria de venenos, pela perda de rituais complexos ligados mais ao norte à fabricação do curare do que explicar como uma teoria de inspiração sobrenatural teria podido edificar-se com base num tratamento da raiz do *strychnos* que não passou do estágio experimental.

Essa não é a única discordância. Os Nambikwara até hoje possuem machados de pedra polida bem feitos; são ainda capazes de encabá-los, mas não sabem mais fazê-los e os instrumentos de pedra que ocasionalmente fabricam não passam de lascas irregulares, minimamente retocadas. Para se alimentarem, dependem da coleta durante a maior parte do ano, mas sua manipulação dos produtos selvagens ignora as técnicas refinadas que encontramos entre os povos da floresta e, quando eles as conhecem, é sob uma forma rudimentar. Todos os grupos nambikwara fazem algum cultivo durante a estação das chuvas, todos praticam a cestaria e alguns fabricam uma cerâmica amorfa mas resistente. Entretanto, apesar da fome terrível que reina na estação seca, eles só conseguem conservar sua colheita de mandioca enfiando no solo bolos de polpa, dos quais três quartos estão estragados quando são desenterrados após algumas semanas ou meses. As contingências da vida nômade e a ausência de habitações permanentes os impedem de utilizar seus potes e cestos com essa finalidade. De um lado, uma economia pré-horticultora não é acompanhada por nenhuma das técnicas próprias desse modo de vida; do outro, o conhecimento de diversos tipos de recipiente não consegue fazer da agricultura uma ocupação estável. Poderíamos tomar outros exemplos na organização social. A dos Apinayé só tem semelhanças aparentes com as instituições australianas (Nimuendaju 1939; Lévi-Strauss 1952a, cap. VII deste volume), mas sua extrema complicação aparente encobre diferenciações muito sumárias, e o valor funcional do sistema é, na verdade, bastante pobre.

Encontramos, assim, o critério do pseudo-arcaísmo na presença simultânea do que chamamos de coincidências externas e discordâncias internas. Mas podemos ir mais longe, pois, nas culturas pseudo-arcaicas, concordâncias e discordâncias se opõem por um aspecto complementar que, neste caso, é próprio de cada uma das formas quando considerada isoladamente.

Retomemos os exemplo dos Nambikwara e examinemos rapidamente o quadro de suas coincidências externas. Estas não se apresentam em relação a uma única cultura das vizinhanças, cuja influência, dada a proximidade geográfica, ou em razão de uma superioridade técnica, política ou espiritual esmagadora, pudesse ser concebida sobre uma ilha arcaica milagrosamente preservada. Os pontos de correspondência associam os Nambikwara a uma coleção de povos, alguns vizinhos e alguns muito afastados, alguns próximos pelo nível de cultura, outros muito avançados. O tipo físico é o do México antigo, sobretudo o da costa atlântica do México, a língua apresenta afinidades com dialetos do istmo e do norte da América do Sul, a organização familiar e os grandes temas religiosos, com o mesmo vocabulário associado, lembram os Tupi meridionais, o preparo dos venenos e os costumes guerreiros (porém independentes entre si, já que o curare só é utilizado na caça) remetem à região das Guianas e, finalmente, os usos matrimoniais evocam ecos andinos. O mesmo ocorre com os Bororo, cujo tipo físico é meridional, a organização política ocidental e o modo de vida oriental, em relação a sua atual área de residência.

As coincidências ocorrem, portanto, de modo disperso. As discordâncias, ao contrário, se concentram no âmago da cultura, tocam sua estrutura mais íntima e afetam sua essência particular. Dir-se-ia que são elas que lhe conferem sua individualidade. Todos os elementos do complexo neolítico estão presentes entre os Nambikwara, ou quase. Eles cultivam roças, fiam algodão e com ele tecem braçadeiras, trançam fibras e modelam argila, mas esses elementos não conseguem se organizar; o que falta é a síntese. Simetricamente, a obsessão predadora da coleta não chega a se desenvolver em técnicas especializadas. Assim, os indígenas permanecem paralisados diante de uma escolha impossível; o dualismo de seu modo de vida impregna sua vida cotidiana e se estende a todas as suas atitudes psicológicas, a sua organização social e a seu pensamento metafísico. A oposição entre a atividade masculina, definida pela caça e pela roça, igualmente rentáveis e igualmente intermitentes, e a atividade feminina, baseada na coleta, com resultados constantes em sua mediocridade, torna-se uma oposição entre os sexos que faz das mulheres seres efetivamente queridos e ostensivamente depreciados, uma oposição entre as estações, a da vida errante e a do *habitat* fixo. Oposição entre dois estilos de existência, um definido pelo que chamaríamos de abrigo temporário e cesto permanente, outro o da morna repetição das tarefas agrícolas, um rico em provações e aventuras, o outro base de uma monótona segurança. E o conjunto se traduz, finalmente, no plano metafísico, na diferença entre o destino que espera as almas masculinas, eternamente reencarnadas, assim como serão indefinidamente recultivadas após longos períodos de descanso as roças de seus donos, e o das almas femininas, dissipadas após a morte pelo vento, a chuva e a tempestade, fadadas à mesma inconstância que a coleta feminina (Lévi-Strauss 1948a, 1955a).

A hipótese de uma sobrevivência das sociedades arcaicas, fundada na descoberta de discordâncias externas entre sua cultura e a das sociedades vizinhas, choca-se portanto, no caso do pseudo-arcaísmo, com dois grandes obstáculos. Primeiro, as discordâncias externas jamais são suficientemente numerosas para eliminar por completo as coincidências, elas também externas; e essas coincidências externas são *atípicas*, isto é, em vez de se estabelecerem com um grupo, ou um conjunto de grupos bem definido pela cultura e geograficamente localizado, apontam em todas as direções e evocam grupos heterogêneos entre si. Em segundo lugar, a análise da cultura pseudo-arcaica, considerada como um sistema autônomo, revela discordâncias internas que, elas sim, são *típicas*, isto é, dizem respeito à própria estrutura da sociedade e comprometem irremediavelmente seu equilíbrio específico. Pois as sociedades pseudo-arcaicas são sociedades condenadas, e isso pode ser notado por sua posição precária no meio em que tratam de subsistir e diante de vizinhos que as submetem à sua pressão.

Pode-se facilmente conceber que tais características íntimas escapem aos historiadores ou aos sociólogos que trabalham com documentos. Mas um bom pesquisador de campo não pode deixar de percebê-las. Nossas conclusões teóricas se baseiam em fatos sul-americanos diretamente observados. Caberá aos especialistas em Malásia ou África dizer se sua experiência as confirma, nos casos em que os mesmos problemas se apresentaram. Se pudermos chegar a um acordo, terá sido realizado um grande progresso na delimitação do objeto próprio da pesquisa etnológica. Pois ela consiste num conjunto de procedimentos de investigação que se fazem necessários, menos pela condição específica de determinadas sociedades do que pela condição específica *em que nós nos encontramos*, diante de sociedades sobre as quais não pesa nenhuma fatalidade especial. Nesse sentido, a etnologia poderia ser definida como uma técnica de deslocamento.[4]

Por ora, o essencial é ajudar a etnologia a se livrar do resíduo filosófico que o termo "primitivo" ainda carrega consigo. Uma verdadeira sociedade primitiva deveria ser uma sociedade harmoniosa, visto que seria, de certo modo, uma sociedade a sós consigo mesma. Vimos, ao contrário, que, numa vasta região do mundo, em muitos aspectos privilegiada por nosso estudo, as que poderiam parecer as mais autenticamente arcaicas estão todas esgarçadas por discordâncias nas quais se percebe a marca inconfundível do *evento*.

Incontáveis fendas, únicas sobreviventes da destruição do tempo, jamais poderão dar a ilusão de um timbre original onde, antigamente, ressoaram harmonias perdidas.

4. "*Technique du dépaysement*", diz o original, utilizando um termo que remete diretamente a um deslocamento espacial – para "terras outras" – e cuja imagem pode ser tomada em sentido tanto de estranhamento e desconforto quanto de agradável mudança de cenários e hábitos. [N.T.]

VII. As estruturas sociais no Brasil Central e Oriental[1]

Ao longo dos últimos anos, chamaram a atenção as instituições de certas tribos do Brasil Central e Oriental que, por seu baixo nível de cultura material, haviam sido classificadas como muito primitivas. Essas tribos se caracterizam por uma estrutura social altamente complicada, comportando vários sistemas de metades que se entrecruzam, dotados de funções específicas, clãs, classes de idade, associações esportivas ou rituais e outras formas de agrupamento. Os exemplos mais notáveis, descritos por Colbacchini, Nimuendaju e eu próprio, além de outros observadores mais antigos, são fornecidos pelos Xerente, que possuem metades patrilineares exogâmicas subdivididas em clãs, pelos Canela e pelos Bororo, com metades matrilineares exogâmicas e outras formas de agrupamento e, finalmente, pelos Apinayé, com metades matrilineares não exogâmicas. Os tipos mais complexos, a saber, um duplo sistema de metades subdivididas em clãs e um triplo sistema de metades não subdivididas, encontram-se, respectivamente, entre os Bororo e entre os Canela.

A tendência geral dos observadores e dos teóricos foi interpretar tais estruturas complexas a partir da organização dualista, que parecia representar a forma mais simples.[2] Nisso acompanhavam a sugestão dos informantes indígenas, que colocavam essas formas dualistas no primeiro plano de sua descrição. O autor da presente comunicação não se distingue de seus colegas nesse aspecto. Contudo, a dúvida que nutria há tempos o levara a postular o caráter residual das estruturas dualistas

1. Publicado em *Proceedings of the 29th Congress of Americanists* (Lévi-Strauss 1952a).
2. Já em 1940, contudo, Lowie alertava contra as falsas analogias com sistemas australianos.

na área considerada. Como veremos a seguir, tal hipótese se revelaria finalmente insuficiente.

Com efeito, propomo-nos mostrar aqui que a descrição das instituições indígenas feita pelos observadores em campo – inclusive eu próprio – coincide, certamente, com a imagem que os indígenas têm de sua própria sociedade. Mas essa imagem não passa de uma teoria ou, melhor dizendo, de uma transfiguração da realidade, que é de natureza totalmente diferente. Dessa constatação, que até agora só havia sido vislumbrada quanto aos Apinayé, decorrem duas importantes conseqüências: a organização dualista das populações do Brasil Central e Oriental não apenas é adventícia como freqüentemente ilusória, e, sobretudo, somos levados a conceber as estruturas sociais como objetos independentes da consciência que deles têm os homens (cuja existência regem, no entanto) e como capazes de ser tão diferentes das imagens que eles fazem delas quanto a realidade física difere da representação sensível que dela temos, e das hipóteses que formulamos a seu respeito.

Começaremos pelo exemplo dos Xerente, descritos por Nimuendaju. Essa população, que pertence ao grupo central da família lingüística Jê, se distribui por aldeias, cada uma delas composta de duas metades patrilineares exogâmicas subdivididas em clãs, dos quais três são considerados originais pelos indígenas e um clã suplementar, atribuído pela lenda a uma tribo estrangeira "capturada". Esses oito clãs – quatro em cada metade – se distinguem por funções cerimoniais e privilégios. Mas nem os clãs, nem as duas equipes esportivas, nem as quatro associações masculinas e a associação feminina a elas somada, nem as seis classes de idade intervêm na regulamentação do casamento, que depende exclusivamente do sistema de metades. Conseqüentemente, seriam de esperar os corolários costumeiros da organização dualista: distinção entre primos cruzados e paralelos, aglutinação dos primos cruzados patrilaterais e matrilaterais e casamento preferencial entre primos cruzados bilaterais. Não é bem isso o que ocorre.

Num outro trabalho, cujas conclusões lembraremos brevemente (Lévi-Strauss 1949b), distinguimos as modalidades fundamentais da troca matrimonial em três formas expressas no casamento preferencial entre primos cruzados bilaterais, no casamento entre filho de irmã e filha de irmão e no casamento entre filho de irmão e filha de irmã. Demos à primeira forma o nome de *troca restrita*, significando com isso o fato de implicar a divisão do grupo em duas seções ou em um múltiplo de dois. A expressão *troca generalizada* reúne as duas outras formas, referindo-se ao fato de que se podem realizar entre um número qualquer de parceiros. A diferença entre o casamento matrilateral e o casamento patrilateral decorre, aí, de o primeiro representar a forma mais completa e mais rica de troca matrimonial, com os parceiros orientados uma vez por todas numa estrutura global e indefinidamente aberta, ao passo que o casamento patrilateral, forma "limite" da reciprocidade, ao contrário, nunca liga os grupos dois a dois e implica, em cada geração, uma inversão total de todos os ciclos. Disso resulta que o casamento matrilateral vem normalmente acompanhado de uma terminologia de parentesco que chamamos de "consecutiva": não estando a situação das linhagens umas para com as outras exposta a nenhuma mudança, seus ocupantes sucessivos tendem a ser confundidos nos mesmos termos, e as diferenças de geração são desconsideradas. O casamento patrilateral acarreta, por sua vez, uma terminologia "alternativa", que exprime pela oposição entre as gerações consecutivas e a identificação das gerações alternadas o fato de que um filho se casa na direção oposta àquela em que seu pai se casou (mas a mesma da irmã de seu pai) e na mesma direção que o pai de seu pai se casou (mas na direção oposta à da irmã do pai de seu pai). A situação simétrica e inversa prevalece para as meninas. Resulta daí uma segunda conseqüência: em casamento matrilateral, encontram-se dois termos diferentes para qualificar dois tipos de afins, os "maridos de irmãs" e os "irmãos de esposas", que nunca se confundem. Com o casamento patrilateral, essa dicotomia é transposta para o interior da própria linhagem, para distinguir os colaterais de primeiro grau de acordo com o sexo: o irmão e a irmã, que sempre seguem um destino matrimonial oposto, se diferenciam pelo fenômeno, bem descrito por F. E. Williams na Melanésia, denominado "*sex affiliation*"; cada um recebe, de modo privilegiado, uma fração do *status* do ascendente cujo destino matrimonial segue, ou de que representa o destino complementar, ou seja, o filho recebe da mãe e a filha do pai, ou vice-versa.

Quando aplicamos essas definições ao caso dos Xerente, percebemos imediatamente anomalias. Nem a terminologia de parentesco nem as regras de casamento coincidem com as exigências de um sistema dualista ou de troca restrita. E se opõem entre si, já que cada forma remete a uma das duas modalidades fundamentais da troca generalizada. O vocabulário de parentesco, por exemplo, apresenta vários exemplos de termos consecutivos:

filho da irmã do pai = filho da irmã

filho do irmão da esposa = irmão da esposa

marido da irmã do pai = marido da irmã = marido da filha

Os dois tipos de primos cruzados são igualmente diferenciados. E, no entanto, o casamento só é permitido com a prima patrilateral e proibido com a prima matrilateral, o que deveria implicar uma terminologia alternativa, e não consecutiva, como é o caso. Ao mesmo tempo, várias identificações terminológicas de indivíduos pertencentes a metades diferentes (mãe, filha da irmã da mãe, irmão e irmã, filhos do irmão da mãe, filhos da irmã do pai, filhos do irmão etc.) sugerem que a divisão em metades não representa o aspecto mais essencial da estrutura social. De modo que uma apreciação, ainda que superficial, do vocabulário de parentesco e das regras de casamento inspira as seguintes constatações: nem o vocabulário nem as regras de casamento coincidem com uma organização dualista exogâmica. E o vocabulário, de um lado, e as regras de casamento, do outro, remetem a duas formas mutuamente exclusivas, ambas incompatíveis com a organização dualista.

Em compensação, há indícios de casamento matrilateral, em contradição com a forma patrilateral, que é a única registrada. São eles: 1) o casamento com uma mulher e sua filha de um casamento anterior, uma forma de poligamia habitualmente associada ao casamento matrilateral com filiação matrilinear (embora a filiação seja atualmente patrilinear); 2) a presença de dois termos recíprocos entre afins, *aimapli* e *izakmu*, que faz pensar que os afins sempre têm entre si uma relação unívoca ("maridos de irmãs" ou "irmãos de esposa", mas não ambos ao mesmo tempo);[3] 3) finalmente, e sobretudo, o papel, anormal num sistema de metades, do tio materno da noiva.

A organização dualista se caracteriza por uma reciprocidade de serviços entre as metades, que são ao mesmo tempo associadas e opostas. Tal reciprocidade se expressa num conjunto de relações particulares entre o sobrinho e o tio materno, que, qualquer que seja o modo de filiação, pertencem a metades diferentes. Mas entre os Xerente, essas relações, restritas em sua forma clássica à relação especial dos *narkwa*, parecem ser transpostas para o marido ou noivo, de um lado, e, do outro, para o tio materno *da noiva*. Consideremos mais detidamente esse ponto.

O tio materno da noiva tem as seguintes funções: ele organiza e realiza a abdução do noivo como preliminar do casamento, recupera a sobrinha em caso de divórcio e a protege do marido, obriga o cunhado a casar-se com ela caso o marido morra, vinga a sobrinha, solidário com o marido, em caso de estupro etc. Em outras palavras, ele é, junto com o marido da sobrinha ou contra ele se preciso for, o protetor dela. Ora, se o sistema de metades tivesse realmente valor funcional, o tio materno da noiva seria um "pai" classificatório do noivo, o que tornaria seu papel de abdutor (e de protetor da mulher de um de seus "filhos" contra o próprio marido) absolutamente ininteligível. Assim, é preciso que haja sempre ao menos três linhagens distintas, a de Ego, a da esposa de Ego e a da mãe da esposa de Ego, o que é incompatível com um sistema de metades puro.

Ao contrário, os serviços recíprocos são freqüentemente trocados entre os membros da mesma metade. Por ocasião da nominação feminina, as trocas rituais são feitas entre a metade oposta à das moças e os tios maternos destas, que pertencem à metade dos oficiantes, e são os tios paternos que se encarregam da iniciação dos rapazes, a cuja metade pertencem. Quando da imposição do nome *Wakedi* a dois meninos, que é o

3. M. Maybury-Lewis (1956) objetou que, em xerente, irmão da esposa é *aikã-rie*. Porém, como indica o contexto, não se trata nesse caso de uma relação de parentesco específica, e os termos em questão são, segundo Nimuendaju (1942: 31), os que utilizam em suas inter-relações, após o nascimento dos filhos gerados pelo casamento, os sogros e o genro, ou seja, respectivamente, os "doadores" e o "tomador".

único privilégio da associação das mulheres, seus tios maternos juntam carne de caça, de que se apoderam as mulheres da metade oposta, que é portanto a mesma dos tios maternos em questão. Em resumo, tudo se passa como se houvesse uma organização dualista, mas ao contrário. Ou, mais precisamente, o papel das metades se anula: em vez de prestarem serviços uma à outra, os serviços são prestados no seio de uma metade, *por ocasião* de uma atividade própria à outra. Portanto, há sempre três parceiros, e não dois.

Em tais condições, é significativo que encontremos, no plano das associações, uma estrutura formal que corresponde exatamente a uma lei de troca generalizada. As quatro associações masculinas são ordenadas em circuito. Quando um homem troca de associação, tem de fazê-lo segundo uma ordem prescrita e imutável. Essa ordem é a mesma que preside à transmissão de nomes femininos, que é privilégio das associações masculinas. A ordem:

krara → krieriekmu → akemhã → annũrowa → (krara)

é a mesma, porém invertida, da gênese mítica das associações, e da transferência de uma associação para outra da responsabilidade de celebrar o ritual Padi.

Quando passamos para o mito, deparamo-nos com outra surpresa. O mito apresenta as associações como *classes de idade* geradas em ordem sucessiva (da mais jovem à mais velha). No entanto, no pátio da aldeia, os lugares de reunião das associações parecem estar aproximadamente situados por pares a leste e a oeste da casa dos solteiros. Tendo em vista essa distribuição espacial, a ordem seguida pelas passagens ou transferências rituais entre uma associação e outra é do tipo ilustrado pela figura 4 (Nimuendaju 1942, pp. 37, 61), como se formassem metades. Os pares compreendem cada uma das classes não consecutivas, mas alternadas, como se cada uma das metades consistisse em duas classes, e como se as quatro classes estivessem, como dizemos, unidas por uma regra de troca generalizada. Considerando uma crítica que a primeira versão deste texto havia sugerido a M. Maybury-Lewis (*l.c.*), lembraremos que os serviços prestados entre associações por ocasião da confecção das máscaras e que, segundo Nimuendaju, correspondem à fórmula A→B, D e B→A, C, por outro lado, só poderiam atestar a presença de um vestígio ou de um esboço da mesma regra de troca.

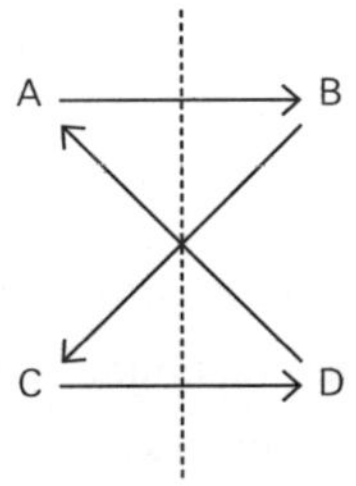

Figura 4

Assim, para resumir uma argumentação da qual apenas as articulações essenciais foram aqui apontadas, fixaremos os seguintes pontos:

1. Entre as metades exogâmicas, as associações e as classes de idade, não há separação rígida. As associações funcionam como se fossem classes matrimoniais, satisfazendo melhor do que as metades as exigências das regras do casamento e da terminologia de parentesco; no plano mítico, apresentam-se como classes de idade e, na vida ritual, agrupam-se num sistema teórico de metades. Apenas os clãs parecem alheios, como que indiferentes, a esse conjunto orgânico. Tudo se passa como se metades, associações e classes de idade fossem traduções canhestras e fragmentares de uma realidade subjacente.

2. A única evolução histórica que permitiria dar conta dessas características contraditórias seria:
a) na origem, três linhagens patrilineares e patrilocais com troca generalizada (casamento com a filha do irmão da mãe);
b) introdução de metades matrilineares que impõe:
c) a constituição de uma quarta linhagem patrilocal (o quarto clã de cada uma das metades atuais, ou "tribo capturada"; o mito de origem das associações também afirma que eram originariamente três);

d) o surgimento de um conflito entre a regra (matrilinear) de filiação e a regra (patrilocal) de residência, acarretando
e) a conversão das metades à filiação patrilinear, com
f) perda concomitante do papel funcional das linhagens, que se transformam em associações, pela operação do fenômeno de "resistência masculina" surgido com a introdução das metades em sua forma matrilinear primitiva.

Passaremos mais rapidamente pelos outros exemplos, dos quais o primeiro é o dos Bororo. Antes de mais nada, convém sublinhar a notável simetria que existe entre as instituições xerente e bororo. Ambas as tribos possuem aldeias circulares, divididas em metades exogâmicas, cada uma com quatro clãs, e uma casa dos homens no centro. O paralelismo prossegue, apesar da oposição dos termos em virtude do caráter patrilinear ou matrilinear de cada uma das sociedades: a casa dos homens bororo está aberta para os homens casados, a dos Xerente é reservada aos solteiros; trata-se de um local de promiscuidade sexual entre os Bororo, ao passo que a castidade é ali imperativa entre os Xerente; os solteiros bororo levam para lá à força moças ou mulheres com quem têm relações extraconjugais, ao passo que as moças xerente só entram na casa para capturar maridos. A comparação é, portanto, plenamente justificada.

Trabalhos recentes trouxeram novas informações acerca do sistema de parentesco e da organização social. Em relação ao primeiro, a rica documentação publicada pelo padre Albisetti mostra que, embora a dicotomia entre parentes "cruzados" e "paralelos" se verifique (como é de esperar num sistema de metades exogâmicas), ela não reproduz a divisão em metades, mas, na verdade, a recorta, já que termos idênticos se encontram em ambas as metades. Mencionaremos apenas alguns exemplos especialmente dignos de nota: Ego identifica em conjunto os filhos de seu irmão e os de sua irmã, embora pertençam a metades diferentes, e, apesar de encontrarmos na geração dos netos a dicotomia facilmente previsível entre "filhos e filhas" (termos teoricamente reservados aos netos da metade oposta à de Ego) de um lado, e "genros e noras" (termos teoricamente reservados aos netos da metade de Ego), a distribuição efetiva dos termos não corresponde à divisão em metades. Sabe-se que em outras tribos, como os Miwok da Califórnia por exemplo, tais anomalias são justamente o indício da presença de agrupamentos diferentes das metades e mais importantes do que elas. Além disso, existem no sistema bororo identificações notáveis, como:

> filho do filho do irmão da mãe, chamado de marido da filha, neto;
> filha da filha da irmã do pai, chamada de mãe da esposa, avó;

e sobretudo:

> filho do irmão da mãe da mãe, e filho do filho do irmão da mãe da mãe da mãe, chamados de filho;

que evocam imediatamente estruturas de parentesco do tipo Bank-Ambrym-Pentecôte, comparação confirmada pela possibilidade de casamento com a filha da filha do irmão da mãe em ambos os casos.[4]

No campo da organização social, o padre Albisetti especifica que cada metade matrilinear possui sempre quatro clãs e que o casamento não apenas é preferencial entre certos clãs, como deve unir seções privilegiadas de cada clã. Na verdade, cada clã estaria dividido em três seções, matrilineares como o clã: superior, intermediária e inferior. Dados dois clãs ligados por uma preferência matrimonial, o casamento só pode ocorrer entre Superiores e Superiores, Médios e Médios e Inferiores e Inferiores. Se essa descrição estiver correta (e as informações dos padres salesianos sempre se mostraram dignas de confiança), percebe-se que o esquema clássico das instituições bororo desabaria. Quaisquer que sejam as preferências matrimoniais que ligam certos clãs uns aos outros, os clãs propriamente ditos perderiam todo valor funcional (já fizemos uma constatação análoga entre os Xerente) e a sociedade bororo seria, afinal, composta de três grupos endogâmicos –

4. Entre os Bororo, contudo, é também teoricamente possível o casamento com a filha do irmão da mãe, o que indica que não se deve levar longe demais a comparação.

superior, médio e inferior –, cada um dos quais dividido em duas seções exogâmicas, sem que haja nenhum elo de parentesco entre os três grupos principais, que na verdade constituiriam três subsociedades (fig. 5).

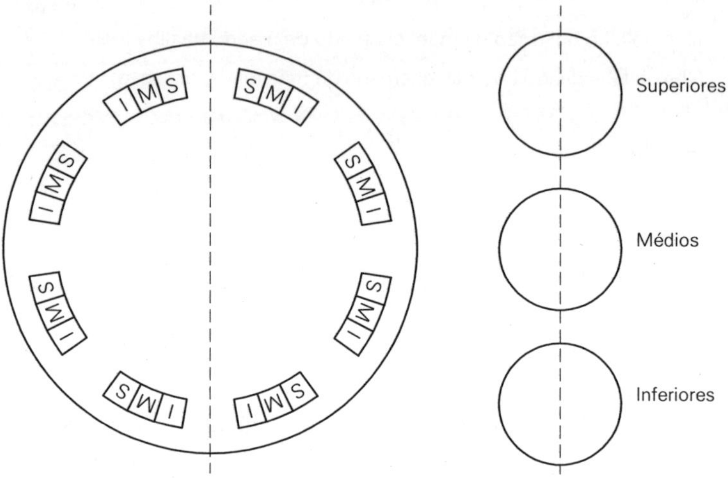

Esquema clássico da aldeia bororo   Situação real

Figura 5

Como a terminologia de parentesco aparentemente só pode ser sistematizada em função de três linhagens teóricas posteriormente desdobradas em seis – pai da esposa, mãe e marido da filha –, ligadas por um sistema de troca generalizada, somos levados a postular, como entre os Xerente, um sistema primitivo tripartite transformado pela imposição de um dualismo sobreposto.

Tratar a sociedade bororo como uma sociedade endógama é algo tão surpreendente que hesitaríamos em vislumbrar tal possibilidade, se uma conclusão análoga não tivesse sido tirada independentemente em relação aos Apinayé, por três autores diferentes, dos documentos de Nimuendaju. Sabemos que as metades apinayé não são exogâmicas, e que o casamento é regido pela divisão do grupo em quatro *kiyê*, segundo a fórmula homem A se casa com mulher B, homem B com mulher C, homem C com mulher D etc. Como os meninos pertencem ao *kiyê* do pai, e as meninas, ao da mãe, a aparente divisão em quatro grupos exogâmicos recobre uma divisão real em quatro grupos endogâmicos: homens A e mulheres B, parentes entre si; homens B e mulheres C, parentes entre si; homens C e mulheres D, parentes entre si; e homens D e mulheres A, parentes entre si, ao passo que nenhuma relação de parentesco existe entre os homens e as mulheres reunidos em cada um dos *kiyê*.[5] É exatamente a situação que descrevemos entre os Bororo, com base nas informações atualmente disponíveis, com uma única diferença, a de que entre eles seriam três, em vez de quatro, os grupos endógamos. Certos indícios sugerem uma situação do mesmo tipo entre os Tapirapé. Diante disso, cabe nos perguntarmos se a regra de casamento apinayé, que proíbe as uniões entre primos, e os privilégios endógamos de certos clãs bororo (que podem contrair casamento, embora pertençam à mesma metade) não visariam, por meios antitéticos, a evitar do mesmo modo a cisão do grupo, ou com exceções incestuosas ou com casamentos contrários à regra, porém mais difíceis de perceber devido ao afastamento de grau.

É lamentável que as lacunas e passagens obscuras da obra de Nimuendaju sobre os Timbira orientais não permitam levar a análise até esse ponto. No entanto, não há dúvida de que nos encontramos, também nesse caso, diante dos mesmos elementos de um complexo comum a toda a área cultural. Os Timbira possuem uma terminologia sistematicamente consecutiva, com:

filho da irmã do pai = pai,
filha da irmã do pai = irmã do pai,
filho do irmão da mãe = filho do irmão,
filha da filha = filha da irmã;

5. Um trabalho recente de Roberto DaMatta (1971) contesta, apoiado em pesquisa de campo, a análise proposta por Nimuendaju do mecanismo dos *kiyê*, e até mesmo sua própria existência. A questão deverá portanto ser retomada quando todo o material colhido por DaMatta tiver sido publicado. [N. da 2ª edição, 1974]

e a proibição do casamento entre primos cruzados (como entre os Apinayé), apesar da presença de metades exogâmicas; o papel do tio materno da noiva, protetor da sobrinha contra o marido desta, situação que já encontramos entre os Xerente; ciclo rotativo das classes de idade, análogo ao das associações xerente e ao das classes matrimoniais dos Apinayé; e finalmente, agrupamento por pares de grupos alternados nas competições esportivas, como as associações xerente em suas funções rituais. Tudo isso permite afirmar que as questões levantadas não podem ser muito diferentes.

O exposto sugere três conclusões, cujo caráter esquemático se desculpará:

1. O estudo da organização social das populações do Brasil Central e Oriental deve ser integralmente retomado em campo. Primeiro, porque o funcionamento real dessas sociedades é muito diferente de sua aparência superficial, até agora a única a ser percebida, e, além disso, principalmente, porque esse estudo deve ser conduzido sobre uma base comparativa. Não há dúvida de que os Bororo, Canela, Apinayé e Xerente sistematizaram, cada qual a seu modo, instituições muito reais que são ao mesmo tempo muito próximas e mais simples do que sua formulação explícita. Mais do que isso, os diversos tipos de agrupamento que encontramos nessas sociedades – três formas de organização dualista, clãs, subclãs, classes de idade, associações etc. – não representam, ao contrário do que ocorre na Austrália, formações dotadas de valor funcional, mas antes uma série de traduções, todas parciais e incompletas, de uma mesma estrutura subjacente, que reproduzem em vários exemplares, sem jamais chegarem a expressar ou esgotar-lhe a realidade.

2. Os pesquisadores de campo devem se habituar a encarar suas pesquisas de duas perspectivas diferentes. Sempre correm o risco de confundir as teorias indígenas acerca de sua organização social (e a forma superficial dada às instituições para adequá-las à teoria) e o funcionamento real da sociedade. Entre os dois, pode haver uma distância tão grande quanto entre a física de Epicuro ou Descartes, por exemplo, e os conhecimentos provenientes do desenvolvimento da física contemporânea. As representações sociológicas dos indígenas não são apenas uma

parte ou um reflexo de sua organização social. Podem, como nas sociedades mais avançadas, contradizê-la completamente, ou ignorar alguns de seus elementos.

3. Vimos que, quanto a isso, as representações indígenas do Brasil Central e Oriental, e a linguagem institucional em que se expressam, constituem um enorme esforço para colocar em primeiro plano um tipo de estrutura, metades ou classes exogâmicas, cujo papel é bastante secundário, quando não completamente ilusório. Por trás do dualismo e da aparente simetria da estrutura social, vislumbra-se uma organização tripartite e assimétrica mais fundamental,[6] para cujo funcionamento harmonioso a formulação dualista impõe dificuldades quiçá insuperáveis. Por que sociedades marcadas por um coeficiente tão alto de endogamia teriam uma necessidade tão premente de mistificar a si mesmas, concebendo-se como regidas por instituições exogâmicas de forma clássica, mas das quais não possuem nenhum conhecimento direto? Esse problema, cuja solução buscamos alhures, diz respeito à antropologia geral. O fato de inserir-se no contexto de uma discussão tão técnica e de uma área geográfica tão restrita quanto as envolvidas aqui mostra claramente, em todo caso, a tendência atual dos estudos etnológicos, e que doravante, no campo das ciências sociais, teoria e experiência estão indissoluvelmente ligadas.

6. Essa organização tripartite já havia sido assinalada por A. Métraux entre os Aweikoma, e contestada, com o argumento de que seria "única no Brasil".

VIII. As organizações dualistas existem?[1]

O pensador que estamos festejando dividiu sua atenção entre a América e a Indonésia. Talvez essa aproximação tenha favorecido a audácia e a fecundidade das propostas teóricas do professor J. P. B. de Josselin de Jong, pois a via por ele traçada me parece rica em promessas para a teoria etnológica. Esta padece da dificuldade em estabelecer e delimitar sua base comparativa: ou os dados que se propõe comparar são tão próximos, geográfica e historicamente, que não se pode ter certeza de estar diante de vários fenômenos, em lugar de um só, superficialmente diversificado, ou são heterogêneos demais, e a comparação se torna injustificada, por se aplicar a coisas que não são comparáveis umas às outras.

A América e a Indonésia permitem escapar desse dilema. O etnólogo que se debruça sobre as crenças e instituições dessas regiões do mundo se sente tomado pela íntima convicção intuitiva de que os fatos são, aí, de mesma natureza. Houve quem buscasse um substrato comum para dar conta dessa proximidade; não discutirei aqui suas hipóteses, instigantes mas arriscadas. Do ponto de vista em que me coloco, poderia igualmente tratar-se de uma similitude estrutural, entre sociedades que teriam feito escolhas próximas na série de possíveis institucionais, cuja gama certamente não é ilimitada. Quer a analogia se explique por uma origem comum, quer resulte de uma semelhança acidental entre princípios estruturais que regem, em ambos os casos, a organização social e as crenças religiosas, o fato é que uma afinidade existe. E creio que

1. Publicado em volume de homenagens ao professor J. P. B. de Josselin de Jong (Lévi-Strauss 1956b).

o melhor meio de homenagear o professor J. P. B. de Josselin de Jong é seguir a sugestão que sua obra implica, mostrando como uma análise comparativa de determinadas formas institucionais pode lançar luz sobre uma questão fundamental da vida das sociedades. É bem conhecida a extraordinária dispersão da organização geralmente conhecida sob o nome de "sistema dualista". Proponho dedicar-lhe aqui algumas reflexões, lançando mão de exemplos americanos e indonésios.

Meu ponto de partida provém de uma observação de Paul Radin (1923), em sua clássica monografia consagrada a uma tribo dos Grandes Lagos norte-americanos, os Winnebago.

Sabe-se que os Winnebago se dividiam antigamente em duas metades, chamadas *wangeregi*, ou "os do alto", e *manegi*, ou "os que estão na terra" (que chamaremos doravante, por comodidade, "os de baixo"). Essas metades eram exogâmicas e definiam também direitos e deveres recíprocos, de modo que cada metade devia celebrar os funerais de um membro da metade oposta.

Ao examinar a influência da divisão em metades sobre a estrutura da aldeia, Radin nota uma curiosa discordância entre os idosos que lhe servem de informantes. A maioria deles descreve uma aldeia de planta circular, onde as duas metades estão separadas por um diâmetro teórico NO-SE (fig. 6). No entanto, vários deles contestam energicamente essa distribuição da aldeia e fornecem uma outra, em que as casas dos chefes de metades se situam no centro, em vez de na periferia (fig. 7). Segundo nosso autor, a primeira disposição teria sido sempre descrita por informantes da metade do alto e a segunda, por informantes da metade de baixo (id. ibid.: 188).

De modo que, para alguns indígenas, a aldeia tinha uma forma circular e as casas estavam distribuídas por toda a extensão do círculo dividido em duas metades. Para os outros, continuava a haver uma aldeia redonda bipartida, mas com duas diferenças capitais: em vez de dois semicírculos delimitados pelo diâmetro, tratava-se de um pequeno círculo dentro de um maior e, em lugar de uma divisão interna à aldeia aglomerada, o círculo interno opunha o conjunto das casas ao terreno desmatado que, por sua vez, se opõe à floresta que cercava tudo.

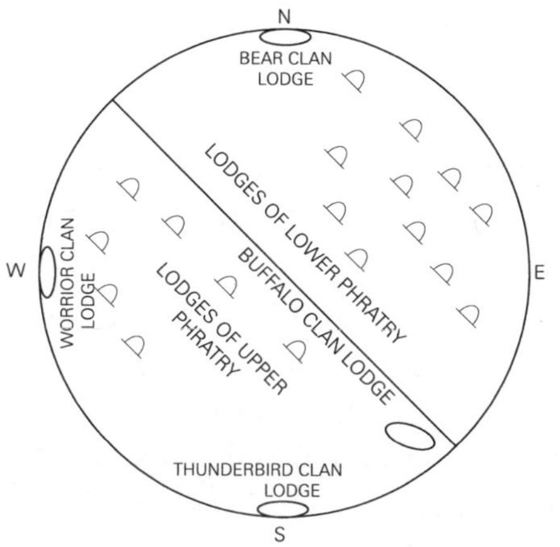

Figura 6 Planta da aldeia winnebago segundo informantes da metade do alto (Radin 1923, fig. 33).

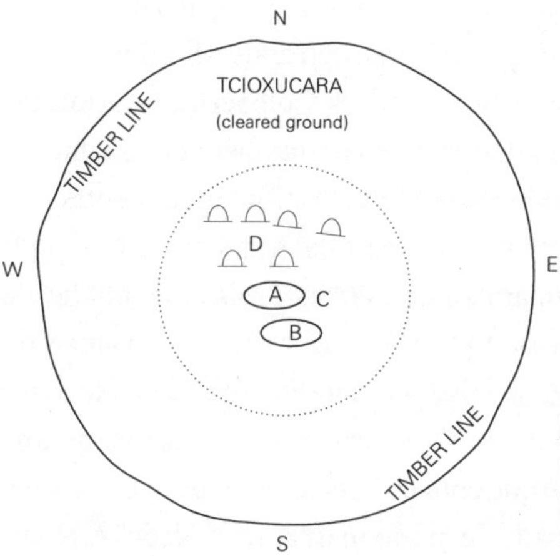

Figura 7 Planta da aldeia winnebago segundo informantes da metade de baixo (id. fig. 34).

Radin não insiste quanto a essa discordância. Apenas lamenta as lacunas de suas informações, que não lhe permitem decidir em favor de uma das duas disposições. Minha intenção é mostrar aqui que não se trata necessariamente de uma alternativa, que as formas descritas não remetem obrigatoriamente a duas disposições diferentes. Elas podem também corresponder a dois modos de descrever uma organização complexa demais para ser formalizada por meio de um modelo único, de sorte que, a depender de suas posições na estrutura social, os membros de cada metade tenderiam a concebê-la ora de uma maneira, ora de outra, pois mesmo num tipo de estrutura social simétrico (pelo menos na aparência) como a organização dualista, a relação entre as metades jamais é estática, nem tão recíproca quanto se tenderia a imaginá-la.

A discordância entre os informantes winnebago é especialmente digna de nota na medida em que as duas formas descritas correspondem a arranjos reais. Conhecem-se aldeias que estão efetivamente distribuídas (ou concebem sua distribuição ideal) de acordo com um e outro modelo. Para simplificar a exposição, passarei a chamar a disposição da figura 6 de *estrutura diametral*, e de *estrutura concêntrica* a da figura 7.

Exemplos de estrutura diametral não faltam. Encontram-se na América do Norte, onde, além dos Winnebago, quase todos os Sioux organizavam seus assentamentos desse modo. Em relação à América do Sul, Curt Nimuendaju demonstrou sua freqüência entre os Jê, aos quais devemos sem dúvida juntar, por razões geográficas, culturais e lingüísticas, os Bororo do Mato Grosso, estudados pelos padres Colbacchini e Albisetti e pelo autor deste artigo. É possível que existisse também em Tiahuanaco e em Cuzco. Várias regiões da Melanésia ilustram-na igualmente.

A estrutura concêntrica, por sua vez, é particularmente bem exemplificada pela planta da aldeia de Omarakana nas ilhas Trobriand, publicada por Malinowski. Vejamos mais de perto (fig. 8); e neste caso, ainda mais do que em outros, teremos a ocasião de lamentar a indiferença daquele autor pelas questões de morfologia. Malinowski evoca muito rapidamente uma estrutura altamente significativa e que com certeza teria se revelado rica em descobertas, se tivesse sido analisada de modo mais aprofundado. A aldeia de Omarakana se organiza em dois anéis concêntricos. No centro fica o pátio, "palco da vida pública e festiva" (Malinowski 1929: 10),[2] em torno do qual estão dispostos os armazéns de inhame, de caráter sagrado e cercados de todos os tipos de tabus. Um caminho circunda os armazéns, com as casas dos casais construídas ao seu redor; essa é, segundo Malinowski, a parte profana da aldeia. Mas a oposição não se resume a *central* e *periférico*, *sagrado* e *profano*; prolonga-se em outros planos. Nos armazéns do círculo interior, o alimento *cru* é *conservado*. É proibido cozinhar ali: "A principal

2. Em inglês no original. [N.T.]

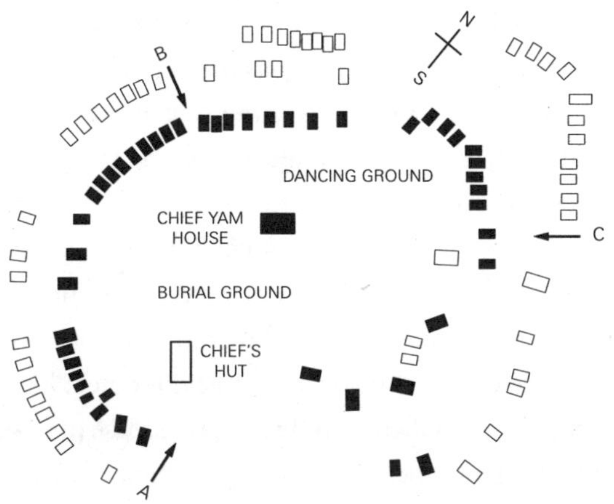

Figura 8 Planta da aldeia de Omarakana (Malinowski 1929, fig. 1).

distinção entre os dois anéis é o tabu quanto à cozinha", porque "cozinhar é contrário aos inhames"[3] (id. ibid.: 71). Apenas nas vizinhanças das casas familiares do círculo externo o alimento pode ser *cozido* e *consumido*. Os armazéns são mais bem construídos e mais decorados do que as casas de moradia. Só os *solteiros* podem se instalar no círculo interno, enquanto os *casados* devem morar na periferia; observação que, aliás, evoca imediatamente um ponto obscuro notado por Radin em relação aos Winnebago: "Os jovens casais costumavam instalar suas casas a alguma distância da aldeia"[4] (Radin 1949: 38, n. 13), fato que se torna ainda mais perturbador quando se considera que, em Omarakana, só o chefe pode instalar sua residência no círculo interno, e os informantes winnebago partidários da estrutura concêntrica descrevem uma aldeia praticamente reduzida às casas dos principais chefes; onde moravam os outros, afinal? Finalmente, os dois anéis concêntricos de Omarakana se opõem quanto ao sexo: "Sem elaborar demais a respeito, poder-se-ia chamar o pátio central de porção

3. Em inglês no original. [N.T.]
4. Em inglês no original. [N.T.]

masculina da aldeia, e o caminho, porção feminina"[5] (Malinowski 1929, v. 1: 10; cf. id. 1935a: 32). Malinowski lembra em várias passagens que os armazéns e as casas dos solteiros podem ser tratados como pertencentes ao, ou como uma extensão do, pátio sagrado, ao passo que as casas de famílias possuem uma relação similar com o caminho circular.

Portanto, em Trobriand, temos um sistema complexo de oposições entre sagrado e profano, cru e cozido, celibato e casamento, masculino e feminino, central e periférico. O papel que cabe ao alimento cru e ao alimento cozido entre os presentes de casamento – por sua vez diferenciados em femininos e masculinos em todo o Pacífico – confirmaria, se fosse preciso, a importância social e a difusão geográfica das concepções subjacentes.

Não iremos empreender uma comparação tão vasta. Apenas registraremos as analogias entre a estrutura da aldeia trobriandesa e certos fenômenos indonésios. A oposição entre central e periférico, ou interno e externo, traz imediatamente à lembrança a organização dos Baduj da parte ocidental de Java, divididos em Baduj internos – considerados superiores e sagrados – e Baduj externos – inferiores e profanos (Geise 1952). Talvez seja o caso de aproximar, como sugeriu J. M. van der Kroef (1954: 1), essa oposição e aquela entre "doadores" e "tomadores" de mulheres, nos sistemas de casamento assimétrico do Sudeste asiático, em que os primeiros são superiores aos segundos tanto do ponto de vista do prestígio social como do poder mágico, o que possivelmente nos levaria ainda mais longe, até a distinção chinesa das duas parentelas em *t'ang* e *piao*. A análise dos Baduj como caso de transição entre sistema ternário e sistema binário também poderia nos levar de volta a Omarakana, onde encontramos simultaneamente uma distinção entre *dois* círculos da aldeia subdivididos em *três* setores, respectivamente atribuídos ao clã matrilinear do chefe, às esposas do chefe (isto é, representantes dos clãs afins) e finalmente aos plebeus, por sua vez divididos em proprietários secundários da aldeia e estrangeiros não proprietários. De todo modo, não devemos esquecer que a estrutura dualista dos Baduj não funciona atualmente no traçado da aldeia, mas define as relações entre territórios, cada um dos quais conten-

5. Em inglês no original. [N.T.]

do várias aldeias, o que inspira muita cautela. Entretanto, P. E. de Josselin de Jong pôde legitimamente generalizar, num outro plano, as observações relativas aos Baduj. Ele observa que a oposição que lhes é própria evoca outras, em Java e em Sumatra: a existente entre "parentes do lanço" e "parentes do sobrelanço" (este tão "chinês"), que ele aproxima da oposição entre *aglomeração* e *distâncias*, isto é, entre *kampung*, "*built up village area*", e *bukit*, "*outlying hill district*" entre os Minangkabau (P. E. Josselin de Jong 1951: 79-80, 83-84), estrutura concêntrica, por conseguinte, mas que constitui o tema de um conflito simulado, no pátio da aldeia, entre dois grupos, "marinheiros" e "soldados", nessa ocasião dispostos segundo uma estrutura diametral (respectivamente leste e oeste). Esse mesmo autor menciona indiretamente a questão da relação entre os dois tipos de estrutura quando observa que "seria de grande interesse saber se o contraste entre *kampung* e *bukit* coincidia com o que existe entre Koto-Piliang e Bodi-Tjaniaro"[6] (id. ibid.: 80-81), ou seja, a antiga divisão dos Minangkabau, postulada por ele, em duas metades.

Do ponto de vista em que nos colocamos neste capítulo, a distinção é ainda mais importante. Fica claro que a oposição entre aldeia central e periferia corresponde aproximadamente à estrutura melanésia descrita acima, mas a analogia com a estrutura concêntrica da aldeia winnebago é impressionante, uma vez que os informantes introduzem espontaneamente em suas descrições componentes ecológicos que lhes servem, como na Indonésia, para conceber a oposição; no caso winnebago, oposição entre a aldeia construída e o anel periférico *tcioxucara*, que por sua vez se opõe à floresta que engloba o todo (ver fig. 7). Portanto, notaremos com especial interesse o fato de P. E. de Josselin de Jong encontrar o mesmo tipo de estrutura entre os Negri-Sembilan da península malaia, onde vigora a oposição entre Costa (superior) e Interior (inferior), redobrada por uma oposição, bastante comum no continente, entre os arrozais e palmeirais, de um lado, e as montanhas e vales (ou seja, as terras não cultivadas), do outro (id. ibid.: 139, 165, 167). No conjunto indochinês encontram-se, aliás, divisões do mesmo tipo.

6. Em inglês no original. [N.T.]

***

Todos os autores holandeses se preocuparam em sublinhar os estranhos contrastes evidenciados por esses tipos tão complexos de organização social, para cujo estudo a Indonésia sem dúvida oferece um campo privilegiado. Vamos tentar, nós também, esquematizá-los. Primeiramente, temos formas de dualismos nas quais se quis por vezes entrever os resquícios de uma antiga organização em metades. Não vale a pena entrar nesse debate. O ponto importante, para nós, é que esse dualismo seja ele mesmo duplo, ora concebido, ao que parece, como resultante de uma dicotomia simétrica e equilibrada entre grupos sociais, aspectos do mundo físico e atributos morais ou metafísicos, isto é – generalizando um pouco a noção proposta acima –, uma estrutura de tipo diametral, ora concebido, ao contrário, numa perspectiva concêntrica, nesse caso com a diferença de que os dois termos da oposição são necessariamente desiguais, do ponto de vista do prestígio social ou religioso, ou de ambos ao mesmo tempo.

Evidentemente, sabemos que os elementos de uma estrutura simétrica também podem ser desiguais. Esse é inclusive o caso mais freqüente, já que encontramos, para nomeá-los, expressões como superior e inferior, primogênito e caçula, nobre e plebeu, forte e fraco etc. Porém, para as estruturas diametrais, essa desigualdade não existe sempre e, de todo modo, não decorre de sua natureza, que está impregnada de reciprocidade. Como relatei há tempos (Lévi-Strauss 1944a), ela constitui uma espécie de mistério, cuja interpretação é um dos objetivos do presente estudo.

Como podem metades sujeitas a obrigações recíprocas e que exercem direitos simétricos ser ao mesmo tempo hierarquizadas? No caso das estruturas concêntricas, a desigualdade é dada, já que os dois elementos se encontram, por assim dizer, ordenados em função de um mesmo termo de referência, o centro, de que está perto um dos círculos, pois que o contém, ao passo que o outro dele se afasta. Desse primeiro ponto de vista, colocam-se portanto três questões: natureza das estruturas diametrais, natureza das estruturas concêntricas e razão pela qual a maior parte das primeiras apresenta um caráter de assimetria em contradição com sua natureza, e que as insere, conseqüentemente, como que a meio caminho entre as raras formas diametrais absolutamente simétricas e as estruturas concêntricas, que são sempre assimétricas.

Em segundo lugar – e qualquer que seja o aspecto, diametral ou concêntrico, que assumem –, as estruturas dualistas indonésias parecem coexistir com estruturas compostas por um número ímpar de elementos, em geral três, mas também cinco, sete e nove. Que relações unem esses tipos, aparentemente irredutíveis? A questão diz respeito principalmente às regras de casamento, pois há incompatibilidade entre o casamento bilateral, que normalmente acompanha os sistemas de metades exogâmicas, e o casamento unilateral, cuja freqüência, na Indonésia, tem sido constantemente verificada, desde os trabalhos de Van Wouden. De fato, a distinção entre as duas primas cruzadas, filha da irmã do pai e filha do irmão da mãe, implica no mínimo três grupos distintos, e é radicalmente impossível com dois. No entanto, parecem ter existido em Amboine metades conjugadas com um sistema de trocas assimétricas, e em Java, Bali e alhures, encontram-se vestígios de oposições de tipo dualista associadas a outras, que acionam cinco, sete ou nove categorias. Pois bem, se é impossível reduzir as segundas às primeiras concebidas em termos de estrutura diametral, o problema admite uma solução teórica, bastando pensar o dualismo sob forma concêntrica, já que o termo suplementar se encontra, então, associado ao centro, enquanto os outros estão simetricamente dispostos na periferia. Como percebeu o professor J. P. B. Josselin de Jong, todo sistema ímpar pode ser reduzido a um sistema par se for tratado sob a forma de "uma oposição entre o centro e os lados adjacentes". Portanto, existe um elo, formal pelo menos, entre o primeiro grupo de questões e o segundo.

***

Nos parágrafos precedentes, expus, partindo de um exemplo norte-americano, o problema da tipologia das estruturas dualistas e da dialética que as une. Essa primeira fase da discussão foi, digamos, alimentada por exemplos melanésios e indonésios. Passando agora para a segunda fase, gostaria de mostrar que é possível pelo menos nos aproximarmos da solução do problema considerando um novo exemplo, tomado agora de uma população sul-americana, os Bororo.

Lembremos rapidamente a estrutura da aldeia bororo (fig. 9). No centro, a casa dos homens, morada dos solteiros, local de reunião dos homens casados e estritamente proibida para as mulheres. Em volta dela, uma vasta extensão circular de terreno limpo; no meio, o pátio de dança, adjacente à casa dos homens. É uma área de terra batida, limpa de vegetação e circunscrita por piquetes. Atravessando a vegetação rasteira que cobre o restante, caminhos estreitos levam às casas familiares do contorno, distribuídas em círculo no limiar da mata. Nessas casas vivem os casais e seus filhos. A filiação é matrilinear e a residência, matrilocal. A oposição entre centro e periferia é também, portanto, uma oposição entre homens (donos da casa coletiva) e mulheres, donas das casas familiares do contorno.

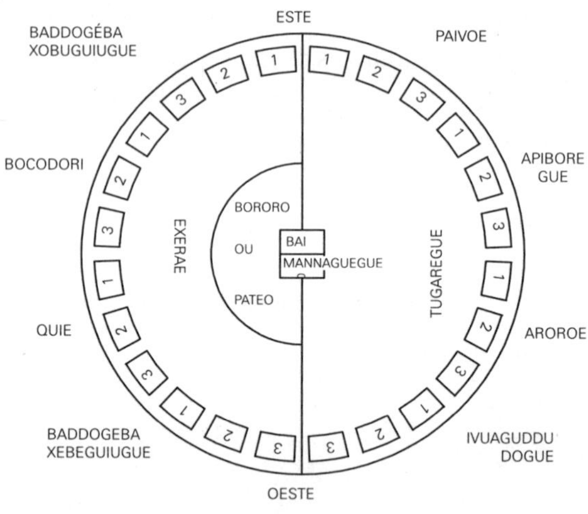

Figura 9 Planta de uma aldeia bororo (Albisetti 1948, fig. 1).

Estamos diante de uma estrutura concêntrica, plenamente consciente no pensamento indígena, na qual a relação entre centro e periferia expressa duas oposições, uma entre *masculino* e *feminino*, como acabamos de ver, e outra entre *sagrado* e *profano*, uma vez que o conjunto central, formado pela casa dos homens e pelo pátio de dança, serve de palco para a vida ritual, ao passo que a periferia é reservada para as atividades domésticas das mulheres, excluídas por natureza dos mistérios da religião (exemplo disso são a fabricação e a manipulação das flautas, que ocorrem na casa dos homens e que as mulheres não podem ver, sob pena de morte).

Essa estrutura concêntrica coexiste, porém, com várias outras, de tipo diametral. A aldeia bororo é basicamente dividida em duas metades por um eixo leste-oeste que reparte os oito clãs em dois grupos de quatro, declaradamente exogâmicos. Esse eixo é atravessado por um outro, perpendicular a ele, no sentido norte-sul, que redistribui os oito clãs em dois outros grupos de quatro, chamados respectivamente "de cima" e "de baixo", ou, quando a aldeia fica na beira de um rio, "de montante" e "de jusante".

A complexa disposição rege não só as aldeias permanentes, como também os acampamentos improvisados para o pernoite, caso em que mulheres e crianças se instalam em círculo na periferia, segundo a ordem de localização dos clãs, enquanto os rapazes limpam no centro uma área que faz as vezes de casa dos homens e pátio de dança (Colbacchini & Albisetti 1942: 35).

Os indígenas do Rio Vermelho, por sua vez, explicaram-me, em 1936, que no tempo em que as aldeias eram mais densamente povoadas, as casas ficavam dispostas do mesmo modo, mas em vários círculos concêntricos em vez de um só.

No momento em que estou escrevendo estas linhas, tomo conhecimento das descobertas arqueológicas de Poverty Point, na Louisiana, no baixo Mississippi (Ford 1955: 466-72). Permitam-me abrir um parêntese a esse respeito, pois essa cidade hopewelliana, que data do primeiro milênio a.C., apresenta uma curiosa semelhança com as aldeias bororo tal como podem ter existido no passado. Sua planta é octogonal (lembremos os oito clãs bororo), e as casas estão dispostas em seis fileiras, de modo que o conjunto assumia a forma de seis octógonos concêntricos. Dois eixos perpendiculares, um de orientação leste-oeste e outro norte-sul, cortavam a aldeia, e suas extremidades eram marcadas por túmulos em forma de pássaros,[7] dos quais dois foram encontrados, ao norte e a oeste; os outros dois certamente foram destruídos pela erosão quando o leito do rio Arkansas se deslocou. Quando notamos que vestígios de incineração foram localizados nos arredores de um dos túmulos (o do oeste), não podemos deixar de lembrar das duas "aldeias dos mortos" bororo, situadas nas extremidades leste e oeste do eixo das metades.

Portanto, estamos diante de um tipo de estrutura bastante antigo na América, de que foram encontrados análogos, de datas mais recentes, na Bolívia e no Peru e, ainda mais perto de nós, na estrutura social dos Sioux da América do Norte e na dos Jê e aparentados, na América do Sul. São fatos que merecem nossa atenção.

***

A aldeia bororo contém, ainda, uma terceira forma de dualismo, esta implícita, que passou despercebida até agora e cuja apresentação exige a consideração prévia de outro aspecto da estrutura social.

Já observamos na aldeia uma estrutura concêntrica e duas estruturas diametrais. Essas várias manifestações de dualismo também dão lugar a uma estrutura triádica, já que cada um dos oito clãs está dividido em três classes, que chamarei de superior, média e inferior (*s*, *m* e *i* no esquema abaixo). Com base em observações do padre Albisetti (1948: 8), mostrei em outro trabalho (Lévi-Strauss 1952a, cap. VII deste volume) que a regra segundo a qual um superior de uma metade se casa obrigatoriamente com um superior da outra, um médio, com um médio, e um inferior, com um inferior, faria com que a sociedade bororo passasse de um sistema aparente de exogamia dualista para um sistema real de endogamia triádica, já que estaríamos diante de três subsociedades, cada uma delas composta por indivíduos sem relação de parentesco com

7. Os Bororo crêem num ciclo de transmigrações que termina na forma de um pássaro.

os membros das duas outras: os superiores, os médios e os inferiores. No mesmo trabalho, uma breve comparação da sociedade bororo com a dos Jê centrais e orientais (Apinayé, Xerente e Timbira) permitia, finalmente, postular para o conjunto uma organização social do mesmo tipo.

Se a exogamia bororo apresenta o caráter de um epifenômeno, há de ser pelo menos surpreendente a afirmação dos salesianos de que uma exceção à regra da exogamia de metades favoreça dois pares de clãs de uma delas, que teriam o privilégio de casar-se entre si. Mas, ao mesmo tempo, torna-se possível trazer à tona uma terceira forma de dualismo. Chamemos 1, 2, 3 e 4 os clãs de uma metade, e 5, 6, 7 e 8 os da outra, tomados em sua ordem de disposição no círculo da aldeia. A regra de exogamia é suspensa em favor de 1 e 2, de um lado, e 3 e 4, do outro. Devemos, portanto, distinguir oito relações de vizinhança, das quais quatro implicam casamento e quatro o excluem: essa nova formulação dualista da lei de exogamia exprime a realidade tão bem quanto a divisão aparente em metades:

Pares de clãs em relação de vizinhança	*Aliança possível* (+) *ou vedada* (–)
1,2	+
2,3	–
3,4	+
4,5	+
5,6	–
6,7	–
7,8	–
8,1	+

ou seja, no total, 4 [+] e 4 [–].

Isso posto, notar-se-á que a estrutura da aldeia bororo apresenta duas anomalias dignas de nota. A primeira diz respeito à disposição dos *s*, *m*, e *i* nas duas metades pseudo-exogâmicas. A disposição é regular apenas no interior de cada uma das metades, onde temos (segundo os salesianos) uma sucessão de casas, sendo três por clã, na ordem *s*, *m*, *i*, *s*, *m*, *i* etc. Mas a ordem de sucessão dos *s*, *m* e *i* numa metade é invertida em relação à ordem de sucessão na outra, isto é, a simetria das classes em relação às metades está *espelhada*, de modo que os dois semicírculos se juntam por dois *s* de um lado, e por dois *i* do outro. Desconsiderando a curvatura da aldeia, temos, portanto:

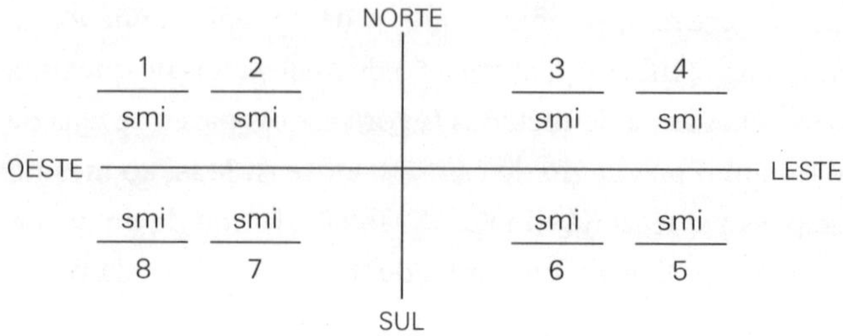

esquema no qual os algarismos de 1 a 8 se referem aos clãs, as letras *s*, *m* e *i*, às classes que compõem cada clã, a horizontal leste-oeste ao eixo das metades pseudo-exogâmicas e a vertical norte-sul ao das metades de cima e de baixo.

Parece resultar dessa disposição notável que os indígenas não pensam sua aldeia, apesar de sua forma circular, como um único objeto analisável em duas partes, mas antes como dois objetos distintos e justapostos.

Passemos agora à segunda anomalia. Em cada metade, 1 a 4 e 5 a 8, dois clãs ocupam uma posição privilegiada, no sentido de que representam, no plano social, os dois grandes heróis culturais divinizados do panteão bororo, Bakororo e Ituboré, guardiões do oeste e do leste. No esquema acima, os clãs 1 e 7 personificam Bakororo e os clãs 4 e 6, Ituboré. Nenhum problema quanto a 1 e 4, situados respectivamente a oeste e a leste, mas por que 7 e não 8, e 6 e não 5? A primeira resposta que vem à mente é que os clãs a quem tais funções são delegadas devem também estar em contigüidade com um dos dois eixos, leste-oeste e norte-sul: 1 e 4 são contíguos ao eixo leste-oeste, situados nos *dois extremos* e do *mesmo lado*, ao passo que 6 e 7 são contíguos ao eixo norte-sul, situados no *mesmo extremo* mas dos *dois lados*. Já que 1 e 7 são oeste e 4 e 6, leste (por definição), não há outro meio de satisfazer à condição de contigüidade.

Permitam-me contudo observar – com toda a prudência que requer um tratamento tão teórico de uma questão empírica – que uma única hipótese dá conta de ambas as anomalias. Bastaria admitir que os Bororo, como os Winnebago, pensam simultaneamente sua estrutura social em perspectiva diametral e em perspectiva concêntrica. Se uma das metades, ou ambas, se concebessem, regular ou ocasionalmente, como uma central e a outra periférica, a operação mental necessária para passar de uma tal disposição ideal para a disposição concreta da aldeia implicaria, primeiro, a abertura do círculo interno pelo sul e seu deslocamento para o norte e, segundo, a abertura do círculo externo pelo norte e seu deslocamento para o sul (fig. 10). Invertendo as direções, cada metade poderia pensar a si mesma, e pensar a outra, como central ou periférica à vontade. Liberdade significativa, já que a metade Cera é atualmente superior à metade Tugare, quando os mitos evocam a situação inversa. Ademais, talvez não fosse correto dizer que os Cera são mais sagrados do que os Tugare, mas cada metade ao menos parece tecer relações privilegiadas com um certo tipo de sagrado, que poderíamos chamar, simplificando, de religioso para os Cera e mágico para os Tugare...

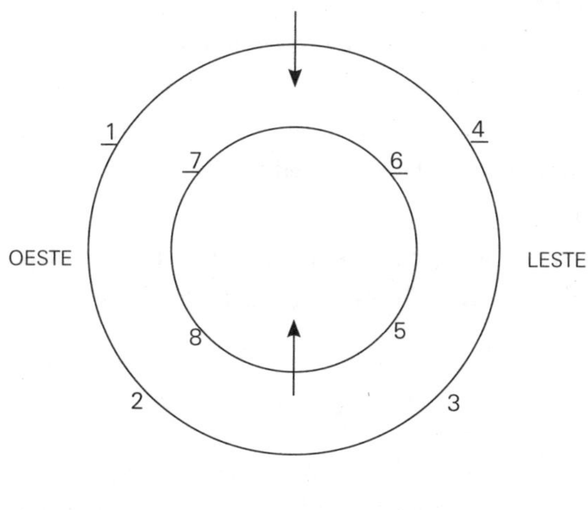

Figura 10 Passagem de uma estrutura concêntrica para uma estrutura diametral.

***

Recapitulemos os principais traços da sociedade bororo. Evidenciamos três, que consistem, primeiro, em várias formas de dualismo de tipo diametral (a. eixo pseudo-exogâmico leste-oeste, b. eixo aparentemente não funcional norte-sul, e c. dicotomia exogâmica das relações de contigüidade entre clãs); segundo, em várias formas de dualismo de tipo concêntrico (oposições homem-mulher, celibato-casamento, sagrado-profano; e as estruturas diametrais podem ser pensadas sob forma concêntrica e vice-versa, fenômeno apenas inferido aqui, mas cuja realização experimental verificaremos mais adiante entre os Timbira orientais); terceiro, numa estrutura triádica, que opera uma redistribuição de todos os clãs em três classes endogâmicas (cada uma delas dividida em duas metades exogâmicas, perfazendo um total de seis classes, assim como encontraremos, também entre os Timbira, seis classes masculinas).

Estamos diante de uma complexidade inerente às organizações dualistas, como mostramos acima com exemplos tomados na América do Norte, na Indonésia e na Melanésia, e como bem comprova uma observação suplementar. Entre os Bororo, o centro sagrado da aldeia é composto de três partes: a casa dos homens, com uma metade pertencente aos Cera e a outra aos Tugare, já que ela é atravessada pelo eixo leste-oeste (o que é comprovado pelos respectivos nomes das duas portas opostas), e o *bororo* ou pátio de dança, na lateral da casa dos homens, onde a unidade da aldeia se reconstitui. Essa é, quase que palavra por palavra, a descrição do templo balinês, com seus dois pátios internos e seu pátio externo, os dois primeiros simbolizando uma dicotomia geral do universo e o terceiro, a mediação entre os termos antagônicos (Kroef 1954: 856, citando Swellengrebel 1948).

***

A organização social dos Timbira orientais compreende as seguintes formações. 1) Duas metades exogâmicas e matrilineares, chamadas respectivamente do leste e do oeste, sem precedência de uma sobre a outra. Contudo, as regras de casamento vão além de uma simples exogamia de metades, já que todos os primos de primeiro grau são cônjuges proibidos. 2) Classes patronímicas, duas para as mulheres e 3 x 2 = 6 para os homens. Portar um nome qualquer acarreta, para ambos os sexos, uma repartição em dois grupos, chamados *kamakra*, "os da praça (central) da aldeia" e *atukmakra*, "os do exterior". 3) Para os homens, as classes patronímicas possuem uma função suplementar, que consiste em sua distribuição pelos seis grupos "da praça", associados de três em três em duas metades chamadas Leste e Oeste, não exogâmicas diferentes em sua composição no primeiro item daquelas mencionadas. Finalmente, quatro classes de idade, que se sucedem de dez em dez anos, formando quatro seções divididas por pares de classes consecutivas, num outro sistema de metades (o quarto) diferente dos anteriores e igualmente chamadas Leste e Oeste.

Algumas observações são necessárias quanto a essa complexa organização. Há duas regras de descendência: matrilinear para as metades exogâmicas, pelo menos em princípio, já que a regra subsidiária (que proíbe o casamento entre primos de primeiro grau) pode ser interpretada, do ponto de vista formal (pois nada garante que seja efetivamente assim), como resultado de uma descendência matrilinear explícita recortada por uma descendência patrilinear implícita, ou seja, um duplo sistema de metades.

A segunda regra de filiação opera nas classes patronímicas. Os nomes são transmitidos de irmã do pai para filha de irmão para as mulheres, e de irmão da mãe para filho da irmã para os homens.

Dos quatro sistemas de metades enumerados, três são do tipo diametral (leste e oeste) e um do tipo concêntrico (praça central e exterior). Este último serve de modelo para uma dicotomia mais geral:

kamakra	*atukmakra*
leste	oeste
sol	lua
dia	noite
estação seca	estação chuvosa
fogo	lenha
terra	água
vermelho	preto

De um ponto de vista funcional, o sistema 3 desempenha um papel apenas nos rituais de iniciação. O sistema 1 rege a exogamia entendida no sentido amplo. Os sistemas 2 e 4 definem duas equipes esportivas e de trabalho que operam, uma durante a estação chuvosa, e a outra durante a estação seca.

Para que a apresentação fique completa, é preciso acrescentar um último grupo de metades masculinas, de função exclusivamente cerimonial e limitada a certos rituais.

Embora as lacunas da obra de Nimuendaju (1946) (de que foram tiradas todas as indicações acima) impeçam uma formalização completa do sistema, fica evidente que, nesse labirinto de instituições, encontramos os traços essenciais para os quais este estudo quer chamar a atenção, a saber, em primeiro lugar, a justaposição de estruturas diametrais e estruturas concêntricas, inclusive com uma tentativa de conversão de uma na outra. Com efeito, o Leste é ao mesmo tempo Leste e Centro e o Oeste, ao mesmo tempo Oeste e Contorno. Por outro lado, ainda que a repartição entre centro e contorno seja efetivamente válida tanto para as mulheres como para os homens, apenas estes estão habilitados a formar os seis grupos da praça. Numa impressionante analogia com a Melanésia, os fogos desses grupos da praça não podem ser usados para cozinhar alimentos, enquanto as cozinhas devem ser instaladas atrás (em alguns rituais, na frente) das casas do contorno, que são incontestavelmente femininas (id. ibid.: 42-43) (fig. 11).

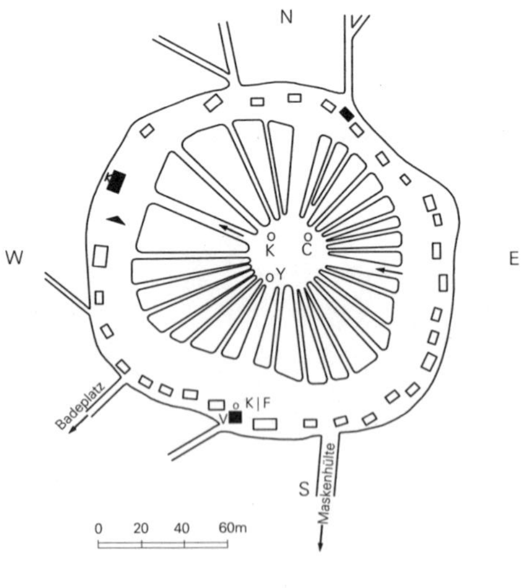

Figura 11 Planta de uma aldeia timbira (Nimuendaju 1946, fig. 1).

Nosso autor indica inclusive que, durante a estação seca, a atividade ritual ocorre na “rua” (isto é, o caminho circular na frente das casas), ficando restrita à praça central durante a estação chuvosa (id. ibid.: 92).

Em segundo lugar, todas essas formas binárias são combinadas com formas ternárias, de dois modos diferentes. As metades desempenham uma trinca de funções, já que o sistema 1 rege os casamentos e os sistemas 2 e 4, os trabalhos e divertimentos coletivos, segundo o ritmo das estações:

Além disso, a tríade reaparece no número dos grupos masculinos “da praça”, que são seis, três do Leste e três do Oeste.

Chegamos assim ao cerne da questão: qual é a relação entre esses três tipos de representação, dualismo diametral, dualismo concêntrico e tríade? E por que aquilo que se costuma chamar de “organização dualista” se apresenta, num grande número de casos (talvez até em todos), como uma mistura indissociável das três fórmulas? Convém separar a questão: relação entre dualismo e triadismo; relação entre as duas formas de dualismo propriamente dito.

Não tenho a intenção de discutir aqui a primeira questão, que nos levaria muito longe. Apenas indicarei a direção em que a solução deve ser buscada. O princípio fundamental de meu livro *As estruturas elementares do parentesco* (Lévi-Strauss 1949b) consistia na distinção entre dois tipos de reciprocidade, aos quais dei o nome de troca restrita e troca generalizada; o primeiro é possível unicamente entre grupos de razão 2, e o segundo, compatível com um número qualquer de grupos. Essa distinção agora me parece ingênua, porque ainda próxima demais das classificações indígenas. De um ponto de vista lógico, é ao mesmo tempo mais razoável e mais econômico tratar a troca restrita como um caso particular da troca generalizada. Se as observações apresentadas neste estudo forem confirmadas por outros exemplos, talvez sejamos até levados a concluir que mesmo esse caso particular jamais é completamente realizado na prática, a não ser na forma de uma racionalização imperfeita de sistemas que são irredutíveis a um dualismo sob a aparência do qual tentam em vão se representar.

Se este ponto for acatado, ainda que a título de hipótese de trabalho, resultará que o triadismo e o dualismo são indissociáveis, porque o segundo nunca é concebido como tal, mas apenas como forma limite do primeiro. Poderemos então abordar o outro aspecto do problema, que diz respeito à coexistência de duas formas de dualismo, diametral e concêntrico. A resposta surge imediatamente: o dualismo concêntrico é um mediador entre o dualismo diametral e o triadismo, e é por intermédio dele que se faz a passagem entre uma forma e a outra.

Tentemos formular a representação geométrica mais simples que se possa conceber do dualismo diametral, tal como se encontra empiricamente realizado em estruturas aldeãs como as que ilustramos. Bastará figurar uma planta de aldeia sobre uma reta. O dualismo diametral será representado por dois segmentos de reta colocados como prolongamento um do outro e com uma extremidade comum.

Mas quando queremos fazer o mesmo com o dualismo concêntrico, tudo muda. Ainda é possível esticar o círculo periférico numa reta (neste caso contínua, e não mais composta de dois segmentos), mas o centro será externo a essa reta, na forma de um ponto. Em lugar de dois segmentos de reta, teremos, portanto, uma reta e um ponto, e como os elementos significativos dessa reta são as duas origens, a representação poderá ser analisada em três pólos (fig. 12).

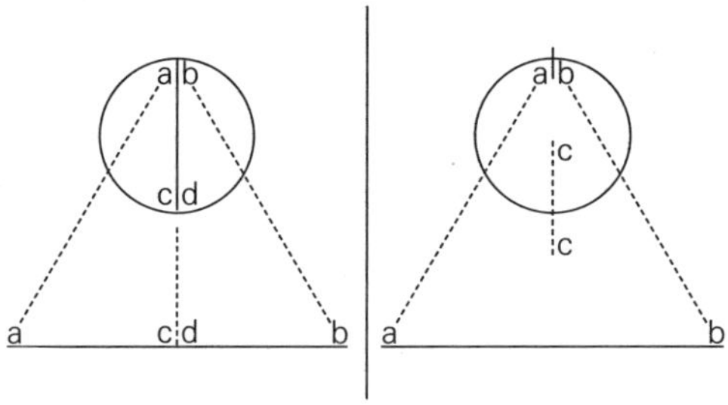

Figura 12 Representação sobre uma reta de uma estrutura diametral (à esquerda) e de uma estrutura concêntrica (à direita).

Existe, portanto, uma profunda diferença entre o dualismo diametral e o dualismo concêntrico. O primeiro é estático, é um dualismo incapaz de superar a si mesmo; suas transformações só podem gerar dualismos semelhantes àquele de que se partiu. Mas o dualismo concêntrico é dinâmico, carrega em si um triadismo implícito ou, para ser mais exato, qualquer tentativa de passar da tríade assimétrica para a díade simétrica supõe o dualismo concêntrico, que é diádico como esta, mas assimétrico como aquela.

A natureza ternária do dualismo concêntrico também fica evidente quando se observa que é um sistema que não basta a si mesmo e que sempre tem de se referir ao meio circundante. A oposição entre terreno limpo (círculo central) e terreno baldio (círculo periférico) requer um terceiro termo, a mata ou floresta – isto é, terreno inculto – que circunscreve o conjunto binário, mas também o prolonga, já que o terreno limpo está para o terreno baldio como este para o terreno inculto. Num sistema diametral, ao contrário, o terreno inculto representa um elemento não pertinente; as metades se definem uma por oposição à outra e a aparente simetria de sua estrutura cria a ilusão de um sistema fechado.

Várias séries de observações podem ser invocadas para corroborar esta demonstração, que alguns certamente considerarão excessivamente teórica.

Em primeiro lugar, as coisas se passam entre os Bororo como se, em relação ao eixo norte-sul, cada uma das duas metades empregasse inconscientemente um tipo de projeção diferente. Os dois clãs Cera, representando os deuses do Oeste e do Leste, estão efetivamente situados a oeste e a leste da aldeia. Mas se os Tugare, por sua vez, pensassem em termos de estrutura concêntrica, a projeção do círculo da aldeia sobre uma reta, operada a partir do eixo norte-sul, geraria uma reta paralela ao eixo leste-oeste, cujas origens corresponderiam, por conseguinte, à localização dos clãs 7 e 6, respectivamente guardiões do oeste e do leste (pontos *a* e *b* da fig. 12, na página anterior).

Em segundo lugar, a representação de um sistema concêntrico na forma de uma oposição entre *um ponto* e *uma reta*[8] ilustra admiravelmente uma singularidade do dualismo (concêntrico e diametral) que se repete num grande número de casos, que é a natureza heterogênea de certos símbolos que servem para traduzir a antítese entre as metades. Sem dúvida, tais símbolos podem ser homogêneos, como acontece na oposição entre verão e inverno, terra e água, terra e céu, alto e baixo, esquerda e direita, vermelho e preto (ou outras cores), nobre e plebeu, forte e fraco, primogênito e caçula etc. Mas às vezes se observa uma simbolização diferente, em que a oposição se dá entre termos logicamente heterogêneos, como estabilidade e mudança, estado (ou ato) e processo, ser e devir, sincronia e diacronia, simples e ambíguo, unívoco e equívoco, todas elas formas de oposições que, ao que parece, podem ser subsumidas numa única, a oposição entre contínuo e descontínuo.

Um exemplo simples demais (a ponto de não corresponder à definição acima) servirá de primeira aproximação. É o caso dos Winnebago, já mencionados, em que um dualismo diametral aparente entre "alto" e "baixo" mal disfarça um sistema de três pólos, já que o alto pode ser representado por um pólo, o céu, ao passo que o baixo exige dois pólos, terra e água.

8. Foi-me objetado que as estruturas de tipo "concêntrico" podem ser representadas por duas retas, em lugar de uma reta e um ponto. Achei que fosse possível adotar de saída a segunda representação, que é uma simplificação da primeira, uma vez que já demonstrei que a disposição em círculos concêntricos é a realização empírica de uma oposição mais profunda entre centro e contorno. Aliás, mesmo adotando a forma complexa, o caráter binário ou ternário de cada sistema apareceria imediatamente.

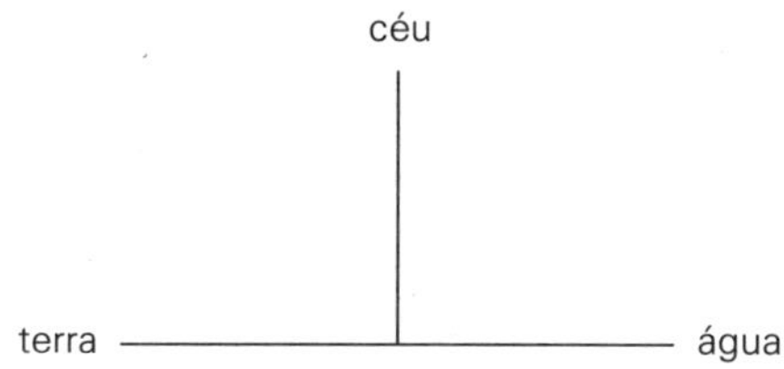

Freqüentemente, a oposição entre as metades exprime uma dialética mais sutil. É o que ocorre entre os Winnebago em relação aos papéis que cabem às metades: guerra e polícia para os de baixo, paz e mediação para os do alto. Ou seja, à constante intenção que define os últimos, corresponde uma função ambivalente para os primeiros: num sentido, de proteção, mas em outro, de coibição.[9] Alhures, cabe a uma das metades a criação do mundo e à outra, sua conservação, que não são operações do mesmo tipo, pois que uma se situa num momento da duração e a outra lhe é coextensiva. A oposição, que notamos na Melanésia e na América do Sul, entre alimento cozido e alimento cru (bem como, aliás, a que lhe é sempre paralela, entre casamento e celibato) implica uma assimetria do mesmo tipo entre estado e processo, estabilidade e mudança, identidade e transformação. Vemos, assim, que as antíteses que servem para exprimir o dualismo pertencem a duas categorias diferentes, algumas verdadeiramente, outras falsamente simétricas. Estas últimas são na verdade tríades, disfarçadas de díades graças ao subterfúgio lógico que consiste em tratar como dois termos homólogos um conjunto formado realmente por um pólo e um eixo, que não são objetos de mesma natureza.

***

9. Essa oposição entre dois termos, um unívoco e outro equívoco, encontra-se em cada passo do ritual pawnee, cf. nosso estudo "Le Symbolisme cosmique dans la structure sociale et l'organisation cérémonielle de plusieurs populations nord- et sud-américaines" (Lévi-Strauss 1957).

Resta-nos percorrer a última etapa da demonstração. Assim que decidimos tratar como sistemas ternários as formas de organização social habitualmente descritas como binárias, suas anomalias desaparecem e torna-se possível reduzi-las todas ao mesmo tipo de formalização. Dos vários exemplos discutidos neste capítulo, retomaremos apenas três. Nossas informações acerca das regras de casamento dos Timbira e do modo como se integram numa estrutura social particularmente difícil são fragmentárias e equívocas demais para serem passíveis de formalização. Os casos dos Winnebago e dos Bororo são mais claros. Acrescentar-lhes-emos um modelo indonésio. Cabe esclarecer que, em muitos casos, as estruturas sociais indonésias foram reconstituídas, e não observadas, em razão do estado de decomposição em que se encontravam quando seu estudo se tornou possível. A associação entre um sistema de casamento assimétrico (de tipo preferencial, com a filha do irmão da mãe) e uma organização dualista parece ter sido bastante comum na Indonésia. Será aqui apresentada na forma de um modelo simplificado contendo duas metades e três grupos matrimoniais, levando em conta que o número 3 não corresponde necessariamente a um dado empírico, mas está no lugar de um número qualquer, contanto que seja diferente de 2, caso em que o casamento se tornaria simétrico e não atenderia às condições da hipótese.

Admitindo-se isso, nossos três modelos – winnebago, indonésio e bororo – são formalizáveis nos três diagramas a seguir, que são da mesma família, cada um deles ilustrando todas as propriedades do sistema correspondente. Os três diagramas possuem uma estrutura idêntica, a saber: 1) um grupo de três círculos pequenos, 2) um tríscele e 3) um círculo grande. No entanto, a função desses três elementos não é a mesma em todos eles. Examinemo-los um por um.

A aldeia winnebago contém doze clãs repartidos em três grupos, sendo dois grupos de quatro ("terra" e "água") na metade de baixo e um grupo de quatro ("céu") na metade de cima. O tríscele representa as possibilidades de casamento em função da regra de exogamia das metades. O círculo maior, que coincide com o perímetro da aldeia, engloba o todo, fazendo dele uma unidade residencial (fig. 13).

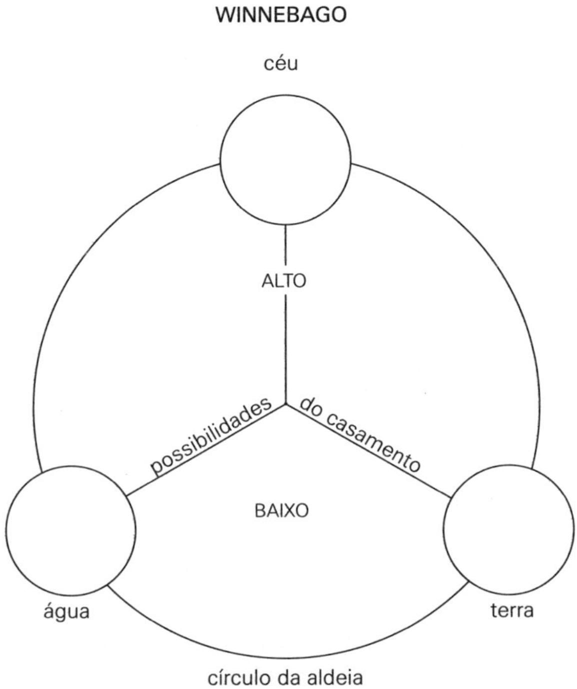

Figura 13 Esquema da estrutura social winnebago.

O modelo indonésio é mais complexo. Não se trata de clãs agrupados, e sim de classes matrimoniais não residenciais, isto é, cujos membros podem estar dispersos por várias aldeias. A regra de casamento assimétrico entre essas classes é do tipo homem A se casa com mulher B, homem B com mulher C e homem C com mulher A. O que implica, primeiro, uma dicotomia dos sexos no interior de cada classe (já que irmão e irmã têm destinos matrimoniais diferentes); essa função dicotômica é marcada no diagrama pelo tríscele, que divide cada classe em dois grupos, homens de um lado e mulheres do outro; segundo, nesse sistema, a residência não é significativa, e ao círculo maior cabe, portanto, outra função, que é a de traduzir as possibilidades do casamento entre homens de uma classe e mulheres de outra, como se pode facilmente perceber numa rápida observação do diagrama (fig. 14).

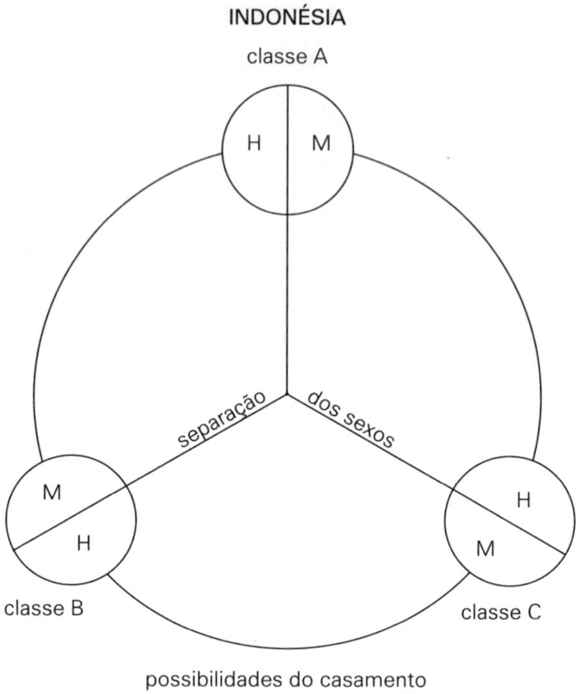

Figura 14 Esquema de uma estrutura social de tipo indonésio.

Consideremos brevemente esse último ponto. Nossa formalização do modelo indonésio evidencia uma propriedade saliente do casamento assimétrico. Assim que suas condições se realizam – isto é, com um mínimo de três classes –, aparece o princípio de uma dicotomia dualista, fundada na oposição entre homem e mulher. Essa oposição, inerente ao sistema, forneceu à Indonésia o modelo a partir do qual ela construiu suas organizações dualistas, como evidencia, a nosso ver, o fato de as metades indonésias sempre serem concebidas como uma masculina e a outra feminina. O pensamento indonésio não parece ter se incomodado com o fato de as metades, em sua realização empírica, poderem ser masculina ou feminina e no entanto conterem uma quantidade aproximadamente equivalente de membros homens e mulheres. Numa outra sociedade do mesmo tipo (casamento assimétrico aliado a organização dualista), os Miwok da Califórnia, ao contrário, os indígenas esbarraram nesse problema e tiveram evidente dificuldade em resolvê-lo.

Como as metades indonésias, as dos Miwok exprimem uma bipartição geral das coisas e dos seres. As metades são chamadas *kikua* (da água) e *tunuka* (da terra). Embora todos os animais, plantas, aspectos fisiográficos e fenômenos meteorológicos ou astronômicos estejam repartidos entre as duas metades, os princípios masculino e feminino escapam a essa dicotomia universal, como se a dialética indígena não tivesse conseguido superar a constatação objetiva de que há homens e mulheres em cada metade. Porém, e isso é significativo, essa situação não é vista simplesmente como algo dado, exige um mito consideravelmente tortuoso para explicá-la:

> *A moça-Coiote e seu marido combinaram ter quatro filhos, dois meninos e duas meninas* [...] *Coiote deu a um dos meninos o nome de Tunuka e a uma das meninas, o de Kikua. Ao outro menino ele deu o nome de Kikua e à outra menina, o de Tunuka. Coiote fez assim as metades e deu às pessoas seus primeiros nomes.* (Gifford 1916: 143-44)[10]

O casal original não basta; com um verdadeiro passe de mágica mítica, é preciso postular na origem quatro classes (isto é, uma divisão implícita de cada metade em masculino e feminino) para evitar que as metades expressem, entre outras coisas, uma dicotomia sexual, que a Indonésia admitiu, mas em contradição com a situação empírica.

Passemos agora ao terceiro diagrama (fig. 15), em que está formalizada a estrutura social bororo segundo o mesmo modelo que as duas outras. Os círculos pequenos não correspondem a grupos de clãs (como é o caso entre os Winnebago), nem a classes (como na Indonésia), mas a *grupos de classes*; e, ao contrário do que ocorre nos casos previamente considerados, essas unidades são endogâmicas. Vimos que cada uma das metades pseudo-exogâmicas dos Bororo compreende quatro clãs divididos em três classes. No diagrama, juntamos todos os superiores, todos

10. Em inglês no original. [N.T.]

os médios e todos os inferiores. Assim, a divisão exogâmica torna-se interna a cada grupo de classes, segundo o princípio de que os superiores de uma metade se casam com os superiores da outra, os médios com os médios, e assim sucessivamente. Ao tríscele cabe, nesse caso, a função de exprimir as impossibilidades de casamento de cada uma das classes.

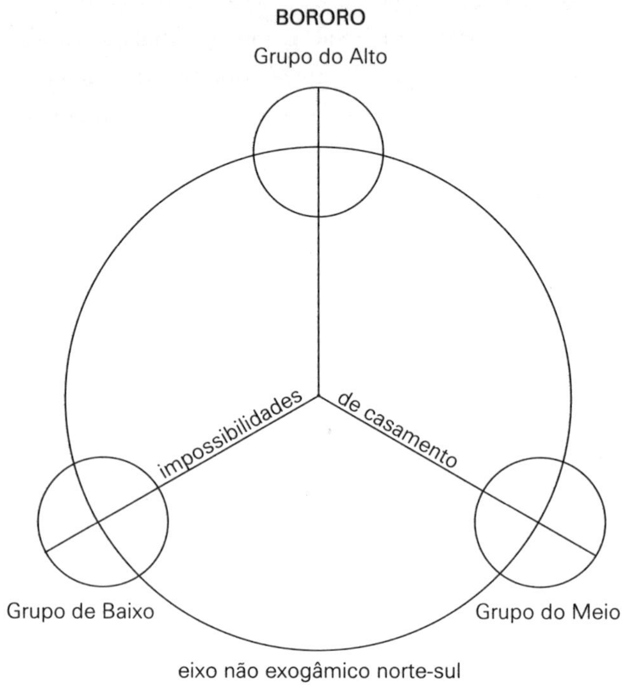

Figura 15 Esquema da estrutura social bororo.

Qual é, nesse caso, a função do círculo maior? Sua relação com os três círculos pequenos (os grupos de classes) e com o tríscele (impossibilidades de casamento) não deixa nenhuma dúvida: ele corresponde ao eixo não exogâmico norte-sul que, em cada aldeia bororo, divide os clãs, perpendicularmente ao eixo das metades pseudo-exogâmicas, em dois grupos, chamados de do alto e do baixo, ou de montante e de jusante.

Já observei diversas vezes que o papel dessa segunda divisão é obscuro (Lévi-Strauss 1955a: 231). Com razão, pois se esta análise estiver correta, somos levados à conclusão – à primeira vista surpreendente – de que o eixo norte-sul não possui função alguma, a não ser a de permitir que a sociedade bororo exista. Consideremos o diagrama: os três círculos pequenos representam grupos endogâmicos, subsociedades que se perpetuam lado a lado, sem que jamais se estabeleça entre elas nenhuma relação de parentesco. O triscele não corresponde a nenhum princípio unificador, uma vez que, traduzindo as impossibilidades matrimoniais, ele também exprime um valor negativo do sistema. O único elemento unificador disponível é, portanto, fornecido pelo eixo norte-sul, e mesmo assim com reservas, pois, embora possua um significado residencial, este permanece ambíguo; diz respeito à aldeia, mas com sua cisão em duas regiões distintas como resultado.

Essa hipótese terá evidentemente de ser posta à prova em campo. Porém, não se trata da primeira vez que a investigação nos põe diante de formas institucionais que poderíamos chamar de *de tipo zero*,[11] instituições que não teriam nenhuma propriedade intrínseca, exceto a de introduzir as condições prévias de existência de um sistema social a que pertencem, e ao qual sua presença – em si mesma desprovida de significado – permite se colocar como totalidade. A sociologia estaria assim diante de uma questão essencial, que compartilha com a lingüística, mas de que não parece ter se dado conta em seu próprio campo. Esse problema consiste na existência de instituições desprovidas de sentido, a não ser o de dar um sentido à sociedade que as possui.

Não nos estenderemos mais acerca desse assunto, que ultrapassa os limites do presente estudo, e voltaremos aos nossos três sistemas, cujas propriedades podem ser resumidas na forma de cinco oposições binárias.

Estamos tratando de classes ou de clãs; esses elementos aparecem em grupo (grupos de clãs, grupos de classes) ou isolados (classes); as regras de aliança são expressas de modo positivo ou negativo; os sexos são distinguidos (casamento assimétrico) ou confundidos (casamento

11. Foi assim que, há alguns anos, fomos levados a definir o *mana*. Cf. Lévi-Strauss 1950.

simétrico, em que irmão e irmã têm o mesmo destino matrimonial); e a residência é um aspecto significativo ou não, dependendo do sistema considerado. Chega-se, assim, ao quadro abaixo, em que o sinal [+] é arbitrariamente atribuído ao primeiro termo de cada oposição, e o sinal [–], ao segundo:

		Winnebago	Indonésia	Bororo
1	classe/clã	–	+	+
2	grupo/unidade	+	–	+
3	aliança prescrita/ aliança proibida	+	±	–
4	sexos distinguidos/ sexos confundidos	–	+	–
5	residência significativa/ residência não significativa	+	–	±

A oposição n.º 3 (aliança) é ambivalente na Indonésia devido ao caráter assimétrico do casamento: para duas classes quaisquer, a regra de casamento entre homens de *x* e mulheres de *y* é simétrica e inversa àquela entre homens de *y* e mulheres de *x*. A oposição n.º 5 (residência) é ambivalente entre os Bororo pela razão indicada acima: o eixo norte-sul implica residência compartilhada, ao mesmo tempo que a dissocia em relação a si.

Um exame desses diagramas basta para mostrar que o modelo adotado integra o caráter binário e o caráter ternário das estruturas sociais consideradas. Notar-se-á igualmente que parece haver uma relação entre o aspecto diametral ou concêntrico das oposições binárias, dependendo dos símbolos que lhes cabem. Na Indonésia, o aspecto diametral traduz uma oposição masculino/feminino e o aspecto concêntrico se vê, então, consagrado à oposição complementar entre alto e baixo (a qual fornece uma tríade alto/meio/baixo). Inversamente, entre os Bororo (e certamente também entre os Winnebago), uma tríade alto/meio/baixo ou céu/água/terra encarrega o aspecto concêntrico de expressar a oposição masculino/feminino. Seria interessante investigar, com outros exemplos, se essa correlação se verifica, isto é, se a atribuição do dualismo concêntrico à oposição entre alto e baixo acarreta sempre a atribuição do dualismo diametral à oposição entre masculino e feminino, e vice-versa.

Já fica claro, por todo o exposto, que a oposição mais geral (aquela entre estrutura binária e estrutura ternária) recebe aplicações simétricas e inversas na América do Sul e na Indonésia. No caso indonésio, temos um sistema de metades associado à troca generalizada, ou seja, uma forma assimétrica de exogamia. A estrutura ternária define, portanto, grupos de afins e a estrutura binária, os dois sentidos de circulação dos homens e das mulheres, respectivamente. Em outras palavras, a primeira se refere às *classes* e a segunda, às *relações* entre essas classes. Na América do Sul, ao contrário (e, aparentemente, entre todos os Jê), a estrutura binária é utilizada para definir os grupos, e a estrutura ternária, os dois sentidos de circulação, não dos homens e das mulheres, mas os sentidos permitido e proibido a ambos os sexos indistintamente (já que a troca é restrita, segundo uma forma simétrica de endogamia). Portanto, nesse caso é a estrutura binária que se refere às *classes*, e a estrutura ternária, às *relações*.

Para concluir. Neste artigo, procurei mostrar que o estudo das organizações ditas dualistas revelava tantas anomalias e contradições, em relação à teoria vigente, que seria interessante abandonar esta última e tratar as formas aparentes de dualismo como distorções superficiais de estruturas cuja natureza real é outra, e muito mais complicada. No entanto, as anomalias não tinham de modo algum passado despercebidas para os inventores da teoria dualista, quero dizer, Rivers e sua escola. Elas não os incomodavam, porque eles concebiam as organizações dualistas (com base exatamente nessas anomalias) como produtos históricos da união entre populações diferentes pela raça, pela cultura, ou simplesmente pela força. Em tal concepção, as estruturas sociais consideradas podiam ser ao mesmo tempo dualistas e assimétricas; deviam sê-lo, até.

Marcel Mauss, depois Radcliffe-Brown e Malinowski, revolucionaram o pensamento etnológico substituindo essa interpretação histórica por uma outra, de natureza psicossociológica, fundada na noção de reciprocidade.[12] Mas, à medida que esses mestres foram fazendo escola, os fenômenos de assimetria foram sendo relegados ao segundo plano, porque não se encaixavam bem na nova perspectiva. A desigualdade das metades passou a ser progressivamente tratada como uma irregularidade do sistema. E, o que é muito mais grave, as flagrantes anomalias mais tarde reveladas foram completamente desconsideradas. Como aconteceu com freqüência na história da ciência, uma propriedade essencial do objeto apresentou-se inicialmente aos pesquisadores na forma de um caso particular, e depois temeu-se comprometer o resultado obtido ao submetê-lo a um teste mais rigoroso.

A teoria da reciprocidade não está em causa. Permanece atualmente, para o pensamento etnológico, assentada numa base tão firme quanto a teoria da gravitação para a astronomia. Mas a comparação encerra uma lição: em Rivers, a etnologia teve seu Galileu, e Mauss foi seu Newton. Resta-nos apenas desejar que, num mundo mais insensível do que os espaços infinitos cujo silêncio amedrontava Pascal, as organizações dualistas ainda em atividade possam esperar por seu Einstein, antes que para elas – mais desprotegidas do que os planetas – chegue a hora iminente da desintegração.

12. Na verdade, Rivers, cujo gênio não é atualmente reconhecido, lançava mão simultaneamente dos dois tipos de interpretação e, depois dele, ninguém disse nada que já não tivesse sido anunciado por esse grande teórico. O que se sugere aqui continua válido, contudo, na medida em que os contemporâneos e sucessores de Rivers lhe atribuíram principalmente a paternidade de suas interpretações históricas e geográficas, enquanto o aspecto psicológico de sua doutrina era silenciosamente assimilado por Mauss, Radcliffe-Brown e Malinowski, e seria por eles desenvolvido com o brilho que se sabe.

MAGIA E RELIGIÃO

IX. O feiticeiro e sua magia[1]

Desde os trabalhos de Cannon (1942), percebem-se com mais clareza os mecanismos psicossociológicos subjacentes aos casos de morte por conjuração ou feitiço, atestados em várias regiões do mundo: um indivíduo consciente de que é objeto de um malefício fica profundamente convencido, pelas tradições mais solenes de seu grupo, de que está condenado, e parentes e amigos compartilham a certeza. A partir de então, a comunidade se retrai, todos se afastam do maldito e se comportam com ele como se, além de já estar morto, representasse uma fonte de perigo para todos os que o cercam. Em toda ocasião e em cada um de seus gestos, o corpo social sugere a morte à pobre vítima, que não tenta escapar do que considera ser seu inelutável destino. E logo são celebrados para ela os ritos sagrados que a conduzirão ao reino das trevas. Brutalmente alijado, de saída, de seus laços familiares e sociais, e excluído de todas as funções e atividades por intermédio das quais o indivíduo tomava consciência de si mesmo, e enfrentando em seguida as mesmas forças imperiosas, novamente conjuradas com o único propósito de bani-lo do reino dos vivos, o enfeitiçado cede à força combinada do terror que sente e da retirada súbita e total dos múltiplos sistemas de referência fornecidos pela conivência do grupo e, finalmente, à sua inversão definitiva quando, de vivo e sujeito de direitos e de obrigações, passa a ser proclamado morto, objeto de temor, de ritos e de proibições. A integridade física não resiste à dissolução da personalidade social.[2]

1. Publicado em *Les Temps Modernes* (Lévi-Strauss 1949c).

2. Um indígena australiano, vítima de um feitiço desse gênero no mês de abril de 1956, foi levado moribundo para o hospital de Darwin. Ligado a um pulmão artificial e alimentado >

Como esses fenômenos complexos se expressam no plano fisiológico? Cannon mostrou que o medo, assim como a raiva, é acompanhado por uma atividade particularmente intensa do sistema nervoso simpático. Essa atividade é, normalmente, benéfica, ao acarretar modificações orgânicas que permitem que o indivíduo se adapte a situações novas. Mas, se o indivíduo não dispuser de nenhuma resposta instintiva ou adquirida para uma situação extraordinária, ou que assim lhe parece, a atividade do simpático se intensifica e se desorganiza, podendo causar, às vezes em questão de horas, uma diminuição do volume sangüíneo e uma queda concomitante de pressão, que resulta em estragos irrecuperáveis nos órgãos envolvidos na circulação. A recusa de bebida e comida, que é freqüente em pacientes tomados por intensa angústia, precipita essa evolução: a desidratação age como estimulante do simpático e a diminuição de volume do sangue é aumentada pela crescente permeabilidade dos vasos capilares. Essas hipóteses foram confirmadas pelo estudo de vários casos de traumatismo decorrente de bombardeios, de envolvimento em batalhas ou até mesmo de intervenções cirúrgicas: sobrevém a morte, sem que a autópsia possa determinar lesão alguma.

Portanto, não há por que duvidar da eficácia de certas práticas mágicas. Porém, ao mesmo tempo, percebe-se que a eficácia da magia implica a crença na magia, que se apresenta sob três aspectos complementares: primeiro, a crença do feiticeiro na eficácia de suas técnicas; depois, a do doente de que ele trata ou da vítima que ele persegue, no poder do próprio feiticeiro; e, por fim, a confiança e as exigências da opinião coletiva, que formam continuamente uma espécie de campo de gravitação no interior do qual se situam as relações entre o feiticeiro e aqueles que ele enfeitiça.[3] Evidentemente, nenhuma das três

> por meio de uma sonda, foi se recuperando pouco a pouco, convencido de que "a magia do homem branco é mais forte". Cf. Morley 1956: 11.

3. No presente estudo, cujo objeto é mais psicológico do que sociológico, parece-nos ser possível desconsiderar, a não ser quando são absolutamente indispensáveis, as distinções de praxe em sociologia religiosa entre as várias modalidades de atividades mágicas e os diferentes tipos de feiticeiros.

partes envolvidas concebe com clareza a atividade do simpático ou as perturbações que Cannon chamou de homeostáticas. Quando o feiticeiro simula extrair por sucção um objeto patológico do corpo do doente, cuja presença explicaria a doença, apresentando um pedregulho que tinha escondido na boca, como se justifica esse procedimento a seu ver? Como um inocente acusado de feitiçaria pode se desculpar, se a imputação é unânime, já que a situação mágica é um fenômeno de consenso? E quanto de credulidade e quanto de espírito crítico intervêm na atitude do grupo em relação àqueles a quem atribui poderes excepcionais, e a quem concede privilégios correspondentes, mas dos quais também exige satisfação à altura? Comecemos por examinar este último ponto.

***

Corria o mês de setembro de 1938. Acampávamos havia algumas semanas com um pequeno grupo de índios Nambikwara, não longe das nascentes do Tapajós, no cerrado descampado do Brasil Central em que os indígenas perambulam, durante a maior parte do ano, em busca de grãos e frutos selvagens, pequenos mamíferos, insetos e répteis e, de modo geral, qualquer coisa que possa evitar que morram de fome. Uns trinta deles se encontravam ali, reunidos casualmente pela vida nômade, agrupados por famílias debaixo dos frágeis abrigos de ramos que pouco protegem contra o sol escaldante do dia, a friagem noturna, a chuva e o vento. Como a maior parte dos bandos, esse tinha um chefe civil e um feiticeiro, cuja atividade cotidiana em nada se distinguia da dos demais homens do grupo: caça, pesca e trabalhos artesanais. Era um homem robusto, de uns 45 anos, muito bem-humorado.

Mas, certo dia, ele não voltou para o acampamento na hora costumeira. Anoiteceu, e os fogos foram acesos; os indígenas não escondiam sua preocupação. Vários são os perigos do mato: rios torrenciais, o risco – certamente pequeno – de encontrar um grande animal selvagem, como uma onça ou um tamanduá, ou o risco – mais imediatamente presente no espírito nambikwara – de um animal de aparência inofensiva ser a encarnação de um espírito maléfico das águas ou da mata. Sobretudo, fazia uma semana que víamos, todas as noites, fogueiras misteriosas que ora se afastavam, ora se aproximavam das nossas. E todo bando desconhecido é potencialmente hostil. Após uma espera de duas horas, todos já certos de que o companheiro tinha caído numa emboscada, enquanto suas duas jovens esposas e seu filho choravam a plenos pulmões a morte de seu marido e pai, os demais evocavam as conseqüências trágicas que prenunciava o desaparecimento de seu dignitário.

Por volta das dez da noite, a tensa expectativa de uma catástrofe iminente, os gemidos de que outras mulheres começavam a tomar parte e a agitação dos homens tinham criado um ambiente insuportável. Decidimos, então, partir numa expedição de reconhecimento em companhia de alguns homens que se mantinham relativamente calmos. Não tínhamos caminhado nem duzentos metros, quando topamos com um vulto imóvel: era nosso homem, agachado em silêncio, tiritando no frio noturno, descabelado e sem seu cinto, seus colares e pulseiras (que são a única vestimenta usada pelos Nambikwara). Deixou-se levar facilmente até o acampamento, mas foram necessárias longas exortações por parte de todos e súplicas de seus familiares para que ele afinal quebrasse o silêncio. Foi então possível arrancar dele, pedaço por pedaço, os detalhes de sua história. Uma tempestade – a primeira da estação – tinha irrompido durante a tarde, e o trovão o carregara para vários quilômetros de lá, para um local que ele indicou, e o trouxera de volta para o local onde o encontramos, depois de despi-lo completamente. Todos foram se deitar comentando o ocorrido. No dia seguinte, a vítima do trovão tinha recuperado sua jovialidade habitual e todos os seus ornamentos – detalhe que não parecia surpreender ninguém –, e a vida retomou seu curso normal.

Porém, alguns dias depois, outra versão desses prodigiosos acontecimentos começou a ser disseminada por alguns indígenas. Cabe observar que o bando que foi palco disso era composto de indivíduos de origens diferentes, que se haviam fundido numa nova unidade social em decorrência de circunstâncias obscuras. Um dos grupos fora dizimado por uma epidemia alguns anos antes e deixara de ser suficientemente grande para levar uma vida autônoma. O outro, que tinha se desligado de sua tribo de origem, enfrentava o mesmo tipo de dificuldade. Não foi possível saber quando e como os dois grupos tinham se encontrado e decidido unir suas forças, um dando à nova formação o líder civil e o outro, o líder religioso. Mas tratava-se sem dúvida de um evento recente, já que nenhum casamento havia sido realizado entre os dois grupos no momento em que nos encontramos, embora as crianças de um estivessem, de modo geral, prometidas às do outro. E, apesar da vida compartilhada, cada grupo conservara seu próprio dialeto, e só podia se comunicar com o outro por intermédio de dois ou três indígenas bilíngües.

Dadas essas indispensáveis informações, eis o que se dizia à boca pequena: havia boas razões para supor que os bandos desconhecidos que cruzavam o cerrado provinham da tribo do grupo secessionista a que o feiticeiro pertencia. Este, usurpando as atribuições de seu colega, o líder político, certamente desejara entrar em contato com seus antigos compatriotas, para pedir para voltar ao lar, para instigá-los a atacar seus novos associados, ou ainda para garantir a boa vontade destes para com aqueles. De qualquer modo, ele precisara de um pretexto para se ausentar, e o rapto pelo trovão, com toda a encenação subseqüente, tinha sido inventado com esse propósito. Evidentemente, eram os indígenas do outro grupo que espalhavam essa interpretação, na qual no fundo acreditavam, e que os deixava bastante inquietos. Mas a versão oficial do ocorrido jamais foi publicamente discutida e até a nossa partida, que se deu pouco depois, era declaradamente aceita por todos (Lévi-Strauss 1955a, cap. XXIX).

Entretanto, teria sido difícil convencer os céticos de uma fraude tão verossímil, cujos motivos eles mesmos analisavam com tanto refinamento psicológico e senso político, para pôr em causa a boa-fé e a eficácia de seu feiticeiro. É claro que ele não tinha voado nas asas do trovão até o rio Ananás; era tudo encenação. Mas essas coisas poderiam ter ocorrido, tinham efetivamente ocorrido em outras circunstâncias, pertenciam ao domínio da experiência. Não há dúvida de que um feiticeiro possui relações íntimas com as forças sobrenaturais. O fato de, nesse caso particular, ele ter usado seus poderes como pretexto para encobrir uma atividade profana pertence ao âmbito da conjectura e uma ocasião para aplicar a crítica histórica. O que importa é que as duas eventualidades não são mutuamente exclusivas, assim como não o são, para nós, a interpretação da guerra como manifestação derradeira da independência nacional ou como resultado das maquinações dos comerciantes de armas. As duas explicações são logicamente incompatíveis, mas nós admitimos que tanto uma quanto a outra podem ser verdadeiras; como são ambas igualmente plausíveis, passamos facilmente de uma para a outra, dependendo da ocasião e do momento, e para muitos elas podem obscuramente coexistir na consciência. Tais interpretações divergentes, por mais fidedigna que seja sua origem, não são evocadas pela consciência individual ao cabo de uma análise objetiva, mas antes como dados complementares, invocados por atitudes bastante vagas e não elaboradas que, para cada um de nós, possuem um caráter de experiência. Contudo, tais experiências permanecem intelectualmente amorfas e afetivamente intoleráveis, a não ser que se incorpore algum esquema flutuante na cultura do grupo e cuja assimilação é o único meio de objetivar estados subjetivos, formular impressões informuláveis e integrar experiências desconexas em sistema.

***

Esses mecanismos tornam-se mais claros à luz de observações feitas há um bom tempo entre os Zuñi do Novo México pela admirável investigadora M. C. Stevenson (1905). Uma menina de doze anos tinha sido tomada por uma crise nervosa imediatamente depois de um adolescente ter pegado suas mãos. Este foi acusado de feitiçaria e levado ao tribunal dos sacerdotes do Arco. Durante uma hora, ele negou ter qualquer conhecimento oculto. Como esse sistema de defesa se mostrou ineficaz, e o crime de feitiçaria ainda era, naquela época, punido com a morte entre os Zuñi, o acusado mudou de tática e improvisou um longo relato, no qual explicava as circunstâncias em que havia sido iniciado na feitiçaria e tinha recebido de seus mestres dois produtos, um que enlouquecia as meninas e outro que as curava. Esse ponto constituía uma engenhosa precaução contra os desenvolvimentos ulteriores. Intimado a mostrar suas drogas, ele foi até sua casa bem escoltado e voltou com duas raízes, que utilizou imediatamente num ritual complicado, durante o qual simulou um transe decorrente da ingestão de uma das drogas e o retorno ao estado normal graças à outra. Depois disso, deu o remédio à doente e declarou-a curada. A sessão foi suspensa até o dia seguinte, mas, durante a noite, o suposto feiticeiro fugiu. Foi logo capturado e a família da vítima constituiu a si mesma como tribunal para prosseguir o julgamento. Diante da resistência de seus novos juízes em aceitar a versão anterior, o rapaz inventa uma outra, segundo a qual todos os seus parentes, e seus antepassados, eram feiticeiros, e foi deles que ele herdou poderes admiráveis, como o de se transformar em gato, encher a boca de espinhos de cactos e matar suas vítimas – dois bebês, três meninas e dois meninos – lançando-os sobre elas, tudo isso graças a penas mágicas que permitiam, a ele e aos seus, deixar a forma humana. Esse detalhe constituiu um erro tático, pois os juízes exigiram que ele mostrasse as penas como prova da veracidade do novo relato. Ele tentou várias desculpas diferentes, todas recusadas. Foi então preciso ir até a casa do acusado, que a princípio alegou que as penas estavam escondidas sob o revestimento de uma parede que ele não podia destruir. Foi obrigado a fazê-lo. Derrubou um pedaço de parede e examinou cuidadosamente cada pedacinho. Tentou safar-se alegando falta de memória: fazia dois anos que as penas tinham sido escondidas, e ele já não se lembrava bem onde. Foi intimado a procurar mais e acabou derrubando outra parede, na qual, depois de uma hora de esforço, apareceu uma velha pena no adobe. Ele a pegou rapidamente e a apresentou a seus perseguidores como o instrumento mágico de que falara. Fizeram-no explicar em detalhes seu mecanismo de utilização. Finalmente, arrastado até a praça pública, teve de repetir toda a história, enfeitando-a com muitos novos detalhes, e terminou com uma peroração patética, em que lamentava a perda de seus poderes sobrenaturais. Tranqüilizados, seus ouvintes concordaram em liberá-lo.

Esse relato, que infelizmente tivemos de reduzir, tirando dele todas as nuances psicológicas, é bastante instrutivo em vários aspectos.

Primeiro, percebe-se que o réu, acusado de feitiçaria e correndo por isso o risco de ser condenado à morte, não consegue ser absolvido se desculpando, mas sim assumindo o suposto crime. E mais, melhora sua defesa apresentando versões sucessivas, cada vez mais ricas, mais cheias de detalhes (portanto, em princípio, cada vez mais incriminadoras). O debate não se faz, como em nossos julgamentos, com acusações e denegações, mas com alegações e especificações. Os juízes não esperam que o réu conteste uma tese, menos ainda que negue os fatos; exigem que ele corrobore um sistema do qual possuem apenas um fragmento, e querem que ele reconstitua o que falta de modo apropriado. Como observa a investigadora, a propósito de uma fase do julgamento: "Os guerreiros estavam tão completamente absorvidos pelo relato do rapaz que pareciam ter esquecido a razão inicial pela qual ele comparecera diante deles". E quando a pena mágica é finalmente exumada, a autora nota, com muita profundidade: "A consternação tomou conta dos guerreiros, que exclamaram todos em uníssono 'O que significa isso?'. Agora, eles sabiam que o rapaz tinha dito a verdade". Consternação, em vez de satisfação diante da prova tangível do crime, pois mais do que punir um crime, o que os juízes querem (validando seu fundamento objetivo com a expressão emocional apropriada) é atestar a realidade do sistema que o possibilitou. A confissão, reforçada pela participação – cumplicidade, até – dos juízes, faz com que o réu passe de acusado a colaborador da acusação. Graças a ele, a feitiçaria e as idéias a ela relacionadas escapam de seu penoso modo de existência na consciência, como conjunto difuso de sentimentos e representações mal formulados, para encarnar-se em ser da experiência. O acusado, preservado como testemunha, fornece ao grupo uma satisfação de verdade, infinitamente mais densa e mais rica do que a satisfação de justiça que teria dado sua execução. E, finalmente, com sua defesa engenhosa, fazendo com que seu auditório tomasse cada vez mais consciência do caráter vital da verificação de seu sistema (pois que não se trata, ademais, de uma escolha entre um sistema e outro, mas entre o sistema mágico e sistema nenhum, ou seja, o caos), o adolescente consegue passar de ameaça à segurança física de seu grupo, a fiador de sua coerência mental.

Mas será que a defesa é mesmo apenas engenhosa? Tudo leva a crer que, depois de ter tentado achar uma escapatória, o acusado participa sinceramente, e – sem exagero – fervorosamente, do jogo dramático que se organiza entre ele e seus juízes. Acusam-no de ser feiticeiro; já que os há, ele poderia sê-lo. Como poderia ele saber antecipadamente quais sinais revelariam sua vocação? Talvez eles estejam ali, nessa provação e nas convulsões da menina levada ao tribunal. Para ele também, a coerência do sistema e o papel que lhe cabe em sua revelação não possuem um valor menos essencial do que a segurança pessoal que ele põe em risco na aventura. E assim o vemos construir progressivamente o personagem que lhe é imposto, com um misto de astúcia e de boa-fé, lançando mão de seus conhecimentos e lembranças, improvisando também, mas, principalmente, vivendo seu papel e buscando, nas manipulações que encena e no ritual que constrói com pedaços, a experiência de uma missão cuja eventualidade, pelo menos, se oferece a todos. Ao cabo da aventura, o que resta das espertezas do início, até que ponto o protagonista não se deixou convencer por seu personagem, ou melhor, em que medida ele não se transformou realmente num feiticeiro? "Quanto mais o rapaz falava", nos é dito acerca de sua confissão final, "mais profundamente ele mergulhava no que dizia. Às vezes, seu rosto se iluminava com a satisfação de dominar sua audiência." Bastaria certamente que a menina ficasse curada e que as experiências vividas no decorrer de uma prova tão excepcional se elaborassem e se organizassem, para que os poderes sobrenaturais, já reconhecidos pelo grupo, fossem definitivamente confessados por seu inocente detentor.

***

Devemos dar mais espaço ainda a outro documento, excepcionalmente valioso, embora não tenha sido aparentemente reconhecido como mais do que um documento lingüístico. Trata-se de um fragmento de autobiografia indígena registrado em língua kwakiutl (da ilha Vancouver, no Canadá) por Franz Boas (1930a, parte II: 1-41), que nos apresenta sua tradução justalinear.

Quesalid (pelo menos é esse o nome que recebeu quando se tornou feiticeiro) não acreditava no poder dos feiticeiros ou, mais precisamente, dos xamãs, já que esse termo convém melhor para denotar seu tipo de atividade específica em certas regiões do mundo. Movido pela curiosidade de descobrir seus embustes e pelo desejo de desmascará-los, começou a freqüentá-los, até que um deles lhe ofereceu introduzi-lo no grupo, onde seria iniciado e se tornaria rapidamente um deles. Quesalid não se fez de rogado e seu relato descreve, em detalhes, suas primeiras lições, uma estranha mistura de pantomima, prestidigitação e conhecimentos empíricos em que se mesclam a arte de fingir desmaios, a simulação de crises nervosas, o aprendizado de cantos mágicos, a técnica para vomitar, noções bastante precisas de auscultação e obstetrícia, a utilização dos "sonhadores" (isto é, espiões encarregados de escutar conversas particulares e trazer em segredo ao xamã elementos de informação acerca da origem e dos sintomas dos males de determinados doentes) e, principalmente, a *ars magna* de uma escola xamânica da costa noroeste do Pacífico, a saber, o uso de uma espécie de penugem que o prático esconde num canto da boca e cospe no momento oportuno, molhado no sangue da língua que ele mordeu ou que fez sair das gengivas, para mostrar solenemente ao doente e aos demais presentes, como corpo patológico expulso em decorrência de suas sucções e manipulações.

Confirmadas suas piores suspeitas, Quesalid queria prosseguir na investigação. Porém, já não estava mais livre, uma vez que a notícia de seu estágio entre os xamãs começava a se espalhar. E assim, certo dia, ele foi convocado pela família de um doente que tinha sonhado que ele era seu salvador. Esse primeiro tratamento (pelo qual, observa ele, não quis ser pago, assim como pelos seguintes, já que não tinha ainda concluído os quatro anos regulamentares de prática) foi um enorme sucesso. Porém, embora passasse a ser visto, a partir de então, como "um grande xamã", Quesalid não perdera o espírito crítico e interpretava seu sucesso por razões psicológicas, "porque o doente acreditava piamente no sonho que tivera a meu respeito". O que haveria de deixá-lo, em suas próprias palavras, "hesitante e pensativo" foi uma aventura mais complexa, que o colocou diante de várias modalidades de "falso sobrenatural", levando-o a concluir que umas eram menos falsas do que outras: aquelas em que seu interesse pessoal estava envolvido, evidentemente. Enquanto isso, o sistema começava a se constituir sub-repticiamente em sua mente.

Numa visita à tribo vizinha dos Koskimo, Quesalid assiste a uma cura praticada por seus ilustres colegas estrangeiros e, para seu grande espanto, constata uma diferença de técnica: em vez de cuspir a doença na forma de um verme sanguinolento feito da penugem escondida na boca, os xamãs koskimo apenas expectoram na mão um pouco de saliva e afirmam que é "a doença". Que validade tem esse método? A qual teoria corresponde? A fim de descobrir "qual é a força desses xamãs, se é real, ou se apenas se fazem passar por xamãs", como seus compatriotas, Quesalid pede licença para testar seu método, mesmo porque o anterior não tivera efeito. A doente se declara curada.

Pela primeira vez, nosso herói vacila. Por menos ilusões que tivesse, até então, quanto à sua própria técnica, encontrara uma ainda mais falsa, mais mistificadora, mais desonesta do que a sua. Pois ele pelo menos dava algo à sua clientela, apresentava-lhe a doença em forma visível e tangível, ao passo que seus colegas estrangeiros não mostravam absolutamente nada e alegavam apenas ter capturado o mal. Além disso, seu método funcionava, e o deles, não. E nosso herói se encontrou diante de um problema que talvez tenha paralelos no desenvolvimento da ciência moderna: dois sistemas, ambos sabidamente inadequados, apresentam contudo, um em relação ao outro, um valor diferencial, tanto do ponto de vista lógico como do ponto de vista experimental. A partir de qual sistema de referências deveriam ser avaliados? O dos fatos, no qual se confundem, ou o seu próprio, no qual assumem valores desiguais, teórica e praticamente?

Enquanto isso, os xamãs koskimo, "cobertos de vergonha" pelo descrédito em que caíram junto a seus compatriotas, também duvidam. Seu colega apresentou, na forma de objeto material, a doença, a que eles sempre tinham atribuído uma natureza espiritual e que, por isso, nunca tinham pensado em tornar visível. Enviam a ele um emissário, para convidá-lo a participar de uma conferência secreta, numa gruta. Quesalid comparece, e seus colegas estrangeiros lhe expõem seu sistema:

> *Cada doença é um homem: furúnculos e inchaços, coceiras e cascas, vermelhidão e tosse, definhamento e escrófulos, pressão na bexiga e dores de estômago também... Assim que conseguimos capturar a alma da doença, que é um homem, matamos a doença, que é um homem; seu corpo desaparece dentro de nós.*

Se essa teoria estiver correta, o que há para ser mostrado? E por que razão, quando Quesalid opera, "a doença cola na sua mão"? Mas Quesalid invoca os regulamentos profissionais que o proíbem de ensinar antes de ter concluído quatro anos de exercício e se recusa a falar. Persiste nessa atitude, e os xamãs koskimo resolvem enviar suas filhas supostamente virgens para tentar seduzi-lo e arrancar dele seu segredo.

Então, Quesalid volta à sua aldeia de Fort Rupert e fica sabendo que o mais ilustre xamã de um clã vizinho, preocupado com sua crescente reputação, lançou um desafio a todos os seus colegas, convidando-os a competir com ele no tratamento de vários doentes. Quesalid se apresenta e assiste a várias curas do xamã mais velho, que, como os Koskimo, não mostra a doença, apenas prende um objeto invisível – "que afirma ser a doença" – a seu chapéu de entrecasca, ou a seu chocalho ritual esculpido em forma de pássaro, e, "pela força da doença que morde" os pilares da casa ou a mão do prático, esses objetos então são capazes de ficar suspensos no ar. O roteiro de sempre se repete. Quesalid é chamado a intervir nos casos que seu predecessor considera desesperados, e é bem-sucedido com a técnica do verme ensangüentado.

Aqui se situa a parte realmente patética de nosso relato. Envergonhado e desesperado, ao mesmo tempo por causa do descrédito em que caiu e do desmoronamento de seu sistema terapêutico, o velho xamã envia a própria filha como emissária junto a Quesalid, para pedir-lhe que venha ter com ele. Quesalid encontra o velho sentado ao pé de uma árvore, e ele diz o seguinte:

Não são coisas más que vamos dizer um ao outro, amigo, mas eu apenas gostaria que você tentasse salvar minha vida por mim, para que eu não morra de vergonha, pois me tornei motivo de chacota de nosso povo por causa do que você fez na noite passada. Peço-lhe que tenha piedade, e me diga o que estava colado na palma de sua mão na outra noite. Era realmente a doença, ou algo fabricado? Suplico-lhe que tenha piedade e me conte como você fez, para que eu possa imitá-lo. Amigo, tenha dó de mim.

Quesalid, silencioso no início, começou pedindo explicações quanto às façanhas do chapéu e do chocalho, e seu colega mostrou-lhe a ponta escondida no chapéu, que lhe permitia fincar-se em ângulo reto num pilar, e como prendia a cabeça de seu chocalho entre as falanges, para dar a impressão de que o pássaro ficava pendurado em sua mão pelo bico. De fato, tudo o que ele fazia era mentira e trapaça, simulava o xamanismo em busca dos ganhos materiais que dele tirava e "de sua cobiça pelas riquezas dos doentes". Sabia perfeitamente que não é possível capturar almas, "pois cada um possui sua própria alma" e, por isso, usava sebo e alegava que "é a alma, essa coisa branca apoiada em sua mão". A filha então juntou suas súplicas às do pai: "Tenha dó dele, para que ele possa continuar vivo". Mas Quesalid permanecia em silêncio. Em decorrência desse trágico encontro, o velho xamã desapareceria, naquela mesma noite, com todos os seus, "com o coração doente", e temido por toda a comunidade, pelas vinganças que poderia sentir-se tentado a exercer. De nada valeu. Um ano depois, ele retornou. Enlouquecera, como a filha. Três anos mais tarde, ele morreu.

E Quesalid prosseguiu em sua carreira, cheio de segredos, desmascarando os impostores e tomado de um profundo desprezo pela profissão:

Só uma vez eu vi um xamã que tratava os doentes por sucção. E nunca consegui descobrir se ele era um verdadeiro xamã ou um fingidor. Uma razão apenas me faz crer que ele era mesmo xamã, o fato de não permitir que as pessoas que tinha curado o pagassem. E, na verdade, nunca o vi rir.

A atitude inicial tinha se modificado sensivelmente, portanto; o negativismo radical dera lugar a sentimentos mais matizados. Existem xamãs de verdade. E ele próprio? Quando o relato termina, não se sabe. Mas é evidente que ele exercia seu ofício de maneira conscienciosa, que se orgulhava do próprio sucesso e que defendia acaloradamente, contra todas as escolas rivais, a técnica da penugem ensangüentada cuja natureza falaciosa, de que tanto zombara no início, ele parecia ter esquecido completamente.

***

Vê-se que a psicologia do feiticeiro não é simples. Na tentativa de analisá-la, consideraremos inicialmente o caso do velho xamã que suplica a seu jovem rival que lhe diga a verdade, se a doença colada na palma da sua mão como um verme vermelho e grudento é real ou fabricada, e que irá enlouquecer porque não obteve resposta. Antes do drama, ele dispunha de dois dados: de um lado, a convicção de que os estados patológicos têm uma causa e de que ela pode ser atingida e, do outro, um sistema de interpretação em que a invenção pessoal desempenha um papel importante, que ordena as várias fases do mal, desde o diagnóstico até a cura. Essa fabulação de uma realidade em si desconhecida, feita de procedimentos e representações, funda-se numa tripla experiência: a do próprio xamã que, se sua vocação for real (e ainda que não o seja, em razão do exercício em si), experimenta estados específicos de natureza psicossomática, a do doente, que sente ou não uma melhora, e a do público, que também participa da cura, cujo treinamento por que passa e a satisfação intelectual e afetiva que obtém determinam uma adesão coletiva que por sua vez inaugura um novo ciclo.

Esses três elementos do que se poderia chamar de complexo xamânico são indissociáveis. Mas percebe-se que eles estão dispostos ao redor de dois pólos, um constituído pela experiência do xamã e o outro, pelo consenso coletivo. Não há por que duvidar, com efeito, de que os feiticeiros – ou pelo menos os mais sinceros dentre eles – acreditam em sua missão e de que essa crença se funda na experiência de determinados estados. As provações e privações a que eles se submetem muitas vezes bastariam para provocá-los, ainda que não se quisesse admitir que são a prova de uma vocação séria e fervorosa. Mas, além disso, existem argumentos lingüísticos, mais convincentes, porque indiretos: no dialeto wintu da Califórnia, há cinco modos verbais, que correspondem a conhecimento adquirido pela visão, pela impressão corpórea, por inferência, por raciocínio e por ouvir dizer. Os cinco, juntos, constituem a categoria do conhecimento, por oposição à conjectura, que se expressa de outra forma. Curiosamente, as relações com o mundo sobrenatural são expressas pelos modos do conhecimento, os da impressão corpórea (ou seja, a experiência mais intuitiva), da inferência e do raciocínio, de sorte que o indivíduo que se torna xamã em decorrência de uma crise espiritual concebe gramaticalmente seu estado como uma conseqüência a ser inferida do fato, formulado como experiência imediata, de que ele obteve o comando de um espírito, o que acarreta a conclusão dedutiva de que ele deve ter realizado uma viagem para o além, no final da qual – experiência imediata – se encontrou de volta junto aos seus (Lee 1941).

As experiências do doente representam o aspecto menos importante do sistema, a não ser pelo fato de um doente tratado com sucesso por um xamã ficar especialmente bem situado para tornar-se ele mesmo xamã, como se vê, ainda hoje, na psicanálise. Seja como for, vimos que o xamã não é completamente desprovido de conhecimentos positivos e de técnicas experimentais que podem explicar em parte o seu sucesso. De resto, os males do tipo que atualmente chamamos de psicossomáticos, os quais representam grande parte das doenças em sociedades de baixo coeficiente de segurança, freqüentemente cedem à terapêutica psicológica. Tudo considerado, é provável que os médicos primitivos, como seus colegas civilizados, curem ao menos parte dos casos que tratam e que, sem essa eficácia relativa, as práticas mágicas não poderiam ter se difundido tanto quanto o fizeram, no tempo e no espaço. Mas esse não é o ponto essencial, pois que está subordinado aos dois outros: Quesalid não se tornou um grande xamã porque curava seus doentes, curava seus doentes porque se tornara um grande xamã. Somos portanto levados diretamente ao outro extremo do sistema, isto é, seu pólo coletivo.

Na verdade, é na atitude do grupo, bem mais do que no ritmo dos fracassos e dos sucessos, que se deve buscar a verdadeira razão da derrocada dos rivais de Quesalid. Eles próprios afirmam isso, quando se lamentam por terem se tornado motivo de chacota de todos, quando ressaltam a vergonha, sentimento social por excelência. O fracasso é secundário, e percebe-se, em todas as suas afirmações, que eles o concebem como função de outro fenômeno, a diluição do *consenso social*, reconstituído, contra eles, em torno de outro praticante e de outro sistema. O problema fundamental é, portanto, o da relação entre um indivíduo e o grupo, ou, mais precisamente, entre um determinado tipo de indivíduo e determinadas exigências do grupo.

Ao curar um doente, o xamã oferece um espetáculo ao seu auditório. Que espetáculo? Correndo o risco de generalizar apressadamente algumas observações, diríamos que o espetáculo em questão é sempre uma repetição, por parte do xamã, do "chamado", isto é, da crise inicial que lhe trouxe a revelação de sua condição. Mas não devemos nos deixar enganar pela palavra "espetáculo", pois o xamã não reproduz ou encena apenas determinados acontecimentos, ele os revive efetivamente, em toda a sua vivacidade, originalidade e violência. E como ele volta ao normal ao término da sessão, podemos dizer, empregando um termo essencial da psicanálise, que ele *ab-reage*. Como se sabe, a psicanálise chama de ab-reação o momento decisivo da cura em que o doente revive intensamente a situação inicial que está na base de seu distúrbio, antes de superá-la definitivamente. Nesse sentido, o xamã é um ab-reator profissional.

Buscamos em outro trabalho as hipóteses teóricas que seria preciso formular para admitir que o modo específico de ab-reação de cada xamã, ou de cada escola, possa induzir simbolicamente, no doente, uma ab-reação de seu próprio distúrbio (Lévi-Strauss 1949d, cap. x deste livro). Contudo, se a relação essencial é aquela entre o xamã e o grupo, é preciso formular a questão também de outro ponto de vista, o da relação entre o pensamento normal e o pensamento patológico. Ora, em qualquer perspectiva não científica (e nenhuma sociedade pode ter a pretensão de não fazer parte disso), pensamento patológico e pensamento normal não se opõem, se complementam. Diante de um universo que anseia por compreender, mas cujos mecanismos não domina, o pensamento normal sempre busca o sentido das coisas nelas mesmas, que nada informam. O pensamento dito patológico, ao contrário, transborda de interpretações e ressonâncias afetivas, sempre pronto para aplicá-las sobre uma realidade de outro modo deficitária. Para o primeiro, existe o não verificável experimentalmente, isto é, o exigível; para o segundo, experiências sem objeto, ou o disponível. Na linguagem dos lingüistas, diríamos que o pensamento normal sempre sofre de uma deficiência de significado, enquanto o pensamento dito patológico (ao menos em algumas de suas manifestações) dispõe de um excedente de significante. Graças à colaboração coletiva na cura xamânica, chega-se a um meio-termo entre essas duas situações complementares. Na doença, que o pensamento normal não compreende, o psicopata é convidado pelo grupo a investir uma riqueza afetiva que não tem objeto de aplicação. Surge um equilíbrio entre o que é na verdade, no plano psíquico, a um tempo oferta e demanda, mas com duas condições. É preciso que, por meio de uma colaboração entre a tradição coletiva e a invenção individual, se elabore e se modifique continuamente uma estrutura, isto é, um sistema de oposições e de correlações que integre todos os elementos de uma situação total em que feiticeiro, doente e público, representações e procedimentos, encontrem cada qual o seu lugar. E é preciso que, tanto quanto o doente e o feiticeiro, o público participe, pelo menos em alguma medida, da ab-reação, essa experiência vivida de um universo de efusões simbólicas cujas "iluminações" o doente, porque doente, e o feiticeiro, porque psicopata (ambos dispondo, portanto, de experiências não integráveis de outro modo), podem fazê-los entrever, de longe. Na ausência de qualquer controle experimental, que não é necessário, nem tampouco pedido, é somente essa experiência, com sua relativa riqueza em cada caso, que pode permitir escolher entre vários sistemas possíveis e levar à adesão a uma determinada escola ou a um determinado praticante.[4]

4. No que concerne à aproximação, aqui feita de modo bastante simplista, entre feiticeiro e psicopata, fui levado, por oportunas críticas de Michel Leiris, a refinar meu raciocínio em "Introdução à obra de Marcel Mauss" (Lévi-Strauss 1950).

***

À diferença da explicação científica, não se trata aqui, portanto, de ligar estados confusos e desorganizados, emoções ou representações, a uma causa objetiva, mas sim de articulá-los na forma de uma totalidade ou um sistema válido precisamente na medida em que permite a precipitação, ou coalescência, desses estados difusos (e também penosos, em razão de sua descontinuidade). E este último fenômeno é confirmado à consciência por uma experiência original, que não pode ser captada de fora. Graças a seus distúrbios complementares, a dupla doente-feiticeiro encarna para o grupo, de modo concreto e vivo, um antagonismo que caracteriza todo pensamento, mas cuja expressão normal é sempre vaga e imprecisa: o doente é passividade, alienação de si mesmo, assim como o informulável é a doença do pensamento, e o feiticeiro é atividade, transbordamento de si mesmo, assim como a afetividade é a fonte dos símbolos. A cura põe em relação esses pólos opostos, garante a passagem entre um e outro e manifesta, numa experiência total, a coerência do universo psíquico, ele mesmo projeção do universo social.

Percebe-se, assim, a necessidade de estender a noção de ab-reação, examinando os sentidos que assume em outras terapêuticas que não a psicanálise, que teve o imenso mérito de redescobri-la e de insistir em seu valor essencial. Pode-se argumentar que, na psicanálise, só há uma reação, a do doente, e não três. Talvez não seja bem assim. É fato que, na cura xamânica, o feiticeiro fala, e realiza a ab-reação *para* o doente que fica calado, ao passo que, na psicanálise, é o doente que fala, e realiza a ab-reação *contra* o médico que o escuta. Mas a ab-reação do médico, embora não seja concomitante à do doente, não deixa de ser indispensável, já que é preciso ter sido analisado para ser analista. O papel que cabe ao grupo em ambas as técnicas é mais complicado de definir, pois a magia readapta o grupo a problemas predefinidos, por intermédio do doente, enquanto a psicanálise readapta o doente ao grupo, por intermédio de soluções novas. Porém, a inquietante evolução que tende, há alguns anos, a transformar o sistema psicanalítico, de corpo de hipóteses científicas verificáveis experimentalmente em certos casos bem definidos e limitados, em uma espécie de mitologia difusa que embebe a consciência do grupo (fenômeno objetivo que se traduz, no psicólogo, pela tendência subjetiva a estender ao pensamento normal um sistema de interpretações concebido em função do pensamento patológico, e a aplicar a fatos de psicologia coletiva um método adaptado unicamente ao estudo do pensamento individual) ameaça recuperar rapidamente o paralelismo. Então – e talvez já seja esse o caso, em alguns países –, o valor do sistema não mais estará baseado em curas reais, de que se beneficiam indivíduos particulares, mas sim no sentimento de segurança infundido no grupo pelo mito fundador da cura e no sistema popular conforme o qual, nessa base, seu universo se verá reconstituído.

Desde já, a comparação entre a psicanálise e terapêuticas psicológicas mais antigas e mais difundidas pode encorajar a primeira a fazer reflexões úteis acerca de seu método e de seus princípios. Ao deixar que se expanda continuamente o recrutamento dos que lhes são passíveis, que, de anormais caracterizados, se tornam paulatinamente amostras do grupo, a psicanálise transforma seus tratamentos em conversões. Pois apenas um doente pode acabar curado; desajustados ou instáveis só podem ser persuadidos. Surge aí um perigo considerável, o de que o tratamento (à revelia do médico, evidentemente), longe de chegar à solução de um distúrbio preciso, sempre respeitosa do contexto, se reduza à reorganização do universo do paciente em função das interpretações psicanalíticas. O que significa que cairíamos, como ponto de chegada, na situação que fornece o ponto de partida e a possibilidade teórica ao sistema mágico-social que analisamos.

Se esta análise estiver correta, seremos levados a ver nos comportamentos mágicos a resposta a uma situação que se revela à consciência por manifestações afetivas, mas cuja natureza profunda é intelectual. Pois apenas a história da função simbólica permitiria dar conta dessa condição espiritual do homem, na qual o universo nunca significa o bastante, e o pensamento sempre dispõe de um excedente de significações para a quantidade de objetos aos quais pode associá-las. Dilacerado entre esses dois sistemas de referência, o do significante e o do significado, o homem pede ao pensamento mágico para fornecer-lhe um novo sistema de referência, no qual dados até então contraditórios possam ser integrados. Sabemos, porém, que esse sistema se edifica à custa do progresso do conhecimento, que teria exigido que apenas um dos dois sistemas anteriores fosse arranjado e aprofundado a ponto de (estamos bem longe disso) absorver o outro. Não se deve fazer o indivíduo, psicopata ou normal, repetir essa desventura coletiva. Ainda que o estudo dos doentes nos tenha mostrado que todo indivíduo se refere, em alguma medida, a sistemas contraditórios, e que sofre com seu conflito, não basta que uma determinada forma de integração seja possível e eficaz na prática para que seja verdadeira, e para que se tenha a certeza de que a adaptação assim realizada não constitui uma regressão absoluta em relação à situação conflitiva anterior.

Absorver uma síntese aberrante local com sua integração, com as sínteses normais, no seio de uma síntese geral, mas arbitrária (exceto nos casos críticos, em que algo tem de ser feito), representaria uma perda de todos os lados. Um conjunto de hipóteses elementares pode apresentar um valor instrumental inegável para o praticante, sem que a análise teórica deva obrigar-se a reconhecer aí a imagem última da realidade, e tampouco sem que seja necessário unir, por seu intermédio, o doente e o médico numa espécie de comunhão mística que não tem o mesmo sentido para cada um deles, e que acaba reduzindo o tratamento a uma fabulação.

No limite, apenas se pediria a ela uma linguagem adequada para fornecer a tradução socialmente autorizada de fenômenos cuja natureza profunda se tornaria novamente impenetrável, tanto para o grupo como para o doente e o mágico.

x. A eficácia simbólica[1]

O primeiro grande texto mágico-religioso conhecido pertencente a culturas sul-americanas, que acaba de ser publicado por Wassen e Holmer, lança luzes totalmente novas sobre certos aspectos da cura xamânica e levanta problemas de interpretação teórica que o excelente comentário dos editores certamente não esgota. Gostaríamos de reexaminá-lo aqui, não da perspectiva lingüística ou americanista que foi sobretudo adotada na discussão desse texto até agora (Holmer & Wassen 1947), mas para tentar extrair dele implicações gerais.

Trata-se de um longo encantamento, cuja versão indígena ocupa dezoito páginas divididas em quinhentos e trinta e cinco versos, coletado junto a um velho informante de sua tribo pelo índio cuna Guillermo Haya. Como se sabe, os Cuna vivem no território da República do Panamá, e o saudoso Erland Nordenskiöld lhes dedicou especial atenção, chegando até a formar colaboradores entre os indígenas. No caso que nos interessa aqui, foi depois da morte de Nordenskiöld que Haya enviou a seu sucessor, o dr. Wassen, um texto redigido na língua original e acompanhado de uma tradução em espanhol, que Holmer se encarregaria de revisar cuidadosamente.

O objetivo do canto é ajudar num parto difícil. Sua utilização é relativamente excepcional, já que as mulheres indígenas da América Central e da América do Sul parem com mais facilidade do que as das sociedades ocidentais. A intervenção do xamã é, portanto, rara, e ocorre em caso de

1. Este artigo, dedicado a Raymond de Saussure, foi publicado em *Revue de l'Histoire des Religions* (Lévi-Strauss, 1949d).

fracasso, a pedido da parteira. O canto começa por uma descrição da aflição desta última, sua visita ao xamã, a saída deste em direção à casa da parturiente, sua chegada e seus preparativos, que consistem em fumigações de feijões e cacau queimados, invocações e confecção das imagens sagradas, os *nuchu*. Essas imagens, esculpidas em determinadas madeiras, que lhes dão sua eficácia, representam os espíritos protetores que o xamã emprega como assistentes, e que pega pela cabeça para levá-los até a morada de Muu, força responsável pela formação do feto. A explicação do parto difícil é que Muu extrapolou suas atribuições e se apossou do *purba* ou "alma" da futura mãe. Por isso, todo o canto consiste numa busca, a do *purba* perdido, que será restituído depois de muitas peripécias, como a demolição de obstáculos, a vitória sobre animais ferozes e, finalmente, um grande torneio entre o xamã com seus espíritos protetores e Muu com suas filhas, com a ajuda de chapéus mágicos cujo peso elas não conseguem suportar. Vencida, Muu permite que o *purba* da paciente seja descoberto e libertado, o parto se realiza, e o canto termina enunciando os cuidados tomados para que Muu não escape atrás de seus visitantes. Não se trata de um combate contra a própria Muu, que é indispensável para a procriação, mas apenas contra seus abusos; uma vez corrigidos, as relações tornam-se amigáveis, e a despedida que Muu dirige ao xamã equivale praticamente a um convite: "Amigo *nele*, quando você irá voltar para me ver?" (p. 412).

Até aqui, traduzimos o termo *nele* por xamã, o que pode parecer impróprio, já que a cura não parece exigir nenhum êxtase ou passagem para outro estado por parte do oficiante. Contudo, o objetivo primeiro da fumaça de cacau é "fortalecer suas roupas" e "fortalecer" a ele próprio, "torná-lo valente para enfrentar Muu" (pp. 65-66) e, mais importante, a classificação cuna, que distingue entre vários tipos de médicos, mostra claramente que o poder do *nele* possui fontes sobrenaturais. Os médicos indígenas se dividem em *nele*, *inatuledi* e *absogedi*. As duas últimas funções se referem a um conhecimento dos cantos e dos remédios que se obtém mediante estudo e que é verificado por exames, ao passo que o talento do *nele* é considerado inato e consiste numa vidência que descobre imediatamente a causa da doença, isto é, o lugar do rapto das forças vitais, específicas ou gerais, pelos maus espíritos, pois o *nele* é capaz de mobilizá-los para fazer deles seus protetores ou seus assistentes (Nordenskiöld 1938: 80 ss). Trata-se, conseqüentemente, de um xamã, ainda que sua intervenção no parto não apresente todas as características que em geral acompanham essa função. E os *nuchu*, espíritos protetores que, respondendo a um chamado do xamã, vêm se encarnar nas estatuetas que ele esculpiu, recebem dele, junto com a invisibilidade e a vidência, *niga*, "vitalidade, resistência" (id. ibid.: 360 ss; Holmer & Wassen 1947: 78-79), que fazem deles *nelegan* (plural de *nele*), ou seja, "para servir aos homens", "seres à imagem dos homens" (pp. 235-37), mas dotados de poderes excepcionais.

Tal como o resumimos brevemente, o canto parece seguir um modelo bastante banal: o doente sofre porque perdeu seu duplo espiritual ou, mais precisamente, um de seus duplos particulares, que em conjunto constituem sua força vital (voltaremos a isso), e o xamã, auxiliado por seus espíritos protetores, realiza uma viagem sobrenatural para tirar o duplo do espírito malvado que o capturou e, ao devolvê-lo ao seu dono, garante a cura. O interesse excepcional do texto não está nesse quadro formal, e sim na descoberta – que certamente emana da leitura, pela qual Holmer e Wassen merecem, entretanto, todo o reconhecimento – de que *Mu-igala*, ou seja, "o caminho de Muu", e a morada de Muu não são, no pensamento indígena, um itinerário e uma morada míticos; eles representam literalmente a vagina e o útero da mulher grávida, explorados pelo xamã e pelos *nuchu*, em cujas profundezas é travado o combate de que saem vitoriosos.

Essa interpretação se baseia inicialmente numa análise da noção de *purba*. O *purba* é um princípio espiritual diferente do *niga*, que definimos acima. Ao contrário do primeiro, este não pode ser tirado de seu possuidor, e só humanos e animais o possuem. Plantas e pedras têm *purba*, porém não têm *niga*, o mesmo para os cadáveres e, nas crianças, o *niga* só se desenvolve com a idade. De modo que poderíamos, aparentemente sem grandes equívocos, traduzir *niga* por "força vital" e *purba* por "duplo" ou "alma", lembrando que essas palavras não implicam uma distinção entre animado e inanimado (para os Cuna, tudo é animado); correspondem, antes, à noção platônica de "idéia" ou de "arquétipo", de que cada ser ou objeto é a realização sensível.

A paciente de nosso canto perdeu seu *purba*. O texto indígena lhe atribui febre, "roupa quente da doença" (p. 1, passim) e perda ou enfraquecimento da vista, "confusa... adormecida no caminho de Muu Puklip" (p. 97). Mais importante é sua declaração ao xamã que a interroga de que "Muu Puklip veio a mim, e ela quer guardar meu *nigapurbalele* para sempre" (p. 98). Holmer propõe traduzir *niga* por força física, e *purba*(*lele*) por alma ou essência, de onde "a alma de sua vida" (p. 38, nota 44). Talvez seja precipitado sugerir que *niga*, atributo do ser vivo, resulte da existência, nele, não de um, mas de vários *purba* funcionalmente unidos. No entanto, cada parte do corpo possui seu *purba* próprio, e o *niga* parece de fato ser, no plano espiritual, equivalente à noção de organismo; assim como a vida resulta da cooperação entre os órgãos, a "força vital" não seria senão a cooperação harmoniosa de todos os *purba*, cada qual presidindo ao funcionamento de um órgão específico.

E, de fato, o xamã não recupera apenas o *nigapurbalele*, cuja descoberta é imediatamente seguida pela descoberta, situada no mesmo plano, de outros *purba*, do coração, dos ossos, dos dentes, do cabelo, das unhas e dos pés (pp. 401-08 e 435-42). Pode surpreender que não se veja, nessa lista, o *purba* que rege os órgãos mais afetados, os reprodutivos. Como observam os editores de nosso texto, é porque o *purba* do útero não é considerado vítima, e sim o responsável pelo distúrbio patológico. Muu e suas filhas, as muugan, são – como já indicara Nordenskiöld (1938: 364 ss) – as forças que presidem ao desenvolvimento do feto e lhe conferem seus *kurngin*, ou capacidades. O texto não faz, porém, nenhuma menção a esses atributos positivos. Muu aparece aí como um promotor de desordem, uma "alma" específica que capturou e paralisou as demais "almas" específicas, destruindo assim a cooperação que garantia a integridade do "corpo principal" (*cuerpo jefe* em espanhol, pp. 430, 435) e da qual ele tirava seu *niga*. Mas, ao mesmo tempo, Muu deve ficar onde está, pois a expedição que irá liberar os *purba* pode provocar sua evasão pelo caminho que permanece temporariamente aberto, o que explica as detalhadas precauções que ocupam a última parte do canto. O xamã mobiliza os donos dos animais ferozes para guardar o caminho, as pistas são embaralhadas, estendem-se fios de ouro e prata e, durante quatro dias, os *nelegan* vigiam e brandem seus bastões (pp. 505-35). Muu não é, portanto, uma força fundamentalmente má, é uma força desviada. A explicação do parto difícil é um desvio, operado pela "alma" do útero, de todas as demais "almas" das diferentes partes do corpo. Assim que estas estiverem liberadas, ela pode e deve retomar a colaboração. Sublinhe-se desde já a precisão com que a ideologia indígena acompanha o conteúdo afetivo do distúrbio fisiológico, tal como se pode apresentar, não formulada, à consciência da paciente.

Para chegarem a Muu, o xamã e seus assistentes devem seguir uma rota, o "caminho de Muu", que as múltiplas alusões do texto permitem identificar do mesmo modo. Quando o xamã, agachado sob a rede da paciente, acaba de esculpir seus *nuchu*, estes se postam "na entrada do caminho" (pp. 72, 83), e o xamã os exorta nos seguintes termos:

> *A paciente jaz em sua rede, diante de vocês;*
> *seu tecido branco está estirado, seu tecido branco se move levemente.*
> *O corpo fraco da paciente está estirado;*
> *quando eles iluminam o caminho de Muu, este jorra, como que sangue;*
> *o jorro escoa debaixo da rede, como sangue, bem vermelho;*
> *o tecido branco interno desce até o fundo da terra;*
> *no meio do tecido branco da mulher, desce um ser humano* (pp. 84-90).

Os tradutores consideram incerto o sentido das duas últimas frases, mas remetem ao mesmo tempo a um outro texto indígena, publicado por Nordenskiöld, que não deixa margem a dúvidas quanto à identificação do "tecido branco" com a vulva:

> sibugua molul arkaali
> *blanca tela abriendo*
> sibugua molul akinnali
> *blanca tela extendiendo*
> (Nordenskiöld 1938: 607-08)

> sibugua molul abalase tulapurua ekuanali
> *blanca tela centro feto caer haciendo*
> (Holmer & Wassen 1947: 38, notas 35-39)

O obscuro "caminho de Muu", ensangüentado devido ao parto difícil, que os *nuchu* devem reconhecer à luz de suas roupas e chapéus mágicos, é, portanto, incontestavelmente, a vagina da paciente. E a "morada de Muu", a "nascente turbulenta" em que está a sua casa, corresponde ao útero, já que o informante indígena comenta o nome dessa morada, *Amukkapiryawila*, dizendo *omegan purba amurrequedi*, "a turbulenta menstruação das mulheres", também chamada de "a profunda, sombria nascente" (pp. 250-51) e "o sombrio local interno" (p. 32).[2]

Esse texto apresenta, por conseguinte, um caráter original, que lhe vale um lugar especial entre as curas xamânicas geralmente descritas. Estas são de três tipos, não mutuamente exclusivos, aliás. O órgão ou membro doente pode ser fisicamente envolvido numa manipulação, ou sucção, visando à extração da causa da doença, em geral um espinho, um cristal ou uma pena, que se faz aparecer no momento oportuno (América tropical, Austrália, Alasca). Ou, como ocorre entre os Araucanos, a cura está centrada num combate simulado, travado na casa e, posteriormente, a céu aberto, contra espíritos nocivos. Ou ainda, por fim, como entre os Navajo, o oficiante pronuncia encantamentos e prescreve operações (colocação do doente sobre diferentes partes de uma pintura traçada no solo, com areias e polens coloridos) cuja relação direta com o mal específico que se trata de curar não se percebe. Em todos os casos, o método terapêutico (muitas vezes eficaz, como se sabe) é difícil de interpretar. Quando se concentra diretamente na parte afetada, é concretizado de uma maneira demasiado grosseira (em geral, puro embuste) para que se lhe possa reconhecer qualquer valor intrínseco. E quando consiste na repetição de um ritual geralmente muito abstrato, não se consegue compreender qual poderia ser seu efeito sobre a doença. É cômodo livrar-se dessas dificuldades declarando que se trata de curas psicológicas, mas esse termo permanecerá sem sentido enquanto não for definido o modo como determinadas representações psicológicas são invocadas para combater

2. A tradução de *ti ipya* por "turbilhão" parece forçada. Para certos indígenas sul-americanos, como também, aliás, nas línguas ibéricas (cf. o português), um "olho-d'água" é uma nascente, ou fonte.

males fisiológicos, igualmente bem definidos. O texto que analisamos traz uma contribuição excepcional à solução desse problema. Trata-se de uma medicação puramente psicológica, já que o xamã não toca o corpo da paciente e não lhe administra nenhum remédio, mas, ao mesmo tempo, envolve direta e explicitamente o estado patológico e seu foco. Poder-se-ia dizer que o canto constitui uma *manipulação psicológica* do órgão doente, e que é dessa manipulação que se espera que decorra a cura.

***

Comecemos estabelecendo a realidade e as características dessa manipulação, para em seguida buscarmos seus possíveis objetivo e eficácia. A primeira coisa que chama a atenção é o fato de o canto – cujo tema é uma luta dramática entre espíritos prestativos e espíritos malfazejos pela reconquista de uma "alma" – reservar um lugar diminuto para a ação propriamente dita: das dezoito páginas de texto, o torneio não ocupa nem uma, e o diálogo com Muu Puklip, duas. As preliminares são, ao contrário, muito desenvolvidas, e a descrição dos preparativos, do equipamento dos *nuchu*, do itinerário e dos locais é tratada com grande riqueza de detalhes. Exemplo disso é a visita da parteira ao xamã, no início; a conversa da paciente com a parteira, e depois desta com o xamã, é reproduzida duas vezes, já que cada interlocutor repete exatamente a frase do outro antes de responder:

> A paciente diz à parteira: "Na verdade, estou vestindo a roupa quente da doença";
> A parteira responde à paciente: "Você, na verdade, está vestindo a roupa quente da doença, assim escutei-a eu também" (pp. 1-2).

Pode-se argumentar (Holmer & Wassen 1947: 65-66) que esse é um procedimento estilístico corrente entre os Cuna, e que se justifica pela necessidade que povos limitados à tradição oral têm de fixar na memória exatamente o que foi dito. Contudo, aqui ele não só se aplica às palavras, como também aos gestos:

A parteira dá uma volta dentro da casa;
a parteira procura contas;
a parteira dá uma volta;
a parteira coloca um pé diante do outro;
a parteira toca o solo com o pé;
a parteira coloca o outro pé adiante;
a parteira abre a porta de sua casa; a porta de sua casa estala;
a parteira sai... (pp. 7-14).

Essa descrição minuciosa de uma saída se repete na chegada à casa do xamã, na volta para a casa da paciente, na partida do xamã, e em sua chegada; às vezes, a mesma descrição é repetida duas vezes com as mesmas palavras (pp. 37-39 e pp. 45-47 reproduzem pp. 33-35). A cura começa, portanto, com um histórico dos eventos que a precederam, e certos aspectos, que podem parecer secundários ("entradas" e "saídas") são tratados com grande riqueza de detalhes, como se tivessem sido, por assim dizer, filmados "em câmera lenta". Essa técnica está presente em todo o texto, mas é mais sistematicamente aplicada apenas no início, para descrever incidentes de interesse retrospectivo.

Tudo se passa como se o oficiante tentasse levar uma paciente, cuja atenção para com o real está certamente diminuída – e a sensibilidade, exacerbada – pelo sofrimento, a reviver com muita precisão e intensidade uma situação inicial e a perceber mentalmente seus mínimos detalhes. Essa situação introduz uma série de eventos cujo suposto palco são o corpo e os órgãos internos da paciente. Passa-se, assim, da realidade mais banal para o mito, do universo físico para o universo fisiológico, do mundo exterior para o corpo interior. E o mito que transcorre no corpo interior deverá conservar a mesma vivacidade, o mesmo caráter de experiência vivida, cujas condições terão sido impostas pelo xamã a favor do estado patológico e por meio de uma técnica obsidente apropriada.

Nas dez páginas seguintes, instala-se, num ritmo ofegante, uma oscilação cada vez mais rápida entre temas míticos e temas fisiológicos, como se se tratasse de abolir a distinção que os separa no espírito da paciente e de impossibilitar a diferenciação de seus respectivos atributos. Depois de imagens da mulher deitada em sua rede ou na posição obstétrica indígena – joelhos afastados e voltada para o leste, gemendo, sangrando, com a vulva dilatada e pulsante (pp. 84-92, 123-24, 134-35, 152, 158, 173, 177-78, 202-08) –, vêm chamados nominais aos espíritos, os das bebidas alcoólicas, os do vento, das águas, da mata e até mesmo o do "barco prateado do homem branco" (p. 187), testemunho precioso da plasticidade do mito. Os temas convergem: como a paciente, os *nuchu* sangram abundantemente, e suas dores assumem proporções cósmicas: "Seu tecido branco interno estende-se até o cerne da terra... até o cerne da terra, seu suor forma uma poça, como sangue, todo vermelho" (pp. 89, 92). Ao mesmo tempo, cada espírito, ao surgir, é detalhadamente descrito, assim como o equipamento mágico que recebe do xamã – contas negras, contas rubras, contas escuras, contas redondas, ossos de jaguar, ossos arredondados, ossos da garganta e muitos outros, colares de prata, ossos de tatu, ossos do pássaro *kerkettoli*, ossos de picanço-verde, ossos para fazer flautas, contas de prata (pp. 104-18). Depois, a mobilização geral é retomada, como se essas garantias fossem ainda insuficientes e se todas as forças, conhecidas e desconhecidas, tivessem de ser reunidas para a invasão (pp. 119-229).

Mas não estamos soltos no reino do mito, tanto que a penetração da vagina, por mais mítica que seja, é proposta à paciente em termos concretos e conhecidos. "Muu", aliás, designa duas vezes diretamente o útero, e não o princípio espiritual que rege sua atividade ("o muu da paciente", pp. 204, 453) (p. 45, nota 219, p. 57, nota 539). Aqui, são os *nelegan* que assumem a aparência e imitam a manobra do pênis ereto para se introduzirem no caminho de Muu:

> *Os chapéus dos* nelegan *brilham, os chapéus dos* nelegan *se tornam alvos;*
> *os* nelegan *ficam chatos e baixos (?), como pontas, bem retos;*
> *os* nelegan *começam a ser ameaçadores (?), os* nelegan *começam a ser muito ameaçadores (?);*
> *para o bem do* nigapurbalele *da paciente* (pp. 230-33).

E mais adiante:

> *Os* nelegan *vão balançando para o alto da rede, vão para o alto, como* nusupane (p. 239).[3]

A técnica da narrativa visa, portanto, à restituição de uma experiência real, da qual o mito apenas substitui os protagonistas, que penetram no orifício natural. Pode-se imaginar que, depois de toda essa preparação psicológica, a paciente se sinta realmente penetrada. Ela não os sente apenas, eles "iluminam" o caminho que se dispõem a percorrer – certamente em benefício próprio, para encontrar o caminho, mas também para ela, para tornar "claro" e acessível ao pensamento consciente o foco das sensações indescritíveis e dolorosas:

> *Os* nelegan *colocam uma boa visão na paciente, os* nelegan *abrem olhos luminosos na paciente* (p. 238).

E essa "visão iluminadora" – parafraseando uma fórmula do texto – permite-lhes detalhar um itinerário complicado, verdadeira anatomia mítica, que corresponde menos à estrutura dos órgãos genitais do que a uma espécie de geografia afetiva que identifica cada ponto de resistência e cada fisgada:

> *Os* nelegan *se põem a caminho, os* nelegan *seguem em fila o longo caminho de Muu, até a Montanha Baixa;*
> *os n., etc., até a Montanha Curta;*
> *os n., etc., até a Montanha Longa;*
> *os n., etc., até Yala Pokuna Yala (não traduzido);*
> *os n., etc., até Yala Akkwatallekun Yala (id.);*
> *os n., etc., até Yala Ilamisuikun Yala (id.);*
> *os n., etc., até o centro da Montanha Plana;*
> *os* nelegan *se põem a caminho, os* nelegan *seguem em fila o longo caminho de Muu* (pp. 241-48).

3. Os pontos de interrogação são do tradutor: *nusupane*, de *nusu*, "minhoca", geralmente empregado para "pênis" (cf. Holmer & Wassen 1947: 47, nota 280; 57, nota 540; 82).

O quadro do mundo uterino, povoado de monstros fantásticos e de animais ferozes, pode ser interpretado do mesmo modo, como confirma diretamente, aliás, o informante indígena, que diz "são os animais que intensificam os males da parturiente", ou seja, as próprias dores personificadas. Aqui também o canto parece ter como principal objetivo descrevê-las e nomeá-las para a paciente, apresentando-as numa forma que possa ser apreendida pelo pensamento, consciente ou inconsciente. É Tio Jacaré que anda por ali, com seus olhos saltados e seu corpo sinuoso e malhado, encolhendo-se e agitando a cauda, é Tio Jacaré Tiikwalele, do corpo reluzente, que mexe suas reluzentes nadadeiras, cujas nadadeiras invadem o espaço, empurram tudo, arrastam tudo, é Nele Ki(k) kirpanalele, o polvo, cujos tentáculos grudentos ficam saindo e entrando, e muitos outros, como Aquele-cujo-chapéu-é-vermelho e Aquele-cujo-chapéu-é-multicolorido, e os animais protetores, o Tigre-Negro, o Animal-vermelho, o Animal-bicolor, o Animal-cor-de-poeira. Todos eles presos por uma corrente de ferro, de língua para fora, babando, espumando, com a cauda flamejante e os dentes ameaçadores, rasgando tudo, "tudo como sangue, tudo vermelho" (pp. 253-98).

Para penetrar nesse inferno à la Hieronymus Bosch e chegar até sua proprietária, os *nelegan* devem vencer ainda outros obstáculos, dessa vez materiais, como fibras, cordas soltas, fios tesos e sucessivas cortinas, cor de arco-íris, douradas, prateadas, vermelhas, pretas, marrons, azuis, brancas, compridas "como gravatas", amarelas, retorcidas, grossas (pp. 305-30). Para tanto, o xamã chama reforços, os Donos-dos-animais-furadores-de-madeira, encarregados de "cortar, reunir, enrolar e reduzir" os fios, em que Holmer e Wassen vêem as paredes mucosas do útero (p. 85).

Uma vez derrubados esses últimos obstáculos, inicia-se a invasão, e é aqui que se situa o torneio de chapéus, cuja discussão nos levaria longe demais do foco imediato do presente estudo. Depois da liberação do *nigapurbalele*, vem a descida, tão perigosa quanto a subida. Pois o objetivo de tudo isso é provocar o parto, ou seja, uma descida perigosa, justamente. O xamã passa em revista sua tropa e a incentiva, mas ainda precisa de reforços, e convoca os "abridores de caminho", Donos-dos-animais-cavadores, como o tatu. Os *niga* são exortados a se dirigirem para o orifício:

Teu corpo jaz diante de ti, na rede;
seu tecido branco está estirado;
seu tecido branco interno se move delicadamente;
tua paciente jaz diante de ti, certa de ter perdido a vista.
Em seu corpo, eles substituem seu nigapurbalele (pp. 430-35).

O episódio seguinte é obscuro, parece que a paciente ainda não está curada. O xamã vai para a montanha com as pessoas da aldeia para colher plantas medicinais e repete sua ofensiva, de forma diferente: agora é ele que, imitando o pênis, penetra na "abertura de muu" e se move ali "como *nusupane*... limpando e secando completamente o lugar interno" (pp. 453-54). Entretanto, o emprego de adstringentes teria dado a crer que o parto se realizara. Finalmente, antes do relato das precauções tomadas para evitar a fuga de Muu, que já descrevemos, encontra-se um chamado a um povo de arqueiros. Visto que sua missão é levantar uma nuvem de poeira "para obscurecer o caminho de Muu" (p. 464) e guardar todos esses caminhos, desvios e atalhos (p. 468), sua intervenção certamente também está relacionada à conclusão.

Talvez o episódio anterior se refira a uma segunda técnica de cura, com manipulação dos órgãos e administração de remédios. Talvez, ao contrário, replique, de forma igualmente metafórica, a primeira viagem, mais desenvolvida em nossa versão. Haveria, assim, duas ofensivas lançadas para socorrer a paciente, uma delas assentada numa mitologia psicofisiológica, a outra numa mitologia psicossocial, indicada pelo recurso aos habitantes da aldeia, mas que teria permanecido em estado de esboço. Seja como for, deve-se notar que o canto termina depois do parto, e havia começado antes da cura: os acontecimentos anteriores e posteriores são cuidadosamente relatados. Trata-se, com efeito, de construir um conjunto sistemático. Se a cura tem de ser "fechada" por procedimentos minuciosos, não é apenas para prevenir intenções de fuga por parte de Muu, mas também porque sua eficácia ficaria comprometida caso não apresentasse à paciente, antes mesmo de se poder esperar por resultados, um final, isto é, uma situação em que todos os protagonistas retomaram seus lugares, retornando a uma ordem sobre a qual não paira mais nenhuma ameaça.

***

A cura consistiria, portanto, em tornar pensável uma situação dada inicialmente em termos afetivos, e aceitáveis, pelo espírito, dores que o corpo se recusa a tolerar. O fato de a mitologia do xamã não corresponder a uma realidade objetiva não tem importância, pois que a paciente nela crê e é membro de uma sociedade que nela crê. Espíritos protetores e espíritos maléficos, monstros sobrenaturais e animais mágicos fazem parte de um sistema coerente que funda a concepção indígena do universo. A paciente os aceita ou, mais precisamente, jamais duvidou deles. O que ela não aceita são as dores incoerentes e arbitrárias que constituem um elemento estranho a seu sistema, mas que o xamã, recorrendo ao mito, irá inserir num sistema em que tudo se encaixa.

A paciente, tendo compreendido, faz mais do que resignar-se, ela fica curada. Nada de comparável ocorre com nossos doentes quando se lhes explica a causa de seus problemas invocando secreções, micróbios e vírus. Talvez sejamos acusados de paradoxo se respondermos que é assim porque os micróbios existem, e os monstros não existem. Contudo, a relação entre micróbio e doença é externa ao espírito do paciente, é uma relação de causa e efeito, ao passo que a relação entre monstro e doença é interna a esse mesmo espírito, consciente ou inconsciente, é uma relação entre símbolo e coisa simbolizada, ou, como dizem os lingüistas, entre significante e significado. O xamã fornece à sua paciente uma *linguagem* na qual podem ser imediatamente expressos estados não formulados, e de outro modo informuláveis. E é a passagem para essa expressão verbal (que ao mesmo tempo permite viver de forma ordenada e inteligível uma experiência atual, mas que sem isso seria anárquica e indizível) que provoca o desbloqueio do processo fisiológico, isto é, a reorganização, num sentido favorável, da seqüência de cujo desenrolar a paciente é vítima.

Nesse sentido, a cura xamânica se situa a meio caminho entre nossa medicina orgânica e as terapêuticas psicológicas como a psicanálise. Sua originalidade está em aplicar a desordens orgânicas um método muito próximo destas últimas. Como isso é possível? Uma comparação mais minuciosa entre xamanismo e psicanálise (que não envolve, em nosso pensamento, nenhum desrespeito para com esta última) permitirá precisar esse ponto.

Em ambos os casos, propõe-se trazer à consciência conflitos e resistências que até então haviam permanecido inconscientes, seja por terem sido recalcados por outras forças psicológicas, seja – é o caso do parto – em razão de sua própria natureza, que não é psíquica e sim orgânica, ou até simplesmente mecânica. Também em ambos os casos, os conflitos e resistências se dissolvem, não porque a paciente deles vá tomando progressivamente conhecimento, real ou suposto, mas porque esse conhecimento torna possível uma experiência específica, na qual os conflitos se realizam numa ordem e num plano que permitem seu livre desenrolar e conduzem ao seu desenlace. Em psicanálise, essa experiência vivida é chamada de *ab-reação*. Como se sabe, ela tem como condição a intervenção não provocada do analista, que surge nos conflitos do paciente pelo duplo mecanismo da transferência, como um protagonista de carne e osso, em relação ao qual o paciente pode remontar e explicitar uma situação inicial que permanecera não formulada.

Todos esses traços se encontram na cura xamânica. Também no caso desta trata-se de suscitar uma experiência e, na medida em que essa experiência se organiza, mecanismos situados fora do controle do sujeito se regulam espontaneamente, desembocando num funcionamento ordenado. O xamã tem um duplo papel, como o psicanalista. Um primeiro papel – de ouvinte no caso do psicanalista, de orador no caso do xamã – estabelece uma relação imediata com a consciência (e mediata com o inconsciente) do paciente. É o papel do encantamento propriamente dito. Mas o xamã faz mais do que apenas proferir o encantamento, ele é seu herói, pois é quem penetra nos órgãos ameaçados liderando o batalhão sobrenatural dos espíritos que liberta a alma cativa. Nesse sentido, ele se encarna, como o psicanalista objeto da transferência, para tornar-se, graças às representações induzidas no espírito do paciente, o protagonista real do conflito que este experimenta a meio caminho entre o mundo orgânico e o mundo psíquico. O paciente vítima de uma neurose liquida um mito individual opondo-se a um psicanalista real. A parturiente indígena supera uma desordem orgânica verdadeira identificando-se a um xamã miticamente transposto.

O paralelismo não exclui diferenças, portanto. O que não deve causar surpresa, se atentarmos para o caráter psíquico num caso, e orgânico no outro, do mal a ser curado. A cura xamânica parece ser de fato um exato equivalente da cura psicanalítica, mas com uma inversão de todos os termos. Ambas buscam provocar uma experiência, e ambas conseguem fazê-lo reconstituindo um mito que o paciente deve viver, ou reviver. Contudo, num caso, é um mito individual que o paciente constrói com elementos tirados de seu passado e, no outro, é um mito social que o paciente recebe do exterior e que não corresponde a um estado pessoal antigo. Para preparar a ab-reação, que, nesse caso, se torna uma "ad-reação", o psicanalista escuta e o xamã fala. Mais ainda, quando as transferências se organizam, o paciente faz falar o psicanalista, atribuindo-lhe supostos sentimentos e intenções, ao passo que no encantamento, ao contrário, o xamã fala por sua paciente. Interroga-a e em sua boca coloca respostas que correspondem à interpretação de seu estado de que ela deve se convencer:

> *Minha visão se perdeu, adormeceu no caminho de Muu Puklip;*
> *foi Muu Puklip que veio a mim. Ela quer pegar meu* nigapurbalele*;*
> *Muu Nauryaiti veio a mim. Ela quer se apossar de meu* nigapurbalele
> *para sempre etc.* (pp. 97-101).

A semelhança torna-se ainda mais impressionante quando se compara o método do xamã com certas terapêuticas surgidas recentemente que se valem da psicanálise. Desoille já tinha observado, em seus trabalhos acerca do sonho acordado, que o distúrbio psicopatológico só é acessível à linguagem dos símbolos. Conseqüentemente, ele fala com seus pacientes por símbolos, mas que são ainda metáforas verbais. Num trabalho mais recente, e que não conhecíamos quando iniciamos este estudo, Sechehaye (1947) vai bem mais longe, e parece-nos que os resultados que ela conseguiu no tratamento de um caso de esquizofrenia considerado incurável confirmam plenamente as afirmações acima acerca das relações entre psicanálise e xamanismo. Sechehaye percebeu que o discurso, por mais simbólico que fosse, esbarrava ainda na barreira do consciente, e que ela só podia atingir complexos muito profundos com atos. Assim, para resolver um complexo de desmame, a psicanalista tem de assumir uma posição materna, não realizada por uma reprodução literal do comportamento correspondente, mas, por assim dizer, com golpes de atos descontínuos, cada um deles simbolizando um elemento fundamental dessa situação, como, por exemplo, colocar o rosto da paciente em contato com o seio da psicanalista. A carga simbólica de tais atos os torna aptos a constituir uma linguagem. Na verdade, o médico dialoga com o paciente, não por meio da palavra, e sim por operações concretas, verdadeiros ritos, que atravessam a barreira da consciência sem encontrar obstáculos, para levar sua mensagem diretamente ao inconsciente.

Encontra-se aqui, portanto, a noção de manipulação, que nos parecera essencial para compreender a cura xamânica, porém sua definição tradicional, como se vê, deve ser bastante ampliada, pois ora se trata de manipulação de idéias, ora de manipulação de órgãos, cuja condição compartilhada é fazer-se com o auxílio de símbolos, isto é, de equivalentes significativos do significado, pertencentes a uma ordem diferente deste. Os *gestos* de Sechehaye repercutem no *espírito* inconsciente de sua esquizofrênica do mesmo modo que as *representações* evocadas pelo xamã determinam uma modificação das *funções* orgânicas da parturiente. O trabalho de parto se encontra bloqueado no início do canto, o parto se realiza no final e sua progressão se reflete nas etapas sucessivas do mito: a primeira penetração dos *nelegan* é feita em fila indiana (p. 241) e, como se trata de uma ascensão, com o auxílio dos prestigiosos chapéus que abrem e clareiam a passagem. No momento do retorno (que corresponde à segunda fase do mito, mas à primeira fase do processo fisiológico, já que se trata de fazer o bebê descer), a atenção se desloca para seus pés, e menciona-se que eles têm sapatos (pp. 494-96). Quando invadem a morada de Muu, não avançam mais em fila, mas "de quatro em quatro" (p. 388) e, para saírem novamente para o exterior, vão "todos de frente" (p. 248). Essa transformação dos detalhes do mito visa sem dúvida a provocar uma reação orgânica correspondente, no entanto a paciente não poderia incorporá-la na forma de experiência se não viesse acompanhada de um real progresso da dilatação. É a eficácia simbólica que garante a harmonia do paralelismo entre mito e operações. E mito e operações formam um par, no qual sempre se encontra a dualidade de médico e paciente. Na cura da esquizofrenia, o médico realiza as operações, e o paciente produz seu mito. Na cura xamânica, o médico fornece o mito, e o paciente realiza as operações.

***

A analogia entre os dois métodos seria ainda mais completa se admitíssemos, como Freud parece ter sugerido duas vezes,[4] que a descrição em termos psicológicos da estrutura das psicoses e neuroses deva um dia desaparecer, dando lugar a uma concepção fisiológica, ou até bioquímica. Essa eventualidade poderia estar mais próxima do que parece, já que pesquisas suecas recentes[5] evidenciaram diferenças químicas, relativas à taxa de polinucleotídios, entre as células nervosas de indivíduos normais e as de alienados. Uma vez verificada essa hipótese, ou qualquer outra do mesmo tipo, a cura xamânica e a cura psicanalítica tornar-se-iam rigorosamente semelhantes: tratar-se-ia, em ambos os casos, de induzir uma transformação orgânica, que consiste essencialmente numa reorganização estrutural, levando o paciente a viver intensamente um mito, ora recebido, ora produzido, cuja estrutura seria, no nível do psiquismo inconsciente, análoga àquela cuja formação se quer determinar no nível do corpo. A eficácia simbólica consistiria precisamente nessa "propriedade indutora" que possuiriam, umas em relação às outras, estruturas formalmente homólogas que podem se edificar com materiais diversos nos vários níveis do ser vivo – processos orgânicos, psiquismo inconsciente, pensamento consciente. A metáfora poética fornece um

4. Em *Para além do princípio do prazer* e nas *Novas conferências*, páginas 79 e 198 das edições inglesas respectivamente. Citado por Kris 1947: 244.

5. De Caspersson & Hyden, no Instituto Karolinska de Estocolmo.

exemplo familiar desse procedimento indutor, mas seu uso corrente não lhe permite ultrapassar o psíquico. Constata-se assim o valor da intuição de Rimbaud, quando dizia que ela pode também servir para mudar o mundo.

A comparação com a psicanálise nos permitiu esclarecer certos aspectos da cura xamânica. Talvez o estudo do xamanismo, inversamente, seja um dia chamado a elucidar pontos obscuros da teoria de Freud. Pensamos especialmente nas noções de mito e de inconsciente.

Vimos que a única diferença entre os dois métodos que sobreviveria à descoberta de um substrato fisiológico das neuroses diz respeito à origem do mito, num caso reencontrado, como um tesouro individual, e, no outro, recebido da tradição coletiva. Na verdade, muitos psicanalistas se recusarão a admitir que as constelações psíquicas que reaparecem para a consciência do paciente possam constituir um mito. Dirão que são eventos reais, que às vezes podem ser datados, e cuja autenticidade é verificável graças a uma investigação junto a parentes ou empregados (Bonaparte 1954). Não duvidamos dos fatos. Mas convém nos perguntarmos se o valor terapêutico da cura decorre do caráter real das situações rememoradas, ou se o poder traumatizante dessas situações proviria do fato de que, no momento em que elas se apresentam, o sujeito as experimenta imediatamente na forma de mito vivido. Queremos dizer com isso que o poder traumatizante de qualquer situação não pode resultar de suas características intrínsecas, mas sim da capacidade de certos eventos, surgidos num contexto psicológico, histórico e social apropriado, de induzir uma cristalização afetiva que se realiza no molde de uma estrutura preexistente. Em relação ao evento ou à anedota, essas estruturas – ou, mais exatamente, essas leis de estrutura – são realmente atemporais. No psicopata, toda a vida psíquica e todas as experiências posteriores se organizam em função de uma estrutura exclusiva ou predominante, sob a ação catalisadora do mito inicial, contudo essa estrutura, bem como as outras que, nele, são relegadas a um lugar subordinado, podem ser encontradas no indivíduo normal, primitivo ou civilizado. O conjunto dessas estruturas formaria o que chamamos de inconsciente. Veríamos assim esvanecer-se a última diferença entre a teoria do xamanismo e a da psicanálise. O inconsciente deixa de ser o inefável refúgio das particularidades individuais, o repositório de uma história única, que faz de cada um de nós um ser insubstituível. Reduz-se a um termo com o qual designamos uma função, a função simbólica, especificamente humana sem dúvida, mas que em todos os homens se exerce segundo as mesmas leis. Que na verdade se reduz ao conjunto dessas leis.

Se essa for uma concepção correta, será provavelmente necessário reestabelecer uma distinção mais marcada entre consciente e inconsciente do que a psicologia contemporânea nos acostumou a fazer. Pois o subconsciente, repositório das lembranças e imagens colecionadas no decorrer de cada vida,[6] torna-se mero aspecto da memória; ao mesmo tempo afirma sua perenidade e implica suas limitações, já que o termo "subconsciente" remete ao fato de que as lembranças, embora conservadas, nem sempre estão disponíveis. O inconsciente, ao contrário, é sempre vazio. Ou, mais precisamente, é tão alheio às imagens quanto o estômago aos alimentos que o atravessam. Órgão de função específica, limita-se a impor leis estruturais, que lhe esgotam a realidade, a elementos esparsos que lhe vêm de fora – pulsões, emoções, representações, lembranças. Poder-se-ia dizer, portanto, que o subconsciente é o léxico individual no qual cada um de nós acumula o vocabulário de sua história pessoal, mas que tal vocabulário só adquire sentido, tanto para nós mesmos quanto para os outros, na medida em que o inconsciente o organiza de acordo com suas leis, fazendo dele, assim, um discurso. Como essas leis são as mesmas, em todas as ocasiões em que ele exerce sua atividade, e para todos os indivíduos, o problema mencionado no parágrafo anterior pode ser facilmente resolvido. O vocabulário importa menos do que a estrutura. O mito, quer seja recriado pelo sujeito, quer seja tomado da tradição, só tira de suas fontes, individual ou coletiva (entre as quais interpenetrações e trocas se produzem constantemente), o material de imagens com que opera. A estrutura permanece a mesma, e é por ela que a função simbólica se realiza.

6. Essa definição tão criticada readquire sentido com a distinção radical entre subconsciente e inconsciente.

Acrescente-se que tais estruturas, além de serem as mesmas para todos, e para todas as matérias a que se aplica a função, são pouco numerosas, e compreender-se-á por que o mundo do simbolismo é infinitamente diverso em seu conteúdo, mas sempre limitado por suas leis. Muitas línguas existem, mas muito poucas leis fonológicas que valem para todas as línguas. Uma coletânea dos contos e mitos conhecidos ocuparia um número impressionante de volumes. Entretanto, eles podem ser reduzidos a um pequeno número de tipos simples que operam com algumas funções elementares, por trás da diversidade de personagens. E os complexos, mitos individuais, também podem ser reduzidos a alguns tipos simples, moldes em que se prende a fluida multiplicidade dos casos.

Diante do fato de que o xamã não psicanalisa seu paciente, pode-se concluir que a busca do tempo perdido, que alguns consideram como a chave da terapêutica psicanalítica, é apenas uma modalidade (cujo valor e resultados são consideráveis) de um método mais fundamental, que deve ser definido sem que se recorra à origem, individual ou coletiva, do mito. Pois a *forma* mítica prima sobre o *conteúdo* do relato. Pelo menos é isso que a análise de um texto indígena nos parece ter ensinado. Porém, num outro sentido, bem sabemos que todo mito é uma busca do tempo perdido. Essa forma moderna da técnica xamânica que é a psicanálise retira suas características específicas, portanto, do fato de na civilização mecânica não haver mais lugar para o tempo mítico, a não ser no próprio homem. Dessa constatação, a psicanálise pode retirar uma confirmação de sua validade e, ao mesmo tempo, a esperança de aprofundar suas bases teóricas e alargar a compreensão dos mecanismos de sua eficácia, por intermédio de um confronto de seus métodos e objetivos com os de seus grandes predecessores, os xamãs e os feiticeiros.

XI. A estrutura dos mitos[1]

Dir-se-ia que os universos mitológicos estão fadados a serem pulverizados assim que se formam, para que novos universos nasçam de seus destroços.

[Franz Boas, introdução a "James Teit, Traditions of the Thompson River Indians of British Columbia", *Memoirs of the American Folklore Society*, VI (1898), p. 18.]

Há algo como duas décadas, apesar de algumas tentativas dispersas, a antropologia parece ter se desligado progressivamente do estudo dos fatos religiosos. Amadores de várias proveniências se aproveitaram disso para invadir o campo da etnologia religiosa. Suas ingenuidades grassam no terreno que abandonamos e seus excessos se juntam às nossas carências para comprometer o avanço de nossos estudos.

Qual é a origem dessa situação? Os fundadores da etnologia religiosa – Tylor, Frazer e Durkheim – sempre estiveram atentos às questões psicológicas. Porém, não sendo eles mesmos psicólogos profissionais, não podiam manter-se atualizados em relação à rápida evolução das idéias psicológicas, e menos ainda pressenti-las. Suas interpretações ficaram *démodées* tão depressa quanto os postulados que implicavam. Entretanto, devemos reconhecer-lhes o mérito de terem compreendido que as questões de etnologia religiosa dizem respeito a uma psicologia intelectualista. Como Hocart – que já fazia essa observação no início de uma obra póstuma recentemente publicada –, lamentamos que a psicologia moderna tenha de modo geral perdido o interesse pelos fenômenos intelectuais, preferindo o estudo da vida afetiva: "Às falhas inerentes à escola psicológica [...] acrescentava-se, assim, o erro de crer que idéias claras pudessem surgir de emoções confusas" (Hocart 1954: 7). Teria sido preciso alargar os quadros de nossa lógica para incluir operações mentais aparentemente diferentes

1. Baseado no artigo original publicado em inglês, em *Journal of American Folklore* (Lévi-Strauss 1955c). Traduzido com alguns complementos e modificações.

das nossas, mas que são intelectuais na mesma medida. Em vez disso, tentou-se reduzi-las a sentimentos amorfos e inefáveis. Esse método, conhecido pelo nome de fenomenologia religiosa, mostrou-se, no mais das vezes, estéril e fastidioso.

***

De todos os capítulos da etnologia religiosa, é a mitologia que mais sofre com essa situação. É claro que podemos mencionar os consideráveis trabalhos de G. Dumézil e de H. Grégoire. Mas eles não pertencem propriamente à etnologia. E esta, como há cinqüenta anos, continua se comprazendo no caos. Velhas interpretações – devaneios da consciência coletiva, divinização de personagens históricos, ou o inverso – ganham novas roupagens. Como quer que se encarem os mitos, eles parecem se reduzir todos a um jogo gratuito, ou a uma forma grosseira de especulação filosófica.

Será que, para entendermos o que é um mito, só podemos, portanto, escolher entre a banalidade e o sofismo? Há quem afirme que cada sociedade expressa, em seus mitos, sentimentos fundamentais como o amor, o ódio ou a vingança, que são compartilhados por toda a humanidade. Para outros, os mitos constituem tentativas de explicação de fenômenos de difícil compreensão, astronômicos, meteorológicos etc. As sociedades, no entanto, não são impermeáveis às interpretações positivas, ainda que adotem falsas interpretações. Por que razão haveriam de preferir esses modos de pensar tão obscuros e complicados? Por outro lado, os psicanalistas, bem como alguns etnólogos, pretendem substituir as interpretações cosmológicas e naturalistas por outras, tomadas da sociologia e da psicologia. Mas assim fica fácil demais. Se um sistema mitológico der destaque a um determinado personagem, uma avó maldosa, digamos, eles nos explicarão que, nessa sociedade, as avós têm uma atitude hostil para com seus netos; a mitologia é considerada um reflexo da estrutura social e das relações sociais. E caso a observação contradiga a hipótese, logo se insinuará que o objetivo próprio dos mitos é oferecer uma derivação para sentimentos reais mas recalcados.

Qualquer que seja a situação real, uma dialética que vence invariavelmente encontrará um meio de atingir o significado.

É melhor reconhecermos que o estudo dos mitos nos leva a constatações contraditórias. Tudo pode acontecer num mito. A sucessão dos eventos não parece estar aí submetida a nenhuma regra de lógica ou de continuidade, qualquer sujeito pode possuir qualquer predicado, qualquer relação concebível é possível. Contudo, os mitos, aparentemente arbitrários, se reproduzem com as mesmas características e, muitas vezes, os mesmos detalhes, em diversas regiões do mundo. Daí a questão: se o conteúdo do mito é inteiramente contingente, como explicar que, de um extremo a outro da Terra, os mitos se pareçam tanto? Tomar consciência dessa antinomia fundamental, que pertence à natureza do mito, é condição *sine qua non* para podermos esperar resolvê-la. Na verdade, essa contradição se parece com a que foi descoberta pelos primeiros filósofos que se interessaram pela linguagem e, para que a lingüística pudesse se constituir como ciência, foi preciso antes de mais nada revogar essa hipoteca. Os antigos filósofos raciocinavam acerca da linguagem do mesmo modo que ainda o fazemos acerca da mitologia. Constatavam que em cada língua certos grupos de sons correspondiam a determinados sentidos e procuravam desesperadamente compreender que necessidade interna unia tais *sentidos* a tais *sons*. Esforço inútil, já que os mesmos sons se encontram em outras línguas, mas ligados a sentidos diferentes. A contradição só foi resolvida no momento em que se percebeu que a função significativa da língua não está diretamente ligada aos sons em si, e sim ao modo como os sons se combinam entre si.

Várias teorias recentes acerca da mitologia provêm de uma confusão análoga. Segundo Jung, significados precisos estariam ligados a certos temas mitológicos, que ele chama de arquétipos. Trata-se de um raciocínio como o dos filósofos da linguagem, que por muito tempo estiveram convencidos[2] de que os vários sons possuíam uma afinidade natural com determinados sentidos. As semivogais "líquidas", por exemplo, teriam a missão de evocar o estado correspondente

2. Essa hipótese ainda tem seus defensores. Entre eles, Sir R. A. Paget (1953).

da matéria, e as vogais abertas seriam preferencialmente escolhidas para formar os nomes de objetos grandes, gordos, pesados ou sonoros etc. O princípio saussuriano do *caráter arbitrário dos signos lingüísticos* certamente precisa ser revisto e corrigido (Benveniste 1939; ver cap. v deste volume); mas todos os lingüistas concordarão em reconhecer que, de um ponto de vista histórico, ele marcou uma etapa indispensável da reflexão lingüística.

Não basta sugerir aos mitólogos que comparem a situação incerta que é a sua com a dos lingüistas na época pré-científica. Pois, se nos limitássemos a isso, correríamos o sério risco de trocar uma dificuldade por outra. Aproximar o mito da linguagem não resolve nada: o mito faz parte da língua, é pela palavra que o conhecemos, ele pertence ao discurso.

Se quisermos dar conta das características específicas do pensamento mítico, devemos, portanto, estabelecer que o mito está ao mesmo tempo na linguagem e além dela. Essa nova dificuldade tampouco é desconhecida pelos lingüistas, já que a própria linguagem engloba níveis diferentes. Ao distinguir entre *língua* e *fala*, Saussure mostrou que a linguagem apresentava dois aspectos complementares, um estrutural e o outro estatístico; a língua pertence a um tempo reversível e a fala, a um tempo irreversível. Se é possível isolar esses dois níveis na linguagem, nada impede de definirmos um terceiro.

Acabamos de distinguir *língua* e *fala* pelos sistemas temporais a que cada uma delas se refere. Ora, o mito também se define por um sistema temporal, que combina as propriedades dos dois outros. Um mito sempre se refere a eventos passados, "antes da criação do mundo" ou "nos primórdios" – em todo caso, "há muito tempo". Mas o valor intrínseco a ele atribuído provém do fato de os eventos que se supõe ocorrer num momento do tempo também formarem uma estrutura permanente, que se refere simultaneamente ao passado, ao presente e ao futuro. Uma comparação ajudará a precisar essa ambigüidade fundamental. Nada se parece mais com o pensamento mítico do que a ideologia política. Em nossas sociedades contemporâneas, talvez ela apenas o tenha substituído. Pois o que faz o historiador quando evoca a Revolução Francesa?

Refere-se a uma seqüência de eventos passados, cujas longínquas conseqüências certamente ainda se fazem sentir, através de toda uma série, não reversível, de eventos intermediários. Mas, para o político e para aqueles que o escutam, a Revolução Francesa é uma realidade de outra ordem, uma seqüência de eventos passados, mas também um esquema dotado de eficácia permanente, que permite interpretar a estrutura social da França contemporânea e os antagonismos que aí se manifestam, e entrever as grandes linhas da evolução futura. Assim se expressa Michelet, ao mesmo tempo pensador político e historiador: "Naquele dia, tudo era possível [...] O futuro se fez presente [...] isto é, não mais tempo, um lampejo de eternidade" (*Histoire de la Révolution Française*, IV, 1, apud Merleau-Ponty 1955: 273). Essa dupla estrutura, ao mesmo tempo *histórica* e *a-histórica*, explica que o mito possa simultaneamente pertencer ao âmbito da *fala* (e ser analisado enquanto tal) e ao da *língua* (na qual é formulado) e ainda apresentar, num terceiro nível, o mesmo caráter de objeto absoluto. Esse terceiro nível também possui uma natureza lingüística, porém se distingue dos outros dois.

Permitam-me abrir aqui um breve parêntese, para ilustrar com uma observação a originalidade que o mito apresenta em relação a todos os demais fatos lingüísticos. O mito poderia ser definido como modo do discurso em que o valor da fórmula *traduttore, traditore* tende praticamente a zero. Quanto a isso, seu lugar, na escala dos modos de expressão lingüística, é oposto ao da poesia, por mais que se tenha procurado aproximá-los. A poesia é uma forma de linguagem extremamente difícil de traduzir em outra língua, e toda tradução acarreta deformações múltiplas. O valor do mito, ao contrário, permanece, por pior que seja a tradução. Por mais que ignoremos a língua e a cultura da população em que foi colhido, um mito é percebido como mito por qualquer leitor, no mundo todo. Sua substância não se encontra nem no estilo, nem no modo de narração, nem na sintaxe, mas na *história* que nele é contada. O mito é uma linguagem, mas uma linguagem que trabalha num nível muito elevado, no qual o sentido consegue, por assim dizer, *descolar-se* do fundamento lingüístico no qual inicialmente rodou.

Resumamos as lições provisórias a que chegamos. São três. 1) Se os mitos possuem um sentido, este não pode decorrer dos elementos isolados que entram em sua composição, mas da maneira como esses elementos estão combinados. 2) O mito pertence à ordem da linguagem, faz parte dela; entretanto, a linguagem, tal como é utilizada no mito, exibe propriedades específicas. 3) Tais propriedades só podem ser buscadas *acima* do nível habitual da expressão lingüística; em outras palavras, elas são de natureza mais complexa do que as que se encontram numa expressão lingüística de um tipo qualquer.

Se forem aceitos esses três pontos, ainda que como hipóteses de trabalho, decorrem deles duas conseqüências muito importantes. 1) Como todo ser lingüístico, o mito é formado de unidades constitutivas. 2) Essas unidades constitutivas implicam a presença de todas aquelas que intervêm normalmente na estrutura da língua, a saber, os fonemas, os morfemas e os semantemas. Mas elas estão em relação a estes últimos como eles próprios em relação aos morfemas, e estes em relação aos fonemas. Cada forma difere da que a precede por um grau mais alto de complexidade. Por essa razão, chamaremos os elementos que são próprios do mito (e que são os mais complexos de todos) de grandes unidades constitutivas.

Como proceder para reconhecer e isolar essas grandes unidades constitutivas ou mitemas? Sabemos que elas não são assimiláveis nem aos fonemas, nem aos morfemas, nem aos semantemas, situam-se num nível mais elevado. Se não fosse assim, o mito não se distinguiria de qualquer forma de discurso. Portanto, será preciso buscá-las no nível da frase. No estágio preliminar da investigação, proceder-se-á por aproximações, por tentativa e erro, guiando-se pelos princípios que servem de base para a análise estrutural em todas as suas formas: economia de explicação, unidade de solução, possibilidade de restituir o conjunto a partir de um fragmento e de prever os desenvolvimentos ulteriores a partir dos dados atuais.

Até o momento, utilizamos a seguinte técnica: cada mito é analisado independentemente, buscando-se traduzir a sucessão dos acontecimentos por meio de frases o mais curtas possível. Cada frase é inscrita numa ficha que leva o número correspondente à sua posição no relato. Percebe-se que cada carta consiste na atribuição de um predicado a um sujeito. Em outras palavras, cada grande unidade constitutiva tem a natureza de uma *relação*.

Essa definição ainda não é satisfatória, por duas razões. Em primeiro lugar, os lingüistas estruturalistas bem sabem que todas as unidades constitutivas, qualquer que seja o nível em que sejam isoladas, consistem em relações. Qual seria, então, a diferença entre as *grandes* unidades constitutivas e as outras? Em segundo lugar, o método que acabamos de expor se situa ainda num tempo não reversível, já que as cartas são numeradas na ordem do relato. O caráter específico que reconhecemos no tempo mítico – sua dupla natureza, reversível e irreversível, sincrônica e diacrônica – ainda não foi, portanto, explicado.

Essas observações levam a uma nova hipótese, que nos coloca no cerne da questão. Na verdade, postulamos que as verdadeiras unidades constitutivas do mito não são as relações isoladas, mas *feixes de relações*, e que é unicamente na forma de combinações desses feixes que as unidades constitutivas adquirem uma função significante. Relações que provêm do mesmo feixe podem aparecer separadas por grandes intervalos, quando nos colocamos numa perspectiva diacrônica, porém se chegarmos a restituí-las em seu agrupamento "natural", teremos conseguido organizar o mito em função de um sistema de referência temporal de um novo tipo e que satisfaz as condições da hipótese inicial. De fato, tal sistema é bidimensional, ao mesmo tempo sincrônico e diacrônico, reunindo assim as propriedades características da "língua" e as da "fala". Duas comparações ajudarão a compreender nosso pensamento. Imaginemos arqueólogos do futuro, que viessem de outro planeta quando toda vida humana já tivesse desaparecido da superfície da Terra e escavassem nossas bibliotecas. Esses arqueólogos não sabem nada acerca de nossa escrita, mas tentam decifrá-la, o que requer a descoberta prévia de que o alfabeto, tal como o imprimimos, se lê da esquerda para a direita e de cima para baixo. Contudo, uma categoria de volumes continuará sendo indecifrável desse modo. São as partituras de orquestra, conservadas no departamento de musicologia. Nossos especialistas irão certamente se esforçar por ler as pautas uma depois da outra, começando pelo alto da página e tomando todas em sucessão. Perceberão então que certos grupos de notas se repetem com intervalos, de maneira idêntica ou parcial, e que certos contornos melódicos, que se apresentam afastados uns dos outros, exibem analogias entre si. Talvez se perguntem, então, se esses contornos, em vez de serem considerados sucessivamente, não deveriam ser tratados como elementos de um todo, que deve ser apreendido globalmente. Terão descoberto assim o princípio que chamamos de *harmonia*: uma partitura de orquestra só faz sentido quando lida diacronicamente ao longo de um eixo (uma página depois da outra e da esquerda para a direita) mas, ao mesmo tempo, sincronicamente ao longo do outro eixo, de cima para baixo. Em outras palavras, todas as notas situadas na mesma linha vertical formam uma grande unidade constitutiva, um feixe de relações.

A outra comparação é menos diferente do que parece. Suponhamos um observador que não conheça nossas cartas de baralho e que escute uma vidente durante um tempo considerável. Ele vê e classifica os clientes, adivinha suas idades aproximadas e a situação social, observa-lhes o sexo, a aparência etc., um pouco como o etnógrafo sabe algo a respeito das sociedades cujos mitos estuda. Nosso observador escuta as consultas, grava-as até, para poder estudá-las e compará-las à vontade, como fazemos igualmente com nossos informantes indígenas. Se o observador for perspicaz, e se colher informações suficientes, será possivelmente capaz de reconstituir a estrutura e a composição do baralho utilizado, isto é, o número de cartas – 32 ou 52 – repartidas em quatro séries homólogas compostas das mesmas unidades constitutivas (as cartas), com um único traço distintivo, a cor.

É hora de ilustrar diretamente o método. Tomemos como exemplo o mito de Édipo, que tem a vantagem de ser conhecido por todos, o que nos dispensa de contá-lo. Esse exemplo certamente se presta mal a uma demonstração. O mito de Édipo chegou até nós em redações parciais e tardias, que são todas transposições literárias, inspiradas por uma preocupação estética ou moral mais do que pela tradição religiosa ou pelo uso ritual, se é que tais preocupações algum dia existiram a seu respeito. Mas, para nós, não se trata de interpretar o mito de Édipo de um modo verossímil, e menos ainda de apresentar a seu respeito uma explicação aceitável para os especialistas. Queremos simplesmente ilustrar por intermédio dele – sem tirar nenhuma conclusão que lhe diga respeito – uma técnica, cuja utilização provavelmente não é legítima nesse caso específico, em razão das incertezas que mencionamos há pouco. A "demonstração" deve, portanto, ser entendida não no sentido que os especialistas dão a esse termo, mas no máximo no do camelô: não se trata de obter um resultado, e sim de explicar, o mais brevemente possível, o funcionamento da engenhoca que se quer vender aos curiosos.

O mito será manipulado como se fosse uma partitura musical que tivesse sido transcrita por um apreciador perverso, uma pauta depois da outra, na forma de uma série melódica contínua, e que tentássemos restituir em seu arranjo inicial. Algo como se nos fosse apresentada uma série de números inteiros, do tipo 1, 2, 4, 7, 8, 2, 3, 4, 6, 8, 1, 4, 5, 7, 8, 1, 2, 5, 7, 3, 4, 5, 6, 8 e nos fosse pedido que agrupássemos todos os 1, todos os 2, todos os 3 etc., num quadro:

1	2		4			7	8
	2	3	4		6		8
1			4	5		7	8
1	2			5		7	
		3	4	5	6		8

Procederemos do mesmo modo com o mito de Édipo, tentando sucessivamente diversas disposições dos mitemas até encontrarmos uma que satisfaça às condições enumeradas na p. 226. Suponhamos arbitrariamente que essa disposição seja representada pelo quadro seguinte (relembrando que não se trata de impô-lo, nem mesmo de sugeri-lo, aos especialistas em mitologia clássica, que certamente gostariam de modificá-lo, ou até rejeitá-lo):

Cadmo procura sua irmã Europa, raptada por Zeus			
		Cadmo mata o dragão	
	Os Espartoi se exterminam uns aos outros		
			Lábdaco (pai de Laio) = "manco" (?)
	Édipo mata seu pai, Laio		Laio (pai de Édipo) = "desajeitado" (?)
		Édipo imola a Esfinge	Édipo = "pé inchado" (?)
Édipo se casa com Jocasta, sua mãe			
	Etéocles mata seu irmão, Polínice		
Antígona enterra Polínice, seu irmão, desrespeitando a proibição			

Estamos, assim, diante de quatro colunas verticais, cada uma delas agrupando várias relações pertencentes ao mesmo "feixe". Se fôssemos *contar* o mito, não levaríamos em conta essa disposição em colunas e leríamos as linhas da esquerda para a direita e de cima para baixo. Porém, quando se trata de *compreender* o mito, uma metade da ordem diacrônica (de cima para baixo) perde seu valor funcional e a "leitura" é feita da esquerda para a direita, coluna por coluna, tratando cada coluna como um todo.

Todas as relações agrupadas na mesma coluna apresentam, por hipótese, um traço comum, que se trata de extrair. Assim, todos os incidentes reunidos na primeira coluna concernem a parentes de sangue, cujas relações de proximidade são, digamos, exageradas; são parentes que são objeto de um tratamento mais íntimo do que as regras sociais permitem. Admitamos, pois, que o traço comum da primeira coluna consiste em *relações de parentesco superestimadas*. Vê-se imediatamente que a segunda coluna traduz a mesma relação, mas com o sinal invertido: *relações de parentesco subestimadas* ou *desvalorizadas*. A terceira coluna concerne a monstros e a sua destruição. Em relação à quarta, são necessárias algumas precisões. O significado hipotético dos nomes próprios na linhagem paterna de Édipo foi notado diversas vezes. Mas os lingüistas não lhe atribuem nenhuma importância, já que, como diz a regra, o sentido de um termo só pode ser definido se ele for recolocado em todos os contextos em que aparece. Ora, os nomes próprios são, por definição, descontextualizados. A dificuldade poderia parecer menor com nosso método, pois o mito é aqui reorganizado de tal modo que ele próprio se constitui como um contexto. Não é mais o sentido eventual de cada nome próprio tomado isoladamente que apresenta um valor significante, e sim o fato de os três nomes terem um traço em comum, a saber, o fato de admitirem significados hipotéticos que, todos, evocam uma *dificuldade de andar direito*.

Antes de avançarmos, investiguemos a relação entre as duas colunas da direita. A terceira coluna diz respeito a monstros, primeiro o dragão, monstro das profundezas que é preciso destruir para que os homens possam nascer da terra, e em seguida a Esfinge, que, com enigmas que também se referem à natureza humana, se empenha em retirar a existência de suas vítimas humanas. O segundo termo reproduz, portanto, o primeiro, que se refere à *autoctonia humana*. Como os dois monstros são definitivamente vencidos por homens, pode-se dizer que o traço comum da terceira coluna consiste na *negação da autoctonia humana*.[3]

3. Sem pretender entabular uma discussão com os especialistas, que seria, de nossa parte, presunçosa e despropositada, já que o mito de Édipo é tomado aqui como um exemplo tratado arbitrariamente, o caráter subterrâneo atribuído à Esfinge poderia surpreender, de modo que invocaremos o testemunho de Marie Delcourt (1944: 108): "Nas lendas arcaicas, elas certamente nascem da própria terra". Por mais distantes que sejam nosso método e o de Delcourt (e nossas conclusões decerto também o seriam, se tivéssemos competência para abordar a questão em profundidade), parece-nos que ela estabeleceu de maneira convincente o caráter da Esfinge na tradição arcaica, a de monstro fêmea que ataca e violenta os rapazes, ou seja, a personificação de um ser feminino com sinal invertido, o que explica o fato de, na bela iconografia reunida por Delcourt no final de seu livro, homem e mulher sempre se encontrarem em posição "céu/terra" invertida. >

Essas hipóteses ajudam a entender o sentido da quarta coluna. Em mitologia, os homens, nascidos da terra, são com freqüência representados, no momento de sua emergência, como ainda incapazes de andar, ou andando desajeitadamente. Entre os Pueblo, por exemplo, os seres das profundezas, como Shumaikoli ou Muyingwû,[4] que participam da emergência, são mancos (nos textos, são chamados de "Pé-ensangüentado", "Pé-machucado", "Pé-mole"). A mesma observação vale para os Koskimo da mitologia kwakiutl, que, depois de terem sido engolidos por Tsiakish, monstro das profundezas, sobem de volta à superfície terrestre "cambaleando para a frente ou para os lados". O traço comum da quarta coluna poderia ser, portanto, a *persistência da autoctonia humana*. Resultaria disso que a quarta coluna possui a mesma relação com a coluna 3 que a coluna 1 com a coluna 2. A impossibilidade de conectar grupos de relações é superada (ou, para ser mais exato, substituída) pela afirmação de que duas relações contraditórias entre si são idênticas na medida em que cada uma delas é, tanto quanto a outra, contraditória consigo mesma. Esse modo de formular a estrutura do pensamento mítico ainda é apenas aproximado, mas há de bastar por enquanto.

> Como diremos mais adiante, escolhemos o mito de Édipo como primeiro exemplo em razão das notáveis analogias que parece haver entre certos aspectos do pensamento grego arcaico e o dos índios Pueblo, que fornecem os exemplos subseqüentes. Note-se quanto a isso que a personagem da Esfinge, tal como foi restituída por Delcourt, coincide com dois personagens da mitologia norte-americana (que certamente são um só). Trata-se, de um lado, da "*old hag*", velha bruxa de aparência repugnante que propõe, com seu aspecto físico, um enigma ao jovem herói; se ele decifrar o enigma – isto é, se aceitar as investidas da criatura abjeta – encontrará ao seu lado, quando despertar, uma moça lindíssima graças à qual ele será soberano (nessa forma, tema igualmente céltico). A Esfinge lembra mais ainda a "*child-protunding woman*" dos Hopi, mãe fálica por excelência; é uma jovem mulher, abandonada pelos seus durante uma migração difícil, no momento exato de parir, que agora perambula pelo deserto e é Mãe dos Animais, que nega aos caçadores. O homem que a encontrar com suas roupas ensangüentadas "fica tão aterrorizado que tem uma ereção", da qual ela se aproveita para violentá-lo, recompensando-o em seguinda com um infalível sucesso na caça (cf. Voth 1903: 352-53, 353, nota 1).

4. E não Masauwû, como aparece na versão inglesa deste estudo, em razão de um erro de datilografia.

Qual seria, então, o significado do mito de Édipo assim interpretado "à americana"? Ele exprimiria a impossibilidade na qual se encontra uma sociedade que professa acreditar na autoctonia do homem (cf. Pausânias, VIII, XXIX, 4: "o vegetal é o modelo do homem") de passar dessa teoria para o reconhecimento do fato de que cada um de nós na verdade nasceu da união de um homem e de uma mulher. A dificuldade é intransponível. Mas o mito de Édipo oferece uma espécie de instrumento lógico que permite lançar uma ponte entre o problema inicial – nasce-se de um ou de dois? – e o problema derivado, que pode ser aproximadamente formulado assim: o mesmo nasce do mesmo, ou do outro? Desse modo, aparece uma correlação: a supervalorização do parentesco de sangue está para a desvalorização deste assim como o esforço de escapar da autoctonia está para a impossibilidade de conseguir fazê-lo. A experiência pode desmentir a teoria, mas a vida social verifica a cosmologia, na medida em que ambas exibem a mesma estrutura contraditória. Portanto, a cosmologia é verdadeira. Façamos um parêntese, para introduzir aqui duas observações.

Na tentativa de interpretação acima, foi-nos possível desconsiderar uma questão que muito preocupou os especialistas no passado, a ausência de certos motivos nas versões mais antigas (homéricas) do mito de Édipo, tais como o suicídio de Jocasta e o autocegamento voluntário de Édipo. Mas esses motivos não alteram a estrutura do mito, na qual se encaixam, aliás, com facilidade, o primeiro como mais um exemplo de autodestruição (coluna 3) e o segundo, como outro tema da deficiência (coluna 4). Tais acréscimos apenas contribuem para explicitar o mito, já que a passagem do pé para a cabeça aparece em correlação significativa com outra passagem, entre a autoctonia negada e a autodestruição.

O método nos livra, assim, de uma dificuldade que, até agora, constituiu um dos principais obstáculos ao progresso dos estudos mitológicos, a saber, a busca de uma versão autêntica ou primitiva. Propomos, ao contrário, definir cada mito pelo conjunto de todas as suas versões. Dito de outro modo: o mito continua sendo mito enquanto for percebido como tal. Esse princípio é bem ilustrado por nossa interpretação do mito de Édipo, que se pode basear na formulação freudiana, e certamente lhe é aplicável. O problema posto por Freud em termos "edipianos" não é mais, sem dúvida, o da alternativa entre autoctonia e reprodução bissexuada. Continua se tratando de entender como *um* pode nascer de *dois*, como é possível que não tenhamos um único genitor, mas uma mãe e, além disso, um pai. Não hesitaremos, portanto, em colocar Freud junto com Sófocles entre nossas fontes do mito de Édipo. Suas versões merecem o mesmo crédito que as outras, mais antigas e aparentemente mais "autênticas".

Do que foi exposto decorre uma conseqüência importante. Posto que um mito se compõe do conjunto de suas variantes, a análise estrutural deverá considerar todas elas na mesma medida. Depois de estudar as variantes conhecidas da versão tebana, serão consideradas as outras: relatos referentes à linhagem colateral de Lábdaco, que inclui Agave, Penteu e a própria Jocasta, as variantes tebanas sobre Lico, em que Anfião e Zeto desempenham o papel de fundadores de cidade, outras, mais afastadas, relativas a Dioniso (primo matrilateral de Édipo) e as lendas atenienses em que o papel que em Tebas cabe a Cadmo é atribuído a Cécrope etc. Para cada uma dessas variantes será construído um quadro em que cada elemento será colocado a fim de permitir a comparação com o elemento correspondente dos demais quadros: a destruição da serpente por Cécrope com o episódio paralelo da história de Cadmo; o abandono de Dionísio com o de Édipo; "Pé-inchado" e Dioniso *loxias*, isto é, que anda torto; a busca de Europa com a de Antíope; a fundação de Tebas, ora pelos Espartoi ora pelos dióscuros Anfião e Zeto; Zeus raptando Europa ou Antíope e o episódio similar em que a vítima é Sêmele; o Édipo tebano e o Perseu argeu etc. Teremos assim vários quadros bidimensionais, cada um deles dedicado a uma variante, e que poderão ser justapostos como planos paralelos, de modo a obter um conjunto tridimensional, que pode ser "lido" de três modos diferentes – da esquerda para a direita, de cima para baixo e da frente para trás (ou o inverso). Os quadros jamais serão idênticos, mas a experiência comprova que os afastamentos diferenciais que serão facilmente percebidos apresentam entre eles correlações significativas que permitem submeter o conjunto a operações lógicas, por simplificações sucessivas, chegando por fim na lei estrutural do mito em questão.

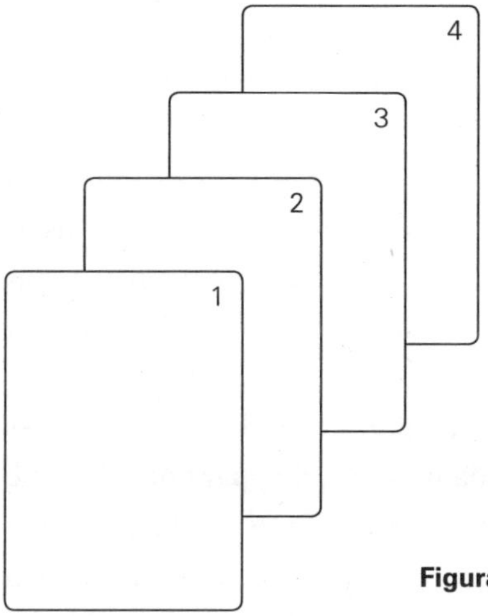

Figura 16

Pode-se objetar que tal empresa não pode ser levada a cabo, já que as únicas versões de que dispomos são aquelas conhecidas atualmente, e que uma nova versão poderia pôr em xeque os resultados atingidos. Trata-se de uma dificuldade real quando se dispõe de muito poucas versões, mas que se vai tornando teórica na medida em que o número delas cresce. A experiência dirá a ordem de grandeza aproximada do número de versões exigido, que não deverá ser muito alto. Se conhecermos a mobília de um quarto e sua disposição unicamente por meio das imagens refletidas por dois espelhos presos a paredes opostas, duas situações poderão ocorrer. Com espelhos exatamente paralelos, o número de imagens seria teoricamente infinito. No entanto, se um dos espelhos fosse colocado obliquamente em relação ao outro, esse número diminuiria rapidamente, à proporção do ângulo. Mesmo nesse caso, quatro ou cinco imagens bastariam, senão para nos fornecer uma informação completa, pelo menos para nos dar a certeza de que nenhum móvel importante teria deixado de ser visto.

Inversamente, sempre se deve lembrar da imperiosa necessidade de não omitir nenhuma das variantes colhidas. Se os comentários de Freud fazem parte – como cremos – do mito de Édipo, a questão de saber se a transcrição feita por Cushing do mito de origem dos Zuñi é fiel o bastante para poder ser considerada deixa de ter sentido. Não existe versão "verdadeira", de que todas as demais seriam meras cópias ou ecos deformados. Todas as versões pertencem ao mito.

Isso nos permite compreender por que vários estudos de mitologia geral deram resultados desanimadores. Primeiramente, os comparatistas quiseram selecionar versões privilegiadas, em vez de contemplar todas elas. Em seguida, vimos que a análise estrutural de *uma* variante de *um* mito, registrada em *uma* tribo (em certos casos, em *uma* aldeia), desemboca num esquema bidimensional. Basta operar com diversas variantes do mesmo mito, da mesma aldeia ou da mesma tribo, para que o esquema se torne tridimensional e, se a comparação for estendida, o número de dimensões exigidas cresce tão depressa que deixa de ser possível apreendê-las por procedimentos intuitivos. As confusões e banalidades a que costuma chegar a mitologia geral decorrem, portanto, do desconhecimento dos sistemas de referência multidimensionais efetivamente exigidos, que ingenuamente se acredita poder substituir por sistemas de duas ou três dimensões. Na verdade, há pouca esperança de que a mitologia comparada possa se desenvolver sem lançar mão de um simbolismo de inspiração matemática, aplicável a esses sistemas pluridimensionais, complexos demais para nossos métodos empíricos tradicionais.

Em 1952-54,[5] tentamos verificar a teoria sumariamente exposta nas páginas acima, com uma análise exaustiva de todas as versões conhecidas dos mitos zuñi de origem e de emergência: Cushing 1883 e 1896, Stevenson 1904, Parsons 1923, Bunzel 1932 e Benedict 1934b. A análise foi completada por uma comparação dos resultados obtidos com mitos similares dos demais grupos pueblo, ocidentais bem como orientais. E, finalmente, foi feita uma sondagem preliminar na mitologia das Planícies. Todos os resultados confirmaram as hipóteses. Não somente a mitologia norte-americana saiu da experiência iluminada por novas luzes, como também foi possível entrever, e em certos casos definir, operações lógicas de um tipo que no mais das vezes havia sido desconsiderado ou observado em

5. Cf. *Annuaire de l'École Pratique des Hautes Études*, Section des sciences religieuses, 1952-53: 19-21; 1953-54: 27-29.

campos muito afastados do nosso. Não é possível entrar em detalhes aqui, de modo que apresentaremos apenas alguns resultados.

Um quadro, sem dúvida excessivamente simplificado, do mito zuñi de emergência teria aproximadamente o aspecto abaixo:

MUDANÇA			MORTE
Utilização mecânica dos vegetais (escadas para sair dos mundos inferiores)	Emergência, liderada pelos Gêmeos Bem-Amados	Incesto entre irmão e irmã (origem da água)	Extermínio dos filhos dos homens pelos deuses (por afogamento)
Uso alimentar das plantas selvagens	Migração, liderada pelos dois Newekwe (bobos rituais)		Torneio mágico contra o Povo do Orvalho (coletores contra agricultores)
		Sacrifício de um irmão e uma irmã (para obter a vitória)	
Uso alimentar das plantas cultivadas			
		Adoção de um irmão e uma irmã (em troca do milho)	
Caráter periódico das atividades agrícolas			
			Guerra contra os Kyanakwe (agricultores contra caçadores)
Uso alimentar da carne (caça)			
	Guerra, liderada pelos dois Deuses da Guerra		
Inevitabilidade da guerra			Salvação da tribo (descoberta do centro do Mundo)
		Sacrifício de um irmão e uma irmã (para vencer o Dilúvio)	
MORTE			PERMANÊNCIA

Um rápido exame desse quadro basta para compreender sua natureza. Trata-se de uma espécie de ferramenta lógica, destinada a operar uma mediação entre a vida e a morte. A passagem é difícil para o pensamento pueblo, que concebe a vida humana a partir do modelo do reino vegetal (emergência para fora da terra). Compartilha essa interpretação com a Grécia antiga, e não foi totalmente arbitrária nossa escolha do mito de Édipo como primeiro exemplo. No caso americano aqui considerado, a vida vegetal é sucessivamente analisada sob vários aspectos, ordenados do mais simples ao mais complexo. A agricultura ocupa o lugar supremo e, no entanto, trata-se de uma atividade periódica, o que significa que consiste numa alternância entre vida e morte, em contradição com o postulado inicial.

Ainda que se desconsidere essa contradição, ela ressurge mais em baixo no quadro: a agricultura é fonte de alimento e, portanto, de vida, mas a caça, que também obtém alimento, se assemelha à guerra, que é morte. Conseqüentemente, há vários modos de lidar com a questão. A versão de Cushing está centrada numa oposição entre as atividades ligadas à alimentação cujo resultado é imediato (coleta de plantas selvagens) e àquelas cujo resultado só pode ser obtido a longo prazo. Dito de outro modo, a morte deve ser integrada à vida para que a agricultura seja possível.

Na versão de Parsons, passa-se da caça para a agricultura, enquanto que a versão de Stevenson procede na ordem inversa. Todas as outras diferenças entre as três versões podem ser correlacionadas com essas estruturas fundamentais. Por exemplo, as três versões descrevem a grande guerra travada pelos ancestrais dos Zuñi contra uma população mítica, os Kyanakwe, introduzindo no relato variações significativas, que consistem, primeiro, na aliança ou hostilidade dos deuses; segundo, na obtenção da vitória final por um campo ou pelo outro; e, terceiro, na função simbólica atribuída aos Kyanakwe, ora descritos como caçadores (e, nesse caso, possuidores de arcos com corda feita de tendões animais), ora como agricultores (com cordas de arco de fibra vegetal):

CUSHING	PARSONS	STEVENSON
Deuses, Kyanakwe { aliados, utiliza cordas vegetais,	Kyanakwe sozinhos, cordas vegetais	Deuses, Homens { aliados, utiliza cordas vegetais,
vencem os	vencem os	vencem os
Homens, sozinhos, utilizando cordas de tendão (antes de substituí-las por fibras)	Homens, Deuses { aliados, utilizando cordas de tendão	Kyanakwe, sozinhos, utilizando cordas de tendão

Como a fibra vegetal (agricultura) é sempre superior à corda de tendão (caça) e como (em menor medida) a aliança com os deuses é preferível à sua hostilidade, resulta que, na versão de Cushing, os homens têm dupla desvantagem (deuses hostis, corda de tendão), e uma dupla vantagem na versão de Stevenson (deuses propícios, corda de fibra), ao passo que a versão de Parsons ilustra uma situação intermediária (deuses propícios, corda de tendão, já que a humanidade primitiva vive da caça).

Oposições	*Cushing*	*Parsons*	*Stevenson*
deuses/homens	–	+	+
fibra/tendão	–	–	+

A versão de Bunzel exibe a mesma estrutura que a de Cushing, mas se diferencia dela (bem como da versão de Stevenson) no sentido de que ambas as versões apresentam a emergência como resultado dos esforços dos homens para escapar de sua condição miserável nas entranhas da terra; por sua vez, a versão de Bunzel trata a emergência como resultado de um chamado feito aos homens pelas forças das regiões superiores. Assim, entre Bunzel, de um lado, e Stevenson e Cushing, do outro, os procedimentos empregados para a emergência se sucedem em ordem simétrica e inversa. Em Stevenson e Cushing, das plantas para os animais e em Bunzel, dos mamíferos para os insetos e dos insetos para as plantas.

Em todos os mitos dos Pueblo ocidentais, a construção lógica da questão é a mesma: o ponto de partida e o ponto de chegada do raciocínio são inequívocos, e a ambigüidade surge no estágio intermediário:

VIDA (= CRESCIMENTO)		
Uso mecânico do reino vegetal, levando em conta exclusivamente o crescimento		ORIGEM
Uso alimentar do reino vegetal limitado às plantas selvagens		COLETA
Uso alimentar do reino vegetal englobando plantas selvagens e plantas cultivadas		AGRICULTURA
Uso alimentar do reino animal limitado aos animais	*(contradição aqui, já que negação da vida = destruição, de onde:)*	CAÇA
Destruição do reino animal, incluindo os homens		GUERRA
↓ MORTE (= DE-CRESCIMENTO)		

O aparecimento de um termo contraditório bem no meio do processo dialético está relacionado ao surgimento de uma dupla série de pares dioscúricos, cuja função é operar uma mediação entre os dois pólos:

1.	2 mensageiros divinos	2 bobos rituais		2 deuses da guerra
2.	par homogêneo: dióscuros (dois irmãos)	germanos (irmão e irmã)	casal (marido e mulher)	par heterogêneo: (avó-neto)

ou seja, uma série de variantes combinatórias desempenhando a mesma função em contextos diferentes. Compreende-se, assim, que aos bobos, no ritual pueblo, se possam atribuir funções guerreiras. O problema, que fora muitas vezes considerado insolúvel, desaparece quando se percebe que os bobos ocupam, em relação à produção de alimentos (são glutões, que podem abusar impunemente dos produtos agrícolas), a mesma função que os deuses da guerra (que aparece, no processo dialético, como um *abuso* da caça: caça ao homem, em lugar dos animais apropriados ao consumo humano).

Certos mitos dos Pueblo centrais e orientais procedem de outro modo. Começam postulando a identidade profunda entre caça e agricultura. Essa identificação se evidencia, por exemplo, no mito de origem do milho, que é obtido pelo Pai dos Animais semeando, como grãos, esporas de pata de cervo. Trata-se, então, de tentar extrair simultaneamente a vida e a morte, a partir de um termo global. Em vez de os termos extremos serem simples e os termos intermediários desdobrados (como entre os Pueblo ocidentais), são os extremos que se desdobram (como as duas irmãs dos Pueblo orientais), enquanto um termo mediador simples surge em primeiro plano (o Poshaiyanne dos Zia), mas ele próprio dotado de atributos equívocos. Graças a esse esquema, podem-se até deduzir os atributos que terá esse "messias" nas diversas versões, de acordo com o momento em que faz sua aparição no decorrer do mito: benfazejo quando se manifesta no início (Zuñi, Cushing), equívoco no meio (Pueblo centrais) e malfazejo no final (Zia), exceto na versão de Bunzel do mito Zuñi em que a seqüência é invertida, como já indicamos.

Aplicando sistematicamente esse método de análise estrutural, consegue-se ordenar todas as variantes conhecidas do mito numa série, formando uma espécie de grupo de permutações, no qual as duas variantes situadas nas duas extremidades da série apresentam, uma em relação à outra, uma estrutura simétrica, mas invertida. Introduz-se assim um começo de ordem onde só havia caos, e ganha-se a vantagem suplementar de extrair certas operações lógicas que estão na base do pensamento mítico.[6] Desde já, três tipos de operações podem ser isolados.

O personagem geralmente chamado *trickster*[7] na mitologia americana constituiu por muito tempo um enigma. Qual seria a explicação para o fato de esse papel caber, em quase toda a América do Norte, ao

6. Para outra aplicação desse método, ver nosso estudo "Four Winnebago Myths" in *Culture in History. Essays in Honor of Paul Radin*, Nova York, 1960.

7. Em textos posteriores, notadamente nas *Mitológicas*, Lévi-Strauss utilizará o termo "*décepteur*" para esse personagem, traduzido em português por "enganador"; cf. exposto em "Traduzir as *Mitológicas*", in Lévi-Strauss, *O cru e o cozido* (São Paulo: Cosac Naify, 2004: 13). [N.T.]

coiote ou ao corvo? A razão dessa escolha aparece ao percebermos que o pensamento mítico provém da tomada de consciência de determinadas oposições e tende à sua mediação progressiva. Postulemos, pois, que dois termos entre os quais a passagem parece ser impossível sejam inicialmente substituídos por dois termos equivalentes, mas que admitam um outro como intermediário. Em seguida, um dos termos polares e o termo intermediário são, por sua vez, substituídos por uma nova tríade, e assim por diante. Obtém-se então uma estrutura de mediação do seguinte tipo:

Par inicial	*Primeira tríade*	*Segunda tríade*
Vida		
	Agricultura	
		Herbívoros
		Comedores de carniça
	Caça	
		Predadores
	Guerra	
Morte		

Essa estrutura substitui o raciocínio implícito: os comedores de carniça são como os predadores (consomem alimento animal), mas também como os produtores de alimento vegetal (não matam o que comem). Os Pueblo, para quem a vida agrícola é mais "significativa" do que a caça, formulam o mesmo raciocínio de forma um pouco diferente: os corvos estão para as roças assim como os predadores estão para os herbívoros. Mas já era possível tratar os herbívoros como mediadores, já que são, com efeito, como coletores (vegetarianos) e fornecem alimento animal, sem serem eles próprios caçadores. Obtêm-se, assim, mediadores de primeiro, segundo e terceiro graus, e assim por diante, sendo que cada um dos termos dá origem ao seguinte por oposição e correlação.

Essa seqüência de operações fica patente na mitologia das Planícies, que pode ser ordenada numa série:

↓ Mediador (malsucedido) entre céu e terra:
(esposa de "*Star-husband*")
Par heterogêneo de mediadores:
(avó/neto)
Par semi-homogêneo de mediadores:
("*lodge-boy*"/"*thrown-away*")

Ao passo que, entre os Pueblo (Zuñi), a série correspondente é do tipo:

↓ Mediador (bem-sucedido) entre céu e terra:
(Poshaiyanki)
Par semi-homogêneo de mediadores:
(Uyuyewi e Matsailema)
Par homogêneo de mediadores:
(os dois Ahaiyuta)

Correlações do mesmo tipo podem também aparecer num eixo horizontal (o que vale inclusive no plano lingüístico, como nas conotações múltiplas do radical *pose* em Tewa, segundo Parsons: coiote, nevoeiro, escalpo etc.). O coiote (que é um comedor de carniça) é intermediário entre herbívoros e carnívoros *como* o nevoeiro entre céu e terra, *como* o escalpo entre guerra e agricultura (o escalpo é uma "colheita" guerreira), *como* a nigela entre as plantas selvagens e as plantas cultivadas (cresce sobre estas, ao modo daquelas), *como* o vestuário entre "natureza" e "cultura", *como* o lixo entre a aldeia habitada e o mato, *como* as cinzas (e a fuligem) entre a fogueira (no solo) e o teto (imagem da abóbada celeste). Essa cadeia de mediadores – se assim se pode dizer – oferece uma série de articulações lógicas, que permitem resolver diversas questões relativas à mitologia americana, como por que o deus do orvalho é também dono dos animais, por que o deus possuidor de ricas vestes é muitas vezes um Cinderelo (*Ash-boy*), por que os escalpos produzem o orvalho, por que a Mãe dos animais é associada à nigela etc.

Mas podemos igualmente nos perguntar se não atingimos assim um modo universal de organizar os dados da experiência sensível.

Comparemos aos exemplos acima a palavra francesa *nielle* [nigela], do latim *nebula*, e o papel de amuleto da sorte atribuído, na Europa, ao lixo (sapatos velhos), às cinzas e à fuligem (cf. rito do beijo no limpador de chaminés); comparemos ainda o ciclo americano do *Ash-boy* ao ciclo indo-europeu de Cinderela. Ambos os personagens são figuras fálicas (mediadores entre os sexos), donos do orvalho e dos animais selvagens, possuidores de roupas luxuosas e mediadores sociológicos (aliança matrimonial entre nobres e plebeus, entre ricos e pobres). Ora, é impossível explicar esse paralelismo por um empréstimo (o que afirmaram alguns), pois as narrativas relativas a *Ash-boy* e a Cinderela são simétricas e inversas até nos mínimos detalhes, ao passo que a narrativa de Cinderela, tal como foi efetivamente emprestada na América (cf. o conto zuñi da *Guardadora de perus*), permanece paralela ao protótipo. Daí o quadro:

	Europa	*América*
Sexo	feminino	masculino
Família	Dupla família (pai se casa novamente)	nenhuma família (órfão)
Aspecto	Moça bonita	rapaz repugnante
Atitude	Ninguém a ama	ama e não é correspondido
Transformação	Coberta de roupas luxuosas, graças à ajuda sobrenatural	despido de sua aparência horrível, graças à ajuda sobrenatural

Como *Ash-boy* e Cinderela, o *trickster* é, portanto, um mediador, e essa função explica o fato de ele manter algo da dualidade que tem por função superar. Daí seu caráter ambíguo e equívoco. Mas o *trickster* não é a única forma possível de mediação. Alguns mitos parecem dedicar-se inteiramente a esgotar todas as modalidades possíveis da passagem da dualidade para a unidade. Quando comparamos todas as variantes do mito de emergência zuñi, podemos extrair uma série ordenável de funções mediadoras, cada qual resultando daquela que a precede por oposição e correlação:

messias > dióscuros > *trickster* > ser bissexuado > par de germanos > casal > avó e neto > grupo de quatro termos > tríade

Na versão de Cushing, essa dialética é acompanhada pela passagem de um meio espacial (mediação entre céu e terra) para um meio temporal (mediação entre verão e inverno, ou seja, entre nascimento e morte). Contudo, e apesar de se operar a passagem do espaço para o tempo, a fórmula derradeira (tríade) reintroduz o espaço, pois que, nesse caso, a tríade é composta por um par dioscúrico dado *simultaneamente* com um messias e, inversamente, embora a fórmula de saída estivesse expressa em termos de espaço (céu e terra), a noção do tempo estava implícita, já que o messias implora e, *em conseqüência disso*, os dióscuros descem do céu. Vemos, assim, que a construção lógica do mito pressupõe uma dupla permutação de funções. Voltaremos a isso, depois de termos considerado outro tipo de operação.

Além do caráter ambíguo do *trickster*, outra característica dos seres mitológicos torna-se explicável. Referimo-nos aqui à dualidade de natureza que é inerente a uma mesma divindade, ora benéfica, ora maléfica. Quando se comparam as variantes do mito hopi que funda o ritual do Shalako, descobre-se que é possível ordená-las em função da seguinte estrutura:

(Masauwû: x) $\simeq$ (Muyingwû: Masauwû) $\simeq$ (Shalako: Muyingwû) $\simeq$ (y: Masauwû),

onde x e y representam valores arbitrários, mas que é preciso postular para as duas versões "extremas". Nessas versões, com efeito, ao deus Masauwû, que aparece sozinho e não relacionado a outro deus (versão 2) ou ausente (versão 3), atribuem-se funções que são, afinal, relativas. Na primeira versão, Masauwû (sozinho) é prestativo para com os homens, ainda que não o seja completamente; na versão 4, ele é hostil, mas poderia sê-lo ainda mais. De modo que seu papel é definido – pelo menos implicitamente – por comparação com um outro papel possível e não especificado, aqui representado pelos valores x e y. Na versão 2, ao contrário, Muyingwû é relativamente mais prestativo do que Masauwû, assim como Shalako o é relativamente mais do que Muyingwû na versão 3.

É possível reconstituir uma série formalmente análoga com versões keresan de um mito vizinho:

$$(\text{Poshaiyanki}: x) \simeq (\text{Lea}: \text{Poshaiyanki}) \simeq (\text{Poshaiyanki}: \text{Tiamoni}) \simeq (y: \text{Poshaiyanki}).$$

Esse tipo de estrutura é especialmente digno de atenção na medida em que os sociólogos já o encontraram em dois outros campos, o das relações de subordinação entre os galináceos e outros animais (*pecking-order*) e o dos sistemas de parentesco, em que lhe demos o nome de *troca generalizada*. Ao isolá-lo, agora, num terceiro campo, o do pensamento mítico, pode-se esperar estar mais bem posicionado para perceber seu verdadeiro papel nos fenômenos sociais e dar-lhe uma interpretação teórica de alcance mais geral.

Enfim, se se conseguir ordenar uma série completa de variantes, na forma de um grupo de permutações, pode-se esperar descobrir a lei do grupo. No atual estágio de nossas investigações, teremos de contentar-nos aqui com indicações bastante aproximativas. Quaisquer que sejam os ajustes e modificações a serem feitos na fórmula abaixo, parece desde já estabelecido que todo mito (considerado como o conjunto de suas variantes) é passível de redução a uma relação canônica do tipo:

$$F_x(a) : F_y(b) \simeq F_x(b) : F_{a-1}(y)$$

na qual, dados simultaneamente dois termos, *a* e *b*, e duas funções, *x* e *y*, de tais termos, postula-se que existe uma relação de equivalência entre duas situações, definidas por uma inversão entre *termos* e *relações*, com duas condições: 1. que um dos termos seja substituído por seu contrário (na expressão acima, *a* e *a* – 1) e 2. que uma inversão correlativa se produza entre o *valor de função* e o *valor de termo* de dois elementos (acima, *y* e *a*).

A fórmula acima adquire pleno sentido quando lembramos que, segundo Freud, dois traumas (e não um só, como tantas vezes se tende a crer) são necessários para que nasça o mito individual que é uma neurose. Tentando aplicar a fórmula à análise desses traumas (postulando que satisfizessem as condições 1 e 2 enunciadas acima), certamente chegaríamos a dar à lei genérica do mito uma expressão mais precisa e mais rigorosa. Mas, principalmente, estaríamos em condições de desenvolver em paralelo o estudo sociológico e psicológico do pensamento mítico, talvez até de tratá-lo como que em laboratório, submetendo as hipóteses de trabalho ao controle experimental.

É lamentável que as precárias condições da pesquisa científica na França não permitam, por enquanto, levar adiante o trabalho. Os textos míticos são extremamente volumosos. Sua análise em unidades constitutivas exige um trabalho de equipe e pessoal técnico. Uma variante de dimensão mediana fornece várias centenas de cartas. Para descobrir a melhor disposição dessas cartas em colunas e linhas, seria preciso dispor de fichários verticais de aproximadamente 2 m x 1,50 m, providos de compartimentos em que as cartas pudessem ser repartidas e deslocadas à vontade. E, se nos propusermos a elaborar modelos tridimensionais, para comparar variantes, serão necessários tantos fichários quanto variantes, bem como espaço suficiente para movê-los e dispô-los livremente. Por fim, se o sistema de referência lançar mão de mais de três dimensões (o que pode ocorrer rapidamente, como mostramos à p. 236), será preciso recorrer às cartas perfuradas e à mecanografia. Sem esperanças, por enquanto, de conseguir nem mesmo locais indispensáveis para constituir uma única equipe, contentar-nos-emos com apresentar três observações, à guisa de conclusão desta apresentação.

Em primeiro lugar, indagou-se muitas vezes por que os mitos, e a literatura oral de modo geral, utilizam com tanta freqüência a duplicação, a triplicação ou a quadruplicação de uma mesma seqüência. Se nossas hipóteses forem aceitas, é fácil responder. A repetição possui uma função própria, que é a de tornar manifesta a estrutura do mito. Mostramos, com efeito, que a estrutura sincro-diacrônica que caracteriza o mito permite ordenar seus elementos em seqüências diacrônicas (as linhas de nossos quadros) que devem ser lidas sincronicamente (as colunas). Todo mito possui, portanto, uma estrutura folheada que transparece na superfície, por assim dizer, no e pelo procedimento de repetição.

Contudo (este é o segundo ponto), as camadas nunca são rigorosamente idênticas. Se o objetivo do mito é, de fato, fornecer um modelo lógico para resolver uma contradição (tarefa irrealizável quando a contradição é real), um número teoricamente infinito de camadas será gerado, cada uma delas ligeiramente diferente da que a precede. O mito irá desenvolver-se como uma espiral, até que o impulso intelectual que lhe deu origem se esgote. O *crescimento* do mito é, portanto, contínuo, por oposição à sua *estrutura*, sempre descontínua. Se nos permitem uma imagem arriscada, o mito é um ser verbal que, no campo da fala, ocupa um lugar comparável ao que cabe ao cristal no mundo da matéria física. Em relação à *língua*, de um lado, e à *fala*, do outro, sua posição seria de fato análoga à do cristal, objeto intermediário entre um agregado estatístico de moléculas e a própria estrutura molecular.

Finalmente, os sociólogos que se perguntaram quanto às relações entre a mentalidade dita "primitiva" e o pensamento científico geralmente responderam invocando diferenças qualitativas no modo como o espírito humano trabalha em cada caso. Mas não questionaram que o espírito se aplicasse, em ambos os casos, aos mesmos objetos.

As páginas acima levam a uma outra concepção. A lógica do pensamento mítico pareceu-nos tão exigente quanto a que fundamenta o pensamento positivo e, no fundo, pouco diferente. Pois a diferença está menos na qualidade das operações intelectuais do que na natureza das coisas a que elas se referem. Já faz bastante tempo que os tecnólogos perceberam, em seu campo, que um machado de ferro não é superior a um machado de pedra porque um seria "mais bem feito" do que o outro. Ambos são igualmente bem feitos, mas o ferro não é a mesma coisa que a pedra.

Talvez um dia descubramos que a mesma lógica opera no pensamento mítico e no pensamento científico, e que o homem sempre pensou igualmente bem. O progresso – se é que o termo se aplica – não teria tido por palco a consciência, e sim o mundo, em que uma humanidade dotada de faculdades constantes teria continuamente se deparado, no decorrer de sua longa história, com novos objetos.

XII. Estrutura e dialética[1]

De Lang a Malinowski, passando por Durkheim, Lévy-Bruhl e Van der Leeuw, os sociólogos e etnólogos que se interessaram pelas relações entre mito e ritual as conceberam como uma redundância. Alguns vêem em cada mito a projeção ideológica de um rito, destinada a fundamentá-lo. Outros invertem a relação, tratando o rito como uma espécie de ilustração do mito, na forma de uma encenação. Em ambos os casos postula-se, entre mito e rito, uma correspondência ordenada, ou seja, uma homologia; quer se atribua a um ou a outro o papel de origem ou de reflexo, o mito e o rito se reproduzem entre si, um no plano da ação, o outro no das noções. Resta saber por que nem todos os mitos correspondem a ritos e vice-versa, por que essa homologia só é demonstrável num número reduzido de casos e, principalmente, qual é a razão dessa estranha duplicação.

Proponho-me a mostrar, a partir de um exemplo preciso, que tal homologia nem sempre existe ou, mais exatamente, que ela poderia ser – quando existe – um caso particular de uma relação mais geral entre mito e rito, e dos próprios ritos entre si. A relação de fato implica uma correspondência termo a termo, entre os elementos de ritos diferentes na aparência, ou entre elementos de um determinado rito e um determinado mito, mas sem que a correspondência possa ser tratada como uma homologia. No exemplo que será aqui discutido, para ser restituída, ela exige uma série de operações prévias, permutações ou transformações,

1. Publicado em *For Roman Jakobson, Essays on the occasion of his sixtieth birthday* (Lévi-Strauss 1956c).

em que talvez se encontre a razão da duplicação. Se essa hipótese estiver correta, dever-se-á abandonar a busca pela relação entre mito e ritual numa espécie de causalidade mecânica, e passar a conceber sua relação no plano de uma dialética, à qual só é possível chegar tendo previamente reduzido ambos a seus elementos estruturais.

O esboço de tal demonstração constitui, a meu ver, uma homenagem apropriada à obra e ao método de Roman Jakobson. Ele mesmo interessou-se, em várias ocasiões, pela mitologia e pelo folclore; basta lembrar seu verbete acerca da mitologia eslava no *Standard Dictionary of Folklore* (1950), de Funk and Wagnalls, e seus preciosos comentários aos *Russian Fairy Tales* (1945). Além disso, é evidente que o método que sigo remete a uma extensão a um outro campo, o da lingüística estrutural, a que o nome de Jakobson está associado. E, finalmente, ele próprio sempre se mostrou particularmente atento ao elo estreito que existe entre a análise estrutural e o método dialético, e concluía seus célebres *Princípios de fonologia histórica* dizendo: "A ligação entre a estática e a dinâmica é uma das antinomias dialéticas mais fundamentais a determinarem a idéia de língua". Buscando aprofundar as implicações recíprocas entre a noção de estrutura e o pensamento dialético, não faço, portanto, senão seguir uma das trilhas traçadas por ele mesmo.

Na obra de G. A. Dorsey sobre a mitologia dos índios Pawnee das Planícies da América do Norte (1906) encontra-se uma série de mitos, numerados de 77 a 116, que explicam a origem dos poderes xamânicos. Um tema é neles recorrente (cf. os n.os 77, 86, 89 *et passim*) que, para simplificar, chamarei de *menino grávido*. Vejamos, por exemplo, o mito n.º 77.

Um rapazinho ignorante percebe que possui poderes mágicos que lhe permitem curar os doentes. Um velho feiticeiro, oficialmente estabelecido, invejoso de sua reputação crescente, visita-o várias vezes em companhia de sua esposa. Fica furioso por não conseguir – evidentemente – nenhum segredo em troca de seus próprios ensinamentos e oferece ao rapaz seu cachimbo cheio de ervas mágicas. O rapaz fica enfeitiçado e descobre que está grávido. Coberto de vergonha, deixa a aldeia e vai buscar a morte junto às feras selvagens. Estas, com pena dele por sua desgraça, resolvem curá-lo, extraem o feto de seu corpo e lhe transmitem seus poderes mágicos, graças aos quais o rapaz, de volta junto dos seus, mata o feiticeiro malvado e torna-se um curandeiro famoso e respeitado.

Quando se analisa atentamente o texto desse mito, de que uma única versão ocupa treze páginas da obra de Dorsey, nota-se que ele é construído em torno de uma longa série de oposições: 1. *xamã iniciado/xamã não iniciado*, isto é, oposição entre poder adquirido e poder inato; 2. *criança/ancião*, pois o mito insiste tanto na juventude quanto na velhice dos protagonistas; 3. *confusão dos sexos/distinção dos sexos* – toda a metafísica pawnee se funda na idéia de que, na origem do universo, os elementos antagonistas estavam misturados e de que a primeira obra dos deuses consistiu em distingui-los; o rapazinho é assexuado ou, mais precisamente, os princípios masculino e feminino nele se confundem, ao passo que, no velho, a distinção é definitiva, e o mito expressa claramente essa idéia pela constante presença do casal composto pelo feiticeiro e sua mulher, oposta ao rapazinho solitário, mas que contém em si masculinidade e feminilidade (homem grávido); 4. *fertilidade da criança* (apesar de sua virgindade)/*esterilidade do ancião* (apesar de seu casamento constantemente relembrado); 5. a relação irreversível de fecundação do "filho" pelo "pai" é dada em oposição a uma relação igualmente irreversível, a vingança do "pai" porque o "filho" não lhe revela segredo algum (ele não tem nenhum) em troca dos seus; 6. oposição tripla entre magia *vegetal* (e *real*: uma droga graças à qual o velho fecunda o menino; mas é uma magia *curável*) e a magia de origem *animal* (e *simbólica*: manipulação de um crânio) pela qual o menino mata o velho – *sem chance de ressurreição*; 7. uma das duas magias procede por *introdução*, a outra, por *extração*.

Essa construção por oposições pode ser vista nos detalhes. Os animais ficam comovidos de pena do menino por duas razões, que são precisamente enunciadas pelo texto: ele congrega as características do homem e da mulher, reunião que nele se traduz por uma oposição entre a magreza do corpo (estava em jejum havia vários dias) e o tamanho de seu ventre (devido a seu estado). Para fazê-lo abortar, *herbívoros vomitam* os *ossos*, enquanto *carnívoros extraem* as *carnes* (tripla oposição) e, finalmente, se o menino corre o risco de morrer por causa de uma barriga enorme (no nº 89, o feto é substituído por uma bola de argila que crescerá até fazer explodir seu portador), o feiticeiro morre efetivamente de uma constrição abdominal.

A versão apresentada sob o nº 89 ao mesmo tempo mantém e duplica algumas dessas oposições: o assassino desce sua vítima presa a uma corda até o mundo subterrâneo (morada dos animais mágicos, que são mamíferos) para que ele pegue penas de águia e de picanço, ou seja, de pássaros, habitantes do céu e mais especificamente associados um ao céu empíreo e o outro à tempestade. Essa inversão do sistema do mundo é acompanhada por um endireitamento correlativo da oposição (encontrada no sistema "direito" do mito 77) entre carnívoros e herbívoros, que aqui se encarregam, como é "normal", respectivamente dos ossos e do sangue do feto. Vê-se, assim, tudo o que uma análise estrutural do conteúdo do mito poderia, por si só, obter: regras de transformação que permitem passar de uma variante a outra, por operações semelhantes às da álgebra.

Contudo, é para outro aspecto da questão que desejo chamar a atenção. A que rito pawnee corresponde o mito do menino grávido? À primeira vista, a nenhum. Os Pawnee não possuem sociedades xamânicas fundadas em classes de idade, e esse mito insiste na oposição entre as gerações. O acesso a tais sociedades não depende de testes ou de pagamentos. Segundo o testemunho de Murie, entre eles, "o meio usual para tornar-se um feiticeiro era suceder a um mestre por ocasião da sua morte" (1914: 603).[2] Nosso mito está todo baseado, ao contrário, na dupla idéia de um poder inato e por isso contestado pelo mestre, que não o ensinou àquele que rejeita como sucessor.

Diríamos, diante disso, que o mito pawnee reflete um sistema correlativo e oposto ao que prevalece no ritual pawnee? Isso seria correto apenas em parte, porque a oposição não seria pertinente. Para falar mais precisamente, a noção de oposição não é aqui heurística, ela dá

2. Em inglês no original. [N.T.]

conta de certas diferenças entre o mito e o rito e deixa outras sem explicação; deixa de lado, notadamente, o tema do menino grávido, que no entanto reconhecemos como ocupante de um lugar central no grupo de mitos considerado.

Em compensação, todos os elementos do mito se encaixam quando o confrontamos, não ao ritual correspondente dos Pawnee, mas ao ritual simétrico e oposto que existe entre as tribos das Planícies dos Estados Unidos que concebem suas sociedades xamânicas, e suas regras de ingresso, de um modo inverso ao dos Pawnee. Nas palavras de Lowie, "*the Pawnee have the distinction of having developed the most elaborate system of societies outside the age-series*" (1916: 890). Opõem-se, nesse aspecto, aos Blackfoot e às tribos aldeãs, Mandan e Hidatsa, que apresentam os exemplos mais elaborados do outro tipo, e às quais estão ligados tanto pela cultura como pela geografia e pela história, por intermédio dos Arikara, cuja separação dos Skidi Pawnee (aqueles entre os quais Dorsey colheu os mitos) data apenas da primeira metade do século XVIII.

Nessas tribos, as sociedades constituem classes de idade, a passagem entre uma e outra é realizada por compra, a relação entre vendedor e comprador é concebida como uma relação entre "pai" e "filho" e, finalmente, o candidato sempre se apresenta acompanhado pela esposa e o motivo central da transação é uma entrega da mulher do "filho" ao "pai", que executa com ela um coito real ou simbólico, sempre representado como ato de fecundação. Reencontramos, portanto, todas as oposições já analisadas no plano do mito, com inversão dos valores atribuídos ao casal – iniciado e não-iniciado, juventude e velhice, confusão e distinção dos sexos etc. De fato, no rito mandan, hidatsa ou blackfoot, o "filho" é acompanhado pela esposa assim como no mito pawnee a esposa acompanhava o "pai", mas, se no mito ela era mera figurante, no rito é ela que desempenha o papel principal: fecundada pelo pai e gerando o filho, reúne portanto em si a bissexualidade que o mito atribuía ao filho. Em outras palavras, os valores semânticos são os mesmos, apenas permutados em uma posição em relação aos símbolos que lhes servem de suporte. Nesse sentido, é interessante comparar os termos a que é atribuído o papel de agente fecundante nos dois sistemas, cachimbo no mito pawnee, passado pelo pai com sua esposa para o filho, e nabo-selvagem no rito blackfoot, transferido primeiro pelo pai para a mulher do filho e desta para o filho. O cachimbo, tubo oco, é o intermediário entre o céu e o mundo médio, papel portanto simétrico e inverso ao do nabo-selvagem na mitologia das Planícies, como fica patente em numerosíssimas variantes do ciclo chamado "*star husband*", em que o nabo é como uma rolha que funciona como interruptor entre os dois mundos. Os elementos mudam de sinal quando sua ordem é invertida.

O extraordinário rito hidatsa (cujos paralelos chineses arcaicos, até onde sei, nunca foram assinalados) da entrega das mulheres num caramanchão cujo teto é feito de carne-seca também corresponde ao mito pawnee: pagamento em carne, ora aos pais fecundantes detentores da magia, ora aos animais mágicos que desempenham o papel de não-pais (= abortadores); porém, num caso, a carne é apresentada como continente (cabana coberta de carne) e, no outro, especifica-se que deve ser ofertada como conteúdo (sacos cheios de carne). Poderíamos prosseguir com tais paralelos, e todos nos levariam à mesma conclusão, a de que o mito pawnee expõe um sistema ritual invertido, não o que prevalece nessa tribo, mas um sistema que ela não aplica, e que é o de tribos aparentadas cuja organização ritual é exatamente oposta à sua. Além disso, a relação entre os dois sistemas apresenta um caráter contrapontístico: um é considerado uma progressão, o outro se apresenta como retrogressão.

Situamos, assim, um mito pawnee numa relação de correlação e oposição com um ritual estrangeiro. É digno de nota que uma relação do mesmo tipo, mas de ordem ainda mais complexa, possa ser descoberta entre o mesmo mito e um ritual que, embora não seja exclusivo dos Pawnee, foi entre eles objeto de um estudo especialmente aprofundado, o Hako (Fletcher 1904).

O Hako é um ritual de aliança entre dois grupos. À diferença das sociedades dos Pawnee, cujo lugar é fixo na estrutura social, os grupos em questão podem se escolher livremente. Ao assim procederem, eles se colocam na relação *pai/filho*, ou seja, a mesma que define a relação estável entre as classes de idade consecutivas nas tribos aldeãs. Como Hocart (1952) já demonstrou amplamente, a relação *pai/filho* na qual se baseia o Hako pode ser considerada uma permutação de uma relação de aliança entre parentes paternos e maternos. Em outros termos, o mito do menino grávido, o ritual mandan e hidatsa de promoção ao grau superior de uma série de classes de idade e o Hako representam grupos de permutações cuja lei é uma equivalência entre a oposição *pai/filho* e a oposição *homem/mulher*. De minha parte, estou pronto para sustentar que essa equação, por sua vez, se funda nas especificidades do sistema de parentesco chamado crow-omaha, em que as relações entre grupos aliados são justamente formalizadas em termos de relações entre ascendentes e descendentes, mas não há aqui lugar para desenvolver esse aspecto da questão.

Contentar-me-ei, pois, em examinar rapidamente as últimas fases do ritual (16 a 19, na divisão de Fletcher), as que são tidas por mais sagradas e que apresentam uma série de analogias notáveis com o mito do menino grávido. O grupo do pai chega na aldeia do filho, captura simbolicamente uma criancinha (menino ou menina indiferentemente, portanto assexuada ou, mais precisamente, de sexo não marcado) (id. ibid.: 201) e a sacraliza com uma série de unções, que visam identificá-la a Tirawa, divindade suprema do mundo celeste. Em seguida, a criança é levantada numa coberta, com as pernas saindo pela frente e, nessa posição, é movida como um falo para um coito simbólico com o mundo, representado por um círculo traçado no solo, no qual deixaria cair, como um ovo, um ninho de papa-figos (*oriole*); "a colocação dos pés da criança no círculo significa a dádiva de uma nova vida"[3] (id. ibid.: 245), comenta sem equívoco o informante indígena. No final, o círculo é apagado, a criança é lavada e mandam-na voltar a brincar com os amiguinhos.

Todas essas operações podem claramente ser vistas como permutação dos elementos do mito do menino grávido. Nos dois casos, temos três protagonistas:

3. Em inglês no original. [N.T.]

série mito:	filho	pai (ou marido)	mulher do pai;
série rito:	filho (permutação de mulher)	pai (permutação de marido)	criança (permutação de filho)

Também nas duas séries, dois protagonistas são marcados no que diz respeito ao sexo e um é não marcado (filho ou criança).

Na série mito, a ausência de marca do filho lhe permite ser meio homem e meio mulher; na série rito, ele se torna plenamente homem (agente de coito) e plenamente mulher (pare efetivamente um ninho – que simboliza um ovo – num círculo – que simboliza um ninho).

Toda a simbólica do Hako implica a fecundação do filho pelo pai por intermédio da função ambivalente da criança, assim como, no mito, a função ambivalente do casal feiticeiro-mulher fecunda a criança e, no ritual das tribos aldeãs, o pai fecunda o filho pela função ambivalente da mulher deste. Essa ambigüidade sexual de um dos protagonistas é constantemente sublinhada no contexto; compare-se, nesse sentido, o saco de que saem as pernas da criança (Hako), o menino de ventre protuberante (mito pawnee) e a mulher com um nabo saindo da boca (mito blackfoot fundador do rito de promoção à sociedade dos *kit-foxes*, por prestação da esposa).

Num outro estudo (Lévi-Strauss 1955c, cap. XI deste volume), procurei mostrar que o modelo genérico do mito (isto é, o que o gera dando-lhe simultaneamente sua estrutura) consiste na aplicação de *quatro* funções a *três* símbolos. Aqui, as quatro funções são determinadas pela dupla oposição *mais velho/mais novo* e *macho/fêmea*, de que resultam as funções pai, mãe, filho e filha. No mito do menino grávido, o pai e a mãe têm cada qual um símbolo distinto, e as funções filho e filha são confundidas no terceiro símbolo disponível, a criança. No ritual mandan-hidatsa, são o pai e o filho que são distintos, e a mulher do filho serve de suporte para as funções mãe e filha. A situação do Hako é mais complexa: os símbolos, também três, incluem, além do pai e do filho, um novo personagem, a criança (menino ou menina) do filho; mas é porque a aplicação das funções aos símbolos exige nesse caso uma dicotomização ideal destes; como vimos, o pai é ao mesmo tempo pai e mãe, e o filho, ao mesmo tempo filho e filha; o personagem da criança assume uma das meias-funções dos dois outros símbolos, é agente fecundante (pai) e sujeito fecundado (filha). É notável que essa perequação mais complexa das funções entre os símbolos caracterize o único dos três sistemas a lançar mão da reciprocidade, pois sempre se trata de concluir uma aliança, mas ela é no primeiro caso recusada, no segundo exigida e apenas no terceiro negociada.

A relação dialética entre o mito e o ritual deve lançar mão de considerações de estrutura que não podemos fazer aqui, restando-nos novamente remeter o leitor ao estudo já mencionado. Mas esperamos ter mostrado que, para compreendê-la, é indispensável comparar o mito e o rito não apenas na mesma sociedade, como também com crenças e práticas de sociedades vizinhas. Se um certo grupo de mitos pawnee representa uma permutação, não só de ritos da mesma tribo como de ritos de outras populações, não se pode ficar limitado a uma análise puramente formal. Esta constitui uma etapa preliminar da investigação, frutífera na medida em que permite formular questões de geografia e de história em termos mais rigorosos do que de costume. Pois a dialética estrutural não contradiz o determinismo histórico, convoca-o e lhe fornece um novo instrumento. Com Meillet e Troubetzkoy, Jakobson inclusive provou, diversas vezes, que os fenômenos de influências recíprocas, entre áreas lingüísticas geograficamente vizinhas, não podem ficar fora da análise estrutural; é a famosa teoria das afinidades lingüísticas. Procurei dar uma modesta contribuição a essa teoria, aplicada a outro campo, sublinhando que a afinidade não consiste somente na difusão para além de sua área de origem de certas propriedades estruturais, ou na rejeição que se opõe à sua propagação: a afinidade também pode proceder por antítese e gerar estruturas que se apresentam como respostas, remédios, desculpas ou até remorsos. Em mitologia como em lingüística, a análise formal introduz imediatamente a questão: *sentido*.

ARTE

XIII. O desdobramento da representação nas artes da Ásia e da América[1]

Os etnólogos contemporâneos manifestam certa resistência em relação aos estudos de arte primitiva comparada. É fácil compreender suas razões: até o momento, os estudos desse tipo tenderam quase que exclusivamente a provar contatos culturais, fenômenos de difusão e empréstimos. Bastava que um detalhe decorativo ou uma forma singular se apresentasse em dois pontos do mundo para que entusiastas imediatamente proclamassem sua origem comum e a existência inegável de relações pré-históricas entre culturas no mais incomparáveis, quaisquer que fossem a distância geográfica e o afastamento histórico, em geral consideráveis, de sua manifestação concomitante. São bem conhecidos os abusos – ao lado de descobertas fecundas – que essa busca apressada por analogias "a qualquer preço" gerou. Mas os especialistas em cultura material, para preservar-nos disso, ainda têm que definir a diferença específica que separa um traço, um complexo de traços ou um estilo suscetíveis de recorrências independentes e múltiplas, daqueles cuja natureza e características excluem a possibilidade de uma repetição sem empréstimo.

Não é, em conseqüência, sem hesitação que me proponho a acrescentar algumas anotações a um assunto merecidamente debatido com ardor. A prolífica discussão em causa envolve ao mesmo tempo a costa noroeste da América do Norte, a China, a Sibéria, a Nova Zelândia, talvez até a Índia e a Pérsia. Além disso, os documentos invocados provêm dos mais diversos períodos: séculos XVIII e XIX para o Alasca, do primeiro

1. Publicado em *Renaissance* (Lévi-Strauss 1944-45).

Figura 17 Bronze shang, China, c. 1122 a.C. (Yetts 1929).

ao segundo milênio a. C. para a China, arte pré-histórica da região do rio Amur e um período que vai do século XIV ao XVIII para a Nova Zelândia. Trata-se de uma das causas mais discutíveis que se podem conceber. Evoquei alhures (Lévi-Strauss 1943) as dificuldades praticamente insuperáveis enfrentadas pela hipótese de um contato pré-colombiano entre o Alasca e a Nova Zelândia. O problema é sem dúvida mais simples quando se comparam a Sibéria e a China com o norte da América, já que as distâncias se tornam razoáveis e não se trata de superar o obstáculo de um ou dois milênios. Porém, mesmo nesse caso, e quaisquer que sejam as certezas intuitivas que se impõem irresistivelmente ao espírito, é impressionante a manipulação a que os fatos têm de ser submetidos para produzir algo que pareça sólido. Numa obra engenhosa e brilhante, C. Hentze (1936) se vê obrigado a costurar pedaços de americanismo, juntando suas provas como retalhos colhidos nas culturas mais diversas e dando relevo a detalhes por vezes insignificantes. Em vez de justificar a impressão, sua análise a desagrega e nada mais nessas *membra disjecta poetæ* parece justificar o profundo sentimento de parentesco que o contato global com as duas artes havia suscitado com tanto vigor.

E, não obstante, é impossível deixar de se impressionar com as analogias que se apresentam entre a arte da costa noroeste da América

Figura 18 Caixa representando uma perereca, costa noroeste do Pacífico, séc. XIX (coleção Jacques Lacan).

e a da China arcaica. As analogias residem menos no aspecto exterior das peças do que nos princípios fundamentais que a análise das duas artes permite descobrir. Esse trabalho foi realizado por Leonhard Adam (1931, 1936), cujas conclusões resumo. Ambas as artes procedem por: a) estilização intensa; b) esquematismo ou simbolismo, que se expressam pela ênfase nos traços característicos ou a adição de atributos significativos (na arte da costa noroeste, o castor, por exemplo, é identificado pelo bastão que segura com as patas); c) representação do corpo por uma "imagem desdobrada" (*split representation*); d) deslocamento dos detalhes arbitrariamente isolados do conjunto; e) representação de *um* indivíduo visto de frente por *dois* perfis; f) simetria altamente elaborada que freqüentemente opera com assimetrias de detalhes; g) transformação ilógica dos detalhes em novos elementos (pata vira bico, motivo de olho é usado para marcar uma articulação, ou o inverso); e finalmente h) representação mais intelectual do que intuitiva, em que o esqueleto ou os órgãos internos se sobrepõem à representação do corpo (procedimento notável também no norte da Austrália).[2] Ora, tais procedimentos não são exclusivos à arte americana da costa noroeste; como escreve

2. Ver, por exemplo, McCarthy 1938: 38, figura 21.

Leonhard Adam, "os vários princípios artísticos e tecnológicos apresentados tanto na China antiga quanto no noroeste da América são quase inteiramente idênticos" (1939).[3]

Uma vez constatadas essas semelhanças, é curioso notar que, por razões completamente diferentes, a arte chinesa arcaica e a da costa noroeste foram aproximadas, de modo independente, da dos Maori da Nova Zelândia.[4] Esse fato é ainda mais digno de nota na medida em que a arte neolítica do rio Amur – da qual certos temas (como o pássaro de asas abertas cujo ventre é formado por um rosto solar) são praticamente idênticos aos da costa noroeste – apresenta, segundo alguns autores,

> *Uma surpreendentemente rica ornamentação curvilínea semelhante à dos Ainu e Maori, de um lado, e às culturas neolíticas da China (Yangshao) e do Japão (Jomon), do outro; que consiste particularmente no tipo de faixa decorativa caracterizada por motivos complexos, tais como serpentinas, espirais e meandros, que se contrapõem à ornamentação geométrica retangular da cultura do Baikal.* (Field & Prostov 1942: 396).[5]

De modo que artes pertencentes a regiões e épocas muito diversas, e que apresentam evidentes analogias entre si, sugerem, cada uma por um lado, e por razões independentes, aproximações no entanto incompatíveis com as exigências da geografia e da história.

Estaríamos assim presos num dilema, que nos condena ou a negar a história ou a fechar os olhos para essas semelhanças tantas vezes verificadas? Os antropólogos da escola difusionista não hesitaram, eles, em forçar a mão na crítica histórica. Longe de mim a intenção de defender suas hipóteses arriscadas, mas é preciso dizer que a atitude de seus prudentes adversários é, em termos negativos, tão pouco satisfatória quanto as pretensões fabulosas a que eles não fazem senão se contrapor. Os estudos de arte primitiva comparada certamente têm sido

3. Em inglês no original. [N.T.]
4. Para China e Nova Zelândia, cf. Geldern 1935.
5. Em inglês no original. [N.T.]

comprometidos pelo zelo dos que buscam contatos culturais e empréstimos. Digamos em alto e bom som que o foram ainda mais pelos fariseus intelectuais que preferem negar conexões evidentes porque sua ciência ainda não dispõe de nenhum método de interpretação satisfatório passível de ser aplicado. Negar os fatos porque se acredita que sejam incompreensíveis é certamente mais estéril, do ponto de vista do progresso do conhecimento, do que elaborar hipóteses; ainda que estas sejam inaceitáveis, justamente por sua insuficiência, suscitam a crítica e a investigação que um dia serão capazes de superá-las.[6]

Conservamos assim o direito de comparar a arte americana à da China ou da Nova Zelândia, mesmo que se tenha mil vezes provado que os Maori não poderiam ter levado suas armas e seus adornos para a costa do Pacífico. A hipótese do contato cultural é sem dúvida a que mais facilmente dá conta das semelhanças complexas que o acaso não poderia explicar. Porém, o fato de os historiadores afirmarem que o contato é impossível não prova que as semelhanças sejam ilusórias, apenas indica que é preciso buscar alhures a explicação. A fecundidade do esforço dos difusionistas provém precisamente de sua exploração sistemática das possibilidades da história. Se a história, constantemente solicitada (e que é preciso solicitar *antes de mais nada*), responde não, voltemo-nos então para a psicologia ou para a análise estrutural das formas e perguntemo-nos se conexões internas, de natureza psicológica ou lógica, não permitiriam compreender recorrências simultâneas, com uma freqüência e uma coerência que não podem decorrer do mero jogo das probabilidades. É nesse espírito que agora trarei minha contribuição ao debate.

6. Em seu livro *Medieval American Art*, Pal Kelemen (1943), que considera que as semelhanças entre as artes americanas e algumas das artes das altas civilizações do hemisfério oriental não passam de "*optical illusions*" (v. 1: 377), justifica essa opinião escrevendo: "*Precolumbian art was created and developed by a mentality totally alien to ours*" ["A arte pré-colombiana foi criada e desenvolvida por uma mentalidade totalmente estranha à nossa", N. T.] (id. ibid.: 378). Duvido que se possa encontrar, no conjunto da obra da escola difusionista, uma única afirmação tão completamente gratuita, superficial e sem sentido.

O desdobramento da representação foi descrito, em relação à arte da costa noroeste da América, por Franz Boas:

> *O animal é imaginado cortado da cabeça à cauda* [...] *há uma depressão entre os olhos, que se prolonga para baixo pelo nariz. Isso mostra que a cabeça em si não é vista de frente, mas como que formada por dois perfis que se tocam na boca e no nariz, e não entram em contato no mesmo nível com os olhos e a testa* [...] *ou o animal ou é representado como cortado ao meio, de modo que os perfis se juntam no meio, ou uma vista frontal da cabeça é apresentada com dois perfis do corpo adjacentes* (Boas 1927: 223-24).[7]

E o mesmo autor analisa as duas pinturas que reproduzimos aqui (figs. 19 e 20, que correspondem respectivamente às figuras. 222 e 223 do texto citado) do seguinte modo:

> *A figura 222 (uma pintura haida) mostra um desenho gerado do seguinte modo. Representa um urso. A enorme abertura da boca que se observa nesses casos é produzida pela junção dos dois perfis que formam a cabeça. O corte da cabeça aparece mais claramente na pintura da figura 223, que também representa o urso. É a pintura da fachada de uma casa tsimshian, sendo que o buraco circular no meio do desenho é a porta da casa. O animal é fendido ao longo do corpo, de modo que apenas a parte frontal da cabeça combina. As duas metades da mandíbula inferior não se tocam. O lombo é representado pelas linhas externas pretas, nas quais o pêlo é indicado por linhas finas. Os Tsimshian chamam esse desenho de "encontro de ursos", como se dois ursos estivessem representados* (Boas 1927: 224-25).[8]

Compare-se essa análise com a que Creel apresenta do procedimento similar na arte da China arcaica:

7. Em inglês no original. [N.T.]
8. Em inglês no original. [N.T.]

Figura 19 Haida – pintura representando um urso (Boas 1927).

Figura 20 À esquerda: Tsimshian – pintura em fachada de casa representando um urso. À direita: Haida – chapéu de madeira pintado com motivo representando um peixe (*Callionyme*) (Boas 1927).

Figura 21 Bronze descoberto perto de An-Yang (China). No painel do meio vê-se uma máscara desdobrada de *t'ao t'ieh*, sem mandíbula inferior. As orelhas formam uma segunda máscara acima da primeira; cada um dos olhos da segunda máscara também pode ser interpretado como pertencente a um pequeno dragão representado por cada orelha da máscara principal. Os dois pequenos dragões são vistos de perfil e confrontados, como os do painel superior. Estes últimos, por sua vez, podem representar uma máscara de carneiro visto de frente, cujos chifres são representados pelo corpo do dragão.

A decoração da tampa pode ser interpretada de modo análogo (Yetts 1929).

> *Uma das características mais distintivas da arte decorativa shang é um método peculiar de representar os animais em superfícies planas ou arredondadas. É como se se pegasse o animal e nele se fizesse uma fenda longitudinal, começando pela ponta do rabo e prosseguindo a operação até quase, mas não completamente, a ponta do focinho; então, as duas metades são afastadas e o animal bisseccionado é colocado estendido sobre a superfície, com as duas metades unidas apenas pela ponta do focinho* (Creel 1935: 64).[9]

E o mesmo autor, que aparentemente não conhece o trabalho de Boas, depois de ter empregado quase os mesmos termos que ele, acrescenta: "Estudando os desenhos shang, tenho constantemente tido a sensação de que essa arte é muito semelhante, certamente no espírito e possivelmente nos detalhes, à dos [...] índios da costa noroeste" (id. ibid.).[10]

9. Em inglês no original. [N.T.]
10. Em inglês no original. [N.T.]

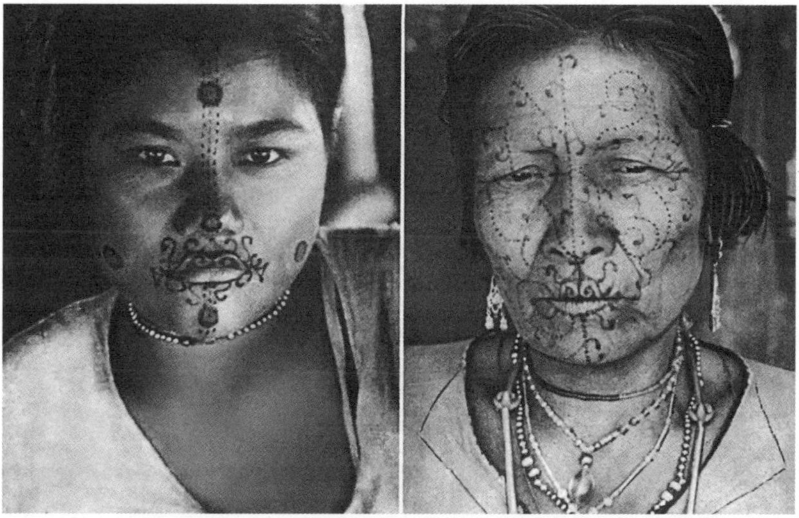

Figuras 22, 23 Mulheres kadiwéu com o rosto pintado, 1935 (fotos do autor).

Essa técnica tão característica, que pode ser encontrada na arte da China arcaica, entre os primitivos da Sibéria e na Nova Zelândia, aparece também na outra ponta do continente americano, entre os índios Kadiwéu. Um desenho que reproduzimos aqui representa um rosto pintado segundo o modo tradicional dessa pequena tribo do sul do Brasil, um dos últimos vestígios da nação outrora pujante dos Guaicuru. Descrevi alhures o modo como essas pinturas são executadas e sua função na cultura indígena (Lévi-Strauss 1942, 1955a), de modo que lembrarei apenas que elas são conhecidas desde os primeiros contatos com os Guaicuru, no século XVII, e que não parecem ter evoluído desde então. Não são tatuagens, e sim pinturas que têm de ser renovadas após alguns dias e que são executadas com uma espátula de madeira mergulhada em sumos de frutas e folhas selvagens. As mulheres, que pintam os rostos umas das outras (e que antigamente também pintavam os homens) não trabalham a partir de um modelo, mas improvisam dentro dos limites de uma temática tradicional complexa. Entre quatrocentos desenhos originais colhidos *in loco* em 1935 não encontrei dois iguais. As diferenças provêm, entretanto, mais da disposição sempre nova de elementos fundamentais do que de uma renovação desses elementos, espirais simples e duplas, tracejados, volutas, gregas, caracóis, cruzes e ondulações. A possibilidade de influência espanhola deve ser descartada, dada a antigüidade da data em que essa arte sutil foi descrita pela primeira vez. Atualmente, apenas algumas mulheres mais velhas possuem o antigo virtuosismo e não é difícil prever o momento em que terá desaparecido definitivamente.

A figura 24 apresenta um bom exemplo dessas pinturas. A decoração é construída simetricamente em relação a dois eixos lineares, um vertical, que acompanha o plano mediano do rosto, e o outro horizontal, que o corta na altura dos olhos, representados de modo esquemático e em escala reduzida. Eles servem de ponto de partida para as duas espirais invertidas, uma ocupando a bochecha direita, e a outra, a parte esquerda da testa. O motivo em forma de arco composto ornamentado com caracóis, que se encontra na parte inferior da pintura, representa o lábio superior e se aplica sobre ele. Pode ser encontrado, mais ou menos elaborado e mais ou menos transformado, em todas as pinturas faciais, de que é aparentemente o elemento constante. Não é fácil fazer a análise da decoração, devido à sua aparente assimetria. Mas ela disfarça uma simetria real, se bem que complexa: os dois eixos se cruzam na base do nariz e dividem o rosto em quatro setores triangulares, a metade esquerda da testa, a metade direita da testa, a ala direita do nariz e bochecha direita, a ala esquerda do nariz e bochecha esquerda. Os triângulos opostos têm uma decoração simétrica, mas a decoração de cada triângulo é em si mesma dupla e se repete invertida no triângulo oposto. Assim, a testa (metade direita) e a bochecha esquerda são preenchidas primeiro por um triângulo de gregas, em seguida, separadas deste por uma faixa oblíqua vazia, por duas espirais duplas em seqüência e ornadas de caracóis. A testa (metade esquerda) e a bochecha direita são decoradas por uma grande espiral simples ornada de caracóis, acima da qual se encontra outro motivo, em forma de pássaro ou de flâmula, que contém uma alusão à faixa oblíqua vazia do conjunto alterno. Temos, portanto, dois pares de temas, cada um repetido duas vezes e de modo

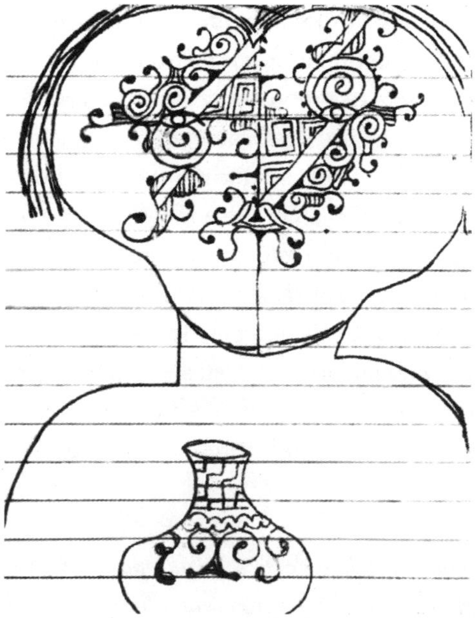

Figura 24 Desenho feito por mulher kadiwéu, 1935 (coleção do autor).

simétrico. Mas essa simetria é ora afirmada em relação a um dos dois eixos horizontais e verticais, ora em relação aos triângulos delimitados pela bissecção desses eixos. Com uma complexidade muito maior, a fórmula lembra a das cartas de baralho. As figuras 22, 23 e 25 apresentam outros exemplos e mostram variações em torno de um procedimento fundamentalmente idêntico.

Entretanto, na figura 24, não é apenas a ornamentação pintada que merece atenção. A artista (uma mulher de uns trinta anos) também quis representar o rosto, e até o cabelo. E fica evidente que ela o fez por desdobramento da representação: o rosto não é realmente visto de frente, é formado por dois perfis colados. Isso explica sua extraordinária largura e seu contorno em forma de coração; a depressão que separa a testa em duas metades pertence ainda à representação dos perfis, que se juntam somente desde a raiz do nariz até o queixo. A comparação entre as figuras 19, 20 e 24 evidencia a identidade desse procedimento com o dos artistas da costa noroeste da América.

Outras características essenciais são igualmente comuns a essas duas artes sul e norte-americana. Já apontamos para a do deslocamento do tema em elementos, por sua vez recompostos segundo regras de convenção sem relação com a natureza. Tal deslocamento não é menos notável na arte kadiwéu, mas aparece aí de modo indireto. Boas descreveu minuciosamente o deslocamento dos corpos e rostos na arte da costa noroeste. Os próprios órgãos e membros é que são decompostos, e com eles se reconstrói um indivíduo arbitrário. Assim, num mastro totêmico haida, "a figura deve ser [...] explicada pela torção dupla do animal, o rabo sendo virado para cima sobre as costas e a cabeça, primeiro virada para baixo sob o estômago e depois fendida e estendida para fora" (1927: 238).[11] Numa pintura kwakiutl representando uma orca (*Orca sp.*),

> *O animal foi fendido ao longo de todo o dorso e trazido para a frente. Os dois perfis da cabeça foram unidos.* [...] *A barbatana dorsal, que de acordo com os métodos aqui descritos* (split representation) *apareceria de ambos os lados do corpo, foi cortada do dorso antes de o animal ser seccionado, e agora aparece colocada acima da junção dos dois perfis da cabeça. As nadadeiras estão colocadas ao longo dos dois lados do corpo, ao qual se juntam em apenas um ponto cada. As duas metades da cauda foram torcidas para fora, de modo que a parte inferior da figura forme uma linha reta* (id. ibid.: 239 e fig. 247).[12]

Os exemplos poderiam facilmente ser multiplicados.

A arte kadiwéu leva o deslocamento ao mesmo tempo mais e menos longe. Menos longe na medida em que o rosto ou o corpo sobre os quais se opera são um rosto e um corpo de carne e osso, que não podem ser decompostos e recompostos sem uma cirurgia difícil de imaginar. A integridade do rosto real é, portanto, respeitada, mas ele não deixa de ser deslocado pela assimetria sistemática graças à qual sua har-

11. Em inglês no original. [N.T.]
12. Em inglês no original. [N.T.]

Figura 25 Kwakiutl – pintura em fachada de casa, representando uma orca (Boas 1927).

monia natural é negada, em prol da harmonia artificial da pintura. Mas justamente porque essa pintura, em vez de representar a imagem de um rosto deformado, deforma efetivamente um rosto verdadeiro, o deslocamento vai mais longe do que o descrito acima. Envolve, além do valor decorativo, um elemento sutil de sadismo que explica, ao menos em parte, por que o apelo erótico das mulheres kadiwéu (expresso nas pinturas e por elas traduzido) atraía outrora para as margens do rio Paraguai os fora-da-lei e os caçadores de aventura. Vários deles, hoje envelhecidos e instalados maritalmente entre os indígenas, descreveram-me, palpitantes, os corpos de adolescentes nuas completamente cobertos de teias e arabescos de uma sutileza perversa. As tatuagens e pinturas corporais da costa noroeste, de que esse elemento sexual estava aparentemente ausente, e cujo simbolismo em geral abstrato apresenta um caráter menos decorativo, mostravam o mesmo desdém para com a simetria do rosto humano.[13]

Note-se também que a composição das pinturas kadiwéu em torno de um duplo eixo, horizontal e vertical, analisa o rosto seguindo um procedi-

13. Ver, por exemplo, as tatuagens tlingit reproduzidas por Swanton 1908: figura XLVIII-LVI; e Boas 1927: 250-51 (pinturas corporais).

mento de desdobramento por assim dizer redobrado: a pintura recompõe o rosto, não em dois perfis, mas em quatro quartos (fig. 26). A assimetria possui, portanto, uma função formal, que é a de garantir a distinção dos quartos, que se confundiriam em dois perfis se os campos se repetissem simetricamente à direita e à esquerda, em vez de se oporem pelo vértice. Deslocamento e desdobramento estão funcionalmente ligados.

Prosseguindo o paralelo entre a arte da costa noroeste e a dos índios Kadiwéu, vários outros pontos merecem ser destacados. Em ambos os casos, a escultura e o desenho fornecem os dois meios fundamentais de expressão; em ambos os casos, a escultura apresenta um caráter realista, ao passo que o desenho é antes simbólico e decorativo. Não há dúvida de que a escultura kadiwéu (pelo menos no período histórico) se limita a fetiches e representações dos deuses sempre de pequenas dimensões, à diferença da arte monumental do Canadá e do Alasca, mas o caráter realista e a dupla tendência ao retrato e à estilização são os mesmos, assim como o valor essencialmente simbólico dos motivos desenhados ou pintados. Em ambos os casos, a arte masculina, centrada na escultura, afirma sua intenção representativa, enquanto a feminina – limitada à tecelagem e ao trançado na costa noroeste, e incluindo o desenho entre os indígenas do sul do Brasil e do Paraguai – é uma arte não representativa. Isso vale, nos dois casos, para os motivos têxteis, porém desconhecemos o caráter primitivo das pinturas faciais guaicuru; é possível que seus temas, cujo significado se encontra hoje perdido, tenham tido outrora um sentido realista, ou pelo menos simbólico. As duas artes praticam a decoração por um método de padrões, criando combinações sempre novas graças à variação na disposição de motivos elementares. E, finalmente, em ambos os casos a arte está intimamente ligada à organização social: motivos e temas expressam diferenças de *status*, privilégios de nobreza e graus de prestígio. Ambas as sociedades eram hierarquizadas, e sua arte decorativa servia para traduzir e reafirmar os graus da hierarquia.[14]

14. Essa análise foi retomada e desenvolvida em Lévi-Strauss 1955a, cap. XX.

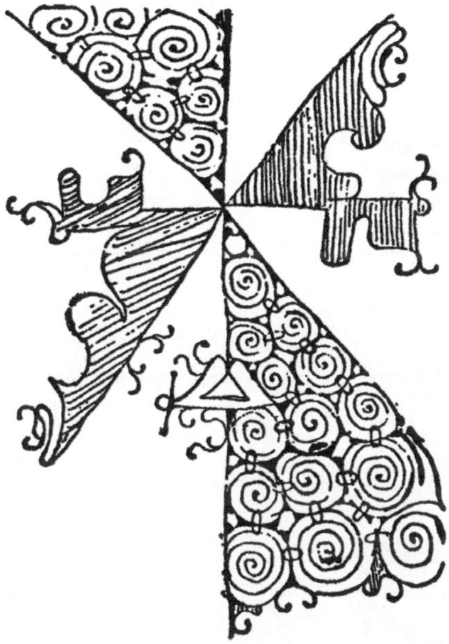

Figura 26 Kadiwéu – motivo de pintura facial, executado por uma mulher indígena numa folha de papel (coleção do autor).

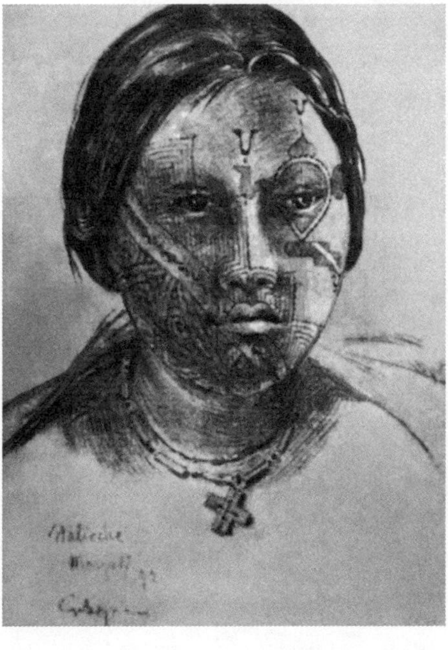

Figura 27 Mulher kadiwéu, figura pintada, 1892 (Boggiani 1895).

Figura 28 Desenho de um chefe maori, séc. XIX (Robley 1896).

Figura 29 Modelos indígenas de tatuagem, escultura em madeira, final do século XIX. Em cima, dois rostos de homem. Em baixo, um rosto de mulher (Hamilton 1899).

Agora eu gostaria de sugerir uma rápida comparação entre a arte kadiwéu e outra arte que praticou igualmente o desdobramento da representação, a dos Maori da Nova Zelândia. Lembremos, a princípio, que a arte da costa noroeste foi muitas vezes comparada, por outras razões, à da Nova Zelândia. Algumas dessas razões mostraram-se especiosas, como a aparente identidade entre as cobertas tecidas usadas nas duas regiões, mas outras apresentam maior solidez, como as que são tiradas da semelhança entre as bordunas do Alasca e os *patu mere* maori. Já evoquei esse enigma (Lévi-Strauss 1943).

O paralelo com a arte guaicuru se baseia em outras aproximações: em nenhum lugar fora dessas duas regiões a ornamentação facial e corporal atingiu um desenvolvimento comparável ou tamanho refinamento. As tatuagens maori são bem conhecidas. Reproduzo aqui quatro delas (figs. 28 e 29), que poderão ser comparadas com as fotografias dos rostos kadiwéu.

As analogias são impressionantes: complexidade da ornamentação, envolvendo tracejados, meandros e espirais (estas últimas muitas vezes substituídas, na arte kadiwéu, por gregas que revelam influências andinas), a mesma tendência a preencher inteiramente o campo facial, a mesma localização da ornamentação em torno dos lábios nos tipos mais simples. Há que notar também as diferenças, como a que decorre do fato de a ornamentação maori ser tatuada, ao passo que a ornamentação kadiwéu, sendo pintada, pode ser descartada; pois não há dúvida de que também na América do Sul a tatuagem foi uma arte primitiva. Até o século XVIII, era graças à tatuagem que as mulheres abiponas do Paraguai tinham "seus rostos, colos e braços cobertos de figuras negras de várias formas, de modo que parecem tapetes turcos" (Dobrizhoffer, [1784] 1822: 20),[15] o que as tornava, segundo suas próprias palavras, transcritas pelo missionário, "mais belas do que a própria beleza" (id. ibid.: 21).[16] Chama a atenção, ao contrário, a rigorosa simetria das tatuagens maori, em oposição à assimetria quase desvairada de certas pinturas kadiwéu, a qual, no entanto, nem sempre existe e que, como mostrei, resulta de um

15. Em inglês no original. [N.T.]
16. Em inglês no original. [N.T.]

desenvolvimento lógico do princípio do desdobramento, de modo que é mais aparente do que real. Contudo, é evidente que do ponto de vista da classificação de tipos as decorações faciais dos Kadiwéu se situam num nível intermediário entre as dos Maori e as da costa noroeste. Como estas últimas, possuem uma aparência assimétrica, e ao mesmo tempo o caráter essencialmente decorativo das primeiras.

A continuidade se evidencia igualmente quando se consideram as implicações psicológicas e sociais. Entre os Maori, assim como entre os indígenas da fronteira paraguaia, a elaboração da ornamentação facial e corporal é realizada numa atmosfera semi-religiosa. As tatuagens não são apenas ornamentos. Não são apenas – como já observamos a respeito da costa noroeste, e o mesmo pode ser dito em relação à Nova Zelândia – emblemas, marcas de nobreza e de graus na hierarquia social. São também mensagens investidas de uma finalidade espiritual e lições. A tatuagem maori visa gravar um desenho na carne e todas as tradições e a filosofia da raça, no espírito. Do mesmo modo, entre os antigos Kadiwéu, o missionário Sanchez Labrador descreveu a grave concentração com que os indígenas dedicavam dias inteiros a serem pintados; quem não é pintado, diziam eles, é "estúpido".[17] E, como os Kadiwéu, os Maori praticam o desdobramento da representação. Nas figuras 28, 30, 31 e 33, vêem-se as mesmas divisões da testa em duas partes, a mesma composição da boca a partir das duas metades face a face, a mesma representação do corpo como se tivesse sido fendido por trás de alto a baixo, e as duas metades trazidas para a dianteira num único plano – em suma, todos os procedimentos que agora conhecemos bem.

Como explicar essa recorrência de um método de representação tão pouco natural em culturas separadas pelo tempo e pelo espaço? A hipótese mais simples é a de um contato histórico, ou de desenvolvimentos inde-

17. Comparar com Creel (1936: 21): "As belas peças shang são executadas com um cuidado, levado aos mínimos detalhes, que é verdadeiramente religioso. E sabemos, pelo estudo das inscrições oraculares em ossos, que quase todos os motivos encontrados nos bronzes shang podem ser relacionados à vida e à religião dos Shang. Eles tinham um significado, e a produção de bronzes provavelmente era, em alguma medida, uma tarefa sagrada". (Em inglês no original. [N.T.])

Figura 30 Tiki de jade, Nova Zelândia, em que se nota a mesma representação tripartida do rosto (coleção Le Corneur-Roudillon).

pendentes a partir de uma origem comum. Ainda que essa hipótese seja refutada pelos fatos ou que – e parece ser sobretudo isto – não disponha de um conjunto suficiente de provas, o esforço interpretativo não é vão. Eu diria mais: mesmo que as reconstruções mais ambiciosas da escola difusionista fossem comprovadas, restaria uma questão essencial a ser respondida, e que não diz respeito à história. Por que um traço cultural, emprestado ou difundido ao longo de um período histórico extenso, se manteve intacto? Pois a estabilidade não é menos misteriosa do que a mudança. A descoberta de uma origem comum do desdobramento da representação deixaria em aberto a questão de saber como esse meio de expressão teria sido preservado por culturas que evoluíram muito diferentemente em outros aspectos. Conexões externas podem explicar a transmissão, mas só conexões internas podem dar conta da persistência. Trata-se de duas ordens totalmente diferentes de questões, e o fato de dedicar-se a uma delas em nada determina a solução que se deva dar à outra.

Ora, uma constatação resulta imediatamente do paralelo entre as artes maori e guaicuru: em ambos os casos, o desdobramento da

Figura 31 Estátua de madeira maori, séc. XVIII? (Hamilton 1899).

Figura 32 Ornamento de cabeça (madeira), costa noroeste do Pacífico, séc. XIX. Notar as duas pequenas cabeças humanas que enfeitam o plexo solar e o abdome e a dupla extremidade do esterno.

representação se apresenta como uma conseqüência da importância que as duas culturas atribuem à tatuagem. Consideremos novamente a figura 24, e perguntemo-nos por que o contorno do rosto é representado por dois perfis colados. É evidente que a artista não se propôs a desenhar um rosto, e sim uma pintura facial; foi nela que concentrou sua atenção. Os próprios olhos, sumariamente indicados, estão ali apenas como pontos de referência para o início das duas grandes espirais invertidas em cuja arquitetura se fundem. A artista desenhou a ornamentação facial de modo realista, isto é, respeitando suas verdadeiras proporções, como se tivesse pintado num rosto, e não numa superfície plana. Com muita exatidão, ela pintou a folha como costumava pintar um rosto. E é porque, para ela, a folha *é* um rosto, uma vez que lhe é impossível *representar* um rosto no papel, no mínimo sem deformação. Seria preciso ou desenhar exatamente um rosto e deformar a ornamentação segundo as leis do *trompe l'œil* ou respeitar a individualidade da ornamentação e, para tanto, representar um rosto desdobrado. Nem mesmo se pode dizer que a artista tenha escolhido a segunda solução, pois a alternativa jamais lhe ocorreu. No pensamento indígena, como vimos, a ornamentação é o rosto, ou melhor, cria o rosto. É ela que lhe confere seu ser social, sua dignidade humana, seu significado espiritual. A dupla representação do rosto, considerada como procedimento gráfico, expressa, portanto, um desdobramento mais profundo e mais essencial entre o indivíduo biológico "estúpido" e o personagem social que lhe cabe encarnar. Pressentimos desde já que o desdobramento da representação é função de uma teoria sociológica do desdobramento da personalidade.

A mesma ligação entre imagem desdobrada e tatuagem pode ser observada na arte maori. Basta comparar as figuras 28, 30, 31 e 33 para ver que o desdobramento do rosto em duas partes não é senão a projeção, no plano plástico, da ornamentação simétrica tatuada na pele.

À luz dessas observações, a interpretação do desdobramento proposta por Franz Boas em seu estudo acerca da arte da costa noroeste deve ser refinada e completada. Segundo ele, a *split representation* na pintura e no desenho seria apenas a extensão às superfícies planas de um procedimento que se impõe naturalmente no caso dos objetos tridimensionais. Quando se deseja representar um animal numa caixa retangular, por exemplo, é necessário deslocar as formas do animal de modo a que se adaptem ao contorno anguloso da caixa:

> *Na ornamentação de braceletes de prata segue-se um princípio similar, mas o problema difere um tanto do que se apresenta na ornamentação de caixas retas. Neste último caso, os quatro ângulos fazem uma divisão natural entre as quatro vistas do animal – frente e perfil direito, costas e perfil esquerdo –; não existe tal linha divisória clara no bracelete arredondado, e seria muito difícil juntar os quatro aspectos artisticamente, ao passo que perfis não apresentam a mesma dificuldade... O animal é imaginado cortado da cabeça à cauda, de modo que as duas metades se encontram somente na ponta do focinho e na ponta da cauda. A mão é enfiada no buraco e o animal abraça o pulso. Nessa posição é representado no bracelete.* [...] *A transição entre o bracelete e a pintura ou entalhe de animais não é difícil. O mesmo princípio é adotado...* (Boas 1927: 222-24).[18]

Em conseqüência, o princípio da *split representation* emanaria progressivamente dos objetos angulosos aos objetos arredondados, e destes para as superfícies planas. No primeiro caso, ocorre deslocamento e *splitting* ocasional. No segundo caso, o *splitting* é sistematicamente aplicado, mas o animal ainda permanece intacto na altura da cabeça e da cauda. E, no terceiro, o recorte se completa pela secção da cauda, e as duas metades do corpo, então liberadas, são rebatidas à direita e à esquerda, no mesmo plano que a cara.

Esse tratamento do problema pelo grande mestre da antropologia é notável em sua elegância e simplicidade. Elegância e simplicidade que, no entanto, são principalmente teóricas. Ao considerar a ornamentação das superfícies planas e das superfícies curvas como casos particulares da ornamentação das superfícies angulosas, não se fornece uma demonstração válida para estas últimas. E, sobretudo, não existe, *a priori*, ligação

18. Em inglês no original. [N.T.]

necessária que obrigue o artista a manter-se fiel ao mesmo princípio ao passar das primeiras e segundas para as terceiras. Várias culturas decoraram caixas com figuras humanas e animais sem deslocá-las ou recortá-las. Um bracelete pode ser enfeitado com frisas ou de centenas de outros modos. Deve, portanto, haver algum elemento fundamental da arte da costa noroeste (e da arte guaicuru, e da arte maori, e da arte da China arcaica) que explique a continuidade e a rigidez com que o procedimento de desdobramento da representação é nela aplicado.

Somos tentados a perceber essa base fundamental na relação muito especial que, nas quatro artes aqui consideradas, une o elemento plástico e o elemento gráfico. Esses dois elementos não são independentes, estão ligados por uma relação ambivalente, que é ao mesmo tempo de oposição e funcional. Relação de oposição na medida em que as exigências da ornamentação se impõem à estrutura e a alteram, o que gera o desdobramento e o deslocamento. Relação funcional igualmente, já que o objeto é sempre concebido tanto do ponto de vista plástico como do ponto de vista gráfico; o vaso, a caixa ou a parede não são objetos independentes e preexistentes a serem posteriormente decorados. Só passam realmente a existir pela integração entre a ornamentação e a função utilitária. De modo que os baús da costa noroeste não são apenas recipientes enfeitados com imagens de animal pintadas ou esculpidas. São o próprio animal, que guarda ativamente os adornos cerimoniais que lhe são confiados. A estrutura modifica a ornamentação, mas esta é a causa final daquela, e tem de se adaptar igualmente a suas exigências. O resultado definitivo é *um*: utensílio-adorno, objeto-animal, caixa-que-fala. Os barcos vivos da costa noroeste encontram seu exato equivalente nas correspondências neozelandesas entre barco e mulher, mulher e colher, utensílios e órgãos (Swanton 1909, texto nº 89: 254-55; Rout 1926: 280).

Assim, seguimos até sua ponta mais abstrata um dualismo que se nos foi impondo com insistência cada vez maior. Vimos, no decorrer de nossa análise, o dualismo da arte representativa e da arte não representativa se transformar em outros dualismos, escultura e desenho, rosto e ornamentação, pessoa e personagem, existência individual e função social, comunidade e hierarquia. Tudo isso desembocando na constatação de uma dualidade que é ao mesmo tempo uma correlação, entre a expressão plástica e a expressão gráfica, e que nos fornece o verdadeiro "denominador comum" das diversas manifestações do princípio do desdobramento da representação.

Afinal, nosso problema pode ser formulado do seguinte modo: em que condições o elemento plástico e o elemento gráfico são necessariamente correlacionados? Em que condições são inevitavelmente ligados por uma relação funcional tal que as modalidades de um sempre transformam as do outro e vice-versa? A comparação entre a arte maori e a arte guaicuru já nos tinha fornecido a resposta. Vimos, com efeito, que isso ocorria quando o elemento plástico é constituído pelo rosto ou pelo corpo humanos e o elemento gráfico, pela ornamentação facial ou corporal (pintura ou tatuagem) que se aplica sobre eles. A ornamentação é de fato *feita* para o rosto, mas, num outro sentido, o rosto está predestinado à ornamentação, pois que é somente por intermédio de e graças à ornamentação que ele recebe sua dignidade social e sua significação mística. A ornamentação é concebida para o rosto, porém o próprio rosto só existe por ela. A dualidade é, definitivamente, a que há entre um ator e seu papel, e é a noção de *máscara* que nos dá a chave da questão.

Todas as culturas aqui consideradas são, efetivamente, culturas de máscaras, quer a mascarada se exprima predominantemente na tatuagem (como acontece entre os Guaicuru e os Maori), ou se enfatize a máscara propriamente dita, como fez a costa noroeste, de modo em nenhum outro lugar igualado. Quanto à China arcaica, não faltam indicações acerca do antigo papel das máscaras, que tanto evocam o papel que tinham nas sociedades do Alasca. É o caso do "Personagem do Urso" descrito no *Chou Li*, com seus "quatro olhos de metal amarelo" (Waterbury 1942), que lembra as máscaras plurais dos Esquimós e dos Kwakiutl.

Essas máscaras com aberturas, que podem representar vários aspectos do ancestral totêmico, pacífico ou irritado, humano ou animal, ilustram com força a ligação entre o desdobramento da representação e a mascarada. Cabe-lhes fornecer uma série de formas intermediárias, que garantem a passagem do símbolo para a significação, do mágico para o normal, do sobrenatural para o social e, conseqüentemente, têm por função ao mesmo tempo mascarar e desmascarar. Mas, quando se trata de desmascarar, é a máscara que – por uma espécie de desdobramento ao contrário – se abre em duas metades, ao passo que é o próprio ator que se desdobra na *split representation* que, como vimos, visa a *exibir*, no sentido próprio e no figurado, a máscara às expensas do portador.

Isso nos leva de volta à análise de Boas, mas depois de ter-lhe atingido o fundamento. De fato, o desdobramento da representação no plano é um caso particular de sua ocorrência numa superfície curva, que por sua vez é um caso particular de sua ocorrência em superfícies tridimensionais. Contudo, não em *qualquer* superfície tridimensional, mas somente sobre a superfície tridimensional por excelência, em que a ornamentação e a forma não podem ser dissociadas, nem física nem socialmente, ou seja, o *rosto humano*. Ao mesmo tempo, outras analogias bastante singulares entre as diferentes formas de arte aqui consideradas são esclarecidas do mesmo modo.

Figura 33 Esculturas em madeira maori, séc. XVIII ou XIX (Hamilton 1899).

Nas quatro artes, encontramos não um, mas dois estilos decorativos. Um deles tende para uma expressão representativa, ou pelo menos simbólica, e sua característica comum mais geral é a predominância do motivo. Na China arcaica, é o estilo *A* de Karlgren (1937), na costa noroeste e na Nova Zelândia, a pintura e o baixo-relevo, e para os Guaicuru, a pintura facial. Porém existe, ao lado desse, um outro estilo, de caráter mais estritamente formal e decorativo, com tendências geométricas: o estilo *B* de Karlgren, as decorações "em v" na Nova Zelândia, as decorações tecidas ou trançadas na Nova Zelândia e na costa noroeste e, entre os Guaicuru, um estilo facilmente identificável, em geral encontrado na cerâmica decorada, nas pinturas corporais (diferentes das pinturas faciais) e nos couros pintados. Como explicar esse dualismo e, principalmente, sua recorrência? Na verdade, o primeiro estilo só é decorativo na aparência; em nenhuma das quatro artes, como vimos, ele está destinado a uma função plástica. Ao contrário, sua função é social, mágica e religiosa. A ornamentação é uma projeção gráfica ou plástica de uma realidade de outra ordem, assim como o desdobramento da representação resulta da projeção de uma máscara tridimensional numa superfície bidimensional (ou tridimensional, mas que não respeita o arquétipo humano) e, finalmente, o indivíduo biológico é, também ele, projetado para o palco social por seu figurino. E, desse modo, abre-se lugar para o nascimento e o desenvolvimento de uma verdadeira arte decorativa, ainda que, a bem dizer, seja de esperar sua contaminação pelo simbolismo que impregna toda a vida social.

Outro traço comum pelo menos à Nova Zelândia e à costa noroeste aparece no tratamento dos troncos de árvore esculpidos em figuras superpostas, cada uma delas ocupando toda uma seção do tronco. Os últimos vestígios da escultura kadiwéu não permitem formular hipóteses quanto a suas formas primitivas. E ainda não temos informações suficientes acerca de como os escultores shang tratavam a madeira, de que alguns exemplos foram revelados pelas escavações de An-Yang (Creel 1935: 40). Chamarei contudo a atenção para um bronze da coleção Loo reproduzido por Hentze (1937: fig. 5): temos a impressão de estar diante de uma miniatura de poste esculpido, com-

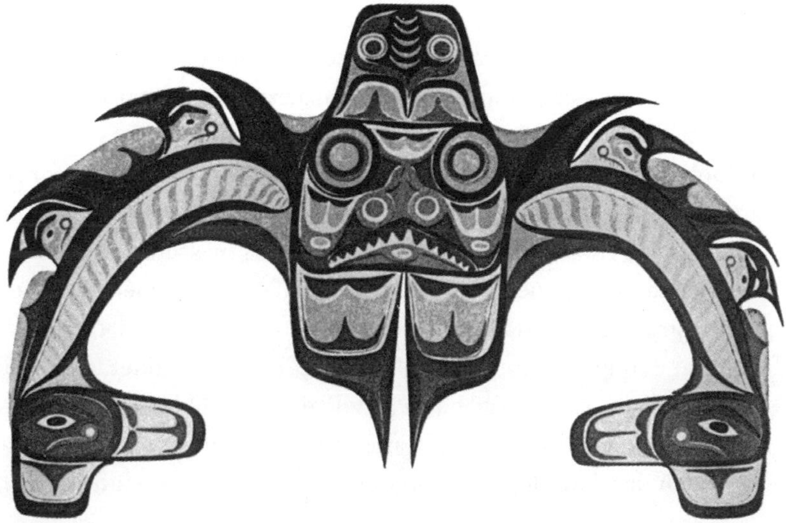

Figura 34 Pintura representando um tubarão; a cabeça é mostrada de frente, para que se possam perceber os símbolos característicos do tubarão, mas o corpo é cortado ao meio longitudinalmente, com as duas metades achatadas no plano, à direita e à esquerda da cabeça (10th Annual Report, Bureau of American Ethnology pr. XXV).

parável às miniaturas em argilito dos mastros totêmicos do Alasca e da Colúmbia Britânica. Em todos os casos, a seção cilíndrica do tronco desempenha o papel de arquétipo, de limite absoluto, que percebemos no rosto e no corpo humanos, e só pode fazê-lo porque o tronco é interpretado como um ser, um "poste falante". Também nesse caso a expressão plástica e estilística não é senão a tradução concreta do *reinado dos personagens*.

Contudo, nossa análise teria sido insuficiente se apenas nos tivesse permitido definir o desdobramento da representação como um traço próprio de culturas de máscaras. De um ponto de vista puramente formal, nunca se hesitou em considerar o *t'ao t'ieh* dos bronzes chineses arcaicos como uma máscara. Boas, por sua vez, interpretou a representação desdobrada do tubarão, na arte da costa noroeste, como conseqüência do fato de os símbolos característicos desse animal serem mais bem percebidos de frente (id. ibid.: 229)[19] (ver fig. 23). Mas fizemos mais do que isso. Encontramos no procedimento de desdobramento, além da representação gráfica da máscara, a expressão funcional de um tipo preciso de civilização. Nem todas as culturas de máscaras praticam o desdobramento – ele não se encontra (pelo menos não nessa forma acabada) nem na arte das sociedades pueblo do Sudoeste americano nem na da Nova Guiné,[20] dois casos em que as máscaras, no entanto, desempenham um papel considerável. As máscaras também representam ancestrais e, ao portá-la, o ator encarna o ancestral. Qual é afinal a diferença? É que, ao contrário das civilizações que consideramos aqui, não existe nesses casos a cadeia de privilégios, de emblemas e de prestígios que, por intermédio das máscaras, justificam uma hierarquia social pela ordem das genealogias. O sobrenatural não se destina fundamen-

19. Convém entretanto distinguir duas formas de desdobramento, o desdobramento propriamente dito, em que um rosto ou até um indivíduo inteiro são representados por dois perfis encostados, e o desdobramento tal como pode ser visto na figura 34, em que vemos *um* rosto ladeado por *dois* corpos. Nada indica que as duas formas procedam do mesmo princípio e, no trecho que resumimos no início deste artigo, Leonhard Adam, com muita propriedade, os distingue. O desdobramento tão belamente exemplificado pela figura 34 evoca um procedimento similar bem conhecido pela arqueologia européia e oriental, o *bicho de dois corpos*, cuja história E. Pottier (s/d) procurou retraçar. Pottier faz derivar o bicho de dois corpos da representação caldéia de um animal cuja cabeça aparece de frente e o corpo, de perfil. Um segundo corpo, também visto de perfil, teria sido posteriormente juntado à cabeça. Se essa interpretação for correta, dela decorreria que a representação do tubarão analisada por Boas deveria ser considerada como invenção independente ou como testemunho mais oriental da difusão de um tema asiático. Esta última interpretação teria uma confirmação de importância considerável na recorrência de outro tema, os "redemoinhos de bichos" (cf. Roes 1936-1937) na arte das Estepes e na de certas regiões da América (notadamente em Moundville). Também é possível que o bicho de dois corpos derive independentemente, na Ásia e na América, de uma técnica de desdobramento da representação que não sobreviveu nos sítios arqueológicos do Oriente Próximo, mas de que persistiram traços na China e que continua sendo observável em certas regiões do Pacífico e da América.

20. A arte da Melanésia apresenta formas vagas de desdobramento e de deslocamento. Cf., por exemplo, os recipientes de madeira das ilhas do Almirantado reproduzidos por Reichard (1933, v. II) e a seguinte observação da mesma autora: "Entre os Tami, as juntas são representadas por um motivo de olho. Diante do fato de a tatuagem ser extremamente importante para os Maori, e de ser representada nos entalhes, parece-me mais do que possível que a espiral comumente usada nos rostos humanos enfatize as juntas" (ibid., v. II: 151). [N.T.]

talmente a sustentar uma ordem de castas e de classes. O mundo das máscaras forma um *panteão* mais do que uma *ancestralidade*. Por isso, o ator só encarna o deus nas ocasiões intermitentes das festas e cerimônias. Não depende dele, por uma criação permanente a cada instante da vida social, seus títulos, sua condição social, seu lugar na escala de *status*. O paralelismo que estabelecemos é, portanto, confirmado, e não infirmado, por tais exemplos. A independência entre o elemento plástico e o elemento gráfico corresponde a uma relação mais distendida entre a ordem social e a ordem sobrenatural, assim como o desdobramento da representação exprime a aderência estrita do ator a seu papel, e do *status* social aos mitos, ao culto e aos *pedigrees*. Essa aderência é tão rigorosa que, para dissociar o indivíduo de seu personagem, é preciso fazê-lo em pedaços.

Ainda que nada soubéssemos da sociedade chinesa arcaica, a mera consideração de sua arte permitiria perceber a luta de prestígio, a rivalidade entre hierarquias e a concorrência entre os privilégios sociais e econômicos, todos fundados no testemunho das máscaras e na veneração das linhagens. Felizmente, estamos mais bem informados. Ao analisar o fundo psicológico da arte do bronze, Perceval Yetts escreve: "A intenção parece ter sido quase que invariavelmente a de auto-glorificação, mesmo quando o que se exibe é o consolo dos ancestrais ou o incremento do prestígio da família" (1939: 75).[21] E, em outro trabalho, observa: "Há a conhecida história de certos *ting* serem altamente valorizados como emblemas de soberania até o final do período feudal, no século III a.C." (id. 1929, I: 43).[22] Nas tumbas de An-Yang, foram encontrados bronzes que celebram membros sucessivos da mesma linhagem de ancestrais (id. 1942). E as diferenças em qualidade entre os espécimes exumados se explica, segundo Creel, pelo fato de que "(objetos) requintados e toscos eram produzidos concomitantemente em Anyang, para pessoas de diferentes status econômicos de prestígio" (1935: 46).[23] A análise etno-

21. Em inglês no original. [N.T.]
22. Em inglês no original. [N.T.]
23. Em inglês no original. [N.T.]

lógica comparada vai, portanto, ao encontro das conclusões dos sinólogos; também confirma as teorias de Karlgren, que, contrariamente a Leroi-Gourham (1935) e outros, afirma, com base num estudo estatístico e cronológico dos temas, que a máscara representativa precedeu sua dissolução em elementos decorativos e nunca é resultado de uma manipulação do artista que descobre semelhanças no arranjo fortuito de temas abstratos (Karlgren 1937: 76-78). Em outro trabalho (1941), Karlgren mostrou como as ornamentações com animais das peças arcaicas se transformaram em intrincados arabescos nos bronzes mais recentes e relacionou os fenômenos de evolução estilística ao desmoronamento da sociedade feudal. É tentador ver nos arabescos da arte guaicuru, que ainda sugerem tão fortemente pássaros e chamas, o ponto final de uma transformação paralela. O barroco e o preciosismo do estilo seriam, conseqüentemente, uma sobrevivência formal e exagerada de uma ordem social decadente ou definitivamente acabada. No plano estético, são seu eco agonizante.

As conclusões deste trabalho não prejulgam absolutamente as descobertas, sempre possíveis, de conexões históricas imprevistas até o momento.[24] Coloca-se ainda a questão de saber se essas sociedades hierarquizadas e baseadas em prestígio surgiram independentemente em diversos pontos do mundo ou se algumas delas possuiriam em algum lugar uma origem comum. Concordando com Creel (1935: 65-66), creio que as semelhanças entre a arte da antiga China e a da costa noroeste, e talvez as de outras regiões americanas, são fortes demais para descartarmos definitivamente essa possibilidade. Mas ainda que houvesse razões para invocar a difusão, não poderia ser uma difusão de detalhes, de traços independentes a viajar cada um por conta própria, descolando-se à vontade de uma cultura para ir colar-se a outra, mas sim de conjun-

24. A questão das antigas relações através do oceano Pacífico acaba de ser, efetivamente, colocada pela surpreendente descoberta, num museu provincial no sudeste de Formosa, de um baixo-relevo que poderia ser de origem local. Ele representa três personagens de pé. Os que estão nas extremidades são do mais puro estilo maori, ao passo que o do meio apresenta uma espécie de transição entre a arte maori e a da costa noroeste da América. Cf. Ling-Shun-Sheng 1956.

tos orgânicos em que o estilo, as convenções estéticas, a organização social e a vida espiritual estão estruturalmente ligadas. Creel, evocando uma determinada analogia especialmente digna de nota entre as artes da antiga China e da costa noroeste, escreve: "Os numerosos olhos isolados usados pelos artistas da costa noroeste lembram irresistivelmente seu uso análogo na arte Shang, e me levam a indagar se haveria alguma razão mágica para isso, compartilhada por ambas as culturas" (id. ibid.: 65).[25] Pode ser, mas as conexões mágicas, assim como as ilusões de ótica, só existem na consciência dos homens, e solicitamos à investigação científica que nos faça conhecer-lhes as razões.

25. Em inglês no original. [N.T.]

XIV. A serpente do corpo repleto de peixes[1]

Numa publicação recente, consagrada às tradições orais dos Toba e Pilagá, Alfred Métraux (1946) revela certos paralelos entre os grandes temas mitológicos que ainda se podem atualmente coletar no Chaco e os das regiões andinas registrados por autores antigos. Os Toba, Vilela e Mataco conhecem, por exemplo, o mito da "longa noite", já coletado na província de Huarochiri por Avila, e os Chiriguano contam a história da revolta dos utensílios contra seus donos, que pode igualmente ser encontrada no Popol-Vuh e em Montesinos. O autor dessas observações acrescenta que este último episódio "também está representado num vaso chimu".

Outro mito coletado por Métraux esclarece de modo especialmente impressionante um motivo singular de que conhecemos duas ilustrações pré-colombianas e de que um estudo minimamente cuidadoso das coleções peruanas dos principais museus decerto revelaria outros exemplos. Trata-se da lenda da serpente Lik, "grande como uma mesa", que um indígena prestativo, a princípio amedrontado por sua aparência, transporta até o rio, do qual o animal se tinha imprudentemente afastado. "A serpente perguntou: – Você não quer me levar? – Mas como? Você é tão pesado! – Não, sou leve. – Mas você é tão grande!, replicou o homem – Sou grande, sim, mas sou leve. – Mas você está cheio de peixes. (É verdade, Lik é repleto de peixes. Os peixes ficam debaixo de seu rabo e, quando ele se movimenta, transporta-os consigo.) A serpente continuou: – Se você me levar, eu lhe dou todos os peixes que estão dentro de mim."

1. Publicado em *Actes du XVIII Congrès des Américanistes* (Lévi-Strauss 1948c).

Mais tarde, o homem conta sua aventura e descreve o animal fabuloso: "Ele está cheio de peixes, que estão em seu rabo" (id. ibid.: 57).

No excelente comentário que segue o conto, Métraux acrescenta:

> *Obtive as seguintes informações sobre o mítico Lik. Lik é um animal sobrenatural, uma enorme serpente que leva os peixes dentro de seu rabo. Pessoas especialmente favorecidas pelo destino podem encontrar Lik encalhado na terra firme, no inverno, quando a água desaparece da maioria das lagoas e* cañadas. *Lik lhes pede para levá-lo para uma lagoa cheia de água. Os que não se apavoram só de ver a serpente geralmente respondem que ele é pesado demais para ser carregado, porém, graças à sua magia, Lik sempre se faz leve. Quando volta a nadar em águas profundas, promete dar aos que o ajudaram todo o peixe que desejarem, sempre que pedirem, com uma condição, a de jamais revelarem como o peixe foi obtido* (id. ibid.: 59).

É tentador evocar esse mito a propósito de dois vasos aqui ilustrados. O primeiro (fig. 35) é um vaso de Nazca de fundo arredondado; seu corpo, aproximadamente cilíndrico, tem um estreitamento progressivo até a boca, de nove centímetros de diâmetro. Sua altura total é de dezessete centímetros. A decoração emprega cinco cores sobre engobo branco: preto, berinjela, ocre-escuro, ocre-claro e bege acinzentado. Representa um animal fabuloso de corpo humano e cuja cabeça, coberta de tentáculos e prolongada por uma mandíbula com dentes enormes, continua, para trás, com um apêndice caudal inicialmente reto e depois curvado, que termina na extremidade

Figura 35 Detalhe da decoração de um vaso de Nazca (coleção Jacques Lacan).

Figura 36 Vaso de Pacasmayo (Bässler 1903, v. 2, fig. 271).

posterior com outra cabeça, menor. O rabo sinuoso é coberto de espinhos, entre os quais circulam peixes, e toda a parte serpentina, representada como que em corte, também está cheia de peixes. O monstro está devorando um homem, cujo corpo contorcido segura com os dentes, enquanto um membro protuberante, em forma de braço e mão, se prepara para atravessar a vítima com uma lança. Dois peixinhos contemplam o drama e parecem esperar por sua parte no festim. É como se a cena toda ilustrasse um episódio colhido por Métraux de seus informantes: "Às vezes, Lik engole as pessoas. Se elas ainda tiverem uma faca quando chegarem dentro da serpente, podem rasgar-lhe o coração e fazer uma saída; ao mesmo tempo, pegam todos os peixes que estão em seu rabo" (id. ibid.). Contudo, no documento antigo, é antes a serpente que parece ter a vantagem das armas.

O segundo vaso (fig. 36), cuja ilustração tomamos emprestada de Bässler, provém de Pacasmayo. Vê-se nele o mesmo monstro, meio serpente meio humano, cujo corpo enrolado é igualmente cheio de peixes. Uma faixa decorada com ondas estilizadas sugere que o animal está num rio, em cuja superfície um homem navega num barco. Também nesse caso, o documento arqueológico glosa, com espantosa fidelidade, o relato contemporâneo: "O tio de Kidos'k disse-me que realmente viu Lik certa vez. Um dia, quando ele estava pescando de barco, de repente ouviu um grande barulho e reconheceu que era produzido por Lik. Imediatamente, ele remou com toda a força para a margem" (id. ibid.: 69).

Essas correspondências, preservadas em regiões afastadas e com séculos de distância, fazem desejar a contraprova e a comparação com as peças aqui reproduzidas da ilustração de suas lendas por indígenas contemporâneos. O que não parece ser impossível, já que Métraux indica que um artista toba desenhou para ele Lik com seu corpo cheio de peixes.

Mas, principalmente, o que parece certo é que, nessas regiões da América do Sul em que baixas e altas culturas mantiveram contatos regulares ou intermitentes durante um longo período, a etnologia e a arqueologia podem colaborar para resolver problemas compartilhados. A "serpente do corpo repleto de peixes" é apenas um tema entre as centenas cuja ilustração a cerâmica peruana, ao norte e ao sul, multiplicou quase ao infinito. Por que duvidar de que a chave da interpretação de tantos motivos ainda herméticos se encontre à nossa disposição, e imediatamente acessível, nos mitos e contos ainda vivos? Seria um equívoco descartar esses métodos em que o presente dá acesso ao passado. Só eles podem guiar-nos num labirinto de monstros e deuses quando, na ausência da escrita, o documento plástico não pode superar a si mesmo. Ao restabelecerem os elos entre regiões afastadas, períodos históricos diversos e culturas de desenvolvimento desigual, eles atestam, esclarecem – e quem sabe um dia expliquem – o vasto estado de sincretismo a que o americanismo parece, para sua desgraça, sempre condenado a se chocar, na busca dos antecedentes históricos de determinados fenômenos.[2]

2. Num artigo intitulado "La deidad primitiva de los Nasca", publicado na *Revista del Museo Nacional*, Yacovleff (1932) já se debruçou sobre essa questão, e formula a hipótese de que o animal representado seria um terrível predador dos mares, um cetáceo de quatro a nove metros de comprimento, a orca. Se essa sugestão for correta, seríamos levados a considerar a lenda pilagá coletada por Métraux como um eco de um tema marítimo em populações do interior. De todo modo, a relação entre o documento moderno e as peças arqueológicas continuaria sendo impressionante. (Remeto especialmente à figura 9, h e m, p. 132 do artigo de Yacovleff.)

Entretanto, cabe lembrar que o mesmo motivo, com seu *leitmotif* característico – "Você é pesado! – Não, sou leve" –, se encontra inclusive na América do Norte, notadamente entre os Sioux; o monstro aquático, entre esses caçadores, não é Mãe dos Peixes, e sim Mãe dos Bisões. Curiosamente, a Mãe dos Peixes reaparece entre os Iroqueses (que, no entanto, não são pescadores), com uma especificação suplementar, "Minha crina está cheia de peixes", que não pode deixar de trazer à memória os afrescos maia de Bonampak, em que alguns personagens possuem um penteado (ou uma cabeleira) carregado de peixes, e certos mitos, sobretudo do sudeste dos Estados Unidos, em que o herói multiplica os peixes ao lavar os cabelos no rio.

PROBLEMAS DE MÉTODO E DE ENSINO

XV. A noção de estrutura em etnologia[1]

As investigações que podem ser feitas a esse respeito não devem ser tomadas por verdades históricas, mas apenas por raciocínios hipotéticos e condicionais, mais apropriados para esclarecer a natureza das coisas do que para mostrar sua verdadeira origem, e semelhantes ao que costumam fazer os físicos acerca da formação do mundo.

J.-J. Rousseau, *Discurso sobre a origem da desigualdade entre os homens.*

A noção de estrutura social evoca problemas por demasiado vastos e vagos para que possam ser tratados nos limites de um artigo. O programa deste simpósio o admite implicitamente, já que assuntos vizinhos do nosso foram atribuídos a outros participantes. Assim, estudos como os que se dedicam ao *estilo*, às *categorias universais da cultura* ou à *lingüística estrutural* estão estreitamente ligados ao nosso tema, e o leitor deste trabalho deve igualmente consultá-los.

Além disso, quando falamos de estrutura social, consideramos sobretudo os aspectos formais dos fenômenos sociais, de modo que saímos do âmbito da descrição para considerar noções e categorias que não pertencem propriamente à etnologia, mas que ela gostaria de utilizar, a exemplo de outras disciplinas científicas que, já há tempos, tratam alguns de seus problemas como desejaríamos tratar os nossos. Tais problemas diferem, sem dúvida, quanto ao conteúdo, mas parece-nos – talvez tenhamos razão, talvez não – que nossos próprios problemas poderiam ser-lhes aproximados, contanto que adotemos o mesmo tipo de formalização. O interesse das pesquisas estruturais reside, precisamente, no fato de nos darem a esperança de que ciências mais avançadas do que a nossa nesse aspecto possam nos fornecer modelos de métodos e soluções.

1. Traduzido e adaptado da comunicação original em inglês "Social Structure" (Wenner-Gren Foundation International Symposium on Anthropology, Nova York, 1952) posteriormente publicada em *Anthropology Today* (Lévi-Strauss 1953b).

O que devemos entender por estrutura social? Em que os estudos a ela relacionados diferem de todas as descrições, análises e teorias relativas às relações sociais, entendidas em sentido amplo, e que se confundem com o próprio objeto da antropologia? Os autores não concordam quanto ao conteúdo dessa noção e inclusive alguns dos que contribuíram para introduzi-la parecem arrepender-se disso atualmente. Kroeber, por exemplo, na segunda edição de seu *Anthropology*, afirma:

> *A noção de "estrutura" provavelmente não passa de uma concessão à moda. Termos com um sentido bem definido exercem repentinamente uma atração especial durante uma década – é o caso da palavra "aerodinâmica" – e todos começam a empregá-los a torto e a direito, porque soam bem. Não há dúvida de que uma personalidade típica pode ser considerada do ponto de vista de sua estrutura. Mas o mesmo vale para arranjos fisiológicos, organismos, qualquer sociedade ou cultura, cristais ou máquinas. Qualquer coisa – contanto que não seja completamente amorfa – possui uma estrutura. O termo "estrutura" não parece portanto acrescentar absolutamente nada ao que temos em mente quando o empregamos, exceto um agradável picante* (Kroeber 1948: 325).[2]

Esse texto trata diretamente da suposta "estrutura da personalidade de base", mas implica uma crítica mais radical, que põe em causa a própria utilização da noção de estrutura em antropologia.

Uma definição faz-se indispensável, e não apenas em razão das incertezas atuais. De um ponto de vista estruturalista, que devemos adotar aqui, ainda que unicamente para apresentar o problema, a noção de estrutura não remete a uma definição indutiva, fundada na comparação e na abstração dos elementos comuns a todas as acepções do termo tal como costuma ser empregado. Ou o termo estrutura social não tem sentido, ou seu sentido em si já tem uma estrutura. É preciso captar essa noção

2. Compare-se com outra fórmula do mesmo autor: "O termo 'estrutura social', que tende a substituir 'organização social' sem nada acrescentar, aparentemente, quanto ao conteúdo ou ao significado" (1943: 105).

de estrutura antes de tudo, se não quisermos ser tragados por um fastidioso inventário de todos os livros e artigos relativos a relações sociais, cuja lista excederia os limites deste capítulo. Uma segunda etapa permitirá comparar nossa definição provisória com a que outros autores parecem supor, de modo implícito ou explícito. Procederemos a esse exame na seção dedicada ao parentesco, já que é esse o principal contexto em que a noção de estrutura aparece. Na verdade, os etnólogos lidaram com estrutura quase que exclusivamente a propósito de questões de parentesco.

I. Definição e problemas de método

O princípio fundamental é que a noção de estrutura social não remete à realidade empírica, e sim aos modelos construídos a partir dela. Fica assim aparente a diferença entre duas noções tão próximas que muitas vezes foram confundidas, isto é, *estrutura social* e *relações sociais*. As *relações sociais* são a matéria-prima empregada para a construção de modelos que tornam manifesta a própria *estrutura social*, que jamais pode, portanto, ser reduzida ao conjunto das relações sociais observáveis em cada sociedade. As pesquisas de estrutura não reivindicam um campo próprio entre os fatos de sociedade. Constituem, antes, um método passível de ser aplicado a diversos problemas etnológicos e se aparentam a formas de análise estrutural utilizadas em diferentes campos.

Trata-se portanto de saber em que consistem tais modelos que constituem o objeto próprio das análises estruturais. Questão que não diz respeito à etnologia, mas à epistemologia, pois as definições abaixo nada devem à matéria-prima de nossos trabalhos. Consideramos que, para merecerem o nome de estrutura, modelos devem exclusivamente satisfazer a quatro condições.

Em primeiro lugar, uma estrutura apresenta um caráter de sistema. Consiste em elementos tais que uma modificação de qualquer um deles acarreta uma modificação de todos os demais.

Em segundo lugar, todos os modelos pertencem a um grupo de transformações, cada uma das quais correspondendo a um modelo da mesma família, de modo que o conjunto dessas transformações constitui um grupo de modelos.

Em terceiro lugar, as propriedades indicadas acima permitem prever como reagirá o modelo em caso de modificação de um de seus elementos.

Finalmente, o modelo deve ser de tal maneira construído que seu funcionamento possa dar conta de todos os fatos observados.[3]

A) OBSERVAÇÃO E EXPERIMENTAÇÃO

Há que distinguir sempre esses dois níveis. A observação dos fatos e a elaboração de métodos que permitam utilizá-los para construir modelos jamais devem ser confundidas com a experimentação por intermédio dos próprios modelos. Entendo por "experimentação com os modelos" o conjunto de procedimentos capazes de permitir saber como um dado modelo reage a modificações, ou comparar uns aos outros modelos de mesmo tipo ou de tipos diferentes. Essa distinção é indispensável para dissipar certos mal-entendidos. Não haveria contradição entre a observação etnográfica, sempre concreta e individualizada, e as pesquisas estruturais a que se costuma atribuir um caráter abstrato e formal, para contestar a possibilidade de passar da primeira a estas últimas? A contradição se volatiliza assim que se compreende que essas características antitéticas pertencem a dois níveis diferentes ou, para ser mais preciso, correspondem a duas etapas da investigação. No nível da observação, a regra principal – a única, poder-se-ia dizer – é que todos os fatos devem

3. Comparar com Von Neumann: "Modelos (como jogos) são construções teóricas que supõem uma definição precisa, exaustiva e não muito complicada; devem também ser fiéis à realidade em todos os aspectos que interessam à investigação em questão. Recapitulando: a definição deve ser precisa e exaustiva, passível de tratamento matemático. A construção não deve ser desnecessariamente complicada a ponto de o tratamento matemático poder ser levado para além do estágio de formalização e dar resultados numéricos completos. A semelhança com a realidade é indispensável para que o funcionamento do modelo seja significativo. Mas essa semelhança pode geralmente ser restrita a alguns aspectos considerados essenciais *pro tempore* – caso contrário, as condições acima enumeradas tornar-se-iam incompatíveis" (Neumann & Morgenstein 1944).

ser precisamente observados e descritos, sem permitir que pressupostos teóricos lhes alterem a natureza ou a importância. Essa regra implica uma outra, como decorrência: os fatos devem ser estudados em si mesmos (por quais processos concretos vieram a existir?) e também em relação ao conjunto (o que quer dizer que qualquer mudança observada num ponto será remetida às circunstâncias globais de seu surgimento).

Essa regra e seus corolários foram claramente formulados por K. Goldstein (1951: 18-25) em termos de pesquisas psicofisiológicas; aplicam-se igualmente a outras formas de análise estrutural. De nosso ponto de vista, permitem perceber que não há contradição, mas sim íntima correlação, entre a preocupação com o detalhe concreto, própria da investigação etnográfica, e a validade e a generalidade que reivindicamos para o modelo construído a partir dela. Na verdade, são concebíveis muitos modelos, diferentes, porém cômodos em vários aspectos para descrever e explicar um grupo de fenômenos. Contudo, o melhor sempre será o modelo *verdadeiro*, isto é, aquele que, sendo o mais simples, satisfaça a dupla condição de utilizar única e exclusivamente os fatos considerados e de explicá-los todos. A primeira tarefa, portanto, é saber que fatos são esses.

B) CONSCIENTE E INCONSCIENTE

Modelos podem ser conscientes ou inconscientes, dependendo do nível em que funcionam. Boas, a quem cabe o mérito dessa distinção, mostrou que quanto menos a sociedade em que um grupo de fenômenos ocorre dispuser de um modelo consciente para interpretá-lo ou justificá-lo, mais este se prestará à análise estrutural (1911: 67). Talvez surpreenda ver Boas mencionado como um dos mestres do pensamento estruturalista, já que alguns tenderiam a atribuir-lhe um papel oposto. Tentei mostrar em outro trabalho (Lévi-Strauss 1949a, cap. 1 deste volume) que seu fracasso, do ponto de vista estruturalista, não se explica pela incompreensão ou pela hostilidade. Na história do estruturalismo, Boas foi antes um precursor. Ele quis, porém, impor condições por demasiado rigorosas às investigações estruturais. Algumas delas puderam ser assimiladas por seus sucessores, mas outras eram tão rígidas e difíceis de satisfazer que teriam esterilizado o progresso científico em qualquer área.

Qualquer modelo pode ser consciente ou inconsciente, essa condição não afeta sua natureza. Só é possível dizer que uma estrutura próxima da superfície do inconsciente torna mais provável a existência de um modelo que a encubra, como uma tela, para a consciência coletiva. Na verdade, os modelos conscientes – geralmente chamados de "normas" – estão entre os mais pobres de todos, em razão de sua função, que é perpetuar crenças e costumes, em vez de expor os mecanismos destes. A análise estrutural se depara, por isso, com uma situação paradoxal, bem conhecida pelos lingüistas: quanto mais clara for a estrutura aparente, mais difícil será captar a estrutura profunda, devido aos modelos conscientes e deformados que se interpõem como obstáculos entre o observador e seu objeto.

O etnólogo deverá, portanto, distinguir sempre as duas situações em que pode se encontrar. Pode ser que tenha de construir um modelo correspondente a fenômenos cujo caráter de sistema não foi percebido pela sociedade que estuda. É a situação mais simples e aquela que, observava Boas, propicia o terreno mais favorável para a investigação etnológica. Contudo, em outros casos, o etnólogo tem de lidar não só com material bruto, como também com modelos já construídos pela cultura considerada, na forma de interpretações. Já notei que esses problemas podem ser muito desiguais, mas nem sempre é o caso. Muitas culturas chamadas primitivas elaboraram modelos – de suas regras de casamento, por exemplo – melhores do que os dos etnólogos profissionais.[4] Existem, portanto, duas razões para respeitar esses modelos "caseiros". Primeiro, eles podem ser bons ou pelo menos fornecer uma via de acesso à estrutura; cada cultura possui seus próprios teóricos, cuja obra merece a mesma atenção que o etnólogo dedica à de seus colegas. Além disso, ainda que os modelos sejam tendenciosos e inexatos, a tendência e o tipo de erro que contêm fazem parte dos fatos a serem estudados; talvez estejam inclusive entre os mais significativos. No entanto, ao

4. Para exemplos e uma discussão detalhada, ver Lévi-Strauss 1949b: 558 ss.

dar toda a atenção a esses modelos produzidos pela cultura indígena, o etnólogo nunca deve esquecer que normas culturais não são automaticamente estruturas. São, antes, peças importantes para ajudar a descobrir estruturas; documentos brutos, ou contribuições teóricas, comparáveis às que são feitas pelo próprio etnólogo.

Durkheim e Mauss compreenderam perfeitamente que as representações conscientes dos indígenas sempre merecem mais atenção do que as teorias emanadas – também como representações conscientes – da sociedade do observador. Ainda que inadequadas, as primeiras fornecem uma melhor via de acesso às categorias (inconscientes) do pensamento indígena, na medida em que estão estruturalmente ligadas a elas. Sem subestimar a importância e o caráter inovador desse procedimento, somos obrigados a reconhecer que Durkheim e Mauss não o levaram tão longe quanto teria sido desejável. Pois as representações conscientes dos indígenas, por mais interessantes que sejam, pela razão acima indicada, podem permanecer objetivamente tão distantes da realidade inconsciente quanto as outras.[5]

C) ESTRUTURA E MEDIDA

Diz-se às vezes que a noção de estrutura permite introduzir a medida em etnologia. A idéia talvez tenha resultado da utilização de fórmulas matemáticas – ou aparentemente matemáticas – em obras etnológicas recentes. É fato que, em certos casos, chegou-se a determinar valores numéricos para constantes, como nos estudos de Kroeber sobre a evolução da moda feminina, que marcaram data nos estudos estruturalistas (Richardson & Kroeber 1940), e alguns outros, de que falaremos adiante.

Todavia, não existe nenhuma conexão necessária entre a noção de *medida* e a de *estrutura*. As pesquisas estruturais surgiram nas ciências sociais como conseqüência indireta de certos desenvolvimentos da matemática moderna, que vem dando cada vez mais importância aos dados qualitativos, afastando-se, assim, da perspectiva quantitativa da matemática tradicional. Em várias áreas, como a lógica matemática, a

5. Ver, a esse respeito, Lévi-Strauss 1952a, 1956b, caps. VII e VIII deste volume.

teoria dos conjuntos, a teoria dos grupos e a topologia, percebeu-se que problemas que não permitiam uma solução métrica podiam, mesmo assim, ser submetidos a um tratamento rigoroso. Lembraremos os títulos das obras mais importantes para as ciências sociais: *Theory of Games and Economic Behaviour*, de J. von Neumann e O. Morgenstern (1944), *Cybernetics...*, de N. Wiener (1948), e *The Mathematical Theory of Communication*, de C. Shannon e W. Weaver (1950).

D) MODELOS MECÂNICOS E MODELOS ESTATÍSTICOS

Uma última distinção está ligada à escala do modelo em comparação com a dos fenômenos. Um modelo cujos elementos constitutivos estejam na escala dos fenômenos será chamado de "modelo mecânico", e "modelo estatístico" será aquele cujos elementos estão numa escala diferente. Tomemos como exemplo as leis do casamento. Nas sociedades primitivas, essas leis podem ser representadas na forma de modelos em que aparecem os indivíduos efetivamente distribuídos em classes de parentesco ou em clãs – tais modelos são mecânicos. Em nossa sociedade, é impossível recorrer a esse gênero de modelo, pois os diversos tipos de casamento aqui dependem de fatores mais gerais, como o tamanho dos grupos primários e secundários a que pertencem os possíveis cônjuges, a fluidez social, a quantidade de informação etc. Para conseguir determinar constantes de nosso sistema matrimonial (o que ainda não se tentou), teríamos, portanto, de definir médias e limites, de modo que o modelo apropriado seria de natureza estatística.

Existem sem dúvida formas intermediárias entre essas duas. Certas sociedades (como a nossa) utilizam um modelo mecânico para definir os graus proibidos e lançam mão de um modelo estatístico no que diz respeito aos casamentos possíveis. Além disso, os mesmos fenômenos podem pertencer aos dois tipos de modelo, a depender de como são agrupados uns aos outros ou a outros fenômenos. Para explicar de modo satisfatório um sistema que favorece o casamento entre primos cruzados, mas no qual essa fórmula corresponde a apenas parte das uniões registradas, são necessários um modelo mecânico e um modelo estatístico.

As investigações estruturais não apresentariam nenhum interesse se as estruturas não fossem traduzíveis em modelos cujas propriedades formais sejam comparáveis, independentemente dos elementos que os compõem. A tarefa do estruturalista é identificar e isolar os níveis de realidade que possuem um valor estratégico a partir da perspectiva em que ele se coloca, isto é, que podem ser representados na forma de modelos, qualquer que seja a natureza destes últimos.

Também é possível, por vezes, considerar simultaneamente os mesmos dados a partir de perspectivas diferentes, todas possuidoras de um valor estratégico, embora os modelos correspondentes a cada uma sejam ora mecânicos, ora estatísticos. Situações desse tipo ocorrem nas ciências exatas e naturais. É o caso da teoria dos corpos em movimento, por exemplo, que remete à mecânica se os corpos físicos considerados forem pouco numerosos, mas, quando esse número ultrapassa certa ordem de grandeza, recorre necessariamente à termodinâmica, ou seja, substitui um modelo mecânico por um modelo estatístico. A natureza dos fenômenos, entretanto, permanece a mesma em ambos os casos.

Situações semelhantes se apresentam freqüentemente nas ciências humanas e sociais. Pensemos, por exemplo, no suicídio, que pode ser considerado a partir de duas perspectivas diferentes. A análise dos casos individuais permite construir o que chamaríamos de modelos mecânicos do suicídio, cujos elementos são fornecidos pelo tipo de personalidade da vítima, sua história individual, as propriedades dos grupos primário e secundário a que pertenceu, e assim por diante. Mas é igualmente possível construir modelos estatísticos baseados na freqüência dos suicídios durante um determinado período, em uma ou várias sociedades, ou ainda em grupos primários e secundários de tipos diferentes etc. Qualquer que seja a perspectiva adotada, terão sido isolados níveis nos quais o estudo estrutural do suicídio é significativo, ou, em outras palavras, que autorizam a construção de modelos passíveis de comparação: primeiro, para várias formas de suicídio; segundo, para sociedades diferentes; e, terceiro, para diversos tipos de fenômenos sociais. Portanto, o progresso científico não consiste apenas na descoberta de constantes características para cada nível, mas também no isolamento de níveis ainda não localizados, nos quais o estudo de determinado fenômeno mantém um valor estratégico. Foi o que ocorreu com o advento da psicanálise, que descobriu um meio de definir modelos que correspondem a um novo campo de investigação, a vida psíquica do paciente tomada em sua totalidade.

Essas considerações ajudam a compreender melhor a dualidade (alguns diriam contradição) que caracteriza os estudos estruturais. Primeiro, propõe-se isolar níveis significativos, o que implica o recorte dos fenômenos. Desse ponto de vista, cada tipo de estudo estrutural aspira à autonomia, à independência em relação a todos os demais e também em relação às investigações dos mesmos fatos baseadas em outros métodos. Contudo, nossas investigações têm apenas um interesse: construir modelos cujas propriedades formais sejam, do ponto de vista da comparação e da explicação, redutíveis às propriedades de outros modelos, ligados, por sua vez, a níveis estratégicos diferentes. Assim, esperamos poder derrubar as divisórias entre disciplinas vizinhas e promover entre elas uma verdadeira colaboração.

Um exemplo ilustrará esse ponto. O problema das relações entre a história e a etnologia tem sido tema de muitos debates. Apesar das críticas que me foram feitas,[6] continuo afirmando que a noção de tempo não está no centro da discussão. Mas, se não é a perspectiva temporal própria da história que distingue as duas disciplinas, em que consiste a diferença entre elas? Para responder, é preciso considerar as observações apresentadas no parágrafo anterior e reinserir a história e a etnologia entre as demais ciências sociais.

A etnografia e a história diferem primeiramente da etnologia e da sociologia na medida em que as duas primeiras se baseiam na coleta e na organização de documentos, ao passo que as outras duas estudam fundamentalmente os modelos construídos a partir de – e por intermédio de – tais documentos.

6. Acerca desses debates, ver Lévi-Strauss 1949a (cap. 1 deste volume) 1952b, trabalhos que suscitaram críticas ou comentários da parte de: Claude Lefort (1951, 1952); Jean Pouillon (1956); Roger Bastide (1956); Georges Balandier (1956).

Em segundo lugar, a etnografia e a etnologia correspondem a duas etapas de uma mesma investigação que desemboca, finalmente, em modelos mecânicos, ao passo que a história (e as demais disciplinas em geral classificadas como suas "auxiliares") desemboca em modelos estatísticos. As relações entre essas quatro disciplinas podem, portanto, ser expressas em duas oposições, uma entre observação empírica e construção de modelos, a outra entre o caráter estatístico ou mecânico dos modelos, considerados no ponto de chegada. Se atribuirmos arbitrariamente o sinal [+] ao primeiro termo e o sinal [–] ao segundo termo de cada oposição, teremos:

	História	Sociologia	Etnografia	Etnologia
Observação empírica/ construção de modelos	+	–	+	–
Modelos mecânicos/ modelos estatísticos	–	–	+	+

Compreende-se, assim, como é possível que as ciências sociais, devendo todas necessariamente adotar uma perspectiva temporal, se distingam pelo emprego de suas categorias de tempo.

A etnologia se vale de um tempo "mecânico", isto é, reversível e não cumulativo: o modelo de um sistema de parentesco patrilinear não contém nada que indique se foi sempre patrilinear ou se foi precedido por um sistema matrilinear, ou ainda por uma série de oscilações entre as duas formas. O tempo da história é, ao contrário, "estatístico": não é reversível e possui uma orientação determinada. Uma evolução que levasse da sociedade italiana contemporânea à República romana é tão inconcebível quanto a reversibilidade dos processos relacionados à segunda lei da termodinâmica.

A discussão acima torna precisa a distinção, proposta por Firth, entre a noção de estrutura social em que o tempo não desempenha nenhum papel e a de organização social, em que ele intervém (1951:40). O mesmo ocorre em relação ao longo debate entre os defensores do antievolucionismo boasiano e Leslie White (1949). Boas e sua escola trataram primordialmente de modelos mecânicos em que a noção de evolução não possui valor heurístico. Essa noção adquire pleno sentido no campo da história e da sociologia, mas com a condição de os elementos a que se refere não serem formulados em termos de uma tipologia "culturalista", que utiliza exclusivamente modelos mecânicos. Seria preciso, ao contrário, captar esses elementos num nível suficientemente profundo para que se possa ter certeza de que permanecerão idênticos, qualquer que seja o conteúdo cultural em que intervêm (como os genes, que são elementos idênticos passíveis de aparecer em diferentes combinações, das quais resultam os tipos raciais, que são modelos estatísticos). Finalmente, é necessário poder estabelecer longas séries estatísticas. Boas e sua escola têm razão, portanto, em recusar a noção de evolução, pois ela não é significante no nível dos modelos mecânicos que utilizam de modo exclusivo. E Leslie White está equivocado ao pretender reintegrar a noção de evolução, já que continua a empregar modelos do mesmo tipo que seus adversários. Os evolucionistas recuperariam mais facilmente seu lugar se concordassem em substituir modelos mecânicos por modelos estatísticos, isto é, cujos elementos sejam independentes de sua combinação e permaneçam idênticos através de um período de tempo suficientemente longo.[7]

A distinção entre modelo mecânico e modelo estatístico apresenta ainda outro interesse: permite esclarecer o papel do método comparativo nas investigações estruturais, que tanto Radcliffe-Brown como Lowie tenderam a superestimar. O primeiro, por exemplo, afirma:

> *Considera-se geralmente a sociologia teórica como uma ciência indutiva. A indução é, efetivamente, o procedimento lógico que permite inferir proposições gerais da consideração de exemplos específicos. O professor Evans-Pritchard* [...] *às vezes parece pensar que o método lógico de indução, que emprega a comparação, a classificação e a generalização, não pode ser aplicado aos fenômenos humanos e à vida social.* [...] *Eu pessoalmente sustento que a etnologia se funda no estudo comparativo e sistemático de um grande número de sociedades* (Radcliffe-Brown 1952: 14).

7. Aliás, é exatamente assim que trabalha o evolucionismo biológico contemporâneo, nos trabalhos de J. B. S. Haldane, G. G. Simpson etc.

Num estudo anterior, Radcliffe-Brown dizia, a respeito da religião:

> *O método experimental aplicado à sociologia religiosa* [...] *ensina que devemos submeter nossas hipóteses à prova de um número suficientemente grande de religiões diferentes ou cultos religiosos particulares, cada qual confrontado com a sociedade particular em que se manifesta. Tal empresa ultrapassa as capacidades de um único pesquisador, e supõe a colaboração de vários* (id. 1945: 1).

No mesmo espírito, Lowie começa enfatizando que "a literatura etnológica está repleta de supostas correlações que não possuem nenhuma base experimental" (1948a: 38), e insiste na necessidade de "alargar a base indutiva" (id. ibid.: 68) de nossas generalizações. Vê-se que ambos os autores concordam em dar à etnologia um fundamento indutivo, e nisso se afastam não somente de Durkheim – "Quando uma lei foi provada por uma experiência bem feita, a prova é universalmente válida" (1912: 593) –, como também de Goldstein. Como já notamos, este formulou do modo mais lúcido o que poderíamos chamar de "as regras do método estruturalista", colocando-se numa perspectiva ampla o suficiente para torná-las válidas para além do campo limitado para o qual as tinha inicialmente concebido. Goldstein observa que a necessidade de proceder a um estudo minucioso de cada caso acarreta, como conseqüência, a restrição do número de casos que se pode considerar desse modo. Não correríamos o risco, então, de nos apegarmos a casos específicos demais para podermos formular, a partir de uma base tão restrita, conclusões válidas para todos os demais? Ele responde:

> *Essa objeção desconsidera totalmente a situação real. Primeiro, a acumulação de fatos – ainda que muito numerosos – não serve para nada se eles não tiverem sido determinados com exatidão, não pode jamais levar a conhecer as coisas tal como se passam atualmente* [...] *É preciso selecionar casos que permitam formular julgamentos decisivos. Então, o que for estabelecido num caso valerá também para os demais.* (1951: 25)

Poucos etnólogos se disporiam a endossar essa conclusão. No entanto, a investigação estruturalista não teria sentido se não tivéssemos plena consciência do dilema de Goldstein: ou estudar muitos casos, sempre superficialmente e sem grandes resultados, ou limitar-se decididamente à análise aprofundada de um pequeno número de casos e provar desse modo que, afinal, uma experiência bem feita vale uma demonstração.

Como explicar esse apego de tantos etnólogos ao método comparativo? Não seria porque, aqui também, eles confundem as técnicas apropriadas à construção e ao estudo de modelos mecânicos e modelos estatísticos? A posição de Durkheim e Goldstein é inexpugnável no que diz respeito aos primeiros. Por outro lado, é evidente que não se pode fabricar um modelo estatístico sem estatísticas, isto é, sem acumular um grande número de fatos. Mas, mesmo nesse caso, o método não pode ser chamado de comparativo, já que os fatos reunidos só terão valor se pertencerem todos a um mesmo tipo. A opção é sempre a mesma, estudar a fundo *um caso*, e a única diferença está no recorte do "caso", cujos elementos constitutivos estarão (dependendo do padrão adotado) na escala do modelo projetado ou numa escala diferente.

Até agora, tentamos elucidar algumas questões de princípio, relativas à própria natureza da noção de estrutura social. Torna-se assim mais fácil proceder a um inventário dos principais tipos de pesquisa e discutir alguns resultados.

II. Morfologia social ou estruturas de grupo

Nesta segunda seção, o termo "grupo" não designa o grupo social, e sim, mais amplamente, a maneira como os fenômenos são agrupados. Por outro lado, decorre da primeira seção deste trabalho que as investigações estruturais têm por objeto o estudo das relações sociais com o auxílio de modelos.

Ora, é impossível conceber as relações sociais fora de um meio comum que lhes serve de sistema de referência. O espaço e o tempo são os dois sistemas de referência que permitem pensar as relações sociais, em conjunto ou separadamente. Essas dimensões de espaço e tempo não se confundem com as que outras ciências utilizam. Trata-se de um espaço "social" e de um tempo "social", o que significa que suas únicas propriedades são as dos fenômenos sociais que as povoam. As sociedades humanas conceberam essas dimensões de modos muito diversos, segundo suas estruturas particulares. O etnólogo não deve, portanto, se preocupar com a possibilidade de se ver obrigado a utilizar tipos que não lhe são familiares ou mesmo de inventar tipos adequados a suas necessidades.

Já notamos que o *continuum* temporal se apresenta como reversível ou orientado, segundo o nível que oferece o maior valor estratégico, no qual devemos nos situar, do ponto de vista da pesquisa em questão. Outras eventualidades podem igualmente se apresentar, como tempo independente daquele do observador – e ilimitado –, tempo função do tempo próprio (biológico) do observador – e limitado –, tempo analisável ou não em partes, que são elas mesmas homólogas umas às outras, ou específicas etc. Evans-Pritchard mostrou que é possível reduzir a propriedades formais desse tipo a heterogeneidade qualitativa, superficialmente percebida pelo observador, entre seu próprio tempo e tempos que remetem a outras categorias, como a história, a lenda ou o mito (1939, 1940). Sua análise, inspirada pelo estudo de uma sociedade africana, pode ser estendida a nossa própria sociedade (Bernot & Blancard 1953).

No que diz respeito ao espaço, Durkheim e Mauss (1901-02) foram os primeiros a descrever as propriedades variáveis que é preciso reconhecer para poder interpretar a estrutura de um grande número de sociedades chamadas primitivas. Mas foi em Cushing – que tem sido relegado ao esquecimento – que eles se inspiraram. A obra de Frank Hamilton Cushing exibe uma profundidade e uma inventividade sociológicas que deveriam valer-lhe um lugar à direita de Morgan, entre os grandes precursores das pesquisas estruturais. As lacunas e imprecisões apontadas em suas descrições e mesmo a acusação que lhe foi feita de "superinterpretar" suas observações assumem a devida proporção quando se compreende que Cushing buscava menos descrever concretamente a sociedade zuñi do que elaborar um modelo (a célebre divisão em sete partes) capaz de explicar sua estrutura e o mecanismo de seu funcionamento.

O tempo e o espaço social também devem ser distinguidos por sua escala. Etnólogos utilizam "macrotempo" e "microtempo", "macroespaço" e "microespaço". Com plena legitimidade, os estudos estruturais tomam suas categorias emprestadas tanto da pré-história, da arqueologia e da teoria difusionista, como da topologia psicológica fundada por Lewin e da sociometria de Moreno. Pois estruturas do mesmo tipo podem ser recorrentes em níveis muito diferentes de tempo e espaço, e nada impede que um modelo estatístico (como, por exemplo, um dos elaborados em sociometria) se revele mais útil para construir um modelo análogo, aplicável à história geral das civilizações, do que outro diretamente inspirado em fatos tomados exclusivamente nesse campo.

Longe de nós, portanto, a idéia de que as considerações históricas e geográficas não têm valor para os estudos estruturais, como crêem ainda os que se dizem "funcionalistas". Um funcionalista pode ser o exato oposto de um estruturalista, o exemplo de Malinowski basta para convencer-nos disso. Inversamente, a obra de G. Dumézil[8] e o exemplo pessoal de A. L. Kroeber (de espírito estruturalista, embora tenha se dedicado por muito tempo a estudos de distribuição espacial) provam que o método histórico não é de forma alguma incompatível com uma atitude estrutural.

Os fenômenos sincrônicos apresentam, contudo, uma homogeneidade relativa que os torna mais fáceis de estudar do que os fenômenos diacrônicos. Não é portanto surpreendente que as pesquisas mais acessíveis, quanto à morfologia, sejam aquelas que envolvem propriedades qualitativas, não mensuráveis, do espaço social, isto é, o modo como os fenômenos sociais se distribuem no mapa, e as constantes que tal distribuição revela. Nesse sentido, a chamada "escola de Chicago" e seus trabalhos de ecologia urbana suscitaram grandes esperanças, logo frustradas. Os problemas de ecologia são discutidos em outro capítulo deste simpósio,[9] por isso aqui apenas apontarei rapidamente as relações que existem entre as noções de ecologia e de estrutura social. Em ambos os

8. Resumida em Dumézil 1949.

9. Trata-se do capítulo "Human Ecology", de Marston Bates (1953: 700-13).

casos, trata-se da distribuição de fenômenos sociais no espaço, mas as pesquisas estruturalistas se referem exclusivamente aos ambientes espaciais cujas características são sociológicas, isto é, não dependem de fatores naturais, tais como a geologia, a climatologia, a fisiografia etc. As pesquisas da chamada ecologia urbana são, assim, especialmente interessantes para os etnólogos, uma vez que o espaço urbano é suficientemente restrito e homogêneo (em todos os aspectos, exceto o social) para que suas propriedades qualitativas possam ser diretamente atribuídas a fatores internos, de origem ao mesmo tempo interna e social.

Em lugar de procurar analisar comunidades complexas, nas quais é difícil determinar a parte que cabe a influências de dentro ou de fora, talvez tivesse sido mais prudente limitar-se – como havia feito Marcel Mauss (1924-25) – às comunidades pequenas e relativamente isoladas com que os etnólogos costumam lidar. Existem alguns estudos desse gênero, mas que raramente ultrapassam o nível descritivo e, quando o fazem, é com notável timidez. Ninguém procurou realmente as correlações que podem existir entre a configuração espacial dos grupos e outros aspectos de sua vida social.

E, no entanto, vários documentos atestam a realidade e a importância de tais correlações, principalmente no que diz respeito, de um lado, à estrutura social, e, do outro, à configuração espacial dos assentamentos humanos, aldeias ou acampamentos. Limitando-me aqui à América, lembro que a forma dos acampamentos dos índios das Planícies varia com a organização social de cada tribo. O mesmo ocorre com a distribuição circular das casas nas aldeias jê do Brasil Central e Oriental. Em ambos os casos, trata-se de regiões bastante homogêneas do ponto de vista lingüístico e cultural, e nas quais se apresenta uma série considerável de variações concomitantes. Outros problemas surgem quando são comparadas regiões ou tipos de assentamentos diferentes, que acompanham estruturas sociais diferentes, como a configuração circular das aldeias jê e as ruas paralelas das cidades pueblo. Neste último caso, pode-se até realizar um estudo diacrônico, graças aos documentos arqueológicos, que atestam variações interessantes. Existiria uma relação entre a passagem das antigas estruturas semicirculares às atuais estruturas paralelas e a transferência das aldeias dos vales para os planaltos? E como se teria efetuado a mudança na repartição das casas entre os diferentes clãs, que os mitos descrevem como muito sistemática, e que hoje parece dever-se ao acaso?

Não suponho que a configuração espacial das aldeias sempre reflita a organização social como um espelho, nem que a reflita por completo. Seria uma afirmação insensata para um grande número de sociedades. Mas não haveria algo em comum entre todas aquelas – tão diferentes em outros aspectos – nas quais se constata uma relação (ainda que obscura) entre configuração espacial e estrutura social? E, mais ainda, entre aquelas cuja configuração espacial "representa" a estrutura social, como se fosse uma espécie de diagrama traçado num quadro-negro? Na verdade, as coisas raramente são tão simples quanto parecem. Tentei mostrar alhures[10] que o plano da aldeia bororo não exprime a verdadeira estrutura social, e sim um modelo presente na consciência indígena, embora seja de natureza ilusória e contradiga os fatos.

Temos, portanto, meios de estudar os fenômenos sociais e mentais a partir de suas manifestações objetivas, numa forma exteriorizada e – poder-se-ia dizer – cristalizada. E isso não apenas nos casos de configurações espaciais estáveis. Configurações instáveis, mas recorrentes, podem ser analisadas e criticadas do mesmo modo – as que se podem observar na dança e no ritual, por exemplo.[11]

Aproximamo-nos da expressão matemática ao abordarmos as propriedades numéricas dos grupos, que constituem o campo tradicional da demografia. Entretanto, já há alguns anos, pesquisadores vindos de horizontes diferentes – demógrafos, sociólogos, etnólogos – tendem a se associar para lançar as bases de uma nova demografia, que poderíamos chamar de qualitativa, menos preocupada com as variações contínuas no seio de grupos humanos, arbitrariamente isolados por razões

10. Lévi-Strauss 1952a, 1956b, respectivamente caps. VII e VIII deste livro.
11. Vejam-se, por exemplo, as "figuras" de um ritual nas várias etapas de sua realização, tal como foram cartografadas em Fletcher 1904.

empíricas, do que com descontinuidades significativas entre grupos considerados como totalidades e delimitados em razão de tais descontinuidades. Essa "sociodemografia", como diz M. de Lestrange (1951), está em plena sintonia com a antropologia social. Pode ser que um dia ela se torne o ponto de partida obrigatório de todas as nossas pesquisas.

Os etnólogos devem, portanto, se interessar, mais do que o fizeram até agora, pelos estudos demográficos de inspiração estruturalista, como o de Livi (1940-41; 1949), acerca das propriedades formais do mínimo isolado, capazes de se perpetuar, e os de Dahlberg, muito próximos. O efetivo das populações com as quais trabalhamos às vezes se aproxima muito do mínimo de Livi, outras vezes se encontra até abaixo dele. Além disso, existe uma relação indubitável entre o modo de funcionamento e a durabilidade de uma estrutura social e o efetivo populacional. Talvez existam propriedades formais dos grupos, que seriam direta e imediatamente função do número absoluto da população, independentemente de qualquer outra consideração. Caso existam, seria preciso começar por determinar tais propriedades e levá-las em conta, antes de buscar outras interpretações.

Em seguida, consideraríamos as propriedades numéricas que não pertencem ao grupo em questão como um todo, mas a subconjuntos desse grupo e a suas relações, na medida em que uns e outros manifestam descontinuidades significativas. Quanto a isso, duas linhas de pesquisa são de grande interesse para os etnólogos:

1. As que estão relacionadas à famosa lei da sociologia urbana chamada de *rank-size*, que permite determinar, para um conjunto definido, uma correlação entre o tamanho absoluto das cidades (calculado pelo total da população) e a posição de cada uma num conjunto ordenado, e inclusive deduzir, ao que parece, um dos elementos a partir do outro.[12]

12. Um especialista em teatro contou-me recentemente que Louis Jouvet sempre se espantava diante do fato de cada sala receber, todas as noites, aproximadamente todo o público que podia conter, de modo que numa sala de quinhentos espectadores sempre há por volta de quinhentas pessoas, e numa de dois mil os dois mil, sem que jamais seja preciso deixar de fora muita gente na menor, ou que a maior fique com apenas três quartos de sua capacidade. Essa harmonia preexistente seria, de fato, inexplicável, se em cada sala todos os lugares fossem >

2. Os trabalhos de certos demógrafos franceses, baseados na demonstração de Dahlberg de que as dimensões absolutas de um isolado podem ser calculadas a partir da freqüência dos casamentos consangüíneos (Dahlberg 1948). Sutter e Tabah (1951) chegaram assim a calcular o tamanho médio dos isolados para todos os departamentos[13] da França, e, ao fazê-lo, tornaram acessível aos etnólogos o sistema matrimonial complexo de uma sociedade moderna. O "tamanho médio" do isolado francês teria uma variação entre menos de mil e pouco mais de 2800 pessoas. Percebe-se, assim, que a rede de indivíduos definida pelas relações de casamento possui – mesmo numa sociedade moderna – um tamanho muito menor do que se poderia supor, que equivale a no máximo dez vezes o das menores sociedades primitivas, ou seja, da mesma ordem de grandeza. Deveríamos concluir disso que as redes de intercasamento são aproximadamente constantes, em tamanho absoluto, em todas as sociedades humanas? Em caso de resposta afirmativa, a natureza complexa de uma sociedade resultaria menos da dilatação do isolado primitivo do que da integração de isolados relativamente estáveis em conjuntos cada vez mais vastos, mas caracterizados por outros tipos de laços sociais (econômicos, políticos, intelectuais).

Sutter e Tabah mostraram ainda que os isolados menores não se encontram exclusivamente nas regiões mais afastadas, como as zonas montanhosas, mas também (e até mais) nos grandes centros urbanos ou em seus arredores: os departamentos do Rhône (que inclui Lyon), da Gironde (que inclui Bordeaux) e da Seine (que inclui Paris) aparecem nas posições mais baixas da lista, com isolados de 740, 910 e 930

> equivalentes. Mas como os menos bons se tornam imediatamente preteridos, produz-se um efeito regulador: os apreciadores preferem esperar por outro dia, ou outra sala de espetáculos, se só restarem lugares ruins. Seria interessante investigar se esse fenômeno não seria do mesmo tipo que o do *rank-size law*. De modo geral, o estudo do fenômeno teatral, encarado de um ponto de vista quantitativo – relação entre o número de salas e suas respectivas dimensões e o tamanho das cidades, com suas distribuições de renda etc. –, forneceria um meio cômodo, e até hoje desconsiderado, de elucidar, quase como num laboratório, certos problemas fundamentais da morfologia social, diacrônica e sincronicamente.

13. Subdivisões administrativas do território francês. [N.T.]

pessoas, respectivamente. No departamento da Seine, que praticamente se confunde com a aglomeração parisiense, a proporção de casamentos consangüíneos é mais alta do que em qualquer um dos quinze departamentos rurais à sua volta.

Tudo isso é essencial porque os etnólogos podem, graças a esses trabalhos, ter a esperança de encontrar numa sociedade moderna e complexa unidades menores, da mesma natureza que aquelas que costumam estudar. O método demográfico deve, entretanto, ser completado por um ponto de vista etnológico. O tamanho absoluto dos isolados não esgota o problema, é preciso também determinar o comprimento dos ciclos matrimoniais. Guardadas todas as proporções, um pequeno isolado pode consistir numa rede de ciclos longos (da mesma ordem que o próprio isolado) e um grande isolado pode ser feito de ciclos curtos (um pouco como uma cota de malha).[14] Nesse caso, torna-se necessário fazer o levantamento das genealogias, o que significa que os demógrafos, mesmo os estruturalistas, precisam dos etnólogos.

Essa colaboração pode ajudar a esclarecer outro problema, este teórico. Trata-se do alcance e da validade da noção de cultura, que tem gerado acaloradas discussões entre etnólogos ingleses e americanos nos últimos anos. Ao se dedicarem primordialmente ao estudo da cultura, os etnólogos americanos estariam apenas – como escreveu Radcliffe-Brown – "reificando uma abstração"? Para o mestre inglês, "a idéia de cultura européia é uma abstração, tanto quanto a de uma cultura própria de uma determinada tribo africana". Só há seres humanos, ligados uns aos outros por uma série ilimitada de relações sociais (Radcliffe-Brown 1940b). "Falsa questão", responde Lowie (1942: 520-21). Não tão falsa, contudo, considerando que o debate renasce de tempos em tempos.

Quanto a isso, seria recomendável colocarmos a noção de cultura no mesmo plano que a noção genérica e demográfica de isolado. Chamamos

14. Essas duas situações correspondem respectivamente a casamentos de tipo matrilateral (ciclos longos) ou patrilateral (ciclos curtos). Ver, sobre o tema, *As estruturas elementares do parentesco* (Lévi-Strauss 1949b, cap. XXVII). Com esse exemplo, percebe-se com clareza que considerações puramente quantitativas não bastam, é preciso acrescentar-lhes o estudo das estruturas, que são qualitativamente diferentes.

de cultura todo conjunto etnográfico que, do ponto de vista da pesquisa, apresenta afastamentos significativos em relação a outros. Se buscarmos determinar os afastamentos significativos entre a América do Norte e a Europa, tratá-las-emos como culturas diferentes, mas se, suponhamos, o interesse forem os afastamentos significativos entre Paris e Marselha, por exemplo, esses dois conjuntos urbanos poderão ser provisoriamente constituídos como duas unidades culturais. Como o objeto último das pesquisas estruturais são as *constantes* ligadas a tais afastamentos, percebe-se que a noção de cultura pode corresponder a uma realidade objetiva, sem deixar de ser função do tipo de pesquisa em questão. Uma coleção de indivíduos, contanto que seja objetivamente dada no tempo e no espaço, remete simultaneamente a vários sistemas de cultura: universal, continental, nacional, provincial, local etc., e familiar, profissional, confessional, político etc.

Contudo, na prática, esse nominalismo não deve ser levado ao extremo. Na verdade, o termo "cultura" é empregado para reunir um *conjunto* de afastamentos significativos cujos limites, conforme prova a experiência, coincidem aproximadamente. O fato de tal coincidência nunca ser absoluta e de jamais ocorrer em todos os níveis ao mesmo tempo não deve nos impedir de utilizar a noção de cultura, que é fundamental em etnologia, e possui o mesmo valor heurístico que a de isolado em demografia. Do ponto de vista lógico, as duas noções são do mesmo tipo. Aliás, os próprios físicos nos encorajam a conservar a noção de cultura, já que N. Bohr escreve: "As diferenças tradicionais (das culturas humanas) se assemelham, em vários aspectos, aos modos diversos, mas equivalentes, como se pode descrever uma experiência em física" (1939:9).

III. Estética social ou estruturas de comunicação

Uma sociedade é feita de indivíduos e de grupos que se comunicam entre si. Contudo, a presença ou a ausência de comunicação não pode ser definida de maneira absoluta. A comunicação não cessa nos limites da sociedade. Em vez de fronteiras rígidas, trata-se, antes, de limiares, marcados por um enfraquecimento ou uma deformação da comunicação, nos quais ela não desaparece, mas atinge seu nível mínimo. Essa situação é suficientemente significativa para que a população (tanto fora como dentro) dela tome consciência. Entretanto, a delimitação de uma sociedade não implica que tal consciência seja clara, condição que só se realiza em casos de precisão e estabilidade suficientes.

Em qualquer sociedade, a comunicação se opera no mínimo em três níveis: comunicação de mulheres, comunicação de bens e serviços e comunicação de mensagens. Conseqüentemente, o estudo do sistema de parentesco, o do sistema econômico e o do sistema lingüístico apresentam certas analogias. Aos três se aplica o mesmo método, e eles diferem apenas quanto ao nível estratégico em que cada um se situa no seio de um universo comum. Poder-se-ia acrescentar que as regras de parentesco e de casamento definem um quarto tipo de comunicação, o dos genes entre os fenótipos. A cultura não consiste, portanto, exclusivamente em formas de comunicação que lhe são próprias (como a linguagem), mas também – e talvez sobretudo – em *regras* aplicáveis a todos os tipos de "comunicação", quer esta se efetue no plano da natureza ou no da cultura.

Em relação à analogia que acabamos de afirmar entre a sociologia do parentesco, a ciência econômica e a lingüística, deve-se observar uma diferença entre os três modos de comunicação correspondentes, que não se encontram na mesma escala. Encarados do ponto de vista das taxas de comunicação para uma determinada sociedade, os intercasamentos e a troca de mensagens diferem um do outro, quanto à ordem de grandeza, um pouco como os movimentos das grandes moléculas de dois líquidos viscosos atravessando por osmose a parede dificilmente permeável que as separa e os dos elétrons emitidos por tubos catódicos. Quando se passa do casamento para a linguagem, vai-se de uma comunicação de ritmo lento para uma de ritmo rápido. A diferença é facilmente explicável: no casamento, objeto e sujeito de comunicação (mulheres e homens) são quase da mesma natureza, ao passo que, na linguagem, aquele que fala jamais se confunde com suas palavras. Estamos, portanto, diante de uma dupla oposição: *pessoa* e *símbolo*, *valor* e *signo*, o que permite compreender a posição intermediária das trocas econômicas em relação às duas outras formas: bens e serviços não são pessoas (como as mulheres), mas, à diferença dos fonemas, são valores. E embora eles não sejam integralmente nem símbolos nem signos, precisamos de símbolos e de signos para trocá-los a partir do momento em que o sistema econômico atinge certo grau de complexidade.

Três ordens de considerações decorrem de nosso modo de conceber a comunicação social:

1. As relações entre ciência econômica e estudos de estrutura social podem ser mais bem definidas. Até agora, os etnólogos manifestaram bastante desconfiança para com a ciência econômica, apesar das estreitas relações que surgiram entre as duas disciplinas sempre que uma aproximação foi feita. Desde os trabalhos inovadores de Mauss (1904-05, 1923-24) até o livro de Malinowski consagrado ao *kula* – sua obra-prima –, todas as pesquisas mostraram que a teoria etnológica descobre, graças à análise de fatos econômicos, algumas das mais belas regularidades que pode exibir.

Mas a própria atmosfera em que a ciência econômica se desenvolveu, permeada de ásperos conflitos, repleta de empáfia e de esoterismo, contribuiria para afastar os etnólogos. Daí decorre a sensação de que a ciência econômica consiste basicamente em abstrações. Que relação poderia haver, afinal, entre a existência concreta dos grupos humanos realmente observáveis e noções como valor, utilidade e lucro?

A nova formulação dos problemas econômicos proposta por Von Neumann e Morgenstern (1944) deveria, ao contrário, incitar economistas e etnólogos à colaboração. Primeiro, embora a ciência econômica nesses autores vise a uma expressão rigorosa, em lugar de noções abstratas, seu objeto são indivíduos ou grupos concretos, que se manifestam em relações empíricas de cooperação ou competição. Por mais surpreendente que possa parecer a aproximação, esse formalismo concorda, portanto, com certos aspectos do pensamento marxista.[15]

15. Essa aproximação não constava do texto original desta comunicação, mas foi proposta no decorrer da discussão que se seguiu. Foi posteriormente retomada num artigo, "As matemáticas do homem" (Lévi-Strauss 1955b).

Em segundo lugar, e pela mesma razão, aí encontramos, pela primeira vez, modelos mecânicos do tipo dos que são utilizados pela etnologia e pela lógica (áreas certamente muito diferentes) e que podem servir de intermediário entre as duas. Os modelos de Von Neumann provêm da teoria dos jogos, mas se parecem com os que os etnólogos empregam em matéria de parentesco. Kroeber, aliás, já havia comparado certas instituições sociais a "jogos infantis aplicados" (1942: 215).

A bem dizer, existe uma grande diferença entre os jogos de sociedade e as regras de casamento. O objetivo dos jogos é permitir que cada jogador obtenha, em proveito próprio, os maiores afastamentos diferenciais possíveis a partir de uma regularidade estatística inicialmente dada. As regras de casamento agem no sentido inverso, de restabelecer uma regularidade estatística, apesar dos valores diferenciais que se manifestam entre os indivíduos e as gerações. Poder-se-ia dizer que elas são "jogos ao contrário", o que não as impede de serem passíveis de análise pelos mesmos métodos.

Em ambos os casos, aliás, uma vez estabelecidas as regras, cada indivíduo ou grupo tenta jogar o jogo do mesmo modo, isto é, para aumentar as próprias vantagens às expensas de outrem. No plano do casamento, isso se faz obtendo mais mulheres, ou uma esposa mais cobiçada, em função de critérios estéticos, sociais ou econômicos. Pois a sociologia formal não se detém diante do romanesco, adentra-o sem medo de se perder no labirinto de sentimentos e comportamentos. Von Neumann chega até a propor uma teoria matemática de um comportamento extremamente sutil e considerado altamente subjetivo, o blefe no pôquer (Von Neumann e Morgenstern 1944: 186-219)...

2. Se nos é permitido esperar que um dia a antropologia social, a ciência econômica e a lingüística se associem para fundar uma disciplina comum, que seria a ciência da comunicação, reconheçamos desde já que ela consistirá sobretudo em *regras*. Tais regras são independentes da natureza dos participantes (indivíduos ou grupos) cujo jogo regem. Como diz Von Neumann: "O jogo consiste no conjunto de regras que

o descrevem" (id. ibid.: 49). Poderíamos também introduzir outras noções, como partida, jogada, escolha e estratégia.[16] Desse ponto de vista, a natureza dos jogadores é irrelevante, o importante é saber quando um jogador pode escolher e quando não pode.

3. Introduzimos, assim, nos estudos relativos ao parentesco e ao casamento, concepções derivadas da teoria da comunicação. A "informação" de um sistema de casamento é função do número de alternativas de que dispõe o observador para definir o *status* matrimonial (isto é, de cônjuge possível, proibido ou designado) de um indivíduo qualquer em relação a um determinado pretendente. Num sistema de metades exogâmicas, a informação é igual a um. Numa tipologia australiana, ela aumenta com o logaritmo das classes matrimoniais. Um sistema teórico de panmixia (em que cada um pode se casar com qualquer pessoa) não apresentaria "redundância" alguma, já que cada escolha matrimonial seria independente de todas as outras. Inversamente, as regras de casamento constituem a redundância do sistema considerado. Poder-se-ia igualmente calcular a porcentagem das escolhas "livres" (não de modo absoluto, mas em relação a certas condições postuladas por hipótese) que ocorrem numa determinada população matrimonial, e atribuir um valor numérico à sua "entropia", relativa e absoluta.

Com isso, abre-se uma nova possibilidade, a de converter modelos estatísticos em modelos mecânicos e vice-versa. O que significa que terá sido superado o abismo entre demografia e etnologia, e disporemos de uma base teórica para a previsão e a ação. Tomemos nossa própria sociedade como exemplo. A livre escolha de um cônjuge é entre nós limitada por três fatores: a) graus proibidos, b) dimensão do isolado e c) regras de comportamento aceito, que restringem a freqüência relativa de certas escolhas no interior do isolado. Com tais dados, pode-se calcular a informação do sistema, isto é, converter um sistema matrimonial pouco organizado e essencialmente fundado em médias num modelo mecânico, comparável a toda a série de modelos mecânicos das regras de casamento, nas sociedades mais simples do que a nossa.

16. Tentamos fazê-lo alhures. Cf. Lévi-Strauss 1952b.

Além disso, tendo em vista mais especificamente estas últimas, o estudo estatístico das escolhas matrimoniais de um número suficientemente grande de indivíduos permitirá resolver problemas controversos, tal como o número de classes matrimoniais da tribo australiana erroneamente chamada Murngin, que diversos autores avaliaram em 32, 7, menos de 7, 4 e 3, antes de pesquisas recentes decidirem pelo último número.[17]

Até aqui, esforcei-me por avaliar a possível contribuição de alguns tipos de pesquisas matemáticas à etnologia. O principal benefício que delas podemos esperar consiste, como vimos, no conceito unificador que nos oferecem, a noção de comunicação, graças ao qual será possível consolidar numa única disciplina pesquisas consideradas muito diversas e obter certas ferramentas teóricas e metodológicas indispensáveis para o progresso nessa direção. Abordarei, agora, outro problema, o de saber se seria possível para a antropologia social utilizar tais instrumentos, e como.

Ao longo dos últimos anos, a antropologia social tem se interessado principalmente pelos fatos de parentesco. Reconheceu, assim, a genialidade de Lewis Morgan, cujo *Systems of Consanguinity and Affinity of the Human Family* (1871) fundou simultaneamente a antropologia social e os estudos de parentesco, explicando também por que aquela deve dar tanta importância a estes. Os fatos relativos ao parentesco e ao casamento são, entre todos os fatos sociais, os que mais manifestam o caráter duradouro, sistemático e contínuo, mesmo na mudança, que torna possível a análise científica. Acrescente-se a essas considerações de Morgan que o campo do parentesco é o que pertence propriamente à etnologia, no seio do grande reino da comunicação.

Apesar do desenvolvimento dos estudos de parentesco, temos de reconhecer que nossa documentação é bastante parca. Se desconsiderarmos a história, e levarmos em conta exclusivamente o presente, o universo humano certamente contava com entre 3 mil e 4 mil sociedades distintas, até recentemente; mas Murdock estima que podemos refletir acerca de apenas 250, número que ainda me parece otimista demais. Não

17. Cf. adiante, pp. 330 ss.

teríamos trabalhado o bastante? Ou, ao contrário, trata-se de uma conseqüência da ilusão indutiva já criticada acima? Dispersamo-nos por culturas demais, buscando acumular informações numerosas e superficiais, para finalmente percebermos que muitas delas são inutilizáveis. Não surpreende que os especialistas reajam a essa situação de modos diversos, segundo seus temperamentos. Alguns preferem considerar poucas regiões, para as quais a informação é suficientemente densa, outros ampliam o leque e outros, ainda, buscam uma solução intermediária.

O caso dos Pueblo é especialmente exemplar: para poucas regiões do mundo dispomos de uma abundância de documentos comparável, e de qualidade tão duvidosa. Às vezes perdemos a esperança diante do enorme material acumulado por Voth, Fewkes, Dorsey, Parsons e, até certo ponto, Stevenson: é praticamente inutilizável, em decorrência da ansiedade dos autores em amontoar informações, sem se perguntarem o que significavam e, sobretudo, recusando-se a formular hipóteses que teriam possibilitado controlá-las. A situação felizmente mudou com Lowie e Kroeber, porém certas lacunas são irremediáveis, como, por exemplo, a ausência de dados estatísticos acerca dos casamentos, que poderiam ter sido coletados ao longo dos últimos cinqüenta anos. Uma obra recente de Fred Eggan (1950) mostra claramente, nesse sentido, o que podemos esperar de estudos intensivos e exaustivos centrados num campo delimitado. Ele analisa formas vizinhas, cada uma delas preservando uma regularidade estrutural, embora apresentem, umas em relação às outras, descontinuidades que se revelam significativas quando comparadas a descontinuidades homólogas, mas em outros campos, tais como a organização clânica, as regras de casamento, o ritual, as crenças religiosas etc.

Esse método verdadeiramente "galileico"[18] permite esperar atingir, um dia, um nível de análise em que a estrutura social se encontre no mesmo nível que outros tipos de estrutura, a mental e, sobretudo, a lingüística. Limitar-nos-emos a um exemplo. O sistema de parentesco hopi lança mão de três modelos diferentes de tempo: 1. uma dimensão "vazia", estática

18. Isto é, que procura determinar a lei das variações concomitantes em lugar de centrar-se, aristotelicamente, apenas nas correlações indutivas.

e reversível, ilustrada pelas linhagens da mãe do pai e do pai da mãe, em que termos idênticos se repetem ao longo das gerações; 2. um tempo progressivo, não reversível, na linhagem de Ego (feminino), com seqüências do tipo avó > mãe > irmã > filho/a > neto/a; e 3. um tempo ondulatório, cíclico, reversível, na linhagem de Ego (masculino), definida por uma alternância contínua entre dois termos, "irmã" e "filho/a de irmã".

Essas três dimensões são retilíneas. Em conjunto, opõem-se à estrutura circular da linhagem de Ego (feminino) entre os Zuñi, em que três termos, mãe da mãe (ou filha da filha), mãe e filha se encontram dispostos num anel fechado. Corresponde a esse "fechamento" do sistema, em zuñi, uma grande pobreza terminológica para as outras linhagens, no que diz respeito tanto ao círculo familiar como às distinções operadas em seu interior. Já que o estudo dos aspectos do tempo também envolve a lingüística, a questão da relação entre as formas lingüística e genealógica se coloca imediatamente.[19]

A antropologia estaria mais avançada se os antropólogos tivessem conseguido chegar a um acordo quanto ao sentido da noção de estrutura, ao uso que dela se pode fazer e ao método que ela implica. Infelizmente, não é o caso, mas podemos encontrar consolo e incentivo para o futuro constatando que pelo menos é possível compreender as divergências e determinar-lhes o alcance. Tentemos, por conseguinte, esboçar rapidamente as concepções mais correntes, comparando-as à que foi proposta no início deste capítulo.

O termo "estrutura" evoca de imediato o nome de A. R. Radcliffe-Brown.[20] Sua obra não se limita, evidentemente, ao estudo dos sistemas de parentesco, mas foi esse o campo que ele escolheu para formular suas concepções metodológicas, em termos com que qualquer etnólogo concordaria. Quando estudamos sistemas de parentesco, nota Radcliffe-Brown, temos os seguintes objetivos: 1. estabelecer uma classificação sistemática; 2. compreender os traços próprios de cada sistema, ou a) ligando cada traço

19. Cf. Lévi-Strauss 1951, 1953a, caps. III e IV deste volume, em que esse problema é mais profundamente tratado.
20. Morto em 1955.

a um conjunto organizado ou b) reconhecendo nele um exemplo particular de uma classe de fenômenos já identificada; e, finalmente, 3. chegar a generalizações válidas acerca da natureza das sociedades humanas. E eis sua conclusão: "A análise busca reduzir a diversidade [de dois ou de trezentos sistemas de parentesco] a uma ordem, qualquer que seja. Por detrás da diversidade, podem-se, de fato, discernir princípios gerais, em número limitado, que são aplicados e combinados de diversos modos" (1941: 17).

Nada a acrescentar a esse programa lúcido, a não ser a observação de que Radcliffe-Brown o aplicou com exatidão a seus estudos dos sistemas australianos, juntando uma massa prodigiosa de informações, introduzindo ordem onde só havia caos e definindo noções essenciais, tais como as de ciclo, par e dupla. Sua descoberta do sistema kariera, na região precisa e com todas as características por ele postuladas antes mesmo de ir à Austrália, segue, na história do pensamento estruturalista, como um memorável sucesso dedutivo (1930-31). A "Introdução" de Radcliffe-Brown a *African Systems of Kinship and Marriage* possui outros méritos. Esse verdadeiro "tratado do parentesco" em forma reduzida busca integrar os sistemas ocidentais (considerados em suas formas mais antigas) numa teoria geral. Outras idéias de Radcliffe-Brown (especialmente as relativas à homologia entre terminologia e atitudes) serão evocadas mais adiante.

Tendo lembrado os títulos de glória de Radcliffe-Brown, devo observar que ele tem uma concepção das estruturas sociais diferente da que é proposta neste trabalho. A noção de estrutura se lhe apresenta como um conceito intermediário entre o da antropologia social e o da biologia: "Existe uma analogia verdadeira e significativa entre estrutura orgânica e estrutura social" (1940b: 6). Longe de elevar o nível dos estudos de parentesco à teoria da comunicação, como propus, Radcliffe-Brown o reduz ao da morfologia e da fisiologia descritiva (1940b: 10). Permanece, desse modo, fiel à inspiração naturalista da escola inglesa. No momento em que Kroeber e Lowie já sublinhavam o caráter artificial das regras de parentesco e casamento, Radcliffe-Brown persistia na convicção (compartilhada com Malinowski) de que os laços biológicos são ao mesmo tempo a origem e o modelo de todos os tipos de laços familiares.

Decorrem dessa atitude de princípio duas conseqüências. A posição empirista de Radcliffe-Brown explica sua recusa a distinguir claramente *estrutura social* e *relações sociais*. Na verdade, toda a sua obra reduz a estrutura social ao conjunto das relações sociais existentes numa dada sociedade. É fato que ele às vezes esboçou uma distinção entre *estrutura* e *forma estrutural*, mas o papel que atribui a esta última é puramente diacrônico. No pensamento teórico de Radcliffe-Brown, seu rendimento é dos mais fracos (1940b: 4). A própria distinção foi objeto de uma crítica de Fortes, que contribuiu bastante para introduzir em nossas pesquisas uma outra oposição, alheia ao pensamento de Radcliffe-Brown, e à qual, como vimos, eu mesmo dou grande importância, a oposição entre *modelo* e *realidade*: "A estrutura não pode ser diretamente apreendida na 'realidade concreta' [...] Quando tratamos de apreender uma estrutura, situamo-nos, por assim dizer, no nível da gramática e da sintaxe, não no da língua falada" (Fortes 1949: 56).

Em segundo lugar, a assimilação proposta por Radcliffe-Brown entre estrutura social e relações sociais o leva a dissociar a primeira em elementos calcados na forma mais simples de relação concebível, aquela entre duas pessoas: "A estrutura de parentesco de qualquer sociedade consiste num número indeterminado de relações diádicas [...] Numa tribo australiana, toda a estrutura social se reduz a uma rede de relações desse tipo, cada uma delas unindo uma pessoa a uma outra" (1940b: 3). Mas essas relações diádicas constituem realmente a matéria-prima da estrutura social? Não são elas, antes, o resíduo – obtido por análise ideal – de uma estrutura preexistente, cuja natureza é mais complexa?

A lingüística estrutural poderia nos ensinar muito acerca desse problema metodológico. Bateson e Mead trabalharam na direção indicada por Radcliffe-Brown. Contudo, já em *Naven* (1936), Bateson ultrapassava o nível das relações diádicas puras, já que buscava classificá-las em categorias, admitindo, assim, que há na estrutura social outra coisa, e mais, do que as relações em si mesmas. O que seria, senão a estrutura, anterior às relações?

Finalmente, as relações diádicas, tal como as concebe Radcliffe-Brown, formam uma cadeia que pode ser alongada indefinidamente, por adjunção de novas relações. Daí a resistência de nosso autor a tratar a estrutura social como um sistema. Nesse ponto capital ele se afasta, portanto, de Malinowski. Sua filosofia está fundada na noção de continuidade; a idéia de descontinuidade sempre permaneceu alheia a ela. Tornam-se assim compreensíveis sua hostilidade em relação à noção de cultura, já apontada, e sua indiferença para com os ensinamentos da lingüística.

Observador, analista e classificador incomparável, Radcliffe-Brown costuma decepcionar quando se apresenta como teórico, contentando-se com fórmulas frouxas que mal encobrem petições de princípio. Pois é duvidoso que se expliquem realmente as proibições de casamento mostrando que elas ajudam os sistemas de parentesco correspondentes a se perpetuarem sem alterações (Radcliffe-Brown 1949b), ou que os traços notáveis dos sistemas chamados crow-omaha possam ser inteiramente interpretados em função da noção de linhagem (id. 1941). Terei a oportunidade de expressar outras dúvidas, mas desde já essas explicam a razão de a obra de Radcliffe-Brown ter sido tão duramente criticada, apesar de sua importância intrínseca.

Para Murdock, as interpretações de Radcliffe-Brown se reduzem a "abstrações verbais erigidas em causas primeiras" (1949: 121), e Lowie se expressa aproximadamente do mesmo modo (1937: 224-25). A recente controvérsia entre Radcliffe-Brown (1951) e Lawrence e Murdock (1949) tem interesse meramente histórico, porém ainda esclarece as posições metodológicas desses autores. Por volta de 1949, dispúnhamos de uma boa descrição, feita por Lloyd Warner (1930-31, 1947a), do sistema de parentesco australiano ainda chamado Murngin.[21] Subsistiam, contudo, algumas dúvidas, sobretudo no que diz respeito ao "fechamento" do sistema, postulado por hipótese (sendo o sistema descrito como intransitivo), mas na prática impossível de verificar.

Causa espanto constatar que, para Radcliffe-Brown, o problema não existe. Se toda organização social se reduz a um conglomerado de relações pessoa-pessoa, o sistema é extensível indefinidamente, já que para todo indivíduo masculino haverá, pelo menos em teoria,

21. Para o estado atual desse debate, posterior à primeira publicação deste artigo, ver Berndt 1955.

uma mulher que se encontre, para ele, na relação de filha do irmão da mãe (tipo de cônjuge prescrito na sociedade em questão). O problema ressurge, no entanto, em outro plano, pois os indígenas escolheram expressar as relações interpessoais por meio de um sistema de classes, e a descrição de Warner não permite (como ele mesmo reconheceu) compreender como, pelo menos em alguns casos, um determinado indivíduo pode satisfazer ao mesmo tempo as exigências do sistema de classes e as do sistema das relações. Em outras palavras, se apresentar o grau de parentesco exigido, não estará na classe correspondente, e vice-versa.

Para superar essa dificuldade, Lawrence e Murdock inventaram um sistema que coincidia com a regra preferencial de casamento e – graças a determinadas transformações – com o sistema de classes descrito por Warner. Trata-se, porém, de um exercício gratuito que, como se percebe rapidamente, levanta mais dificuldades novas do que resolve antigas. O sistema restituído por Warner já enfrentava um grande obstáculo: implicava que os indígenas percebessem claramente relações de parentesco tão afastadas que a própria hipótese se tornava psicologicamente inverossímil. A solução de Lawrence e Murdock exigiria ainda mais. Em tais condições, podemos nos perguntar se o sistema oculto ou desconhecido, apropriado para dar conta do modelo consciente, mas equivocado, que os Murngin tomaram emprestado recentemente de vizinhos dotados de regras muito diferentes das suas, não deveria ser mais simples do que ele, em vez de mais complicado.[22]

22. Warner postulava um sistema de sete linhagens equivalentes a sete classes. Lawrence e Murdock substituíram-no por um sistema de oito linhagens e 32 classes. Na mesma época (Lévi-Strauss 1949b, cap. XII), eu propunha reduzir o esquema de Warner a quatro linhagens, das quais uma ambígua. Em 1951, um etnólogo inglês, E. R. Leach, retomava minha concepção e tratava de defendê-la opondo-se a mim, enquanto me atribuía uma outra, criada por ele para o debate; cf. Leach 1951. No artigo citado na nota anterior, Berndt opta pelo número de três linhagens. Enganado por Leach no momento em que escrevia seu artigo, reconheceu posteriormente, em conversa e em carta, que eu, a partir de uma base puramente dedutiva, tinha chegado à solução mais próxima, de todas as que haviam sido propostas até então, da que ele mesmo iria verificar em campo.

Minha interpretação do sistema murngin foi objeto de uma análise admiravelmente lúcida e sagaz pelo prof. J. P. B. de Josselin de Jong (1952).

A atitude sistemática e formalista de Murdock se opõe à atitude empirista e naturalista de Radcliffe-Brown. Entretanto, Murdock continua sendo quase tão imbuído de um espírito psicológico, e até biológico, quanto seu adversário, o que o leva a disciplinas periféricas, como a psicanálise e a psicologia do comportamento. Mas é duvidoso que isso lhe permita livrar-se do empirismo que tanto pesa nas interpretações de Radcliffe-Brown, visto que esse recurso externo o obriga a deixar inacabadas suas hipóteses, ou a completá-las por meio de empréstimos que lhes dão um caráter híbrido, chegando mesmo às vezes a contradizer o objetivo inicial, formulado em termos etnológicos. Em lugar de considerar os sistemas de parentesco como meios sociais destinados a cumprir uma função social, Murdock acaba tratando-os como conseqüências sociais de premissas expressas em termos de biologia e de psicologia.

A contribuição de Murdock aos estudos estruturais pode ser encarada a partir de dois pontos de vista. Primeiro, ele buscou renovar o método estatístico. Tylor já o havia empregado para verificar correlações presumidas e descobrir novas. A utilização de técnicas modernas permitiu que Murdock obtivesse progressos inegáveis nessa direção.

Os obstáculos enfrentados pelo método estatístico em etnologia já foram muitas vezes apontados (Lowie 1948a: cap. III). Como o próprio Murdock tem plena consciência deles, limitar-me-ei a lembrar o perigo do círculo vicioso: a validade de uma correlação, ainda que fundada numa freqüência estatística impressionante, depende, finalmente, da validade do recorte efetuado para definir os fenômenos postos em correlação. O método é sempre eficaz, contudo, para denunciar correlações equivocadamente aceitas. Desse ponto de vista negativo e crítico, algumas conclusões de Murdock podem ser consideradas definitivas.

Murdock dedicou-se igualmente a reconstituir a evolução histórica dos sistemas de parentesco ou, pelo menos, a definir certas linhas de evolução possíveis ou prováveis, excluindo outras. Chegou, assim, a um resultado surpreendente: com mais freqüência do que se crê (desde que Lowie [1920: cap. III] empreendeu a crítica da hipótese similar de Lewis Morgan), o sistema de parentesco de tipo "havaiano" representaria uma forma primitiva. Não devemos esquecer, no entanto, que Murdock não raciocina acerca de sociedades reais, observadas em seus contextos histórico e geográfico e consideradas como conjuntos organizados. Ele o faz acerca de abstrações e até mesmo, por assim dizer, abstrações de segundo grau, já que começa por isolar a organização social dos demais aspectos da cultura e, às vezes, os sistemas de parentesco da organização social, para então recortar arbitrariamente a organização social (ou o sistema de parentesco) em partes e pedaços, segundo princípios inspirados pelas categorias tradicionais da teoria etnológica, e não por uma análise real de cada grupo. Em tais condições, sua reconstrução histórica é ideológica, pois que consiste em abstrair os elementos comuns a cada estágio para definir o estágio imediatamente anterior, e assim por diante. Claro está que tal método só pode chegar a um resultado: as formas menos diferenciadas se apresentarão como as mais antigas, enquanto as formas complexas serão situadas em posições cada vez mais recentes, proporcionalmente à sua complexidade. Um pouco como se remontássemos do cavalo atual para a ordem dos vertebrados, e não para o gênero *Hipparion*.

As reservas acima não pretendem diminuir os méritos de Murdock, que reuniu uma grande quantidade de documentos em geral desconsiderados e levantou algumas questões. Porém, justamente, sua técnica parece ser mais adequada para descobrir e identificar problemas do que para resolvê-los. Seu método permanece imbuído de um espírito aristotélico. Talvez toda boa ciência deva passar por aí. Pelo menos ele se mostra um bom discípulo de Aristóteles ao afirmar que "as formas culturais exibem, no plano da organização social, um grau de regularidade e de conformidade às exigências do pensamento científico que não difere significativamente daquele a que as ciências ditas naturais nos habituaram" (1949: 259).

Considerando as distinções propostas no início deste artigo, o leitor terá observado que Radcliffe-Brown tende a confundir *observação* e *experimentação*, ao passo que Murdock não distingue suficientemente entre modelos *estatísticos* e modelos *mecânicos*, já que procura construir modelos mecânicos com o auxílio de um método estatístico, tarefa impossível, pelo menos de modo direto, como ele o faz.

Simetricamente, poderíamos caracterizar a obra de Lowie[23] como um esforço obstinado para responder a uma única pergunta: *quais são os fatos*? Dissemos que, mesmo para um estruturalista, essa é a primeira pergunta a ser respondida, e que comanda todas as demais. As pesquisas de campo e a reflexão teórica de Lowie começaram numa época em que a etnologia estava, por assim dizer, recheada de pressupostos filosóficos e aureolada com misticismo sociológico. Houve quem o acusasse de reagir contra tal situação de modo puramente negativo (Kroeber 1920). Era preciso. Naquele momento, a primeira tarefa consistia em demonstrar o que os fatos *não eram*. Assim, Lowie empenhou-se corajosamente em desintegrar os sistemas arbitrários e as supostas correlações, e liberou uma energia intelectual que ainda não esgotamos completamente. Talvez seja menos fácil perceber suas contribuições positivas, em razão da extrema discrição com que formula seu pensamento e sua aversão por construções teóricas. Foi ele mesmo que se definiu, em algum lugar, como um "cético ativo". E no entanto foi Lowie quem, já em 1915, justificou mais modernamente os estudos de parentesco: "A própria substância da vida social pode às vezes ser analisada com rigor em função do modo de classificar parentes e afins" (1915, 1929c). No mesmo artigo, ele derrubava a perspectiva estritamente histórica que limitava o horizonte etnológico, impedindo de perceber os fatores estruturais universalmente operantes, e já definia a exogamia em termos genéticos, como um esquema institucional que engendra os mesmos efeitos sempre que se apresenta, sem que seja preciso invocar considerações histórico-geográficas para compreender analogias entre sociedades afastadas.

Alguns anos mais tarde, Lowie pulverizava o "complexo matrilinear" (1919), utilizando um método que o conduziria a dois resultados essenciais para o estruturalista. Ao negar que todo traço aparentemente matrilinear devesse ser interpretado como sobrevivência ou vestígio do tal "complexo", ele permitia sua decomposição em variáveis. Além disso, os elementos assim liberados tornavam-se disponíveis para a constituição de quadros de permutações entre as características diferenciais

23. Morto em 1957.

dos sistemas de parentesco (Lowie 1919a). De dois modos igualmente originais, ele abria assim caminho para os estudos estruturais, quanto ao sistema terminológico e quanto à relação entre este e o sistema de atitudes. Esta última orientação seria seguida por outros autores (Radcliffe-Brown 1924; Lévi-Strauss 1945, cf. cap. II deste volume).

Devemos a Lowie outras descobertas ainda. Foi ele certamente quem primeiro determinou o caráter bilinear de vários sistemas supostamente unilineares (1920, 1929b), demonstrou a influência exercida pelo modo de residência sobre o tipo de filiação (1920) e dissociou os comportamentos familiares de reserva ou respeito da proibição do incesto (1920: 104-05). Sempre tomando o cuidado de considerar as organizações sociais de um duplo ponto de vista – regras institucionais de um lado, mas também expressões medianas de reações psicológicas individuais (num sentido que às vezes contraria as regras, e sempre as inflete) –, foi esse mesmo Lowie, tão criticado por sua famigerada definição de cultura feita de "peças e pedaços", que nos deu monografias que estão entre as mais sagazes e mais equilibradas de toda a literatura etnológica (1935, 1948a: cap. XV, XVI, XVII). Finalmente, é bem conhecido seu papel no desenvolvimento dos estudos sul-americanos. Direta ou indiretamente, com seus conselhos e seu incentivo, ele contribuiu para abrir à etnologia um campo difícil e por demais negligenciado.

IV. Dinâmica social: estruturas de subordinação

A) ORDEM DOS ELEMENTOS (INDIVÍDUOS E GRUPOS) NA ESTRUTURA SOCIAL

Nem é preciso expor aqui nossa posição pessoal quanto aos problemas discutidos acima. Apesar de nossos esforços de objetividade, ela transparece suficientemente ao longo deste capítulo. Para o autor destas linhas, os sistemas de parentesco, as regras de casamento e as de filiação formam um conjunto coordenado, cuja função é garantir a permanência do grupo social, entrecruzando, como num tecido, as relações consangüíneas e as fundadas na aliança. Esperamos ter assim contribuído para elucidar o funcionamento da máquina social, que extrai perpetuamente as mulheres de suas famílias consangüíneas para redistribuí-las por outros grupos domésticos, que por sua vez se transformam em famílias consangüíneas, e assim sucessivamente.[24]

Na ausência de influências externas, essa máquina funcionaria indefinidamente, e a estrutura social conservaria um caráter estático. Mas não é isso que ocorre. Devemos, conseqüentemente, introduzir no modelo teórico novos elementos, cuja intervenção seja capaz de explicar as transformações diacrônicas da estrutura e, ao mesmo tempo, as razões pelas quais uma estrutura social jamais se reduz a um sistema de parentesco. Há três maneiras diferentes de responder a essa dupla questão.

Como de regra, começaremos por indagar quais são os fatos. Anos se passaram desde que Lowie lamentou a carência de trabalhos antropológicos em matéria de organização política. Nesse ponto, registraremos alguns progressos que devemos ao próprio Lowie, em seus trabalhos mais recentes, pelo menos no que concerne à América do Norte (1927, 1948a: caps. VI, VII, XII-XIV, 1948b), e à grande obra sobre a África, dirigida por Fortes e Evans-Pritchard (1940). Algumas categorias fundamentais estabelecidas por Lowie, como classes sociais, "sodalidades" e Estado, são especialmente úteis.

O segundo método consistiria em estabelecer correlações entre fenômenos pertencentes ao nível já isolado, isto é, os fenômenos de parentesco, e os do nível imediatamente superior, na medida em que possam ser ligados uns aos outros. Dois problemas surgem então: 1. as estruturas fundadas no parentesco podem, por si sós, manifestar propriedades dinâmicas? e 2. de que modo as *estruturas de comunicação* e as *estruturas de subordinação* reagem entre si? O primeiro problema é o da educação. Num dado momento, cada geração se encontra em relação de dominação ou de subordinação para com a que a segue ou a que a precede. Foi assim que Margaret Mead escolheu elaborar a questão.

24. Cf. acerca desse ponto Lévi-Strauss 1956a, cap. XII (não reproduzido nesta coletânea).

Existe também um modo mais teórico de proceder, que consiste em buscar correlações entre certas posições (estáticas) na estrutura de parentesco (reduzida a sua terminologia) e os comportamentos (dinâmicos) correspondentes, tal como se expressam, de um lado, em direitos, deveres e obrigações e, do outro, em privilégios, proibições etc.

Para Radcliffe-Brown, uma correspondência termo a termo se verifica entre o que poderíamos chamar de *sistema de atitudes* e de *sistema terminológico*. Cada termo de parentesco corresponderia a um comportamento prescrito, positivo ou negativo, e cada comportamento diferencial seria conotado por um termo. Outros afirmaram que tal correspondência era inverificável na prática, ou que jamais ultrapassava o nível de uma aproximação bastante grosseira.

Eu mesmo propus uma interpretação diferente, fundada numa relação dialética entre atitudes e termos. Os comportamentos diferenciais entre parentes tendem a se organizar com base no mesmo modelo que a terminologia, mas também constituem um meio de resolver as dificuldades e superar as contradições inerentes a ela. As regras de comportamento entre parentes traduziriam, assim, em qualquer sociedade, uma tentativa de resolver as contradições decorrentes do sistema terminológico e das regras de aliança. Na medida em que as primeiras tendem a constituir-se em sistema, novas contradições surgem, provocando uma reorganização da terminologia que, por sua vez, repercute nas atitudes, e assim por diante, exceto durante raros períodos de equilíbrio, rapidamente ameaçados.[25]

25. Num pequeno livro dedicado à refutação de *As estruturas elementares do parentesco*, Homans e Schneider tentam reduzir as regras de casamento preferencial ao sistema de atitudes. Objetam contra o princípio, enunciado nas *Estruturas*, de que não há conexão necessária entre o casamento matrilateral ou patrilateral, de um lado, e o modo de filiação, patri ou matrilinear, do outro. Para fundamentar sua própria tese, segundo a qual o casamento matrilateral seria função da filiação patrilinear, invocam correlações estatísticas que não provam grande coisa. Na verdade, as sociedades de filiação patrilinear são muito mais numerosas do que as de filiação matrilinear. Além disso, o casamento matrilateral é mais freqüente do que o casamento patrilateral. Por conseguinte, se a distribuição se devesse ao acaso, seria de esperar que o número de sociedades caracterizadas pela associação entre filiação patrilinear e casamento matrilateral fosse mais elevado do que os outros, e a correlação invocada por >

Outro problema desponta quando se consideram as sociedades em que o sistema de parentesco não rege alianças matrimoniais entre iguais. O que ocorre, afinal, quando os parceiros das trocas matrimoniais são grupos hierarquizados, de fato ou de direito, do ponto de vista político ou econômico? Por esse viés, somos levados a examinar diversas instituições, como a poligamia – que, como mostrei, às vezes se baseia na integração de duas formas de garantias, uma coletiva e política e a outra individual e econômica –[26] e a hipergamia (ou hipogamia). Este último problema, pouco considerado até o presente, mereceria um estudo cuidadoso, condição necessária para uma teoria coerente do sistema de castas e, indiretamente, de todas as estruturas sociais fundadas em distinção de *status*.

O terceiro e último método possui um caráter mais formal do que os precedentes. Consistiria num estudo *a priori* de todos os tipos de estru-

> meus críticos não faria sentido. Retomando o estudo dessa suposta correlação por meio de uma amostra mais considerável (564 sociedades), Murdock concluiu: "A distribuição mundial de tais correlações é tão frouxa que leva a colocar em dúvida a interpretação teórica proposta" (Murdock 1957: 687).

Continuo persuadido, nos mesmos termos que empreguei anteriormente, de que não há conexão necessária entre o casamento com a prima cruzada unilateral e o modo de filiação, isto é, que nenhuma das combinações concebíveis implica contradição. Contudo, é possível, e até provável, que os dois tipos de casamento se encontrem mais freqüentemente associados a um ou outro modo de filiação. Nesse caso, a *correlação estatística* (que não deve ser confundida com uma *conexão lógica*) requereria uma explicação. Eu tenderia a buscá-la na instabilidade própria às sociedades matrilineares (tema já desenvolvido nas *Estruturas*), que tornaria mais difícil para elas a adoção de longos ciclos de reciprocidade, ao passo que os ciclos extremamente curtos do casamento patrilateral se adaptariam melhor às divisões de que sempre são palco as sociedades matrilineares. A interpretação teórica de Homans e Schneider me parece completamente inaceitável: eles explicam a preferência das sociedades patrilineares pelo casamento matrilateral por razões psicológicas, tal como a transferência dos laços afetivos de um adolescente para a linhagem do tio materno. Se fosse assim, o casamento matrilateral seria, de fato, mais freqüente; mas nesse caso não seria preciso que fosse *prescrito*. Considerando um caso particular, Homans e Schneider retomam, pura e simplesmente, a teoria psicológica proposta por Westermarck para explicar a proibição do incesto. Gostaríamos de acreditar que a etnologia tivesse abandonado definitivamente esses velhos desvios (cf. Homans & Schneider 1955).

26. C. Lévi-Strauss 1955a, cap. 24, retomando os temas de um estudo anterior (1944b).

turas concebíveis, resultantes de relações de dependência e dominação surgidas ao acaso. O tratamento matemático dos fenômenos cíclicos de dominação entre as galinhas, realizado por Rapoport (1949), abre, nesse sentido, perspectivas interessantes, embora essas cadeias cíclicas e intransitivas pareçam apresentar pouca relação com as estruturas sociais que tenderíamos a comparar com elas. Estas últimas (como o "círculo do kava" na Polinésia) sempre são transitivas e não cíclicas: o que se encontra na extremidade inferior está, por definição, excluído da extremidade superior.[27]

Por outro lado, o estudo dos sistemas de parentesco mostra que, em determinadas condições, a transformação de uma ordem transitiva e não cíclica numa ordem intransitiva e cíclica não é inconcebível. Pode ser observada em sociedades hipergâmicas com casamento preferencial de um homem com a filha do irmão da mãe. Tal sistema consiste numa cadeia da qual uma das extremidades é ocupada por uma moça da categoria mais alta, incapaz, portanto, de encontrar um marido que não seja inferior a ela, e a outra por um rapaz que jamais poderá ter uma esposa, já que todas as moças do grupo, à exceção de sua irmã, são de categoria superior à dele. Conseqüentemente, ou a sociedade em questão sucumbe a suas próprias contradições ou seu sistema transitivo e não cíclico tem de se transformar em sistema intransitivo e cíclico, temporariamente ou localmente.[28]

27. Essa restrição me parece atualmente (1957) desnecessária. Existem sociedades em que podem ser observados ciclos hierárquicos e intransitivos, perfeitamente comparáveis ao *pecking-order*. É o caso das ilhas Fiji, cuja população estava organizada, até o início do século XX, em senhorios ligados entre si por relações de vassalagem de tal modo que, em certos casos, um senhorio A seria vassalo de um senhorio B, B de C, C de D e D de A. Hocart descreveu e explicou essa estrutura à primeira vista incompreensível, observando que há em Fiji duas formas de vassalagem, a costumeira e a de conquista. O senhorio A pode, assim, ser tradicionalmente vassalo de B, B de C, e C de D, enquanto o senhorio D foi recentemente sujeitado, em decorrência de uma derrota em guerra, à vassalagem em relação a A. A estrutura assim realizada não somente é a mesma que a da *pecking-order*, como também – sem que isso tenha sido percebido – a teoria etnológica precedeu de vários anos a interpretação matemática, já que esta se funda na distinção de duas variáveis operando com um certo afastamento, o que corresponde exatamente à descrição (póstuma) de Hocart (cf. Hocart 1952a).

28. Para um exemplo notável da transformação local de um tipo em outro, cf. Gough 1955: 47-48.

Desse modo, são introduzidas em nossos estudos noções como as de transitividade, ordem e ciclo, passíveis de tratamento formal e que permitem a análise de tipos generalizados de estruturas sociais em que os níveis de comunicação e de subordinação podem estar integrados. Talvez se possa ir ainda mais longe, até a integração das ordens, atuais ou virtuais. Na maioria das sociedades humanas, o que chamamos de "ordem social" pertence a um tipo transitivo e não cíclico: se A é superior a B e B superior a C, A deve ser superior a C e C não pode ser superior a A. No entanto, as próprias sociedades que obedecem a tais regras em termos práticos concebem outros tipos de ordem, que poderíamos chamar "virtuais" ou "ideais", quer no plano da política, no do mito ou no da religião, e essas ordens são por vezes intransitivas e cíclicas. Pensemos nos contos de reis que desposam camponesas, ou na crítica feita por Stendhal da democracia americana, em que um *gentleman* obedece às ordens de seu merceeiro.

B) ORDEM DAS ORDENS

Para o etnólogo, a sociedade envolve um conjunto de estruturas que correspondem a diversos tipos de ordem. O sistema de parentesco fornece um meio de ordenar os indivíduos segundo certas regras, a organização social fornece outro, as estratificações sociais ou econômicas, um terceiro. Todas essas estruturas de ordem podem ser elas mesmas ordenadas, contanto que se percebam as relações que as unem e de que modo elas agem umas sobre as outras do ponto de vista sincrônico. Assim, Meyer Fortes (1949) tentou, com algum sucesso, construir modelos gerais que integram as propriedades de diversos modelos específicos (parentesco, organização social, relações econômicas etc.).

Tais tentativas de formular um modelo total de uma dada sociedade colocam o etnólogo diante de uma dificuldade já mencionada no início deste capítulo, a de saber até que ponto o modo como uma sociedade concebe suas várias estruturas de ordem e as relações que as unem corresponde à realidade. Já indiquei que várias respostas são possíveis, em função dos documentos considerados. Porém, até agora, abordamos apenas ordens "vividas", isto é, ordens que são elas mesmas função de uma realidade objetiva, e que se pode abordar do exterior, independentemente da representação que dela têm os homens. Observaremos agora que tais ordens "vividas" sempre supõem outras, que é indispensável levar em consideração para compreender não apenas aquelas, como também o modo como cada sociedade tenta integrá-las num todo ordenado. Essas estruturas de ordem "concebidas", e não mais "vividas", não correspondem diretamente a nenhuma realidade objetiva. À diferença daquelas, não são passíveis de controle experimental, já que chegam a invocar uma experiência específica com a qual, aliás, às vezes se confundem. O único controle a que podemos submetê-las, para analisálas, é portanto o das ordens do primeiro tipo, ou ordens "vividas". As ordens "concebidas" correspondem ao âmbito do mito e da religião. Podemos nos perguntar se a ideologia política das sociedades contemporâneas não pertenceria também a essa categoria.[29]

Radcliffe-Brown, seguindo Durkheim, mostrou que os fatos religiosos deveriam ser estudados como parte integrante da estrutura social. Segundo ele, o papel do etnólogo é estabelecer correlações entre diversos tipos de religião e diversos tipos de organização social (1945). Se a sociologia religiosa resulta, finalmente, num fracasso, isso se deve, ao que parece, a duas razões. Primeiro, as crenças e o ritual foram diretamente ligados a estados afetivos. Em segundo lugar, pretendeu-se atingir de imediato uma expressão geral da relação entre sociedade e religião, quando precisamos sobretudo de estudos concretos que permitam construir séries regulares de variações concomitantes. Resultou disso uma espécie de descrédito que pesa consideravelmente sobre a etnologia religiosa. No entanto, os mitos, o ritual e as crenças religiosos formam um campo muito promissor para os estudos estruturais e, embora sejam raras, as pesquisas recentes parecem ser particularmente fecundas.

29. Observe o leitor francês que esse parágrafo busca formular numa linguagem mais familiar a antropólogos anglo-saxões a distinção marxista entre infra-estrutura e superestrutura, o que demonstra – diga-se de passagem – quão infundadas são as críticas que Gurvitch (1955b) me dirige quando me acusa, referindo-se a essa passagem, de querer reintegrar na sociologia uma concepção autoritária da ordem social. Ver, a esse respeito, minha resposta a Gurvitch no cap. XVI desta coletânea.

Vários autores têm procurado, recentemente, estudar os sistemas religiosos como conjuntos estruturados. Trabalhos monográficos como *The Road of Life and Death*, de P. Radin (1945), e *Kunapipi*, de R. M. Berndt (1951), inspiram-se nessa idéia. Abre-se assim caminho para pesquisas sistemáticas, de que *Navaho Religion*, de G. Reichard (1950), é um bom exemplo. Não se devem contudo deixar de lado as análises minuciosas de elementos permanentes e não permanentes das representações religiosas de uma dada população, durante um lapso de tempo relativamente curto, tal como concebidas por Lowie.

Talvez consigamos então construir, em etnologia religiosa, os "modelos em pequena escala [...] destinados à análise comparativa [...] das variações concomitantes [...] que se impõem em toda pesquisa que vise à explicação dos fatos sociais" (Nadel 1952). Esse método só permitirá progredir lentamente, mas fornecerá conclusões que estarão entre as mais fundamentadas e as mais convincentes entre as que podemos esperar em matéria de organização social. Nadel já demonstrou que existe uma correlação entre a instituição do xamanismo e certas atitudes psicológicas características das sociedades correspondentes (1946). Dumézil, comparando documentos indo-europeus provenientes da Islândia, da Irlanda e do Cáucaso, conseguiu interpretar um personagem mitológico até então enigmático e estabelecer correlações entre seu papel e suas manifestações e certos traços específicos da organização social das populações estudadas (1948). Wittfogel e Goldfrank isolaram variações significativas de certos temas mitológicos entre os índios Pueblo, ligando-os à infra-estrutura socioeconômica de cada grupo (1943). Monica Hunter provou que as crenças mágicas eram função direta da estrutura do grupo social (Hunter-Wilson 1951). Todos esses resultados, juntamente com outros, que não podemos comentar aqui por falta de espaço, dão a esperança de que um dia seremos capazes de compreender, senão a função das crenças religiosas na vida social (o que já está feito, desde Lucrécio), os mecanismos que lhes permitem desempenhar tal função.

Algumas palavras à guisa de conclusão. Nosso estudo começou por uma análise da noção de modelo e é ela que reaparece, novamente, no final. A antropologia social é uma ciência jovem. É natural que busque construir seus modelos inspirada nos mais simples entre os que lhe são apresentados por ciências mais avançadas. Isso explica o atrativo da mecânica clássica. Mas talvez aí tenhamos sido vítimas de uma ilusão. Como observou Von Neumann (e Morgenstern 1944: 14): "É infinitamente mais simples elaborar a teoria quase exata de um gás contendo aproximadamente 10^{25} partículas livres do que a do sistema solar, que compreende apenas nove grandes corpos". A antropologia, em busca de modelos, se encontra numa situação intermediária: os objetos a que nos dedicamos – papéis sociais e indivíduos integrados numa dada sociedade – são muito mais numerosos do que os da mecânica newtoniana, mas não o suficiente para uma análise estatística e de cálculo de probabilidades. Encontramo-nos, assim, em terreno híbrido e ambíguo; nossos fatos são complicados demais para serem tratados de um modo, porém não o bastante para que o sejam do outro.

As novas perspectivas abertas pela teoria da comunicação resultam, justamente, dos métodos originais que foi preciso elaborar para tratar de objetos – os signos – que podem então ser submetidos a uma análise rigorosa, embora seu número seja elevado demais para a mecânica clássica e ao mesmo tempo reduzido demais para que os princípios da termodinâmica lhes sejam aplicáveis. A língua é feita de morfemas, algo como alguns milhares deles, e cálculos limitados bastam para extrair regularidades significativas na freqüência dos fonemas. Nesse campo, o limite de aplicação das leis estatísticas baixa, enquanto sobe aquele a partir do qual se torna possível utilizar modelos mecânicos. Ao mesmo tempo, a ordem de grandeza dos fenômenos se aproxima daquela a que os antropólogos estão habituados.

O atual estado das pesquisas estruturais em antropologia é, portanto, o seguinte. Conseguimos isolar fenômenos que são do mesmo tipo dos que as teorias da estratégia e da comunicação já permitem estudar com rigor. Os fatos antropológicos se encontram numa escala suficientemente próxima da desses outros fenômenos para justificar a esperança de um tratamento análogo. Não é surpreendente que, no exato momento em que a antropologia se sente mais perto do que nunca de se tornar uma verdadeira ciência, falte-lhe a base de apoio precisamente onde ela o julgava sólido? Os próprios fatos se esquivam, parcos demais ou reunidos em condições que não permitem compará-los com suficiente segurança. Ainda que não seja culpa nossa, descobrimos que temos nos comportado como botânicos amadores, colhendo ao acaso amostras heteróclitas, maltratando-as e mutilando-as para conservá-las em nossos herbários. E eis que de repente somos chamados a colocar em ordem séries completas, a definir nuances originais, a medir partes minúsculas, que encontramos deterioradas, quando não completamente destruídas.

Quando o antropólogo evoca as tarefas que tem pela frente e tudo o que deveria poder realizar, é tomado de desânimo. Como fazê-lo com os documentos de que dispõe? É um pouco como se a física cósmica devesse construir-se por meio das observações de astrônomos babilônicos. Mas os corpos celestes ainda estão lá, ao passo que as culturas indígenas que nos fornecem nossos documentos desaparecem em ritmo acelerado, ou se transformam em objetos de um novo gênero, em que não podemos esperar encontrar informações do mesmo tipo. Ajustar as técnicas de observação a um quadro teórico muito mais avançado do que elas, eis uma situação paradoxal, que a história das ciências ilustra raramente. Cabe à antropologia moderna aceitar esse desafio.

XVI. Posfácio ao capítulo XV[1]

Gurvitch, que confesso compreender cada vez menos quando eventualmente o leio,[2] critica minha análise da noção de estrutura social (Gurvitch 1955b),[3] mas seus argumentos se reduzem, na maioria das vezes, a pontos de exclamação acrescentados a paráfrases tendenciosas de meu texto. Tentemos, contudo, ir ao nó do debate.

Gurvitch pretende apresentar em primeira mão o que lhe parece ser uma descoberta: "Entre o *gestaltismo* em psicologia e o *estruturalismo* em sociologia, há uma afinidade notável, que até o momento não foi, até onde sabemos, observada" (Gurvitch 1955b: 11). Ele está enganado. Todos os etnólogos, sociólogos e lingüistas que se ligam ao estruturalismo estão conscientes dos laços que os unem à Gestalt-Psychologie. Ruth Benedict já fazia a aproximação em 1934, citando Köhler e Koffka (Benedict 1934a: 51-52, 279).[4]

1. Inédito (1956).

2. Embora eu tenha tentado, há tempos, e não sem simpatia. Cf. Lévi-Strauss 1945b, cap. XVII.

3. Consta que Gurvitch vai republicar esse estudo, com algumas modificações, na 2ª edição de *La Vocation actuelle de la sociologie*. Este capítulo, escrito em 1956, baseia-se no texto inicial.

4. Recentemente, Gurvitch (1957: 111-21) fez outra "descoberta", que se declara "impaciente para comunicar aos leitores dos *Cahiers*, à guisa de posfácio a nosso [*seu*] estudo sobre o conceito de estrutura social": a de que Spencer seria "uma fonte esquecida dos conceitos de 'estrutura social', 'função social' e 'instituição'. Porém, não se sabe quem, a não ser o próprio Gurvitch, teria "esquecido" Spencer e a paternidade que lhe cabe dessas noções. Certamente não os atuais utilizadores da noção de estrutura, que nunca deixaram de lembrá-lo. Cf. Bidney 1953, caps. II e IV, e, na Inglaterra, Evans-Pritchard (1951: 17) e, principalmente, a introdução de Radcliffe-Brown a sua coletânea *Structure and Function in Primitive Society* (1952), na qual, depois de ter se referido diversas vezes a Spencer, o autor >

Eu mesmo fiz tanta questão de evidenciar tal afinidade que o prefácio de *As estruturas elementares do parentesco*, datado de 1947, termina com uma homenagem à Gestalt-Psychologie: "Depois de citar Eddington – 'A física se torna o estudo das organizações' –, Köhler escrevia, há quase vinte anos: 'Seguindo essa via... ela logo encontrará a biologia e a psicologia'. Este trabalho terá cumprido seu propósito se, ao tê-lo terminado, o leitor se sentir inclinado a acrescentar: e a sociologia" (id. ibid.: XIV).

Kroeber igualmente, em sua *Anthropology*:

> *Um sistema, ou uma configuração, é sempre, por natureza, outra coisa, e mais, do que a soma de suas partes; inclui também as relações entre as partes, sua rede de interconexões, que acrescenta um elemento significativo suplementar. Isso é bem conhecido pela Gestalt-Psychologie, ou psicologia da forma. A "forma" de uma cultura pode portanto ser definida como o sistema* (pattern) *das relações entre suas partes constitutivas* (1948: 293).

De modo ainda mais profundo, finalmente, um sociólogo norueguês, Sverre Holm, depois de ter ele também observado que "a ciência da cultura tem se inspirado, há bastante tempo, na mensagem da Gestalt-Psychologie", tenta ligar diretamente o estruturalismo a uma das origens remotas do pensamento gestaltista, a filosofia natural de Goethe (Holm 1951: 40 passim).

Entre os lingüistas estruturalistas, Troubetzkoy e Jakobson reconheceram muitas vezes sua dívida para com a Gestalt, especialmente em relação aos trabalhos de K. Bühler.

Apesar da distância que separa o pensamento de Gurvitch do meu, às vezes acontece de se cruzarem. Prova disso é a seguinte passagem do artigo de Gurvitch:

> conclui: "*The theory* [*de Radcliffe-Brown*] *can be stated by means of the three fundamental and connected principles of 'process', 'structure' and 'function'. It is derived from such early writers as Montesquieu, Comte, Spencer, Durkheim and thus belongs to a cultural tradition of two hundred years*" (id. ibid.: 14).

> *Quando se propõe estudar os tipos de sociedades globais (a distinguir dos tipos microssociológicos, ou formas de sociabilidade, e dos tipos de agrupamentos particulares), o estabelecimento dessa tipologia só é possível partindo de suas estruturas. De fato, contrariamente aos grupos particulares (sem falar das formas de sociabilidade que são a-estruturais), toda sociedade global* sem exceção [*grifo do autor*] *possui uma estrutura, e o estudo desta é o único meio de construir e de reconstituir os tipos de fenômenos sociais globais. Chegamos a dizer, em* Determinismos sociais e liberdade humana, *que as sociedades globais e as estruturas sociais globais se identificam. Isso é verdade quando se fala dos tipos de sociedades globais, mas requer maiores reservas quando se trata de uma sociedade global concreta que, ao que tudo indica, é incomparavelmente mais rica do que sua estrutura, por mais complexa que seja, que nunca é mais do que um aspecto, um setor e uma expressão muito parcial do fenômeno social total. Mas, para apreender este último, quando é global, em toda a sua plenitude, não encontramos outra solução a não ser partir de um tipo construído que, nesse caso, só pode ser um tipo particular da estrutura global* (id. ibid.: 11-12).

Se atentarmos para o fato de que Gurvitch entende por sociedades globais aquelas que constituem o objeto da etnologia, e que seu "tipo construído" se assemelha muito ao que eu mesmo entendo por modelo, torna-se difícil perceber de que ele me censura. Pois sou eu mesmo que, nesse caso, mantenho reservas em relação à posição dele, já que estou longe de acreditar que, como ele afirma, "as sociedades globais e as estruturas sociais se identificam". Penso apenas que estas podem ajudar a conhecer e classificar aquelas.

Porém, objeta Gurvitch na passagem citada, o que é verdadeiro para os tipos já não o é para as sociedades concretas. Com que direito, e que fundamento, Gurvitch se arroga o papel de nosso censor? O que sabe das sociedades concretas ele, cuja filosofia se reduz a um culto idólatra do concreto (glorificando sua riqueza, sua complexidade, sua fluidez, seu caráter eternamente inefável e sua espontaneidade criadora), mas permanece marcada por um sentimento de reverência sagrada tão forte que seu autor jamais ousou encarar a descrição ou a análise de qualquer sociedade concreta?

Os etnólogos, que passaram anos de suas vidas mesclados à existência concreta de sociedades particulares, podem esperar tranqüilamente que Gurvitch descubra entre eles uma indiferença em relação ao concreto comparável à que ele mesmo evidencia quando reduz a diversidade e a especificidade de milhares de sociedades a quatro (*sic*) tipos, em que todas as tribos sul-americanas são confundidas com o conjunto das sociedades australianas, a Melanésia com a Polinésia, e a América do Norte, de um lado, e a África, do outro, passam simplesmente a formar dois blocos homogêneos (Gurvitch 1955a, cap. II: 200-22).

Porque é um teórico puro, Gurvitch só se interessa pela parte teórica de nossos trabalhos. E como nossas teorias não lhe agradam, porque contradizem as suas, ele sugere que nos dediquemos à etnografia descritiva. Essa repartição de papéis lhe daria a dupla vantagem de reinar sozinho na teoria, e de se permitir impunemente o luxo de invocar sem critérios, para embasar suas próprias especulações, grande quantidade de trabalhos descritivos que, a julgar pelo uso arbitrário que deles faz, não costuma se dar ao trabalho de ler.

Sem esperar pelo conselho de Gurvitch, os etnólogos que ele critica dedicaram a maior parte de sua vida científica a observar, descrever e analisar, com uma minúcia por vezes fastidiosa, as "formas de sociabilidade", os "grupos" e as mínimas nuances da vida coletiva que com as estruturas compõem o ser individual, impossível de confundir com outros, das sociedades em que viveram. Nenhum de nós jamais sonhou em substituir por um tipo ou uma estrutura fixa essa realidade palpitante. A busca de estruturas intervém num segundo estágio, quando, depois de termos observado o que existe, tentamos extrair daí os únicos elementos estáveis – e sempre parciais – que permitem comparar e classificar. À diferença de Gurvitch, contudo, não partimos de uma definição *a priori* do que é estruturável e do que não o é. Temos plena consciência da impossibilidade de saber de antemão onde e em que nível de observação a análise estrutural pode ser aplicada. Nossa experiência do concreto nos ensinou que, muito freqüentemente, são os aspectos mais fluidos, os mais fugidios, da cultura que dão acesso a uma estrutura; daí a atenção apaixonada, quase maníaca, que damos aos detalhes. Mantemos o tempo todo em mente o exemplo das ciências naturais, cujo progresso de uma estrutura a outra (mais inclusiva e mais explicativa do que a primeira) sempre consistiu em descobrir uma estruturação melhor por meio de fatos mínimos, deixados de lado pelas hipóteses anteriores por considerá-los "a-estruturais". Um exemplo disso são as anomalias do periélio de Mercúrio, "a-estruturais" no sistema de Newton, que serviriam de base para a descoberta de uma estrutura melhor pela teoria da relatividade. A etnologia, ciência residual por excelência, já que a parte que lhe cabe é o "resíduo" de sociedades que as ciências humanas tradicionais não tinham se dignado a tratar (justamente porque as consideravam "a-estruturais"), só pode, por vocação própria, utilizar o método dos resíduos.

Mas sabemos que uma sociedade concreta jamais se reduz a sua, ou melhor, a suas estruturas (pois há várias delas, em diferentes níveis, e essas diversas estruturas se encontram elas mesmas, ao menos parcialmente, "em estrutura"). Como eu escrevia em 1949, criticando essa forma primária do estruturalismo que é chamada de funcionalismo: "Dizer que uma sociedade funciona é um truísmo; mas dizer que tudo, numa sociedade, funciona é um absurdo" (cf. p. 26 deste volume).

O erro de Gurvitch, e também da maioria dos adversários da etnologia – que não são poucos –,[5] decorre de sua suposição de que o objetivo de nossa ciência é atingir o conhecimento completo das sociedades que estudamos.[6] A desproporção entre tal pretensão e os meios com que operamos seria tamanha que mereceríamos a acusação de charlatanice. Como penetrar os princípios de uma sociedade para nós estrangeira, após uma estada de alguns meses, sem conhecer sua história e com um conhecimento em geral rudimentar de sua língua? A apreensão aumenta quando somos apresentados como ansiosos por substituir essa realida-

5. Cf. Parain 1956.

6. Apreender o fenômeno social total, na linguagem de Gurvitch, que, aliás, comete um contra-senso em relação ao pensamento de Mauss, a quem devemos o termo.

de que se nos escapa por esquemas. Na verdade, nosso objetivo último não é tanto saber o que são, cada uma em si mesma, as sociedades que constituem nosso objeto de estudo, e mais descobrir como elas diferem umas das outras. Como em lingüística, são esses *afastamentos diferenciais* que constituem o objeto próprio da etnologia. E aos que contestarem a possibilidade de determinar relações entre seres cuja natureza só nos é conhecida incompletamente, responderei com a observação de um grande naturalista:

> *Acontece freqüentemente, em morfologia, de a tarefa principal consistir em comparar formas vizinhas, mais do que definir precisamente cada uma delas; e as* deformações *de uma figura complicada podem ser um fenômeno fácil de compreender, ainda que a figura em si deva permanecer não analisada e não definida* (Arcy Wentworth Thompson 1952, v. II: 1032).

Mas o autor acrescenta em seguida algo que nos fornece uma resposta às censuras de Gurvitch:

> *Esse trabalho de comparação, que consiste em reconhecer em toda forma dada uma permutação definida ou* deformação *de outra forma, independentemente de qualquer conhecimento preciso e adequado do "tipo" inicial ou padrão de comparação, remete diretamente ao campo da matemática, e pode ser solucionado mediante a utilização elementar de um certo método matemático. Trata-se do método das coordenadas, que funda a teoria das transformações,*

a qual, por sua vez, é parte da teoria dos grupos (id. ibid.: loc. cit. e nota †).

Chego, assim, ao detalhe das críticas de Gurvitch, das quais a principal visa ao papel que atribuo a certos métodos matemáticos na teoria etnológica.

Segundo nosso autor, no artigo que ele escolhe como alvo, eu teria buscado "fazer a síntese de todas as interpretações que ligam a estrutura social e a matemática" (Gurvitch 1955b: 14-15), desembocando assim na apresentação de "um verdadeiro breviário da maioria dos erros cometidos ou até possíveis no que concerne ao conceito em discussão", fundado nas "quatro fontes de desvio ou abuso" que Gurvitch acabara de denunciar. E prossegue, sempre a meu respeito: "Não apenas ele os encampa, como, por assim dizer, os sublima e faz deles apologia, integrando-os à sua própria teoria das estruturas" (id. ibid.: 19).

Para sustentar que o estudo em questão é uma tentativa de síntese, é preciso não tê-lo lido, ou não compreendê-lo. O leitor pode facilmente verificar que tomo ali todo o cuidado em dissociar minha concepção da de Radcliffe-Brown e de Murdock (pp. 310, 328-34, e 342 deste volume), de forma que não me sinto nem um pouco atingido pelas críticas que Gurvitch lhes dirige, sobretudo quanto ao método estatístico, que jamais utilizei e cujos riscos, aliás, sublinhei expressamente, pelo menos no modo como Murdock por vezes acredita poder empregá-lo.

Além disso, e sem me supor como pai da antropologia estrutural, lembrarei que minha concepção das estruturas sociais foi desenvolvida desde meu livro sobre o parentesco, terminado no início de 1947, ou seja, antes, ou ao mesmo tempo, que os de Fortes, Murdock e outros, de que Gurvitch pretende que eu seja mero comentador e apologista. Parece-me, antes, digno de nota que vários etnólogos tenham se voltado, de maneira independente, para a noção de estrutura durante os anos de guerra em que as circunstâncias nos condenavam a um certo isolamento. A convergência mostra o quanto essa noção era indispensável para resolver problemas enfrentados por nossos predecessores. Ela fornece a nossos procedimentos compartilhados um pressuposto de validade, para além das diferenças que nos distinguem em outros pontos.

Em que consistiriam os desvios e abusos cujos efeitos, segundo Gurvitch, eu teria cumulado?

A primeira fonte deles seria a ligação artificial que eu supostamente estabeleço "entre a aplicação de medidas... e o problema da estrutura social" (Gurvitch 1955b: 14), em outras palavras, minha tendência "a ligar o conceito de estrutura social com a mensuração matemática" (id. ibid.: 17).[7]

7. Repetido nos mesmos termos à p. 19.

Gurvitch lê mal, ou bem demais, para encontrar sempre nos textos o que deseja para contradizê-los? Longe de ter jamais me expressado dessa forma, eu disse repetidas vezes o contrário. Considere-se a seção intitulada "Estrutura e medida" do estudo mencionado:

> *Diz-se às vezes que a noção de estrutura permite introduzir a medida em etnologia.* [...] *Todavia, não existe nenhuma conexão necessária entre a noção de* medida *e a de* estrutura [...] *problemas que não permit*[*e*]*m uma solução métrica pod*[*e*]*m, mesmo assim, ser submetidos a um tratamento rigoroso* (p. 305 deste volume).

E, num outro artigo, cuja referência Gurvitch não teme fornecer para fundamentar suas alegações: "Há certamente muitas coisas, em nossas disciplinas, que podem ser medidas [...] mas nada indica que sejam as mais importantes [...] Percebeu-se que a quantificação dos fenômenos [sociais] simplesmente não leva à descoberta de seu significado". Uma excessiva preocupação com medidas significaria não levar em conta que "a nova matemática [...] introduz a independência entre as noções de rigor e de medida [...] Com a nova matemática, aprendemos que o reino da necessidade não se confunde inevitavelmente com o da quantidade" (Lévi-Strauss 1955b).

A julgar pelo uso que faz Gurvitch dos termos "medidas", "mensuração" e "quantificação" (que aliás emprega como se fossem intercambiáveis), é de duvidar que ele tenha a mínima idéia dos problemas sobre os quais trabalhamos. Afinal, a utilização de certos métodos matemáticos em etnologia não é um tema de discussão acadêmica. Com a ajuda de um matemático, apliquei tais métodos a um problema preciso (id. 1949b, cap. XIV). E continuo a fazê-lo em relação a outros. A única questão aqui é saber se, desse modo, nos aproximamos ou não da solução dos problemas.

Gurvitch, mais respeitoso para com a lingüística estrutural do que para com a etnologia estrutural, esforça-se também por reduzir-lhe o alcance teórico. Porém, ao contrário do que ele crê, a estatística matemática (cujo papel é, nesse caso, bastante legítimo) não está de modo algum limitada ao estudo de problemas; aplica-se à palavra e ao discurso, como mostra a teoria, em elaboração, das máquinas de tradução, e já provou sua importância no campo da estilística e da crítica de texto. O argumento de que o estruturalismo só tem lugar na fonologia, perdendo completamente o sentido no nível da língua, por sua vez, equivale a ignorar a obra estruturalista em relação à gramática, à sintaxe e até mesmo ao vocabulário, sob as formas ricas e diversas que lhe deram mestres como Benveniste, Hjelmslev e Jakobson; este, em sua obra mais recente, dedica-se a um problema bastante afastado da fonologia, os *tropos* (Jakobson & Halle 1956). Além disso, os teóricos das máquinas de tradução estão lançando as bases de uma análise gramatical e lexical que remete ao mesmo tempo à matemática e ao estruturalismo (Yngve 1955a; 1955b; s/d).

Gurvitch me censura pela "lamentável confusão [...] entre o que é designado como estrutura e a superfície exteriormente perceptível e palpável da realidade social, situada em planos concebidos em espaços morfológicos" (1955b: 17). Talvez o leitor não tenha imediatamente compreendido (mas quem haveria de condená-lo por isso?) que se trata aqui de fenômenos de distribuição espacial e da representação qualitativa que os homens têm do espaço. Ora, essa "lamentável confusão", longe de ser própria à escola americana, como insinua nosso autor, é uma das principais descobertas da escola sociológica francesa, a quem devemos bem mais do que "alusões [...] rapidamente ultrapassadas" (id. ibid.: loc. cit.). É esse o ponto central dos estudos memoráveis de Durkheim e Mauss em "Algumas formas primitivas de classificação" (1901-02) e de Mauss em "As variações sazonais nas sociedades esquimó" (1904-05). Basta ler, aqui mesmo na França, a obra de Jacques Soustelle, *O pensamento cosmológico dos antigos mexicanos* (1940) para ter certeza de que, quase meio século depois, esse método não perdeu nada de sua fecundidade.

Mas ninguém, nem na França nem nos Estados Unidos, jamais pensou o que Gurvitch nos faz dizer, isto é, que esse nível deva ser isolado dos demais e que se devam identificar estrutura espacial e estrutura social. Apenas partimos de duas observações:

1. Um considerável número de sociedades indígenas escolheu deliberadamente projetar no espaço um esquema de suas instituições; é o caso da distribuição circular dos acampamentos sioux e das aldeias jê do Brasil Central, e do plano das vilas, do traçado das estradas e da

localização de templos e altares no antigo Peru. O estudo dos fatos de distribuição permite aceder à idéia que os indígenas fazem de sua estrutura social e, examinando lacunas e contradições, à estrutura real, freqüentemente muito diferente daquela. O capítulo "As organizações dualistas existem?" deste volume oferece uma ilustração desse método.

2. Mesmo quando a sociedade se mostra indiferente ao espaço, ou a um certo tipo de espaço (como ocorre com o espaço urbano, caso não tenha sido planejado), tudo se passa como se as estruturas inconscientes se aproveitassem, por assim dizer, dessa indiferença para invadir o espaço vazio e afirmar-se ali de modo simbólico ou real, um pouco como as preocupações inconscientes utilizam o "vácuo" do sono para se exprimirem na forma de sonho, como mostrou Freud. Essa segunda constatação vale tanto para as sociedades primitivas que são aparentemente indiferentes à expressão espacial como para as sociedades mais complexas que professam a mesma atitude, como acontece nas cidades contemporâneas que, na maioria dos casos, apresentam estruturas espaciais que podem ser reduzidas a uns poucos tipos e fornecem indícios quanto à estrutura social subjacente.

Será mesmo necessário responder agora à acusação de Gurvitch, de que em mim "não restaria nada de uma realidade *sui generis* dos 'fenômenos sociais totais', das unidades coletivas macrossociológicas" (Gurvitch 1955b: 19)? Passei os mais belos anos de minha vida estudando algumas "unidades coletivas macrossociológicas". Mas, para evocá-las, não preciso de um termo bárbaro, que ofende os ouvidos e a humanidade. Pois minha lembrança os designa por seus nomes, que são Kadiwéu, Bororo, Nambikwara, Mondé, Tupi-Kagwahív, Mogh e Kuki, e cada um deles me lembra um ponto do planeta, um momento de minha história e da do mundo. Em conjunto, eles me aproximam de homens e mulheres que amei ou temi, cujos rostos habitam minha memória; eles me trazem de volta fadigas, alegrias, sofrimentos e às vezes também perigos. São eles minhas testemunhas. Eles bastam para manifestar o elo que une minhas visões teóricas à realidade, e para refutar Gurvitch.

Finalmente, quanto à acusação de voltar "de modo quase nada velado, após tantos esforços, à concepção tradicional da ordem social" (id. ibid.: 21), eu não perderia tempo com isso se outros autores não tivessem parecido incomodados com a noção de *ordem das ordens*, introduzida no final de meu artigo sobre a estrutura em etnologia.[8]

8. Cf. p. 340 deste volume. Penso principalmente em M. Rodinson, em seus dois artigos, "Racisme et civilisation" (1955a) e "Ethnographie et relativisme" (1955b). No momento em que publicava o segundo desses artigos, a redação de *La Nouvelle Critique* me garantia, em várias cartas, "que as páginas da revista estavam à minha disposição". Respondi, assim, com a seguinte carta:

Senhor Redator-Chefe,

Pela segunda vez em alguns meses, Maxime Rodinson publica em *La Nouvelle Critique* um artigo largamente dedicado a mim. Como o autor parece estar mais preocupado em cavar um fosso entre nós do que em chamar a atenção para os pontos que nos aproximam, irei com certeza decepcioná-lo ao dizer que seus artigos me pareceram vigorosos e bem construídos e que, no conjunto, concordo com ele. Eu expressaria apenas um pesar: já que tanta atenção me era dedicada, teria sido mais fecundo buscar como eu tento reintegrar na corrente marxista as aquisições etnológicas dos últimos cinqüenta anos. Rodinson parece estar decidido a rejeitá-las em bloco. Não conviria, antes, distinguir entre os resultados científicos propriamente ditos e o uso político que tantas vezes se faz deles, nos Estados Unidos como alhures? A atitude de Rodinson corresponde claramente à de uma ortodoxia que se tinha afirmado ruidosamente, com respeito à lingüística, à física, à biologia e à cibernética. Isso tudo mudou recentemente, e Rodinson decerto não tardará em saber que está atrasado. Observo, aliás, que a respeito de uma questão – as tendências atuais da mecânica quântica – que se aproxima em certos aspectos daquela de que ele trata, a *Nouvelle Critique* dá mostras, em seu último número, de uma atitude infinitamente mais prudente e nuançada, que poderia ser utilmente estendida aos problemas teóricos da etnologia.

Rodinson me acusa de desconhecer a noção de estrutura, que eu acreditava ter tomado emprestado de Marx e Engels, entre outros, para lhe dar um papel essencial, o que em geral já não mais me é censurado. Quanto a sua crítica da noção de cultura, ou melhor, de algumas de suas acepções, estou de acordo com ele. Os méritos de Kroeber, reconhecidos por mim, estão ligados a outras obras (em especial o admirável *Handbook of the Indians of California*), e não à infeliz tentativa de estatística cultural, de que Rodinson faz uma crítica acertada no fundo, mas ao lado da verdadeira questão. Um projeto aparentemente absurdo tinha, apesar disso, indubitável interesse no quadro geográfico muito particular e privilegiado em vários aspectos que a Califórnia apresenta. Tamanhas eram ali a diversidade e a densidade demográficas que se justificava a tentação de verificar se, apesar de um levantamento de traços culturais feito de modo sistematicamente mecânico e decididamente pouco inteligente, os elementos significativos não se ordenariam de forma espontânea; a tentativa foi refeita mais tarde, no campo psicológico, por L. Guttman, com certo sucesso.

Finalmente, Rodinson aconselha-me a substituir de uma vez por todas a noção de cultura pela de sociedade. Sem renunciar à primeira, não esperei por ele para tentar situar ambas >

Acreditam meus críticos, na verdade, que a *ordem das ordens*, tal como a concebo, consiste na restituição total da sociedade concreta que eu havia me empenhado em analisar em estruturas (o que tornaria o procedimento inútil, portanto), ou na afirmação de que, para cada sociedade dada, todas as estruturas são homólogas, o que equivaleria a dizer que cada sociedade constitui uma espécie de mônada, ao mesmo tempo perfeitamente coerente e completamente fechada em si mesma. Ambas as hipóteses se afastam tanto quanto possível de meu pensamento.

A ordem das ordens não é uma recapitulação dos fenômenos submetidos à análise. É a expressão mais abstrata das inter-relações entre os níveis em que a análise estrutural pode ser realizada, tanto que as fórmulas chegam a ser as mesmas para sociedades histórica e geograficamente afastadas; um pouco, se me permitem a comparação, como moléculas que, apesar de possuírem composições químicas diferentes, umas simples, outras complicadas, pudessem ter ambas uma estrutura "reta" ou uma estrutura "invertida". Assim, entendo por ordem das ordens as propriedades formais do conjunto composto por subconjuntos, dos quais cada um corresponde a um nível estrutural dado.

Como diz Jean Pouillon, traduzindo meu pensamento em termos que subscrevo plenamente, trata-se de saber se é possível elaborar "um

> numa perspectiva compatível com os princípios do marxismo. Se ele tivesse lido meu livro, em vez de contentar-se com os trechos publicados há alguns meses, teria lá encontrado uma hipótese marxista da origem da escrita, além de dois estudos dedicados a tribos brasileiras — Kadiwéu e Bororo — que são tentativas de interpretação das superestruturas indígenas fundadas no materialismo dialético, e cuja novidade, na literatura etnográfica ocidental, talvez merecesse maior cuidado e simpatia.

Entre os críticos contemporâneos, Rodinson certamente não é o único a achar normal refutar um autor a partir de alguns fragmentos. Outras liberdades são mais raras; especialmente aquela que consiste em utilizar falsas citações. E é isso que faz Rodinson em seu último artigo (p. 61), ao colocar em itálicos e entre aspas três linhas que me atribui, e cuja referência fornece em nota (*Race et histoire*, p. 40). Basta buscá-las: não se encontram ali e não me lembro de jamais tê-las escrito.

Com meus melhores cumprimentos etc.

La Nouvelle Critique corrigiu a citação errada em seu número seguinte. A carta nunca foi publicada.

sistema de diferenças que não conduza nem à sua mera justaposição nem a seu apagamento artificial" (1956: 155).

Não postulo uma espécie de harmonia preestabelecida entre os diversos níveis de estrutura. Eles podem perfeitamente estar – e muitas vezes estão – em contradição uns com os outros, mas as modalidades segundo as quais se contradizem pertencem todas ao mesmo grupo. É exatamente isso, aliás, o que mostra o materialismo histórico, quando afirma que é sempre possível passar, por transformação, da estrutura econômica ou daquela das relações sociais para a estrutura do direito, da arte, ou da religião. Mas Marx jamais pretendeu que tais transformações fossem de um único tipo, que a ideologia, por exemplo, só pudesse refletir as relações sociais, como um espelho. Segundo ele, essas transformações são dialéticas e, em alguns casos, enfrenta dificuldades para encontrar a transformação indispensável que parecia inicialmente refratária à análise.[9]

Se admitirmos, na própria linha de pensamento de Marx, que as infra-estruturas e as superestruturas comportam múltiplos níveis, e que há vários tipos de transformação para passar de um nível a outro, será também concebível a possibilidade, em última análise e abstraindo-se os conteúdos, de caracterizar diversos tipos de sociedade por leis de transformação: fórmulas indicando o número, a potência, o sentido e a ordem das torções que seria preciso anular, por assim dizer, para reencontrar uma relação de homologia ideal (logicamente, não moralmente) entre os diversos níveis estruturados.

Pois essa redução é, ao mesmo tempo, uma crítica. Ao substituir um modelo complexo por um modelo simples dotado de melhor rendimento lógico, o antropólogo desvela os rodeios e artifícios, conscientes e inconscientes, a que cada sociedade recorre para tentar resolver as contradições que lhe são inerentes ou, pelo menos, dissimulá-las.

Esse esclarecimento, já fornecido por meus trabalhos anteriores (Lévi-Strauss 1949a, 1952a, caps. I e VII deste volume), que Gurvitch deveria ter considerado, talvez me exponha a uma outra crítica. Se toda

9. Como na célebre passagem sobre a arte grega, no prefácio, dito inédito, à *Crítica da economia política*, e também, de outro ponto de vista, no *Dezoito Brumário de Luís Bonaparte*.

sociedade é vítima de uma mesma tara, que se manifesta duplamente, como desarmonia lógica e como iniqüidade social, por que razão seus membros mais lúcidos dedicariam tantos esforços para mudá-la? Pois se o resultado da mudança devesse ser a substituição de uma forma social por outra, uma vez que todas se equivalem, cabe indagar de que serviria.

Rodinson cita, para embasar esse argumento (ibid.: 50-52 passim), uma passagem de *Tristes trópicos*: "Nenhuma sociedade é fundamentalmente boa, mas nenhuma é absolutamente ruim; todas elas apresentam certas vantagens a seus membros, considerando-se um resíduo de iniqüidade cuja importância parece ser aproximadamente constante" (Lévi-Strauss 1955a: 417). Isola-se aqui, de modo tendencioso, uma etapa de um raciocínio, por intermédio do qual eu tentava resolver a antinomia aparente entre o pensamento e a ação. Na verdade:

1. Na passagem criticada por Rodinson, o argumento relativista é oposto unicamente a uma intenção de classificar *umas em relação às outras* sociedades muito afastadas da do observador, como por exemplo, de nosso ponto de vista, uma população melanésia e uma tribo norte-americana. Sustento que não dispomos de nenhum sistema de referência legitimamente aplicável a sociedades situadas nos confins de nosso universo sociológico e consideradas em sua relação recíproca.

2. Por outro lado, eu tomava o cuidado de distinguir esse primeiro caso de um outro que consiste não em classificar em relação umas às outras sociedades afastadas, mas dois estados, historicamente próximos, de nossa própria sociedade (ou, generalizando, da sociedade do observador). Quando o sistema de referência é "interiorizado" desse modo, tudo muda. Essa segunda etapa permite, sem nada reter de sociedade alguma, efetivamente

> *utilizá-las todas para extrair os princípios da vida social que nos seja possível aplicar para reformar nossos próprios costumes, e não os das outras sociedades; em razão de um privilégio inverso ao anterior, a sociedade a que pertencemos é a única que nos é dada a transformar sem ameaça de destruí-la, já que provêm também dela as mudanças que nela introduzimos* (id. ibid.: 424).

Longe estou, portanto, de me comprazer com um relativismo estático, como certos antropólogos americanos justamente criticados por Rodinson, mas com os quais ele equivocadamente me confunde, visto que denuncio o risco desse "abismo" em que o etnólogo sempre corre o risco de cair. Minha solução é construtiva, já que funda nos mesmos princípios duas atitudes aparentemente contraditórias, o respeito para com sociedades muito diferentes da nossa e a participação ativa nos esforços de transformação de nossa própria sociedade.

Isso daria a Billancourt[10] motivo de "desespero", como afirma Rodinson? Pois Billancourt mereceria pouca atenção se, canibal a seu modo (e mais gravemente do que os antropófagos, pois seria um canibal *em espírito*), fosse indispensável para sua segurança intelectual e moral que os Papuas só servissem para ser proletários. Felizmente, a teoria etnológica não tem um papel assim tão importante nas reivindicações sindicais. Em compensação, espanta-me ler num especialista com idéias avançadas um argumento que se encontra em pensadores de orientação bastante diversa.

Nem em *Raça e história* nem em *Tristes trópicos* tive a intenção de destruir a idéia do progresso, e sim a de fazê-la passar de categoria universal do desenvolvimento humano a um modo particular de existência, próprio de nossa sociedade (e talvez de algumas outras) quando busca pensar a si mesma.

A idéia de que uma tal concepção do progresso, interiorizada em cada sociedade e despojada de sua transcendência, ameaça lançar os homens no desalento me parece uma transposição – na linguagem da história e no plano da vida coletiva – do argumento metafísico segundo o qual toda moralidade se veria comprometida se o indivíduo deixasse de crer que possui uma alma imortal. Durante séculos, o argumento de Rodinson foi lançado contra o ateísmo, que "desesperaria" os homens, e especialmente as classes trabalhadoras, podendo até fazer com que perdessem o gosto pelo trabalho se não houvesse punições e recompensas no além.

10. Região parisiense com forte concentração de operários e movimentos sindicais. [N.T.]

No entanto, são muitos os homens (sobretudo em Billancourt) que aceitam a idéia de uma duração pessoal limitada à de sua vida na Terra; nem por isso eles perderam seu senso moral e sua vontade de trabalhar pela melhoria de sua condição e da de seus descendentes.

O que vale para indivíduos não valeria para grupos? Uma sociedade pode viver, agir e se transformar sem se deixar inebriar pela convicção de que aquelas que a precederam por dezenas de milênios nada fizeram senão preparar-lhe o terreno, que todas as suas contemporâneas – inclusive nos antípodas – conspiram laboriosamente para alcançá-la, e que todas aquelas que a sucederão até o final dos tempos terão como preocupação exclusiva manter-se em sua esteira. Isso equivaleria a um antropocentrismo tão ingênuo quanto o que antigamente situava a Terra no centro do universo e o homem no ápice da criação. Mas tal antropocentrismo, professado em benefício exclusivo de nossa sociedade, seria hoje odioso.

Há mais. Rodinson me ataca em nome do marxismo, quando minha concepção se encontra muitíssimo mais próxima do pensamento de Marx do que a sua. Começarei por lembrar que a distinção, desenvolvida em *Raça e história*, entre história estacionária, história flutuante e história cumulativa pode invocar certos textos de Marx:

> *A simplicidade do organismo produtivo dessas comunidades auto-suficientes, que se reproduzem constantemente na mesma forma e, quando acidentalmente destruídas, se reconstroem no mesmo local com o mesmo nome, fornece-nos a chave da imutabilidade das* sociedades *asiáticas, imutabilidade que contrasta, de modo tão estranho, com a dissolução incessante dos* Estados *asiáticos, com as mudanças tão violentas de suas dinastias* (Marx 1867, v. II: 48).

Em Marx e em Engels, encontra-se freqüentemente expressa a idéia de que as sociedades primitivas, ou supostamente primitivas, são regidas por laços de consangüinidade (que hoje em dia chamamos de estruturas de parentesco), e não por relações produtivas. Se essas sociedades não fossem destruídas de fora, poderiam perpetuar-se indefinidamente.

A categoria de tempo que lhes é aplicável nada tem a ver com a que utilizamos para compreender nosso próprio desenvolvimento.[11]

Tal concepção não contradiz em nada a célebre fórmula do *Manifesto comunista*: "A história de todas as sociedades conhecidas até hoje é a história da luta de classes". Na linha da filosofia do Estado de Hegel, essa fórmula não significa que a luta de classes seja coextensiva à humanidade, mas que as noções de história e de sociedade só podem ser aplicadas, com o sentido pleno que lhes dá Marx, a partir do momento em que surge a luta de classes. A carta a Weydemeyer afirma isso claramente: "O que fiz de novo", escreve Marx, "foi demonstrar [...] que *a existência das classes* está ligada apenas a *determinadas fases históricas do desenvolvimento da produção*" (apud Rubel 1957: 257).

Rodinson pode, portanto, meditar acerca da seguinte reflexão de Marx, no prefácio considerado inédito à *Crítica da economia política*:

> *A pretensa evolução histórica costuma se basear no fato de que a formação social mais recente considera as formações passadas como etapas que conduzem a ela, e ela as concebe sempre de um ponto de vista parcial, sendo raramente, e apenas em condições bem determinadas, capaz de criticar a si mesma* (1948: 67).

Este capítulo estava terminado quando foi publicado o panfleto, bastante injusto mas cheio de verve e talento, de Jean-François Revel (1957). Como o capítulo VIII me é parcialmente consagrado, responderei brevemente.

Revel me ataca, mas não sem embaraço. Pois se me reconhecesse pelo que sou, isto é, um etnólogo que realizou pesquisa de campo e, depois de expor o resultado de suas observações, buscou remontar aos

11. Esses esquemas são constantemente retomados em *O capital* a respeito da Índia e das sociedades germânicas antigas, que eram, na época, as sociedades mais "primitivas" conhecidas por Marx. Engels generalizou-os em *Anti-Dühring* e em *A origem da família, da propriedade e do Estado*.

princípios de sua ciência a partir dessas mesmas observações e das de seus colegas, deveria se abster de me discutir. Por isso, ele começa por me metamorfosear em sociólogo, para em seguida insinuar que, devido à minha formação filosófica, minha sociologia é uma filosofia disfarçada. A partir de então, estamos entre colegas, e Revel pode alegremente invadir minha seara sem nem mesmo se dar conta de que procede, em relação à etnologia, exatamente como acusa a filosofia de fazer, ao longo de todo o seu livro, para com os demais conhecimentos positivos.

Mas eu não sou sociólogo e só me interesso de forma subsidiária pela nossa sociedade. As que procuro compreender em primeiro lugar são as sociedades ditas primitivas de que tratam os etnólogos. Quando interpreto, para grande desagrado de Revel, o intercâmbio de vinho em restaurantes do centro da França em termos de prestações sociais, meu objetivo primeiro não é explicar costumes contemporâneos por intermédio de instituições arcaicas, e sim ajudar o leitor, membro de uma sociedade contemporânea, a perceber a partir de sua própria experiência, e a partir de costumes que são, de fato, vestigiais ou embrionários, instituições que de outro modo poderiam ser-lhe incompreensíveis. A questão não é, portanto, saber se o intercâmbio de vinho é uma sobrevivência do *potlatch*, mas se, graças a essa comparação, é possível nos aproximar mais dos sentimentos, das intenções e atitudes do indígena envolvido numa série de prestações. Um etnógrafo que tenha vivido com os indígenas e tenha tomado parte de tais cerimônias, como espectador ou como participante, pode ter uma opinião a esse respeito. Revel não.

Numa curiosa contradição, aliás, Revel, que se recusa a admitir que as categorias das sociedades primitivas possam ser aplicadas a nossas próprias sociedades, insiste em aplicar nossas categorias ao estudo das sociedades primitivas: "Não resta a menor dúvida", diz ele, de que as prestações "nas quais são tragadas definitivamente todas as riquezas de uma sociedade [...] respondem às condições dadas de um modo de produção e de uma estrutura social". E continua: "É até provável – a não ser em caso de uma exceção única na História, que seria então preciso explicar – que encubram a exploração econômica de uma parte dos membros de cada sociedade desse tipo por outra" (id. ibid.: 138).

Mas como pode Revel não ter "a menor dúvida"? E como sabe que a exceção seria "única na História"? Por acaso ele estudou *in loco* as instituições melanésias e americanas? Chegou a abrir as várias obras dedicadas ao *kula* e sua evolução entre 1910 e 1950, ou ao *potlatch* desde o início do século XIX até o XX? Se o tivesse feito, saberia que é absurdo crer que todas as riquezas de uma sociedade são tragadas por essas trocas. Além disso, teria idéias mais precisas – em relação a certos casos e certos períodos – quanto à proporção e ao tipo das riquezas envolvidas. E, sobretudo, perceberia que, exatamente do ponto de vista que lhe interessa – a exploração econômica do homem pelo homem –, as duas culturas em que pensa são incomparáveis. Numa delas, tal exploração se manifesta com características que, a rigor, poderíamos chamar de pré-capitalistas. Contudo, mesmo no Alasca e na Colúmbia Britânica essa exploração age como um fator externo: apenas amplia instituições que podem existir sem ela e cuja natureza geral deve ser definida em outros termos.

Antes que Revel proteste, lembro que aqui não faço senão parafrasear Engels, que, por sorte, se pronunciou acerca desse problema e com respeito exatamente às sociedades que Revel tem em mente. Engels escreveu:

> *Para elucidar o paralelo entre os Germânicos de Tácito e os Pele-Vermelha americanos, extraí alguns pequenos trechos do primeiro volume do seu Bancroft* [Native Races *etc.*]. *A semelhança é surpreendente, ainda mais tendo em conta que o modo de produção é tão profundamente diferente: num caso, pescadores e caçadores, sem criação de animais nem agricultura e, no outro, criação nômade de animais que passa para o cultivo da terra. Isso prova justamente o quanto, nesse estágio, o modo de produção é menos decisivo do que o grau de decomposição dos velhos laços de consangüinidade e da antiga comunidade recíproca dos sexos na tribo. Sem o que os Tlingit, na América antigamente russa, não poderiam corresponder tão perfeitamente aos Germânicos.*[12]

12. Carta a Marx, de 8 de dezembro de 1882.

Caberia a Marcel Mauss, no *Ensaio sobre a dádiva*, que Revel critica de modo bastante indevido, justificar e desenvolver essa intuição de Engels de que existe um paralelismo notável entre certas instituições germânicas e celtas e as das sociedades de *potlatch*. Isso sem se preocupar com as "condições determinadas de um modo de produção", que Engels já tinha percebido ser ilusório buscar. Mas Marx e Engels sabiam muitíssimo mais etnologia, há quase um século, do que Revel sabe hoje.

Assim, concordo plenamente com Revel quando ele escreve que "a tara mais grave que a filosofia transmitiu para a sociologia talvez seja [...] a obsessão de querer constituir de saída explicações integrais" (1957: 147), pois nesse momento ele condena a si mesmo. De fato, é ele que me censura por não propor explicação, por fazer como se eu acreditasse "que, no fundo, não há razão nenhuma para que uma dada sociedade adote determinadas instituições e outra, outras instituições". É Revel que exige dos etnólogos respostas para perguntas como "por que as sociedades se estruturam diferentemente? por que cada estrutura evolui? *por que existem diferenças* entre as instituições e entre as sociedades, e quais respostas a quais condicionamentos tais diferenças supõem" (id. ibid.: 141)? Essas questões são bastante pertinentes, e gostaríamos de poder respondê-las. No atual estado de nossos conhecimentos, não consideramos estar capacitados a fazê-lo, a não ser no tocante a casos precisos e limitados e, mesmo nestes, nossas interpretações permanecem fragmentárias e isoladas. Revel pode achar que se trata de uma tarefa fácil, pois que, segundo ele, "com absoluta certeza", desde há aproximadamente 500 mil anos, quando começou a evolução social do homem, a exploração econômica explica tudo.

Não era essa, como vimos, a opinião de Marx e Engels. Eles pensavam que nas sociedades extra ou pré-capitalistas os laços de consangüinidade desempenhavam um papel mais importante do que a luta de classes. Não creio, portanto, ter traído seus ensinamentos ao tentar, setenta anos após Lewis H. Morgan, que eles tanto admiravam, retomar a tentativa deste de elaborar uma nova tipologia dos sistemas de parentesco à luz dos conhecimentos adquiridos desde então, por mim e por outros, no campo.[13]

É com respeito a essa tipologia que peço para ser julgado, e não a partir de hipóteses psicológicas ou sociológicas de que Revel se vale como se não fossem apenas pontos de apoio, temporariamente úteis ao etnólogo para organizar suas observações, dispor suas classificações e ordenar seus tipos. Se um de meus colegas vier me dizer que suas observações contradizem minha análise teórica dos sistemas de parentesco Murngin ou Gilyak, ou que, quando eu estava entre eles, interpretei mal a chefia dos Nambikwara, o lugar da arte na sociedade dos Kadiwéu, a estrutura social dos Bororo, ou a natureza dos clãs Tupi-Kawahív, irei escutá-lo com respeito e atenção. Mas quando Revel, que não se preocupa minimamente com a filiação patrilinear, o casamento bilateral, a organização dualista ou os sistemas desarmônicos, me acusa (sem nem ao menos compreender que apenas procuro descrever e analisar certos aspectos do mundo objetivo) de "achatar a realidade social" porque acredita que é achatado tudo o que não se traduz imediatamente numa linguagem que talvez ele tenha razão de utilizar para falar da civilização ocidental, mas à qual seus próprios criadores expressamente negaram qualquer outro uso, é minha vez de exclamar, agora dirigindo-me a ele: sim, claro, por que filósofos?

Raciocinar como o fazem Revel e Rodinson significaria abandonar as ciências humanas ao obscurantismo. O que se haveria de pensar de

13. Na história do marxismo, o desvio de Revel, que é também o de Rodinson, não é novo. Remonta a Kautsky e, já em 1883, Engels se viu obrigado a denunciá-lo. Como Revel e Rodinson, Kautsky queria interpretar as sociedades primitivas a partir do materialismo histórico, utilizando exclusivamente noções econômicas tais como a *barbárie*, definida por Engels seguindo Morgan: etapa da criação de animais, da agricultura, do aprendizado dos métodos que permitem o incremento da produção de produtos naturais (cf. Engels 1954: 32). Ao que responde Engels: "Não é a barbárie que prova o caráter primitivo, mas o grau de integridade dos velhos laços de consangüinidade da tribo. São eles, portanto, que devemos determinar em cada caso particular, antes de podermos tirar de fenômenos isolados conclusões para tal ou tal tribo" (Carta a Kautsky, de 10 de fevereiro de 1883: 301-02). E o que fiz eu, em *As estruturas elementares do parentesco*, senão determinar "em cada caso particular" em que consistem, "para tal ou tal tribo", os "velhos laços de consangüinidade"?

empreiteiros ou arquitetos que condenassem a física cósmica em nome da lei da gravidade e alegassem que uma geometria fundada na consideração de espaços diferentemente curvados tornaria inúteis as técnicas tradicionais para derrubar ou construir casas? Demolidores e arquitetos têm razão em acreditar apenas na geometria euclidiana, mas não pretendem impô-la aos astrônomos. E se for necessário o auxílio destes para transformar a casa em que moram, as categorias que empregam quando buscam compreender o universo não os tornam automaticamente inaptos a manejar a picareta e o prumo.

XVII. Lugar da antropologia nas ciências sociais e problemas levantados por seu ensino[1]

Objeto deste estudo

A atual organização dos estudos antropológicos constitui, por si só, uma espécie de desafio proposto aos autores deste volume. Logicamente, eles deveriam ter previsto um relatório geral acerca do ensino da antropologia social, já que o título dessa disciplina a situa entre as ciências sociais e ela parece ter um conteúdo distinto. Mas as dificuldades começam imediatamente. Pois onde, a não ser na Grã-Bretanha, se encontra o ensino da antropologia social numa forma distinta e orgânica, dada num departamento autônomo? Todos os demais países (e, na própria Grã-Bretanha, várias instituições) falam de antropologia apenas, ou de antropologia cultural, ou ainda de etnologia, etnografia ou tradições populares. Se, por um lado, tais rubricas certamente correspondem à antropologia social (ou às matérias reunidas alhures sob tal denominação), por outro, remetem ao mesmo tempo a várias outras coisas, como a tecnologia, a pré-história, a arqueologia, certos aspectos da lingüística e a antropologia física, em relação às quais se lança a questão quanto a poderem ser consideradas ciências sociais. Temos a impressão de fugir à questão assim que a encaramos.

Mas a situação é ainda mais complexa: se a antropologia social tende a se confundir num vasto campo de investigações cuja pertinência às ciências sociais não é nada evidente, um singular paradoxo faz com que

1. Publicado em *Les Sciences Sociales dans l'enseignement supérieur* (Lévi-Strauss 1954). Reproduzido aqui com a autorização da Unesco e ligeiramente modificado.

tais investigações se encontrem, no entanto, muitas vezes associadas às ciências sociais, num outro plano. Vários departamentos universitários, em especial nos Estados Unidos, são chamados "de antropologia e de ciências sociais" ou outras denominações equivalentes. Perde-se a relação entre antropologia e ciência social que se acreditava ter percebido, para encontrá-la, imediatamente, em outro plano.

Tudo se passa como se a antropologia social e cultural, longe de se apresentar no campo do desenvolvimento científico como um corpo autônomo, reivindicando seu lugar entre as demais disciplinas, tomasse forma um pouco como uma nebulosa, incorporando progressivamente matéria até então difusa, ou diversamente repartida, e determinando, pela própria concentração, uma redistribuição geral dos temas de pesquisa entre todas as ciências humanas e sociais.

É preciso incorporar, de saída, a seguinte verdade: a antropologia não se distingue das demais ciências humanas e sociais por um tema de estudo que lhe seja próprio. Quis a história que ela começasse por se interessar pelas sociedades ditas "selvagens" ou "primitivas", e mais adiante trataremos das razões disso. Mas tal interesse é cada vez mais compartilhado por outras disciplinas, notadamente a demografia, a psicologia social, a ciência política e o direito. Por outro lado, assistimos ao fenômeno curioso de a antropologia se desenvolver ao mesmo tempo em que essas sociedades tendem a desaparecer ou, no mínimo, a perder suas características distintivas. Significa que a antropologia não está atrelada aos machados de pedra, ao totemismo ou à poligamia. Ela o tem claramente demonstrado, aliás, nos últimos anos, que viram antropólogos se interessarem pelas sociedades ditas "civilizadas". O que é, então, a antropologia? Por enquanto, digamos apenas que ela procede de uma certa concepção do mundo ou de um modo original de colocar questões, ambos descobertos *por ocasião* do estudo de fenômenos sociais que não são necessariamente mais simples (como se costuma tender a crer) do que os que se apresentam na sociedade do observador, mas que – em razão das grandes diferenças que manifestam em relação a estes últimos – evidenciam certas *propriedades gerais* da vida social, que os antropólogos tomaram como objeto.

Foi possível chegar a tal constatação por muitos e diversos caminhos. Em certos casos, ela resulta da investigação etnográfica, em outros, de uma análise lingüística, ou ainda de tentativas para interpretar os resultados de uma escavação arqueológica. A antropologia é uma ciência jovem demais para que seu ensino não reflita as circunstâncias locais e históricas de que se origina cada desenvolvimento particular. Devido a isso, certas universidades reúnem a antropologia cultural e a lingüística num mesmo departamento, porque os estudos lingüísticos ali assumiram desde o início um caráter antropológico, ao passo que outras fazem agrupamentos diferentes, por razões da mesma ordem.

Em tais condições, os autores deste volume podiam legitimamente se perguntar se seria possível, ou mesmo desejável, impor um caráter falsamente sistemático a situações diversas, cada uma delas passível de uma explicação particular. Um balanço geral do ensino da antropologia estaria de saída condenado a deformar os fatos ao inseri-los em compartimentações arbitrárias, ou então a perder-se em relatos históricos, que seriam diferentes para cada país, muitas vezes até para cada universidade. Como a antropologia é uma ciência em devir, cuja autonomia ainda não é universalmente reconhecida, pareceu necessário proceder de outro modo. A exposição dos fatos deve partir da situação real, e já que, na imensa maioria dos casos, a antropologia social se encontra associada a outras disciplinas e, dentre as ciências sociais, é na companhia da sociologia que a encontramos com mais freqüência, decidiu-se juntar ambas num mesmo balanço geral. Trata-se, porém, de uma situação provisória, que não resulta de um plano deliberado, e sim do acaso e da improvisação. Portanto, não basta definir o conjunto no seio do qual o ensino da antropologia está emergindo. Deve-se também buscar perceber sua orientação presente e as grandes linhas de uma evolução que se esboça aqui e ali. O balanço geral do ensino da sociologia e da antropologia responde à primeira preocupação. E este trabalho, à segunda.

Vista d'olhos sobre a situação atual

Certas constatações decorrem do exame dos fatos reunidos no balanço geral.

Para além das diferenças e originalidades locais, podem ser percebidas três grandes modalidades do ensino da antropologia, que ora é oferecido por cadeiras dispersas (caso exista apenas uma na universidade considerada, ou várias, mas ligadas a faculdades ou estabelecimentos diferentes), ora por departamentos (que podem ser puramente antropológicos ou associar a antropologia a outras disciplinas), ou ainda por institutos ou escolas de caráter inter- ou extrafaculdade, isto é, que reúnem disciplinas dadas, com outros títulos, nas diversas faculdades, ou organizam disciplinas próprias, sendo que as duas fórmulas se podem combinar.

CADEIRAS DISPERSAS

Essa é uma modalidade bastante corrente, embora não pareça ter sido deliberadamente adotada em nenhum caso. Um país ou uma universidade que decide organizar um ensino antropológico geralmente começa por criar uma cadeira, e pára por aí se o desenvolvimento dos estudos sofrer de falta de estudantes ou de falta de perspectivas profissionais (sendo que a segunda geralmente explica a primeira). Se a situação for mais favorável, outras cadeiras são acrescentadas à primeira, e tendem a organizar-se em instituto ou departamento. Essa evolução é bem perceptível nos Estados Unidos, onde, quando se considera a gama de estabelecimentos de ensino, dos menores aos maiores, encontram-se todas as etapas que levam de um mero curso de antropologia solicitado a um professor de uma disciplina vizinha até o departamento de antropologia, com uma equipe de professores e que oferece o ph.D, passando pela cadeira única ligada a um outro departamento, pelo departamento misto e pelo departamento que só leva os alunos até o B.A ou M.A. Mas a criação de um departamento completo continua sendo o objetivo a se atingir.

Uma evolução de outro tipo pode levar à dispersão das cadeiras. É o caso de cadeiras cujo caráter primeiro era muito afastado da antropologia e que se vêem levadas a ela por uma evolução científica imprevisível no momento de sua fundação. A França oferece dois claros exemplos disso. A École Nationale des Langues Orientales Vivantes organizou-se numa época em que se podia crer que o estudo de todas as línguas do mundo se desenvolveria seguindo as linhas da filologia clássica, mas a experiência mostrou que o conhecimento de certas línguas não escritas dependia da utilização de métodos heterodoxos, que devem muito mais à antropologia do que à lingüística tradicional. O mesmo ocorre na École Pratique des Hautes Études, onde as cadeiras consagradas às religiões das populações sem tradição escrita, ou de tradição escrita insuficiente, tendem a adotar uma orientação diferente das outras e a assumir um caráter cada vez mais antropológico. Em casos como esses, é como se a antropologia esporadicamente contaminasse, por assim dizer, outras disciplinas, colocando administradores e educadores diante de problemas imprevistos, para os quais é muito difícil encontrar uma solução que respeite os agrupamentos tradicionais.

Finalmente, cabe mencionar um caso misto, muito bem ilustrado na Grã-Bretanha. Na mesma época em que os estudos orientais eram progressivamente marcados pela antropologia, o rápido desenvolvimento dos estudos africanos deixava entrever a necessidade de introduzir nesse campo considerações filológicas, históricas e arqueológicas. Daí a possibilidade de um agrupamento, realizado há alguns anos com a transformação da School of Oriental Studies em School of Oriental and African Studies, em que a antropologia se encontra intimamente associada ao mesmo tempo às ciências sociais e às ciências humanas, o que não teria sido possível, para as regiões do mundo consideradas, em nenhuma estrutura acadêmica regular.

OS DEPARTAMENTOS

Teoricamente, a fórmula do departamento pode parecer ideal. É para ela, como acabamos de ver, que tendem as universidades americanas e, em outros países, onde os estudos antropológicos se encontram em pleno desenvolvimento, como a Grã-Bretanha, a Austrália e a Índia, criam-se ou multiplicam-se departamentos de antropologia. De fato, o departamento de antropologia responde a duas necessidades dos estudos: de um lado, cursos bem articulados, correspondendo aos diversos capítulos ou aspectos da pesquisa e, do outro, a preparação gradual para os diplomas, desde as provas elementares até o doutorado. Contudo, é preciso indicar dificuldades. Nos países de estrutura acadêmica rígida e tradicional, como os que distinguem estritamente as "ciências" das "letras" ou "humanidades", o departamento de antropologia implica uma opção entre os dois tipos de faculdade, o que leva a considerar a possibilidade de dois departamentos, um de antropologia social ou cultural, outro de antropologia física. A especialização certamente interessa muito a esses dois ramos; porém, um antropólogo, qualquer que seja a sua orientação, não pode dispensar conhecimentos básicos em antropologia física e esta, por sua vez, estará perdida se não permanecer constantemente consciente da origem sociológica dos determinismos cujos efeitos somáticos ela estuda. Voltaremos a isso mais adiante.

Como exemplo da situação esdrúxula que resulta, para os estudos antropológicos, da separação rígida entre faculdade de ciências e faculdade de letras, pode-se mencionar a França. A Universidade de Paris oferece três certificados antropológicos: o certificado em etnologia (opção letras), ligado à faculdade de letras, o mesmo certificado com opção ciências e o certificado de antropologia (física), ligado exclusivamente à faculdade de ciências. Os estudantes certamente não são nem tão numerosos nem – principalmente – tão especializados (já que os certificados exigem apenas um ano de estudo) para justificar tamanha complexidade.

Por outro lado, os inconvenientes da fórmula do departamento se fazem sentir até mesmo nos países que mais a adotam. Na própria Inglaterra, a Universidade de Oxford preferiu a fórmula do instituto (com o Institute of Social Anthropology) e, na América, hesitações se fazem notar cada vez mais, pois a fórmula do departamento muitas vezes acarreta uma especialização demasiado apressada que tem por corolário uma cultura geral insuficiente. O exemplo da Universidade de Chicago é bem característico nesse sentido: para remediar os problemas que acabamos de mencionar, o departamento de antropologia foi inicialmente integrado numa Division of the Social Sciences, mas assim que essa reforma foi feita, mentes respeitáveis começaram a sentir a necessidade de contatos da mesma ordem com as ciências humanas. O que explica o desenvolvimento de uma terceira fórmula, a das escolas ou institutos.

AS ESCOLAS OU INSTITUTOS

Os exemplos mais conhecidos dessa fórmula são a Escuela Nacional de Antropologia da Cidade do México e o Institut d'Ethnologie da Universidade de Paris. A primeira oferece uma formação profissional e sintética, que perfaz e especializa estudos universitários anteriores. O segundo se dedica, antes, a completar ensinos universitários existentes. Na verdade, o Institut d'Ethnologie depende de três faculdades, direito, letras e ciências, e para preparar um exame universitário – o certificado de etnologia da licença *ès* letras ou *ès* ciências – exige dos estudantes disciplinas dadas nas três universidades, além daquelas organizadas por ele mesmo, que a universidade reconhece. O mesmo espírito "interfaculdades" pode ser encontrado no programa da licença de estudos das populações de ultramar, que compreende certificados dados pelas faculdades de direito e de letras e, eventualmente, da faculdade de ciências.

Diremos mais adiante por que essa nos parece ser a fórmula mais satisfatória. Apenas observaremos aqui que ela também apresenta problemas: de modo geral, a autonomia do instituto se faz à custa de um rebaixamento de *status* em comparação com cursos pensados num molde mais tradicional. É um pouco uma fórmula de contrabando, o que explica a dificuldade de introduzir-lhe uma duração suficiente de estudos, reconhecida por diplomas com o mesmo reconhecimento que os das faculdades. Em Paris, conseguiu-se parcialmente prolongar, para os melhores alunos, a duração dos estudos para dois anos, graças à formação de outro estabelecimento, o Centre de Formation aux Études Ethnologiques, destinado a cursos especializados e atividades práticas. Mas essa também é uma solução duvidosa, que afasta o ensino da antropologia das linhas tradicionais em vez de aproximá-lo delas e que melhora o nível dos estudos sem no entanto beneficiá-los com o reconhecimento tradicional de grau mais elevado.

Esses poucos exemplos mostram a dificuldade de resolver os problemas suscitados pelo ensino da antropologia com base em experiência adquirida. O qualificativo não convém, na verdade, a nenhuma delas; trata-se, em toda parte, de experiências em curso, cujos sentido e resultados ainda não estão claros. Talvez conviesse formular a questão de outro modo. Na falta de dados indutivos, dos quais se possam extrair constantes, interroguemos a própria antropologia, buscando perceber não apenas em que ponto se encontra, mas para o que tende. Essa perspectiva dinâmica talvez nos permita determinar os princípios que devem presidir ao seu ensino, mais do que a consideração estática de uma situação confusa, na qual seria equivocado ver outra coisa senão o índice de uma vida fervilhante e de elevadas e ardentes ambições.

O caso da antropologia física

Coloca-se inicialmente uma questão de competência. A antropologia, cuja constituição modificou tão profundamente as ciências sociais, é, em si mesma, uma ciência social? Sim, sem dúvida, já que trata de grupos humanos. Porém, ao ser – por definição – uma "ciência do homem", ela não faria parte das ciências ditas humanas? E, por seu ramo geralmente conhecido como antropologia física (em vários países europeus, como antropologia simplesmente), não pertenceria às ciências naturais? Todos hão de concordar que a antropologia apresenta esse triplo aspecto. E nos Estados Unidos, onde a organização tripartite das ciências é especialmente acentuada, as sociedades de antropologia tiveram reconhecido seu direito de filiação aos três grandes conselhos científicos, cada um dos quais responsável por um dos campos que acabamos de distinguir. Contudo, parece ser possível precisar a natureza dessa tripla relação.

Comecemos por considerar a antropologia física. Ela trata de questões como a da evolução do homem a partir de formas animais e sua distribuição atual em grupos raciais, diferenciados por traços anatômicos ou fisiológicos. Isso bastaria para defini-la como estudo *natural* do homem? Seria esquecer que as últimas fases, pelo menos, da evolução humana – as que diferenciaram as raças de *homo sapiens*, talvez até mesmo as etapas que levaram até ele – transcorreram em condições muito diversas das que regeram o desenvolvimento das demais espécies vivas. Assim que o homem adquiriu a linguagem (as técnicas muito complexas e a grande regularidade das formas que caracterizam as indústrias pré-históricas implicam a concomitância da linguagem, para permitir sua aprendizagem e transmissão), ele próprio passou a determinar as modalidades de sua evolução biológica, sem ter necessariamente consciência disso. Pois toda sociedade humana modifica as condições de sua perpetuação física por intermédio de um conjunto complexo de regras, tais como a proibição do incesto, a endogamia, a exogamia, o casamento preferencial entre certos tipos de parentes, a poligamia ou a monogamia, ou simplesmente por intermédio da aplicação mais ou menos sistemática de normas morais, sociais, econômicas e estéticas. Ao conformar-se a regras, uma sociedade favorece certos tipos de união e exclui outros. Se um antropólogo tentasse interpretar a evolução das raças ou sub-raças humanas como se resultasse somente de condições naturais se colocaria no mesmo impasse que um zoólogo que procurasse explicar a atual diferenciação dos cães por considerações puramente biológicas ou ecológicas, sem levar em conta a intervenção humana; seria certamente levado a hipóteses fantasiosas ou, mais provavelmente, ao caos. Pois os homens fizeram a si mesmos tanto quanto fizeram às raças de seus animais domésticos, com uma única diferença: o processo foi menos consciente e voluntário no primeiro caso do que no segundo. Por conseguinte, a própria antropologia física, ainda que lance mão de conhecimentos e métodos derivados das ciências naturais, está intimamente relacionada às ciências sociais. Ela consiste, em larga medida, no estudo das transformações anatômicas e fisiológicas decorrentes, para uma determinada espécie viva, do aparecimento da vida social, da linguagem, de um sistema de valores ou, dito em termos mais gerais, da *cultura*.

Etnografia, etnologia, antropologia

Estamos bem longe da época em que os vários aspectos das culturas humanas (ferramentas, vestimentas, instituições, crenças) eram tratados como espécies de prolongamentos ou dependências das características somáticas que caracterizam os diversos grupos humanos. A relação inversa se aproximaria mais da verdade. O termo "etnologia" sobrevive, aqui e ali, com esse sentido arcaico, notadamente na Índia, onde o sistema de castas, ao mesmo tempo endogâmicas e tecnicamente especializadas, deu tardia e superficialmente alguma consistência a tal conexão, e na França, onde uma estrutura acadêmica extremamente rígida tende a perpetuar uma terminologia tradicional (como no caso da cadeira "dos homens atuais e dos homens fósseis" do Museu Nacional de História Natural; como se houvesse alguma relação significativa entre a estrutura anatômica dos homens fósseis e suas ferramentas, e como se a etnologia dos homens atuais envolvesse sua estrutura anatômica). Contudo, uma vez afastadas tais confusões, quando lemos o relatório geral, ficamos confusos diante de uma perturbadora profusão de termos que convém definir e limitar. Quais relações e quais diferenças há entre etnografia, etnologia e antropologia? O que se entende pela distinção (aparentemente embaraçosa para os relatores nacionais) entre antropologia social e antropologia cultural? E, finalmente, que relações tem a antropologia com disciplinas freqüentemente unidas a ela num mesmo departamento, como a sociologia, a ciência social, a geografia, às vezes até mesmo a arqueologia e a lingüística?

A resposta à primeira pergunta é relativamente simples. Todos os países parecem conceber a etnografia do mesmo modo. Ela corresponde aos primeiros estágios da investigação: observação e descrição, trabalho de campo (*fieldwork*). Uma monografia acerca de um grupo suficientemente pequeno para que o autor tenha conseguido acumular a maior parte de sua informação graças à sua experiência pessoal constitui o típico estudo etnográfico. Acrescentaremos apenas que a etnografia também inclui os métodos e técnicas relativos ao trabalho de campo, à classificação, à descrição e à análise de fenômenos culturais particulares (quer se trate de armas, instrumentos, crenças ou instituições). No caso de objetos materiais, tais operações costumam estender-se aos museus, que podem ser considerados, nesse sentido, como prolongamento do campo (ponto importante, ao qual voltaremos).

A etnologia representa, em relação à etnografia, um primeiro passo em direção à síntese. Sem excluir a observação direta, ela tende a conclusões suficientemente amplas para que seja difícil fundamentá-las exclusivamente num conhecimento de primeira mão. Tal síntese pode ser operada em três direções: geográfica, se se quiser integrar conhecimentos relativos a grupos vizinhos, histórica, se se visar a reconstituir o passado de uma ou várias populações, e, finalmente, sistemática, se for isolado, e examinado com especial atenção, um determinado tipo de técnica, de costume ou de instituição. É nesse sentido que o termo etnologia se aplica, por exemplo, ao Bureau of American Ethnology da Smithsonian Institution, à Zeitschrift für Ethnologie ou ao Institut d'Ethnologie da Universidade de Paris. Em todos os casos, a etnologia inclui a etnografia como procedimento prévio e constitui seu prolongamento.

Durante muito tempo e em vários países, considerou-se que essa dualidade bastava. Foi o que ocorreu especialmente onde as preocupações histórico-geográficas predominavam, e não se pensava que a síntese pudesse avançar para além da determinação das origens e dos centros de difusão. Outros países, como a França, também pararam por aí, mas pour outras razões: outras disciplinas, como a sociologia (no sentido francês do termo), a geografia humana, a história, por vezes até a filosofia, eram encarregadas do estágio posterior da síntese. Parecem ser estas as razões de o termo "antropologia", em vários países europeus, ter permanecido disponível, limitando-se, assim, à antropologia física.

Ao contrário, em todos os lugares onde encontramos os termos antropologia social ou cultural, estes estão ligados a uma segunda e última etapa da síntese, que tem por base as conclusões da etnografia e da etnologia. Nos países anglo-saxões, a antropologia visa a um conhecimento global do homem, considerando-o em toda a sua extensão geográfica e histórica, aspirando a um conhecimento aplicável ao conjunto do desenvolvimento humano desde, digamos, os hominídeos até as raças modernas, e tendendo a conclusões, positivas ou negativas, mas válidas para todas as sociedades humanas, desde uma grande cidade moderna até a menor das tribos melanésias. Nesse sentido, pode-se dizer que existe entre a antropologia e a etnologia a mesma relação que definimos acima entre esta última e a etnografia. Etnografia, etnologia e antropologia não constituem três disciplinas diferentes, ou três concepções diferentes das mesmas investigações. São, na verdade, três etapas ou três momentos de uma mesma pesquisa, e a preferência por um dos termos exprime apenas a predominância da atenção voltada para um tipo de pesquisa, que nunca pode excluir as duas outras.

Antropologia social e antropologia cultural

Se os termos "antropologia social" e "antropologia cultural" visassem unicamente a distinguir certos campos de estudo dos da antropologia física, não haveria problema algum. Mas a predileção da Grã-Bretanha pelo primeiro e dos Estados Unidos pelo segundo, bem como o esclarecimento dessa divergência no decorrer de uma recente polêmica entre o americano G. P. Murdock e o inglês R. Firth (1951: 465-89) mostram que a adoção de um dos dois termos corresponde a preocupações teóricas bem definidas. Em vários casos, a adoção de um deles (especialmente para designar uma cadeira na universidade) deveu-se, certamente, ao acaso. Parece inclusive que o termo "*social anthropology*" teria sido implantado na Inglaterra porque era preciso inventar um título para distinguir uma nova cadeira das demais, que haviam esgotado a terminologia tradicional. Se nos limitarmos ao sentido das palavras "cultural" e "social", a diferença também é pequena. A noção de "cultura" é de origem inglesa, já que devemos a Tylor sua primeira definição como "o todo complexo que inclui conhecimento, crença, arte, moral, lei, costume e qualquer outra capacidade e hábito adquirido pelo homem enquanto membro de [uma] sociedade" (Tylor 1871, v. 1: 1).[2] Diz respeito, portanto, às diferenças características que existem entre o homem e o animal, dando assim origem à oposição que se tornou clássica desde então, entre *natureza* e *cultura*.

2. Em inglês no original. [N.T.]

Nessa perspectiva, o homem aparece essencialmente como *homo faber* ou, como dizem os anglo-saxões, *tool-maker*. Costumes, crenças e instituições se apresentam como técnicas, entre outras, certamente de natureza mais propriamente intelectual, técnicas que estão a serviço da vida social e a tornam possível, assim como as técnicas agrícolas possibilitam a satisfação das necessidades de nutrição e as técnicas têxteis, a proteção contra as intempéries. A antropologia social se reduz ao estudo da organização social, capítulo essencial, mas capítulo apenas, dentre todos os que formam a antropologia cultural. Esse modo de apresentar a questão parece ser característico da ciência americana, pelo menos nas primeiras fases de seu desenvolvimento.

Não é certamente um acaso que o próprio termo "antropologia social" tenha aparecido, na Inglaterra, para designar a primeira cadeira ocupada por Sir J. G. Frazer, que se interessava muito pouco por técnicas, e mais por crenças, costumes e instituições. Mas foi A. R. Radcliffe-Brown que extraiu o significado profundo do termo, ao definir o objeto de suas próprias investigações como as *relações sociais* e a *estrutura social*. Aqui, já não é mais o *homo faber* que se encontra em primeiro plano, mas o grupo, e o grupo tomado enquanto grupo, isto é, o conjunto das formas de comunicação que fundam a vida social. Note-se que não há contradição alguma, nem mesmo oposição, entre as duas perspectivas. A melhor prova disso se encontra na evolução do pensamento sociológico francês, no qual, alguns anos apenas depois de Durkheim ter mostrado que era preciso estudar os fatos sociais *como coisas* (o que, em outra linguagem, é o ponto de vista da antropologia cultural), seu sobrinho e discípulo Mauss trazia, ao mesmo tempo que Malinowski, a visão complementar de que as coisas (objetos manufaturados, armas, instrumentos, objetos rituais) são em si mesmas *fatos sociais* (o que corresponde à perspectiva da antropologia social). Poder-se-ia dizer, portanto, que a antropologia cultural e a antropologia social cobrem exatamente o mesmo programa, uma partindo das técnicas e objetos para chegar à "supertécnica" que é a atividade social e política, que possibilita e condiciona a vida em sociedade, e a outra partindo da vida social, para descer até as coisas às quais ela imprime sua marca, e às atividades através das quais ela se manifesta. Ambas compreendem os mesmos capítulos, talvez dispostos em ordens diferentes, e com um número variável de páginas dedicado a cada um deles.

Entretanto, e ainda que se mantenha o paralelo, certas diferenças mais sutis se revelam. A antropologia social nasceu da descoberta de que todos os aspectos da vida social – econômico, técnico, político, jurídico, estético, religioso – constituem um conjunto significativo, e que é impossível compreender qualquer um deles sem situá-lo entre os demais. Conseqüentemente, ela tende a operar do todo em direção às partes ou, pelo menos, a dar prioridade lógica ao primeiro. Uma técnica não possui apenas um *valor utilitário*, também desempenha uma *função*, e esta, para ser compreendida, implica considerações sociológicas, e não unicamente históricas, geográficas, mecânicas ou físico-químicas. O conjunto das funções, por sua vez, invoca uma nova noção, a de *estrutura*, e sabemos a importância que a idéia de estrutura social assumiu nos estudos antropológicos contemporâneos.

Na verdade, a antropologia cultural chegaria, quase simultaneamente e por outras vias, a uma concepção análoga. Em lugar da perspectiva estática, apresentando o conjunto do grupo social como uma espécie de sistema ou de constelação, foi uma preocupação dinâmica – como a cultura é transmitida através das gerações – que a levou a uma conclusão idêntica, a saber, a de que o sistema de relações que une todos os aspectos da via social desempenha um papel mais importante, na transmissão da cultura, do que cada um desses aspectos tomado isoladamente. Desse modo, os estudos chamados de "cultura e personalidade" (cuja origem, na tradição da antropologia cultural, pode ser localizada já nas aulas de Franz Boas) iriam, por vias imprevistas, ao encontro dos de "estrutura social", derivados de Radcliffe-Brown e, por intermédio dele, de Durkheim. Quer se declare "social" ou "cultural", a antropologia sempre aspira ao conhecimento do *homem total*, considerado a partir de suas *produções* num caso, e de suas *representações*, no outro. Compreende-se, assim, que uma orientação "culturalista" aproxime a antropologia da geografia, da tecnologia e da pré-história, ao passo que a orientação "sociológica" gera para ela afinidades mais diretas com a arqueologia, a história e a psicologia.

Em ambos os casos, existe uma proximidade especial com a lingüística, já que a linguagem é ao mesmo tempo o *fato cultural* por excelência (que distingue os homens dos animais) e aquele por intermédio do qual todas as formas de vida social se criam e se perpetuam. Portanto, é lógico que as estruturas acadêmicas analisadas pelo relatório geral com muita freqüência prefiram, em vez de isolar a antropologia, situá-la "em constelação", por assim dizer, com uma ou várias das seguintes disciplinas:

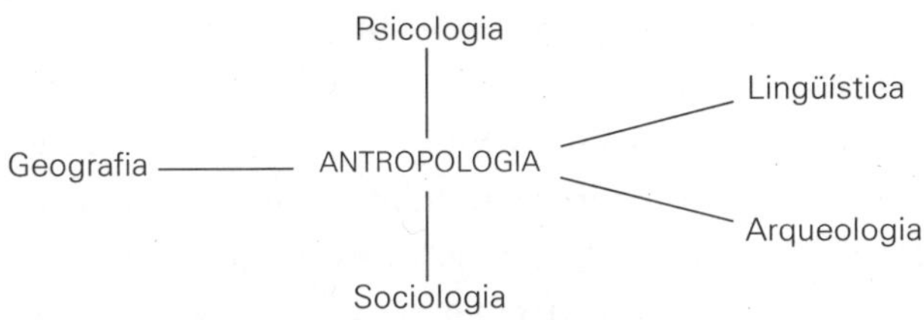

No esquema acima, as relações "horizontais" correspondem principalmente à perspectiva da antropologia cultural, as "verticais", à da antropologia social, e as diagonais, a ambas. Porém, além de tais perspectivas tenderem a se unir nos pesquisadores atuais, cabe lembrar que, mesmo nos casos extremos, trata-se apenas de uma diferença de ponto de vista, não de objeto. Diante disso, a questão da unificação dos termos perde muito de sua importância. Parece haver no mundo todo, atualmente, uma quase unanimidade em utilizar o termo "antropologia" em lugar de etnografia e de etnologia, como o mais apto a caracterizar o conjunto desses três momentos da investigação. É o que comprova um recente estudo comparativo.[3] Podemos, portanto, recomendar sem hesitação a adoção do termo "antropologia" nos títulos de departamentos, institutos ou escolas dedicados à pesquisa e ao ensino correspondentes. Mas deve-se parar por aí, pois as sempre fecundas diferenças em termos de temperamento e de preocupações, nos grandes mestres encarregados do ensino e da orientação das pesquisas, encontrarão nos qualificativos *social* e *cultural* a possibilidade de expressar suas particularidades.

3. S. Sergi 1944-47.

Antropologia e folclore

Algumas palavras acerca do folclore. Sem tentarmos resgatar aqui a história desse termo, bastante complexa, sabe-se que, de modo geral, ele designa as pesquisas que dizem respeito à sociedade do observador, mas lançam mão de métodos de investigação e técnicas de observação do mesmo tipo que os empregados para sociedades muito afastadas. Não é o caso de considerar aqui as razões disso. Entretanto, quer se explique pela natureza arcaica dos fatos estudados (afastados no tempo, portanto, se não no espaço),[4] quer pelo caráter coletivo e inconsciente de certas formas de atividade social e mental em qualquer sociedade, a nossa inclusive,[5] os estudos folclóricos indubitavelmente pertencem, pelo objeto ou pelo método (e certamente por ambos em conjunto), à antropologia. Em alguns países, notadamente os escandinavos, parece haver uma preferência por seu isolamento, mas isso se explica pelo fato de eles terem se colocado questões antropológicas relativamente tarde, e bastante cedo às questões relativas a sua tradição própria. Evoluíram, assim, do particular para o geral, ao passo que na França, por exemplo, prevaleceu a situação inversa: começou-se por preocupações teóricas quanto à natureza humana e progressivamente os fatos foram sendo levados em conta, para fundamentar ou restringir a especulação. A situação mais favorável é certamente aquela em que ambos os pontos de vista surgiram e se desenvolveram simultaneamente, como na Alemanha e nos países anglo-saxões (por razões diferentes em cada caso); é ela que explica o avanço histórico de que se beneficiaram os estudos antropológicos nesses países.

4. É assim que o Institut International d'Archéocivilisation, dirigido por Varagnac, aborda a questão.

5. Perspectiva do Laboratoire d'Ethnographie Française e do Musée National Français des Arts et Traditions Populaires.

Antropologia e ciências sociais

Uma conclusão pode ser tirada dessas considerações, que não se devem tomar como puramente teóricas: a de que a antropologia não pode, em nenhum caso, se desligar nem das ciências naturais e exatas (às quais está ligada pela antropologia física) nem das ciências humanas (às quais se conecta por todas as fibras tecidas pela geografia, pela arqueologia e pela lingüística). Se fosse obrigada a escolher, declarar-se-ia ciência social, mas não porque tal termo permitisse definir um campo separado, e sim, ao contrário, porque ele enfatiza uma característica que tende a ser compartilhada por todas as disciplinas, pois mesmo biólogos e físicos mostram-se atualmente cada vez mais conscientes das implicações sociais de suas descobertas ou, melhor dizendo, de seu *significado antropológico*. Já não basta ao homem conhecer. Ao conhecer cada vez mais, vê-se a si mesmo conhecedor, e o real objeto de sua investigação vai se tornando cada vez mais, a cada dia, o par indissolúvel formado por uma humanidade que transforma o mundo e que transforma a si mesma no decorrer de suas próprias operações.

Por isso, quando as ciências sociais reivindicam a criação de estruturas universitárias próprias, a antropologia de bom grado se associa a suas demandas, mas não completamente. Sabe que tal independência seria útil para o progresso da psicologia social, da ciência política e da sociologia, e para modificar pontos de vista do direito e da ciência econômica muitas vezes considerados demasiado conservadores. Não obstante, no que lhe diz respeito, a criação de faculdades de ciências sociais onde elas ainda não existem não resolveria seus problemas. Pois, se a antropologia se instalar em tais faculdades, sentir-se-á tão pouco à vontade quanto nas faculdades de ciências ou de letras. Na verdade, pertence aos três campos ao mesmo tempo e deseja que os três possuam representação equilibrada no ensino, para não ser ela mesma vítima de um desequilíbrio que decorreria da impossibilidade de fazer valer sua tripla pertinência. Para a antropologia, a fórmula do instituto, ou de escola, que congregue numa síntese original os ensinamentos que são ministrados nas três faculdades, em torno de seus próprios ensinamentos, fornece a única solução satisfatória.

É a sina das jovens ciências se inserirem com dificuldade nos esquemas estabelecidos. E nunca é demais lembrar que a antropologia é, de longe, a mais jovem dentre as ciências jovens que são as ciências sociais, e que as soluções globais que convêm às suas antecessoras já se lhe apresentam com um caráter tradicional. Ela, por assim dizer, tem os pés nas ciências naturais, apoiou-se nas ciências humanas e olha em direção às ciências sociais. Já que, nesse volume inteiramente consagrado às últimas, é esse relatório que cabe principalmente analisar, para daí tirar as conclusões práticas indispensáveis, peço licença para considerá-lo mais atentamente.

O equívoco que domina as relações entre antropologia e sociologia, um equívoco a que aludem com freqüência os documentos reunidos nesse volume,[6] se deve primordialmente à ambigüidade que caracteriza o atual estado da própria sociologia. Seu nome a designa como ciência da sociedade por excelência, a que encabeça – ou na qual se resumem – todas as demais ciências sociais. Porém, desde o fracasso das grandes ambições da escola durkheimiana ela já não é isso, na verdade, em lugar algum. Em certos países, sobretudo da Europa continental e também da América Latina, a sociologia se inscreve na tradição de uma filosofia social em que o conhecimento (sempre de segunda ou terceira mão) de investigações concretas realizadas por outrem serve apenas para embasar especulações. Nos países anglo-saxões (cujo ponto de vista se expande progressivamente na América Latina e nos países asiáticos), ao contrário, ela se torna uma disciplina especial, inserida no mesmo plano das demais ciências sociais. Estuda as relações sociais em grupos contemporâneos com uma base largamente experimental, e só se distingue em aparência da antropologia, tanto por seus métodos quanto por seu objeto; a não ser talvez pelo fato de este último (aglomerações urbanas, organizações agrícolas, estados nacionais e as comunidades que os formam, a própria sociedade internacional) ser de outra ordem de grandeza, e mais complexo, do que as sociedades ditas primitivas.

6. Lembro que não se trata deste volume, mas daquele no qual esse estudo se encontrava originalmente.

Porém, como a antropologia tende a se interessar cada vez mais por essas formas complexas, percebe-se dificilmente qual seria a verdadeira diferença entre elas.

Contudo, o fato é que a sociologia permanece, em todos os casos, estreitamente ligada ao observador. Isso fica claro em nosso último exemplo, já que a sociologia urbana, rural, religiosa, ocupacional etc. escolhe como objeto a sociedade do observador ou outra do mesmo tipo. Tal atitude não é, entretanto, menos real no outro exemplo, o da sociologia de síntese, ou de tendência filosófica. Neste caso, o especialista amplia sua investigação, incorporando porções mais vastas da experiência humana, e pode até buscar interpretar esta última em sua totalidade. Seu objeto deixa de ser limitado ao observador, mas é sempre *do ponto de vista do observador* que se procura ampliá-lo. Em seu esforço por atingir interpretações e significados, é *sua própria sociedade* que ele busca, primordialmente, explicar; são suas próprias categorias lógicas, suas próprias perspectivas históricas que ele aplica ao conjunto. Uma teoria geral da sociedade elaborada por um sociólogo francês do século XX será sempre, e com toda a legitimidade (pois a presente tentativa de distinção não implica nenhuma crítica de nossa parte), obra de um sociólogo francês do século XX. Ao passo que o antropólogo, diante da mesma tarefa, irá esforçar-se, voluntária e conscientemente (e nada garante que o consiga), por formular um sistema aceitável tanto para o indígena mais remoto quanto para seus próprios concidadãos ou contemporâneos.

Enquanto a sociologia trata de fazer a ciência social do observador, a antropologia busca elaborar a ciência social do observado, não só quando visa a atingir, em sua descrição das sociedades exóticas e afastadas, o ponto de vista do próprio indígena, como quando amplia seu objeto até incluir a sociedade do observador, mas, nesse caso, tentando extrair um sistema de referência fundado na experiência etnográfica que seja independente ao mesmo tempo do observador e de seu objeto.

Compreende-se assim por que a sociologia pode ser considerada (sempre de direito) ora como um *caso particular* da antropologia (como tende a ocorrer nos Estados Unidos), ora como uma disciplina situada no topo da hierarquia das ciências sociais. Pois ela também constitui, sem dúvida, um *caso privilegiado*, pela razão, bem conhecida na história da geometria, de que a adoção do ponto de vista do observador permite extrair propriedades aparentemente mais rigorosas, e certamente de aplicação mais cômoda, do que as que estão envolvidas numa ampliação da perspectiva a outros observadores possíveis. A geometria euclidiana pode, assim, ser considerada um caso privilegiado de uma metageometria que incluiria igualmente a consideração dos espaços diferentemente estruturados.

Missões próprias à antropologia

Interrompendo novamente estas considerações para fazer um balanço, perguntemo-nos como pode ser concebida, nesse estágio da análise, a mensagem própria da antropologia, aquela que a organização de seu ensino deve permitir-lhe transmitir nas melhores condições.

OBJETIVIDADE

A ambição primeira da antropologia é atingir a objetividade, inculcar o gosto por ela e ensinar seus métodos. É preciso, entretanto, precisar essa noção de objetividade. Não se trata apenas de uma objetividade que permita a quem a pratica abstrair suas próprias crenças, preferências e idéias preconcebidas, pois tal objetividade caracteriza todas as ciências sociais, que de outro modo não poderiam pretender ao título de ciência. O que indicamos nos parágrafos acima mostra que o tipo de objetividade que a antropologia pretende vai mais longe. Não se trata de colocar-se acima apenas dos valores próprios à sociedade ou ao grupo do observador, mas de seus *métodos de pensamento*, de atingir uma formulação válida não apenas para um observador honesto e objetivo, mas para todo observador possível. O antropólogo faz mais do que calar seus sentimentos, fabrica novas categorias mentais, contribui na introdução de noções de espaço e de tempo, de oposição e de contradição, tão estranhas ao pensamento tradicional quanto as que encontramos atualmente em certos ramos das ciências naturais. Tal relação entre o modo como os mesmos problemas são colocados em disciplinas aparentemente tão afastadas foi admiravelmente percebido por Niels Bohr, que afirma: "as diferenças tradicionais entre (as culturas humanas) [...] se assemelham em vários aspectos aos diversos modos equivalentes em que a experiência física pode ser descrita" (Bohr 1939).[7]

Não obstante, essa busca intransigente por uma objetividade total só pode ser conduzida num nível em que os fenômenos conservam uma significação humana e permanecem compreensíveis – intelectual e sentimentalmente – para uma consciência individual. Esse é um ponto muito importante, pois permite distinguir o tipo de objetividade a que aspira a antropologia daquele que concerne às demais ciências sociais. Pode-se legitimamente dizer que este último não é menos rigoroso do que o dela, embora se situe em outro plano. As realidades almejadas pela ciência econômica e pela demografia não são menos objetivas, mas não se pretende que tenham sentido no plano da experiência vivida do sujeito, que em seu devir histórico jamais encontra objetos tais como o valor, a rentabilidade, a produtividade marginal ou a população máxima. Essas são noções abstratas, cuja utilização pelas ciências sociais também permite uma aproximação em relação às ciências exatas e naturais, porém de um modo totalmente outro, pois, desse ponto de vista, a antropologia se aproxima mais das ciências humanas. Quer-se *ciência semiológica*, situa-se decididamente no nível da significação. Razão a mais (ao lado de muitas outras) para que a antropologia mantenha um contato próximo com a lingüística, na qual se encontra essa mesma preocupação em relação ao fato social que é a linguagem, de não desligar as bases objetivas da língua – seu aspecto *som* – de sua função significante – o aspecto *sentido*.[8]

7. Em inglês no original. [N.T.]

8. Essas linhas tinham acabado de ser escritas quando encontramos opiniões bastante semelhantes na obra de um filósofo contemporâneo. Criticando uma sociologia antiquada, Jean-Paul Sartre acrescenta: "A sociologia dos primitivos nunca pode ser acusada disso. O que nela se estuda são verdadeiros *conjuntos significantes*" (Sartre 1952: 729, nota 1).

TOTALIDADE

A segunda ambição da antropologia é a *totalidade*. Ela vê, na vida social, um sistema cujos aspectos estão organicamente ligados. Reconhece freqüentemente que, para aprofundar o conhecimento de certos tipos de fenômeno, é indispensável desmembrar um sistema, como fazem psicólogos sociais, juristas, economistas e cientistas políticos. E se interessa demais pelo método dos modelos (que ela mesma pratica em certos campos, como o parentesco) para não admitir a legitimidade de tais modelos específicos.

Mas, quando busca construir modelos, a antropologia sempre tem por objetivo, e como segunda intenção, descobrir uma *forma comum* às diversas manifestações da vida social. Tal tendência se encontra tanto por detrás da noção de *fato social total*, introduzida por Marcel Mauss, como na de *pattern*, cuja crescente importância na antropologia anglo-saxã, nos últimos anos, é bem conhecida.

SIGNIFICAÇÃO

A terceira originalidade da pesquisa antropológica é mais difícil de definir e, certamente, mais importante do que as duas outras. É tão arraigado o hábito de distinguir por características negativas os tipos de sociedade com que lidam os antropólogos que se tem dificuldade em perceber que sua predileção possui razões positivas. Diz-se comumente (e o próprio nome das cadeiras afirma) que o campo da antropologia são as sociedades *não* civilizadas, *sem* escrita, *pré* ou *não* mecânicas. Todos esses qualificativos encobrem, porém, uma realidade positiva: tais sociedades se fundam em relações pessoais, elos concretos entre indivíduos, num grau muito mais acentuado do que as demais. Seria preciso justificar longamente essa afirmação, mas, sem entrar aqui em detalhes, apenas ressaltaremos que o baixo contingente das sociedades chamadas "primitivas" (por aplicação de mais um critério negativo) geralmente possibilita tais relações, e que mesmo nos casos em que essas sociedades são muito extensas ou dispersas, as relações entre indivíduos os mais afastados um do outro são construídas com base nas relações mais diretas, cujo modelo é muitas vezes o parentesco. Radcliffe-Brown forneceu exemplos dessas extensões, para a Austrália, que hoje são clássicos.

O critério da autenticidade

Nesse aspecto, são as sociedades do homem moderno que deveriam ser definidas pelo negativo. Nossas relações com outrem já não são mais – a não ser de modo ocasional e parcial – fundadas na experiência global, na apreensão concreta de um sujeito por outro. Resultam, em larga medida, de reconstruções indiretas, por intermédio de documentos escritos. Já não estamos ligados ao nosso passado por uma tradição oral, que implica contato vivido com pessoas – narradores, sacerdotes, sábios ou anciãos –, e sim por livros amontoados em bibliotecas, cujos rostos de autores os críticos se empenham – e com que dificuldade – em reconstituir. No plano do presente, nos comunicamos com a imensa maioria de nossos contemporâneos através de uma série de intermediários de todos os tipos – documentos escritos, mecanismos administrativos – que sem dúvida ampliam imensamente nossos contatos, mas ao mesmo tempo lhes dão um caráter de inautenticidade que se tornou a marca registrada das relações entre o cidadão e os poderes constituídos.

Não pretendemos mergulhar no paradoxo e definir de modo puramente negativo a imensa revolução introduzida pela invenção da escrita. Mas é indispensável nos darmos conta de que ela retirou da humanidade algo de essencial, ao mesmo tempo que lhe trazia tantos benefícios.[9] Até o presente, tem incrivelmente faltado às organizações internacionais, particularmente à Unesco, uma justa apreciação da perda de autonomia que resultou da expansão das formas indiretas de comunicação (livro, fotografia, imprensa, rádio etc.). Todavia, ela se evidencia em primeiro plano nas preocupações dos teóricos da mais moderna das ciências sociais, a da comunicação, como se vê no seguinte trecho da

9. Ver, a esse respeito, Lévi-Strauss 1955a, cap. XXVIII.

Cibernética de Wiener: "Não espanta que as comunidades maiores [...] contenham muito menos informação disponível do que as comunidades menores, para não mencionar os elementos humanos de que são feitas todas as comunidades".[10] Passando para um campo mais familiar às ciências sociais, os bem conhecidos debates da ciência política francesa, entre partidários do escrutínio de lista e do escrutínio de bairro, evidenciam, confusamente, que a ciência das comunicações decerto ajudaria a precisar essa perda de informação que resulta, para o grupo, da substituição do contato pessoal entre os eleitores e seus representantes por valores abstratos.

É evidente que as sociedades modernas não são inteiramente inautênticas. Se considerarmos atentamente os pontos de inserção da pesquisa antropológica, constataremos, ao contrário, que conforme foi se interessando mais e mais pelo estudo das sociedades modernas, a antropologia buscou localizar e isolar nelas *níveis de autenticidade*. O que permite que um antropólogo se sinta em terreno conhecido quando estuda um vilarejo, uma empresa ou uma "vizinhança" de cidade grande (*neighbourhood*, como dizem os anglo-saxões) é o fato de todo mundo ali conhecer todo mundo, ou quase. Do mesmo modo, quando os demógrafos reconhecem a existência, numa sociedade moderna, de isolados da mesma ordem de grandeza do que os que caracterizam as sociedades primitivas,[11] estendem a mão aos antropólogos, que aí descobrem um novo objeto. As pesquisas sobre as comunidades, realizadas na França sob os auspícios da Unesco, foram muito reveladoras nesse sentido: os pesquisadores (alguns dos quais com formação em antropologia) se sentiram à vontade em vilarejos de quinhentos habitantes, cujo estudo não exigia nenhuma modificação em seus métodos clássicos, na mesma medida em que, em cidades medianas, tiveram a sensação de ver-se diante de um objeto irredutível. Por quê? Porque trinta mil pessoas não podem constituir uma sociedade do mesmo modo que quinhentas. No primeiro caso, a comunicação não

10. Em inglês no original [N.T.]. Wiener 1948: 188-89; em termos gerais, as páginas 181-89 mereceriam ser transcritas na íntegra na carta da Unesco.

11. Sutter & Tabah 1951.

se faz basicamente entre pessoas, ou com base na comunicação interpessoal. A realidade social dos "emissores" e "receptores" (para usar a linguagem da teoria da comunicação) desaparece por detrás da complexidade dos "códigos" e "transmissores".[12]

O futuro com certeza há de reconhecer que a mais importante contribuição da antropologia às ciências sociais foi ter introduzido (inconscientemente, aliás) essa distinção capital entre duas modalidades de existência social: um modo de vida percebido originariamente como tradicional e arcaico, que é basicamente o das sociedades autênticas, e formas surgidas em tempos mais recentes, nas quais o primeiro tipo não deixa de estar presente, mas nas quais os grupos imperfeita e incompletamente autênticos estão organizados no interior de um sistema mais vasto, marcado pela inautenticidade.

Essa distinção, que explica e gera o crescente interesse da antropologia pelos modos de relação autênticos que subsistem ou aparecem nas sociedades modernas, ao mesmo tempo mostra os limites de sua prospecção. Se é verdade que uma tribo melanésia e um vilarejo francês são, *grosso modo*, entidades sociais do mesmo tipo, isso deixa de ser verdade quando se extrapola para unidades mais vastas. De onde o erro dos promotores de estudos de caráter nacional quando querem trabalhar apenas como antropólogos; confundindo inconscientemente formas irredutíveis de vida social, eles só podem chegar a dois resultados: ou validar os piores preconceitos ou reificar as mais ocas abstrações.

A organização dos estudos antropológicos

Diante do exposto, percebe-se o estranho cruzamento de disciplinas em que a antropologia se encontra atualmente. Para resolver o problema da objetividade, que lhe é imposto pela necessidade de uma linguagem comum para traduzir experiências sociais heterogêneas, a antropologia começa a voltar-se para as matemáticas e a lógica simbólica. Nosso

12. Ver a esse respeito Wiener 1950.

vocabulário corrente, produto de nossas próprias categorias sociais, é de fato insuficiente para formular experiências sociológicas muito diferentes. É preciso recorrer aos símbolos, como fazem os físicos quando querem expressar o que há de comum, por exemplo, entre a teoria corpuscular e a teoria ondulatória da luz. Na linguagem corrente, as duas concepções são contraditórias, mas como, para a ciência, uma é tão "real" quanto a outra, é preciso recorrer a sistemas de signos de um novo tipo para poder passar de uma a outra.[13]

Ciência "semiológica" em segundo lugar, é para a lingüística que ela se volta, por duas razões. Primeiro, porque só o conhecimento da língua permite penetrar um sistema de categorias lógicas e de valores morais diferentes do do observador. Além disso, porque a lingüística é mais capaz do que qualquer outra ciência de indicar os meios de passar da consideração de elementos que em si são desprovidos de significado para a de um sistema semântico, e de mostrar como este pode ser construído com aqueles, questão que é, talvez primordialmente, a da linguagem, mas depois dela e através dela, a da cultura como um todo.

Em terceiro lugar, a antropologia, sensível às inter-relações entre os diversos tipos de fenômenos sociais, sempre considera simultaneamente seus aspectos econômico, jurídico, político, moral, estético e religioso. Mantém-se, portanto, atenta aos desenvolvimentos das outras ciências sociais, e principalmente as que compartilham com ela a perspectiva total, ou seja, a geografia humana, a história social e econômica e a sociologia.

E, finalmente, ao dedicar-se sobretudo às formas de vida social (de que as sociedades primitivas são apenas os exemplos mais fáceis de isolar e as realizações mais desenvolvidas) definidas por uma autenticidade que pode ser medida pela extensão e a riqueza das relações concretas entre os indivíduos, é da psicologia (geral e social) que a antropologia, desse ponto de vista, sente que está mais próxima.

13. O leitor interessado em aprofundar essas inesperadas analogias entre as ciências sociais e as ciências exatas e naturais poderá consultar o belo livro de Pierre Auger, *L'Homme microscopique* (1952).

Não se trata de esmagar os alunos sob a enorme massa de conhecimentos que demandaria a satisfação integral de todas essas exigências. Um certo número de conseqüências práticas decorre, contudo, da consciência dessa complexidade.

1) A antropologia tornou-se uma disciplina demasiado diversificada e técnica para que se possa recomendar-lhe o ensino restrito a um ano, geralmente intitulado "introdução à antropologia" (ou outra fórmula do gênero), que costuma consistir em vagos comentários acerca da organização clânica, da poligamia e do totemismo. Seria especialmente perigoso imaginar que com tais noções superficiais se podem de algum modo preparar para seu papel jovens – missionários, administradores, diplomatas, militares etc. – cujo destino é viver em contato com populações muito diferentes da sua. Uma introdução à antropologia não faz um antropólogo, mesmo amador, tanto quanto uma introdução à física não pode fazer um físico, nem mesmo um auxiliar de físico.

Os antropólogos têm, nesse sentido, pesadas responsabilidades. Por muito tempo ignorados e desprezados, muitas vezes se sentem lisonjeados quando se pensa em pedir-lhes uma pincelada de antropologia para completar uma formação técnica. Devem resistir a essa sedução com todas as suas forças. Não se trata, evidentemente – sobretudo depois do que acaba de ser dito –, de transformar todo mundo em antropólogo. Mas se médicos, juristas ou missionários têm de ter alguma noção de antropologia, deve ser por meio de uma formação muito técnica e muito aprofundada, nos capítulos da investigação antropológica que se referem diretamente ao exercício de sua profissão e à região do mundo em que se dispõem a exercê-la.

2) Qualquer que seja o número dos cursos previstos, não se podem formar antropólogos em um ano. Para um ensino completo, absorvendo o aluno em tempo integral, o mínimo parece ser de três anos, e tal mínimo deveria ser prolongado, para determinadas qualificações profissionais, a quatro ou cinco anos. Portanto, parece ser indispensável que a antropologia deixe de ser, em todas as universidades, relegada à categoria de conhecimento acessório. Diplomas de antropologia devem reconhecer, até os mais altos graus universitários, estudos exclusiva e integralmente antropológicos.

3) Mesmo prolongado, o conjunto das matérias abarcadas pela antropologia é complexo demais para não exigir uma especialização. Naturalmente, existe uma formação comum, que todos os antropólogos poderiam obter durante seu primeiro ano de estudos, e que lhes permitiria escolher sua especialização posterior em pleno conhecimento de causa. Não se pretende aqui propor um programa rígido, e é fácil ver quais seriam essas matérias: elementos de antropologia física, social e cultural, pré-história, história das teorias etnológicas e lingüística geral.

A partir do segundo ano, deveria começar uma especialização por matéria: a) antropologia física, acompanhada de anatomia comparada, biologia e fisiologia; b) antropologia social, com história econômica e social, psicologia social e lingüística; c) antropologia cultural, com tecnologia, geografia e pré-história.

No terceiro ano (talvez desde o segundo), essa especialização sistemática seria acompanhada por uma especialização regional, que compreenderia, além da pré-história, da arqueologia e da geografia, a aprendizagem aprofundada de uma ou várias línguas da parte do mundo escolhida pelo investigador.

4) O estudo da antropologia, geral ou regional, sempre implica muita leitura. Pensamos menos nos manuais (que podem completar, mas jamais substituir o ensino oral) ou nas obras teóricas (que não é indispensável abordar antes dos últimos anos de formação), e mais nas monografias, isto é, os livros por intermédio dos quais o estudante é levado a reviver uma experiência vivida de campo, e graças aos quais consegue acumular uma massa considerável de conhecimento indispensável para lhe dar a bagagem intelectual exigida e alertá-lo contra generalizações e simplificações apressadas.

Durante toda a duração dos estudos, conseqüentemente, os cursos e aulas práticas deverão ser completados por leituras obrigatórias, num ritmo de alguns milhares de páginas por ano, controladas por diversos procedimentos pedagógicos (resumos escritos, apresentações orais etc.), que não podemos detalhar aqui. O resultado disso é: a) todo instituto ou escola de antropologia deve possuir uma biblioteca considerável, na qual haja dois ou três exemplares de várias obras; b) em nossos dias, todo estudante deve possuir, desde o início, conhecimento suficiente de pelo menos uma língua estrangeira, escolhida entre as que são mais comumente utilizadas na produção antropológica dos últimos anos.

Na verdade, hesitamos em recomendar uma política de traduções sistemáticas, pois o vocabulário técnico da antropologia se encontra atualmente num estado de completa anarquia. Cada autor tende a empregar uma terminologia própria e o sentido dos principais termos não está fixado. Pode-se assim apostar que um país desprovido de produção antropológica importante na língua nacional tampouco possua tradutores especializados, capazes de preservar o sentido exato dos termos e as nuances de pensamento de um autor estrangeiro. Quanto a isso, cabe insistir junto à Unesco para que ponha em execução seu projeto de vocabulários científicos internacionais, cuja realização talvez nos permita ser menos intransigentes.

Finalmente, é muito desejável que os estabelecimentos de ensino utilizem como meios de difusão projeções de imagens, documentários, gravações lingüísticas ou musicais. Várias criações recentes, entre as quais se destaca a de um centro internacional do filme documentário etnográfico, decidida pelo penúltimo congresso da União Internacional das Ciências Antropológicas e Etnológicas (Viena 1952), são bastante promissoras para o futuro.

5) Conviria que os três anos de formação teórica fossem seguidos por um ou dois anos de estágio, pelo menos para aqueles que se destinem a uma profissão antropológica (ensino ou pesquisa). Nesse ponto despontam, a bem dizer, problemas de extrema complexidade.

Ensino e pesquisa

FORMAÇÃO DE PROFESSORES

Começaremos pelo caso dos futuros professores de antropologia. Para além da questão dos títulos universitários exigidos para a docência (em geral, doutorado ou trabalho de nível equivalente), ninguém deveria pretender ensinar antropologia sem ter realizado ao menos uma pesquisa considerável de campo. Forneceremos mais adiante a justificativa teórica dessa exigência, que pode parecer exorbitante, mas não é. Convém acabar, de uma vez por todas, com a ilusão de que se pode ensinar a antropologia no gabinete, com o auxílio de uma edição completa (mais comumente, uma reduzida) do *Ramo de ouro* ou outras compilações, quaisquer que sejam seus méritos intrínsecos. Aos que porventura invocassem, contra essa cláusula, o caso de especialistas ilustres que jamais foram a campo (afinal, Sir James Frazer respondia aos que lhe faziam essa pergunta: "Deus me livre!"...), lembraremos que Lévy-Bruhl, por exemplo, jamais ocupou uma cadeira de antropologia ou com título equivalente (não existia nenhuma nas universidades francesas em sua época), e sim uma cadeira de filosofia. Nada impede que, no futuro, sejam atribuídas a teóricos puros cadeiras pertencentes a disciplinas vizinhas da antropologia, como história das religiões, sociologia comparada ou outras. Mas o ensino da antropologia deve ser reservado às *testemunhas*. Tal atitude nada tem de audaciosa. Na verdade, é respeitada de fato (embora nem sempre de direito) em todos os países em que a antropologia atingiu certo desenvolvimento.

FORMAÇÃO DE PESQUISADORES

A questão dos futuros membros da profissão antropológica, isto é, pesquisadores, é mais delicada.[14] Não estaríamos diante de um círculo vicioso ao pedir-lhes que tenham realizado pesquisa antes mesmo de estarem qualificados, em termos universitários, para fazê-lo? Nesse ponto, vale retomar as considerações feitas nas páginas anteriores, para tentar esclarecer a situação muito particular em que a antropologia se encontra.

Descrevemos acima, como especificidade sua e seu maior mérito, o fato de ela buscar isolar, em todas as formas de vida social, o que

14. Será de grande interesse para o leitor consultar, quanto a essas questões, o número especial de *American Anthropologist*, consagrado ao simpósio "The Training of the Professional Anthropologist" (v. 54, nº 3, 1952). Os problemas que consideramos aqui são ali discutidos do ponto de vista da situação norte-americana.

chamamos de *níveis de autenticidade*, isto é, ou sociedades completas (que se encontram com maior freqüência entre as "primitivas") ou modos de atividade social (isoláveis, mesmo no seio de sociedades modernas ou "civilizadas"), que se definam, todos, por uma densidade psicológica particular, e nos quais as relações interpessoais e o sistema de relações sociais se integram, para formar um todo. Uma conseqüência decorre imediatamente dessas especificidades: tais formas de vida social nunca são cognoscíveis apenas de fora. Para apreendê-las, é preciso que o pesquisador consiga reconstituir em seus próprios termos a síntese que as caracteriza, isto é, que não se contente em analisá-las em elementos, para assimilá-los em sua totalidade, na forma de uma experiência pessoal, a sua.

Percebe-se, assim, que é por uma razão profunda, ligada à própria natureza da disciplina e ao caráter distintivo de seu objeto, que o antropólogo precisa da experiência do campo. Para ele, ela não é nem um objetivo de sua profissão nem um aperfeiçoamento de sua cultura, nem uma aprendizagem técnica. Ela representa um momento crucial de sua educação, antes do qual ele pode possuir conhecimentos esparsos, que nunca formam um todo, e somente depois do qual esses conhecimentos irão "aglutinar-se" num conjunto orgânico e adquirir repentinamente um sentido que antes lhes faltava. A situação apresenta diversas analogias com a da psicanálise, na qual é hoje unânime o princípio de que a prática da profissão de analista requer uma experiência específica e insubstituível, a da própria análise. Por isso, todos os regulamentos exigem que o futuro analista tenha sido ele mesmo analisado. Para o antropólogo, a prática do campo constitui o equivalente dessa experiência única; como no caso da psicanálise, a experiência pode ou não ser bem-sucedida, e nenhum exame ou concurso permite determinar de qual caso se trata. Apenas a opinião de membros experientes da profissão, cuja obra comprova que passaram eles mesmos por esse marco com sucesso, pode decidir se e quando um candidato à profissão de antropólogo terá realizado em campo a revolução interior que fará dele, realmente, um novo homem.

Várias conseqüências decorrem daí.

O papel dos museus de antropologia

Em primeiro lugar, a prática da profissão de antropólogo, que é repleta de perigos, já que implica o contato entre um corpo estrangeiro – o pesquisador – com um meio que sua constituição interna e sua situação no mundo tornam particularmente instável e frágil, exige uma qualificação prévia, que só pode ser obtida no campo.

Em segundo lugar, essa situação, teoricamente contraditória, corresponde de perto a dois modelos existentes, o da psicanálise, como acabamos de constatar, e o dos estudos médicos em geral, em que a residência introduz, justamente, ao aprendizado do diagnóstico pela prática do próprio diagnóstico.

Em terceiro lugar, os dois modelos que acabam de ser lembrados mostram que o sucesso só pode ser obtido por um contato pessoal com um mestre, contato suficientemente íntimo e prolongado para introduzir no processo de estudo um inevitável elemento de arbitrariedade, o "patrono" nos estudos de medicina e o analista "de controle" nos estudos de psicanálise. Tal elemento de arbitrariedade pode ser limitado por vários procedimentos que é impossível examinar aqui, mas não vemos como se poderia eliminá-lo completamente em antropologia, onde alguém mais experiente tem de assumir pessoalmente a responsabilidade pela formação do jovem pesquisador. O contato próximo com uma pessoa que já passou ela mesma por uma transmutação psicológica é ao mesmo tempo um meio, para o aluno, de atingi-la mais rapidamente e, para o professor, de verificar se e quando seu discípulo a atingiu.

Vejamos agora quais seriam os meios práticos de garantir ao futuro pesquisador ter uma experiência de campo "controlada". Aparentemente, existem três delas:

ATIVIDADES PRÁTICAS

Pensamos em atividades práticas sob a direção dos professores encarregados dos últimos anos de ensino, ou de assistentes. Esta não chega a ser uma boa solução. Não a desaconselhamos a instituições jovens, ou a países que não dispõem da estrutura apropriada, mas devemos ressaltar-lhe o caráter provisório. As atividades práticas, acessórias em relação ao ensino, sempre tendem a ser vistas como obrigações desagradáveis ou como pretextos. Três semanas infelizes passadas num vilarejo ou numa empresa não são capazes de desencadear a revolução psicológica que marca um momento decisivo na formação do antropólogo, nem mesmo de fornecer uma vaga idéia dela ao estudante. Tais estágios apressados são às vezes nefastos, na medida em que só permitem os procedimentos de investigação mais sumários ou superficiais. Podem, assim, vir a constituir uma *antiformação*. Por mais útil que o escotismo possa ser para a educação das crianças, não se deve confundir a formação profissional, no nível do ensino superior, com formas, ainda que superiores, de atividade dirigida.

ESTÁGIOS EXTERIORES

Poder-se-ia então pensar na possibilidade de estágios mais longos em institutos, instituições ou estabelecimentos que, embora não apresentem um caráter especificamente antropológico, funcionem no nível das relações interpessoais e das situações globais em que situamos o campo próprio da antropologia, como, por exemplo, administrações municipais, serviços sociais, centros de orientação profissional etc. Em relação à anterior, essa solução apresenta a enorme vantagem de não apelar para experiências simuladas. Em compensação, possui o inconveniente de colocar os estudantes sob o controle e a responsabilidade de chefes sem formação antropológica, ou seja, incapazes de perceber o alcance teórico das experiências cotidianas. Trata-se, portanto, mais de uma solução para o futuro, que terá validade apenas quando, uma vez reconhecido o alcance geral da formação em antropologia, uma quantidade considerável de antropólogos se encontrar nos estabelecimentos ou serviços desse tipo.

OS MUSEUS DE ANTROPOLOGIA

No início deste estudo, já aludimos ao papel dos museus de antropologia como prolongamentos do campo. De fato, o contato com os objetos, a humildade inculcada aos museógrafos por todas as pequenas tarefas que estão na base de sua profissão – como a desembalagem, a limpeza, a manutenção –, o profundo senso do concreto desenvolvido por esse trabalho de classificação, identificação e análise das peças da coleção, a comunicação com o meio indígena, estabelecida indiretamente por intermédio de instrumentos que é preciso saber manejar para conhecer, e que possuem além disso uma textura, uma forma, muitas vezes até um cheiro, cuja apreensão sensível, milhares de vezes repetida, cria uma familiaridade inconsciente com modos de vida e de atividade remotos e, por fim, o respeito pela diversidade das manifestações do gênio humano, que fatalmente resulta de tantos e incessantes testes para o gosto, a inteligência e o saber, a que objetos aparentemente os mais insignificantes submetem todos os dias os museógrafos, tudo isso constitui uma experiência de uma riqueza e de uma densidade que não devem jamais ser subestimadas.

Tais considerações explicam por que o Insitut d'Ethnologie da Universidade de Paris valoriza tanto a hospitalidade que recebe do Museu do Homem. E também por que o relatório americano sugere, como situação normal, que tende a se generalizar cada vez mais nos Estados Unidos, que todo departamento de antropologia seja acompanhado, dentro da mesma universidade, por um museu de dimensões medianas. Mas parece-nos que é possível fazer mais e melhor nesse sentido.

Durante muito tempo, os museus de antropologia foram concebidos à imagem de outros estabelecimentos do mesmo tipo, isto é, como um conjunto de galerias em que são conservados objetos, coisas, documentos inertes e de certo modo fossilizados atrás das vitrines, completamente desligados das sociedades que os produziram, em que o único elo entre elas e o museu são as missões intermitentes, enviadas a campo para reunir coleções, testemunhas mudas de modos de vida, ao mesmo tempo estranhos ao visitante e para ele inacessíveis.

Ora, a evolução da antropologia como ciência e as transformações do mundo moderno impelem para uma modificação desse conceito por duas vias. Como mostramos acima, a antropologia se conscientiza cada vez mais de seu verdadeiro objeto, constituído por certas modalidades da existência social do homem, talvez mais facilmente reconhecíveis e mais rapidamente isoláveis em sociedades muito diferentes da do observador, mas que também existem nela. À medida que vai aprofundando sua reflexão acerca do próprio objeto, e refina seus métodos, sente-se cada vez mais *going back home*, como diriam os anglo-saxões. Apesar de exibir formas muito diversas e dificilmente identificáveis, essa tendência não deve ser considerada característica da antropologia americana. Na França e na Índia, os estudos de comunidade conduzidos com o auxílio da Unesco foram dirigidos pelo Museu do Homem de Paris e pelo Museu Antropológico de Calcutá. Ao lado do Museu das Artes e Tradições Populares existe um laboratório de etnografia francesa, e é o Museu do Homem que abriga o Laboratório de Etnografia Social, dedicado, em que pesem seu título e seu domicílio, não à sociologia melanésia ou africana, mas à da região parisiense. Em nenhum desses casos, é evidente, trata-se exclusivamente de recolher objetos, mas também, e sobretudo, de compreender homens; e muito menos de arquivar vestígios ressecados como se faz em herbários, do que de descrever e analisar formas de existência das quais o observador participa de modo mais próximo.

A mesma tendência se manifesta na antropologia física, que já não se contenta, como no passado, em juntar medições e ossadas para estudar os fenômenos raciais em indivíduos vivos, levando em conta as partes moles tanto quanto o esqueleto, e a atividade fisiológica tanto ou mais que a simples estrutura anatômica. Preocupa-se, portanto, principalmente com os processos atuais de diferenciação em todos os representantes da espécie humana, em vez de se limitar a recolher seus resultados ossificados, tanto no sentido literal como no metafórico, entre os tipos mais facilmente distintos daquele do observador.

Por outro lado, a expansão da civilização ocidental, o desenvolvimento dos meios de comunicação e a freqüência dos deslocamentos que caracterizam o mundo moderno puseram a espécie humana em movimento.

Já não existem praticamente mais culturas isoladas. Para estudar qualquer uma delas (a não ser por raras exceções), ou pelo menos algumas de suas produções, não é mais preciso percorrer meio mundo e se fazer de explorador. Grandes cidades como Nova York, Londres, Paris, Calcutá ou Melbourne contam, em suas populações, com representantes das mais diversas culturas. Sabem-no bem os lingüistas, que descobrem, para seu espanto, que têm à disposição informantes qualificados para línguas exóticas, raras e às vezes consideradas extintas.

Antigamente, os museus de antropologia enviavam homens – que viajavam num único sentido – para buscar objetos que viajavam no sentido inverso. Agora, os homens viajam em todos os sentidos. E como essa multiplicação dos contatos acarreta uma homogeneização da cultura material (que, para as culturas primitivas, se traduz em geral pela extinção), pode-se dizer, em certo sentido, que os homens tendem a substituir os objetos. Os museus de antropologia devem prestar atenção nessa imensa transformação. Sua missão de conservatório de objetos pode ser prolongada, mas não desenvolvida, e menos ainda renovada. Se, por um lado, é cada vez mais difícil colher arcos e flechas, tambores e colares, cestos e estátuas de divindades, por outro, torna-se cada vez mais fácil estudar sistematicamente línguas, crenças, atitudes e personalidades. Afinal, quantas comunidades do Sudeste asiático, a África negra e branca, do Oriente Próximo etc., se encontram representadas, em Paris, por indivíduos de passagem ou residentes, famílias e até mesmo pequenas comunidades?

Antropologia teórica e antropologia aplicada

Desse ponto de vista, não só se abrem possibilidades de estudo aos museus de antropologia (que assim se transformam, em larga medida, em laboratórios),[15] como também novas missões, de âmbito prático.

15. Note-se, nesse sentido, que, desde 1937, dois terços dos edifícios que continuam abrigando o Museu do Homem, em Paris, se destinam ao trabalho de laboratório, e apenas um >

Pois os representantes de culturas periféricas, não ou pouco integradas, têm muito a dar à etnologia: língua, tradições orais, crenças, concepção do mundo, atitudes diante dos seres e das coisas. Contudo, eles são freqüentemente confrontados com problemas reais e angustiantes, como o isolamento, o estranhamento, o desemprego, a incompreensão do meio ao qual foram provisória ou permanentemente agregados, muitas vezes contra a própria vontade ou, no mínimo, sem saber o que os esperava. Ninguém está mais bem qualificado do que os etnólogos para auxiliá-los nessas dificuldades, por duas razões, com o que se completa a síntese do que foi exposto anteriormente. Primeiro, porque os etnólogos conhecem o meio de onde eles vêm, estudaram em campo suas línguas e culturas e simpatizam com eles. Além disso, porque o método próprio da antropologia se define por esse "distanciamento" que caracteriza o contato entre representantes de culturas muito diversas. *O antropólogo é o astrônomo das ciências sociais*: cabe-lhe descobrir sentido em configurações muito diferentes, por sua ordem de grandeza e por seu afastamento, das da vizinhança imediata do observador. Não há, portanto, razão para limitar a intervenção do antropólogo à análise e à redução dessas distâncias externas. Ele pode ser chamado a contribuir (ao lado de especialistas de outras disciplinas) no estudo de fenômenos internos à sua própria sociedade, mas que se manifestam com o mesmo caráter de "distanciamento", ou porque dizem respeito a apenas parte do grupo, e não à sua totalidade, ou porque, embora apresentem um caráter de conjunto, estão enraizados no mais profundo da vida inconsciente. Exemplos disso seriam a prostituição e a delinqüência juvenil, num caso, e a resistência a mudanças alimentares ou higiênicas, no outro.

Se o lugar da antropologia nas ciências sociais fosse mais justamente reconhecido, e se sua função prática fosse percebida mais completamente do que acontece hoje em dia, problemas essenciais poderiam se ver a caminho de ser solucionados:

> terço às galerias de exposição. Foi essa concepção – revolucionária na época – que permitiu a estreita associação entre as atividades museográficas e de ensino, ilustrada pela reunião, sob o mesmo teto, do Museu do Homem e do Institut d'Ethnologie, mencionado acima.

1) De um ponto de vista prático, estaria garantido o cumprimento de uma função social que, atualmente, o é bastante mal; basta pensar nos problemas decorrentes da imigração porto-riquenha em Nova York ou da norte-africana em Paris, que não são objeto de nenhuma política de conjunto e que administrações muitas vezes pouco qualificadas remetem umas às outras.

2) Novas perspectivas profissionais se abririam para a profissão de antropólogo. Ainda não contemplamos esse problema, cuja solução está, evidentemente, subentendida em todas as considerações acima. Para responder a isso corretamente, não basta lembrar as evidências de que toda pessoa levada a viver em contato com uma sociedade muito diversa da sua – administrador, militar, missionário, diplomata etc. – deve possuir uma formação antropológica, se não sempre geral, ao menos especializada. É também preciso se dar conta de que certas funções essenciais das sociedades modernas, ligadas à crescente mobilidade da população mundial, não estão sendo satisfatoriamente desempenhadas, o que acarreta dificuldades que podem assumir um caráter agudo e geram incompreensão e preconceitos, que a antropologia é, hoje, a única disciplina do "distanciamento" social que dispõe de imenso aparato teórico e prático que lhe permite formar especialistas; e, principalmente, que ela está disponível, pronta para intervir em questões que se impõem à atenção dos homens.[16]

16. Sugestões desse tipo são muitas vezes criticadas, porque podem fazer dos antropólogos auxiliares da ordem social. O risco, ainda que exista, me parece preferível à abstenção, porque a participação de um antropólogo permite ao menos conhecer os fatos, e a verdade possui uma força que lhe é própria. Espero que as páginas precedentes não gerem um mal-entendido; pessoalmente, não tenho nenhuma inclinação pela antropologia aplicada e duvido de seu alcance científico. Mas os que a criticam em princípio deveriam lembrar-se de que o primeiro livro de *O capital* foi parcialmente escrito a partir dos relatórios de inspetores de fábricas ingleses, aos quais Marx rende grandiosa homenagem no prefácio: "*Ficaríamos assustados diante do que ocorre entre nós*, se nossos governos e parlamentos estabelecessem, como na Inglaterra, comissões periódicas de estudo da situação econômica, se tais comissões fossem, como na Inglaterra, investidas de plenos poderes na busca da verdade, se conseguíssemos encontrar para essa alta função homens tão experientes, imparciais, rígidos e desinteressados quanto os inspetores de fábrica na Grã-Bretanha, quanto seus relatores da >

3) Finalmente, no plano mais limitado que é o deste estudo, percebe-se como o desenvolvimento de museus de antropologia em laboratórios dedicados ao estudo dos fenômenos sociais mais difíceis de reduzir, ou, para falar como os matemáticos, das formas "limites" das relações sociais, forneceria a solução mais apropriada para a formação profissional dos antropólogos. Novos laboratórios permitiriam que os últimos anos de estudo se realizassem como uma verdadeira "residência", sob a direção de professores que seriam ao mesmo tempo chefes de clínica, como se faz nos estudos em medicina. O duplo aspecto, teórico e prático, dos estudos encontraria sua razão de ser e seu fundamento na promoção da profissão a novas missões. Pois, infelizmente, a antropologia exigiria em vão o reconhecimento de que suas conquistas teóricas deveriam bastar para valer-lhe se, no mundo doente e ansioso que é o nosso, não se esforçasse também por demonstrar *para que serve.*

> saúde pública, seus comissários de instrução quanto à exploração de mulheres e crianças, as condições de habitação e alimentação etc. Perseu se envolvia numa nuvem para perseguir os monstros. Nós, para podermos negar a existência de monstruosidades, mergulhamos completamente na nuvem, até os olhos, e as orelhas" (Marx 1950: 19).

Percebe-se que Marx não tinha a menor intenção de condenar esses *applied anthropologists* de seu tempo como serviçais da ordem estabelecida, embora eles o fossem... mas que importância tem isso, diante dos fatos que relatam? (Nota de 1957).

Bibliografia geral

ADAM, Leonhard

1931. "Das Problem der Asiatisch-Altamerikanischen Kulturbeziehungen mit besonderer Berücksichtigung der Kunst". *Wiener Beiträge zur Kunst und Kultur Geschichte Asiens*, v. 5.

1936. "Northwest American Indian Art and its Early Chinese Parallels". *Man*, v. 36, n. 3.

1939. "Review of C. Hentze, Frühchinesische Bronzen und Kultdarstellungen". *Man*, v. 39, n. 60.

ALBISETTI, César

1948. "Estudos complementares sobre os Bororos orientais". *Contribuições missionárias, publicações da Sociedade Brasileira de Antropologia e Etnologia*, n. 2-3. Rio de Janeiro.

ARCY WENTWORTH THOMPSON, D'

1952. *On Growth and Form*. 2 v. Cambridge.

AUGER, P.

1952. *L'Homme microscopique*. Paris.

BÄESSLER, Arthur

1903. *Altperuanische Kunst: Beiträge zur Archaeologie des Inca-Reichs*. Berlim: Asher.

BALANDIER, Georges

1956. "Grandeur et servitude de l'ethnologie". *Cahiers du Sud*, 43º ano, n. 337.

BALDUS, Herbert

1944-46. "Os Tapirapé". *Revista do Arquivo Municipal*. São Paulo.

BASTIDE, Roger

1956. "Lévi-Strauss ou l'ethnographe 'a la recherche du temps perdu'". *Présence Africaine*, n. 7, avr.-mai.

BATES, Marston

1953. "Human Ecology", in A. L. Kroeber (org.). *Anthropology Today*. Chicago: University of Chicago Press.

BATESON, Gregory

1936. *Naven*. Cambridge.

BENEDICT, Paul K.

1942. "Tibetan and Chinese Kinship Terms". *Harvard Journal of Asiatic Studies*, 6.

1943. "Studies in Thai Kinship Terminology". *Journal of the American Oriental Society*, 63.

BENEDICT, Ruth

1934a. *Patterns of Culture*. Cambridge.

1934b. "Zuni Mythology". *Columbia University Contributions to Anthropology*, n. 21. 2 v. Nova York.

1943. "Franz Boas as an Ethnologist", in *Franz Boas, 1858-1942, Memoirs of the American Anthropological Association*, n. 61.

BENVENISTE, ÉMILE

1939. "Nature du signe linguistique". *Acta Linguistica*, I, 1.

BERNDT, R. M.

1951. *Kunapipi*. Melbourne.

1955. "'Murngin' (Wulamba) Social Organization". *American Anthropologist*, n. s., v. 57.

BERNOT, L. & BLANCARD, R.

1963. "Nouville, un Village français". *Travaux et Mémoires de l'Institut d'Ethnologie*, 57. Paris.

BIDNEY, David

1950. "Review of L. A. White, The Science of Culture". Parte 1. *American Anthropologist*, n. s., v. 52, 4.

1953. *Theoretical Anthropology.* Nova York: Columbia University Press.

BOAS, Franz

1895. *The Social Organization and the Secret Societies of the Kwakiutl Indians*. Report to the U.S. National Museum, Washington.

[1896] 1940. "The Limitations of the Comparative Method of Anthropology", in *Race, Language and Culture*. Nova York: Macmillan [ed. bras.: *Antropologia cultural*. 2ª ed. Rio de Janeiro: Jorge Zahar, 2005].

1898. Introduction to: Teit, J., "Traditions of the Thompson River Indians of British Columbia". *Memoirs of the American Anthropological Association*, v. 6.

1911 (ed.). *Handbook of American Indian Languages*. Parte 1. Bureau of American Ethnology – Bulletin 40. Washington: Smithsonian Institution.

1920. "The Methods of Ethnology". *American Anthropologist*, n. s., v. 22 [ed. bras.: *Antropologia cultural*. 2ª ed. Rio de Janeiro: Jorge Zahar, 2005].

1924. "Evolution or Diffusion? ". *American Anthropologist*, n. s., v. 26.

1927. *Primitive Art*. Instituttet for Sammenlignende Kulturforskning, série B, v. 8. Oslo.

1930a. "The Religion of the Kwakiutl Indians". *Columbia University Contributions to Anthropology*, n. 10. 2 v. Nova York.

1930b. "Some Problems of Methodology in The Social Sciences". *The New Social Science*. Chicago: University of Chicago Press [ed. bras.: *Antropologia cultural*. 2ª ed. Rio de Janeiro: Jorge Zahar, 2005].

1936. "History and Science in Anthropology: a Reply". *American Anthropologist*, n. s., v. 38.

BOGGIANI, Guido.

1895. *Viaggi d'un artista nell' America Meriodionale*. Roma: E. Loescher & co.

BOHR, N.

1939. "Natural Philosophy and Human Culture". *Nature*, v. 143.

BONAPARTE, Marie

1945. "Notes on the Analytical Discovery of a Primal Scene". *The Psychoanalytical Study of the Child*, v. 1. Nova York.

BRAND, C. S.

1948. "On Joking Relationships". *American Anthropologist*, n. s., v. 50.

BRUNSCHVICG, Léon

1927. *Le Progrès de la conscience dans la Philosophie occidentale*. 2 v. Paris.

BUNZEL, Ruth L.

1932. "Introduction to Zuñi Ceremonialism". *47th Annual Report of the Bureau of American Ethnology (1929-1930)*. Washington: Smithsonian Institution.

CANNON, W. B.

1942. "'Voodoo' Death". *American Anthropologist*, n. s., v. 44.

COLBACCHINI, Antonio

1925. *I Bororos Orientali*. Turim.

COLBACCHINI, Antonio & ALBISETTI, César.

1942. *Os Bororos orientais*. São Paulo.

COOK, W. A.

1908 . "The Bororo Indians of Matto Grosso". *Smithsonian Miscellaneous Collections*, v. 50. Washington: Smithsonian Institution.

COOPER, J. M.

1940. "The South American Marginal Cultures". *Proceedings of the 8th American Scientific Congress*. Washington.

CREEL, Herrlee Glessner

1935. "On the Origin of the Manufacture and Decoration of Bronze in the Shang Period". *Monumenta Serica*, v. 1, fasc. 1.

1936. "Notes on Shang Bronzes in the Burlington House Exhibition". *Revue des Arts Asiatiques*, 10.

CUSHING, Frank Hamilton

1883. "Zuni Fetiches". *2nd Annual Report of the Bureau of American Ethnology, (1880-1881)*. Washington: Smithsonian Institution.

1896. "Outlines of Zuni Creation Myths". *13th Annual Report of the Bureau of American Ethnology (1891-1892)*. Washington: Smithsonian Institution.

1920. "Zuni Breadstuffs". *Indian Notes and Monographs*, v. 8. Nova York: Museum of the American Indian/Heyes Foundation.

DAHLBERG, Gunnar

1948. *Mathematical Methods for Population Genetics*. Londres/Nova York: Interscience.

DAVIS, K.

1941. "Intermarriage in Caste Societies". *American Anthropologist*, n. s., v. 43.

1947. "The Development of the City in Society; First Conference on Long Term Social Trends". *Social Science Research Council*.

DAVIS, K. & WARNER, W. L.

1935. "Structural Analysis of Kinship". *American Anthropologist*, n. s., v. 37.

DELCOURT, Marie

1944. *Œdipe ou la légende du conquérant*. Liège.

DOBRIZHOFFER, Martin

[1784] 1822. *An Account of the Abipones* (traduzido do latim). 3 v. Londres: J. Murray.

DORSEY, G. A.

1906. *The Pawnee: Mythology*. Washington.

DUBOIS DE MONPEREUX, Frédéric

1839. *Voyage autour du Caucase, chez les Tcherkesses, et les Abkhases, en Colchide, en Géorgie, en Arménie et en Crimée*. Paris.

DUMÉZIL, Georges

1948. *Loki*. Paris: G. P. Maisonneuve.

1949. *L'Héritage indo-européen à Rome*. Paris: Gallimard.

DURKHEIM, Émile

1912. *Les Formes élémentaires de la vie religieuse*. Paris [ed. bras.: *As formas elementares da vida religiosa*. São Paulo: Martins Fontes, 2003].

DURKHEIM, Émile & MAUSS, Marcel

1901-19. "De quelques formes primitives de classification". *Année Sociologique*, 6.

EGGAN, Fred

1937a. "Historical Changes in the Choctaw Kinship System". *American Anthropologist*, n. s., v. 39.

1937b. (Ed.). *Social Anthropology of North American Tribes*. Chicago.

1950. *Social Organization of the Western Pueblos*. Chicago.

ELWIN, V.

1947. *The Muria and their Ghotul*. Oxford.

ENGELS, Friedrich

1954. *L'Origine de la famille, de la propriété privée et de l'État* (tradução de Stern). Paris: Éditions Sociales.

EVANS-PRITCHARD, Edward Evan

1939. "Nuer Time Reckoning". *Africa*, 12.

1940. *The Nuer*. Oxford: Clarendon Press [ed. bras.: *Os Nuer*. São Paulo: Perspectiva, 1978].

1951. *Social Anthropology*. III. Glencoe: Free Press.

FARNSWORTH, W. O.

1913. *Uncle and Nephew in the Old French Chanson de Geste*. Nova York: Columbia University Press.

FEBVRE, Lucien

1946. *Le Problème de l'incroyance au* XVIème *siècle*. 2ª ed. Paris: Albin Michel.

FIELD, Henry & PROSTOV, Eugene

1942. "Results of Soviet Investigation in Siberia". *American Anthropologist*, n. s., v. 44.

FIRTH, Raymond William

1936. *We, The Tikopia*. Londres/Nova York: Allen and Unwin.

1946. *Malay Fishermen*. Londres: Kegan Paul.

1951. *Elements of Social Organization*. Londres: Watts and Co.

FLETCHER, Alice C.

1904. "The Hako: A Pawnee Ceremony". *22nd Annual Report of the Bureau of American Ethnology (1900-1901)*. Washington: Smithsonian Institution.

FORD, Clellan S. & BEACH, Frank A.

1951. *Patterns of Sexual Behavior*. Nova York: Harper.

FORD, James A.

1955. "The Puzzle of Poverty Point". *Natural History*, v. 64, n. 9.

FORDE, Daryll

1941. "Marriage and the Family among the Yako". *Monographs in Social Anthropology*, n. 5. Londres.

1950. "Double-Descent among the Yako", in A. R. Radcliffe-Brown e D. Forde (eds.). *African Systems of Kinship and Marriage*. Oxford.

FORTES, Meyer

1949 (ed.). *Social Structure. Studies Presented to A. R. Radcliffe-Brown*. Oxford: Clarendon Press.

FORTES, Meyer & EVANS-PRITCHARD, Edward Evan

1940. *African Political Systems*. Londres: Oxford University Press.

FORTUNE, Reo F.

1932. *The Sorcerers of Dobu*. Nova York: E. P. Dutton.

1939. "Arapesh Warfare". *American Anthropologist*, n. s., v. 41.

FRIC, V. & RADIN, P.

1906. "Contributions to the Study of the Bororó Indians". *Journal of the Royal Anthropological Institute*, v. 36.

FUNK & WAGNALLS

1950. *Standard Dictionary of Folklore*.

GAUTIER, Léon

1890. *La Chevalerie*. Paris.

GEISE, N. J. C.

1952. *Badujs en Moslims*. Leiden.

GELDERN, Heinrich
1935. *Zeitschrift für Rassenkunde*, v. 2. Stuttgart.
GIFFORD, Edward W.
1916. "Miwok Moieties". *University of California Publications in American Archaeology and Ethnology*, v. 12, n. 4.
1929. "Tonga Society". *B. P. Bishop Museum Bulletin*, 61.
GOLDSTEIN, Kurt
1951. *La Structure de l'organisme* (tradução de E. Burckhardt e J. Kuntz). Paris: Gallimard.
GOODENOUGH, Ward Hunt
1956. "The Componential Analysis of Kinship", *Language*, v. 32, n. 1.
GOUGH, E. Kathleen
1955. "Female Initiation Rites on the Malabar Coast". *Journal of the Royal Anthropological Institute*, v. 85.
GRIAULE, Marcel
1938. *Masques Dogons*. Travaux et Mémoires de l'Institut d'Ethnologie, 33. Paris: Institut d'Ethnologie.
1947. "Mythe de l'organisation du monde chez les Dogons". *Psyché*, v. 2.
GUMMERE, F. B.
1901. "The Sister's Son", in *An English Miscellany Presented to Dr. Furnivall*. Londres.
GURVITCH, Georges
1955a. *Déterminismes Sociaux et Liberté humaine*. Paris: PUF.
1955b. "Le Concept de structure sociale". *Cahiers Internationaux de Sociologie*, v. 19, n. s., 2º ano.
1957. *Cahiers Internationaux de Sociologie*, v. 23, n. duplo.
HALPERN, A. M.
1942. "Yuma Kinship Terms". *American Anthropologist*, n. s., v. 44.
HAMILTON, Augustus
1898-99. *Maori art*. Wellington, N. Z.: The New Zealand Institute.
HARTLAND, Sidney
1917. "Matrilineal Kinship and the Question of its Priority". *Memoirs of the American Anthropological Association*, v. 4.
HAUDRICOURT, André-Georges & GRANAI, Georges
1955. "Linguistique et Sociologie". *Cahiers Internationaux de Sociologie*, v. 19, n. duplo, n. s., 2º ano.
HAUSER, Henri
1903. *L'Enseignement des sciences sociales*. Paris: Chevalier Marescq.
HENRY, J.
1940. "Compte rendu de: Nimendajù, The Apinayé". *American Anthropologist*, n. s., v. 42.
HENTZE, Carl
1936. *Objets rituels, croyances et dieux de la Chine antique et de l'Amérique*. Antuérpia.

1937. *Frühchinesische Bronzen und Kultdarstellungen*. Antuérpia.
HERSKOVITS, Melville J.
1940. *The Economic Life of Primitive People*. Nova York/Londres : Alfred A. Knopf.
HOCART, Arthur Maurice
1915. "Chieftainship and the Sister's Son in the Pacific". *American Anthropologist*, n. s., v. 17.
1923. "The Uterine Nephew". *Man*, v. 23, n. 4.
1925. "The Cousin in Vedic Ritual". *Indian Antiquary*, v. 54.
1938. *Les Castes*. Paris.
1952a. "The Northern States of Fiji". *Occasional Publications*, n. 11. Londres: Royal Anthropological Institute.
1952b. *The Life-Giving Myth*. Londres.
1954. *Social Origins*. Londres.
HOLM, Sverre
1951. "Studies towards a Theory of Sociological Transformations". *Studia, Norvegica*, n. 7. Oslo.
HOLMER, Nils M. & WASSEN, Henry
1947. *Mu-Igala or the Way of Muu, a Medicine Song from the Cuna of Panama*. Göteborg: Göteborgs Ethnografiska Museum.
HOMANS, George C. & SCHNEIDER, David M.
1955. *Marriage, Authority and Final Causes, a Study of Unilateral Cross-Cousin Marriage*. Glencoe.
HOWARD, G. C.
1904. *A History of Matrimonial Institutions*. 3 v. Chicago.
HUNTER-WILSON, M.
1951. "Witch Beliefs and Social Structure". *American Journal of Sociology*, B6, 4.
JAKOBSON, Roman
1929. "Remarques sur l'évolution phonologique du russe". *Travaux du Cercle Linguistique de Prague*, v. 2.
1931. "Prinzipien der historischen Phonologie". *Travaux du Cercle Linguistique de Prague*, v. 4.
1938. "Observations sur le classement phonologique des consonnes". *Proceedings of the Third International Congress of Phonetic Sciences, Gand.*
1941. *Kindersprache, Aphasie und allgemeine Lautgesetze*. Uppsala.
1945. Comentários, in *Russian Fairy Tales*. Tradução de Norbert Guterman. Nova York: Pantheon Books.
1948. "The Phonetic and Grammatical Aspects of Language in their Interrelations". *Actes du 6ème Congrès International des Linguistes*. Paris.
1949. "Principes de phonologie historique", in N. Troubetzkoy. *Principes de phonologie* (trad. francesa). Paris.

1950. Verbete sobre mitologia eslava, in *Standard Dictionary of Folklore*, v.1. Nova York : Funk & Wagnalls.

JAKOBSON, Roman & HALLE, Morris

1956. *Fundamentals of Language*. Haia: Mouton.

JOOS, Martin

1948. "Acoustic Phonetics". Suplemento de *Language*, "Language monograph", n. 23, abr.-jun., 11, 46.

JOSSELIN DE JONG, J. P. B. de

1952. "Lévi-Strauss's Theory on Kinship and Marriage". *Mededelingen van het Rijksmuseum voor Volkenkunde*, n. 10. Leiden.

JOSSELIN DE JONG, Patrick Edward de

1951. *Minangkabau and Negri-Sembilam Socio-Political Structure in Indonesia*. Leiden.

KARLGREN, Bernhard

1937. "New Studies on Chinese Bronzes". *Bulletin mfea*, v. 9. Estocolmo: The Museum of Far Eastern Antiquities.

1941. "Huai and Han". *Bulletin mfea*, v. 13. Estocolmo: The Museum of Far Eastern Antiquities.

KELEMEN, Pal

1943. *Medieval American Art*. 2 v. Nova York: Macmillan..

KOVALEVSKI, M.

1893. "La Famille matriarcale au Caucase". *L'Anthropologie*, v. 4.

KRIS, Ernst

1947. "The Nature of Psychoanalytic Propositions and their Validation", in *Freedom and Experience, Essays presented to H. M. Kallen*. Ithaca: Cornell University Press.

KROEBER, Alfred Louis

1909. "Classificatory Systems of Relationship". *Journal of the Royal Anthropological Institute*, v. 39.

1920. "Review of Lowie, Primitive Society". *American Anthropologist*, n. s., v. 22.

1925. *Handbook of the Indians of California*. Bureau of American Ethnology – Bulletin 78. Washington: Smithsonian Institution.

1935. "History and Science in Anthropology". *American Anthropologist*, n. s., v. 37.

1938. "Basic and Secondary Patterns of Social Structure". *Journal of the Royal Anthropological Institute*, v. 68.

1941. "Salt, Dogs, Tobacco". *Anthropological Records*, v. 6. Berkeley.

1942. "The Societies of Primitive Man". *Biological Symposia*, 8. Lancaster.

1943. "Structure, Function and Pattern in Biology and Anthropology". *The Scientific Monthly*, v. 56.

1948. *Anthropology*, n. ed., Nova York.

1953. (Org.). *Anthropology Today*. Chicago: University of Chicago Press,

KROEBER, Alfred Louis & RICHARDSON, J.
1940. "Three Centuries of Women's Dress Fashion: A Quantitative Analysis". *Anthropological Records*, 5, 2. Berkeley.
KROEF, Justus M. van der
1954. "Dualism and Symbolic Antithesis in Indonesian Society". *American Anthropologist*, n. s., v. 56.
LAWRENCE, W. E. & MURDOCK, George Peter
1949. "Murngin Social Organization". *American Anthropologist*, n. s., v. 51, 1.
LEACH, Edmund Roland
1945. "Jinghpaw Kinship Terminology". *Journal of the Royal Anthropological Institute*, v. 75.
1951. "The Structural Implications of Matrilateral Cross Cousin Marriage". *Journal of the Royal Anthropological Institute*, v. 81.
LEE, D. Demetracopoulou
1941. "Some Indian Texts Dealing with the Supernatural". *The Review of Religion*, mai.
LEFORT, Claude
1951. "L'Échange et la lutte des hommes". *Les Temps Modernes*, fev.
1952. "Sociétés sans histoire et historicité". *Cahiers Internationaux de Sociologie*, v. 12, 7º ano.
LEIRIS, Michel
1948. *Biffures, la Règle du Jeu*. I. Paris: Gallimard.
1955. *Fourbis, la Règle du Jeu*. II. Paris: Gallimard.
LEROI-GOURHAN, André
1935. "L'Art animalier dans les bronzes chinois". *Revue des Arts Asiatiques*. Paris.
LESTRANGE, Monique de
1951. "Pour une méthode socio-démographique". *Journal de la Société des Africanistes*, t. 21.
LÉVI-STRAUSS, Claude
1936. "Contribution à l'étude de l'organisation sociale des indiens Bororo". *Journal de la Société des Américanistes*, n. s., 28.
1942. "Indian Cosmetics". *VVV*, n. 1. Nova York.
1943. "The Art of the Northwest Coast". *Gazette des Beaux-Arts*. Nova York.
1944a. "Reciprocity and Hierarchy". *American Anthropologist*, n. s., v. 46.
1944b. "The Social and Psychological Aspects of Chieftainship in a Primitive Tribe: The Nambikwara". *Transactions of the New York Academy of Sciences*, 2, 7, n. 1.
1944c. "On Dual Organization in South America". *America Indigena*, 4, n. 1. México.
1944-45. "Le Dédoublement de la représentation dans les arts de l'Asie et de l'Amérique". *Renaissance*, v. 2-3.

1945a. "L'Analyse structurale en linguistique et en anthropologie". *Word: Journal of the Linguistic Circle of New York*, v. 1, n. 2.
1945b. "French Sociology", in G. Gurvitch e W. E. Moore (eds.). *Twentieth Century Sociology*. Nova York: Philosophical Library [ed. francesa: *La Sociologie au* XX*ème* *siècle*. 2 v. Paris: PUF, 1947].
1947a. "Sur certaines similarités morphologiques entre les langues Chibcha et Nambikwara". *Actes du 28ème Congrès International des Américanistes*. Paris.
1948a. *La Vie familiale et sociale des indiens Nambikwara*. Paris: Société des Américanistes.
1948b. "The Tupi-Kawahib", in Julian Haynes Steward (ed.). *Handbook of South American Indians*. V. v. Bureau of American Ethnology – Bulletin 143. Washington: Smithsonian Institution.
1948c. "Le Serpent au corps rempli de poissons". *Actes du* XXVIII *Congrès des Américanistes*. Paris: Société des Américanistes.
1949a. "Histoire et ethnologie". *Revue de Métaphysique et de Morale*, 54, n. 3-4.
1949b. *Les Structures élémentaires de la parenté*. Paris: PUF.
1949c. "Le Sorcier et sa magie". *Les Temps modernes*, 4º ano, n. 41.
1949d. "L'Efficacité symbolique". *Revue d'Histoire des Religions*, t. 135, n. 1.
1950. "Introduction à l'oeuvre de Marcel Mauss", in M. Mauss. *Sociologie et anthropologie*. Paris.
1951. "Language and the Analysis of Social Laws". *American Anthropologist*, n. s., v. 63, n. 2.
1952a. "Les Structures sociales dans le Brésil central et oriental". *Proceedings of the 29th Congress of Americanists*, in Sol Tax. *Indian Tribes of Aboriginal America*. Chicago: University of Chicago Press.
1952b. *Race et histoire*. Paris: Unesco.
1952c. "La Notion d'archaïsme en ethnologie". *Cahiers Internationaux de Sociologie*, v. 12.
1953a. "Conference of Anthropologists and Linguists". *Supplement to International Journal of American Linguistics*, v. 19, n. 2, abr.
1953b. "Social Structure", in A. L. Kroeber (org.) *Anthropology Today*. Chicago: University of Chicago Press.
1954. "Place de l'anthropologie dans les sciences sociales et problèmes posés par son enseignement", in *Les Sciences sociales dans l'enseignement supérieur*. Paris: Unesco.
1955a. *Tristes tropiques*. Paris: Plon.
1955b. "Les Mathématiques de l'Homme". *Bulletin International des Sciences Sociales*, v. 6, n. 4 (reproduzido por *Esprit*, 24º ano, n. 10, 1956).
1955c. "The Structural Study of Myth". *Myth, a Symposium - Journal of American Folklore*, v. 78, n. 270, out.-dez.
1956a. "The Family", in H. L. Shapiro (ed.). *Man, Culture and Society*. Oxford: Oxford University Press.

1956b. "Les Organisations dualistes existent-elles?". *Bijtragen tot de taal-, land- en Volkenkunde*, Deel 112, 2 (volume de homenagem ao Prof. J. P. B. Josselin de Jong).
1956c. "Structure et dialectique", in *For Roman Jakobson, Essays on the occasion of his sixtieth birthday*. Haia.
1957. "Le Symbolisme cosmique dans la structure sociale et l'organisation cérémonielle de plusieurs populations nord et sud-américaines", in *Le Symbolisme cosmique des monuments religieux*. Série Orientale Roma, v. 14. Roma.
1960. "Four Winnebago Myths", in *Culture in History. Essays in Honour of Paul Radin*. Nova York [republicado em *Antropologia estrutural 2*, cap. x].

LEWIN, Kurt
1935. *A Dynamic Theory of Personality*. Nova York: MacGraw-Hill [ed. bras.: *Teoria dinâmica da personalidade*. São Paulo: Cultrix, 1975].

LING SHUN-SHENG
1956. "Human Figures with Protruding Tongue found in the Taitung Prefecture, Formosa, and Their Affinities found in Other Pacific Areas". *Bulletin of the Institute of Ethnology, Academia Sinica*. Nankang/Taipei/Taiwan.

LINTON, Ralph
1936. *The Study of Man: an introduction*. Nova York: D. Appleton-Century [ed. bras.: *Homem: uma introdução à antropologia*. São Paulo: Martins Fontes, 12ª ed., 1987].

LIVI, Livio
1940-1941. *Trattato di demografia*, Pádua: Milani.
1949. "Considérations théoriques et pratiques sur le concept de 'Minimun de Population'". *Population*, 4. Paris.

LOUNSBURY, F. G.
1956. "A Semantic Analysis of the Pawnee Kinship Usage". *Language*, v. 32, n 1.

LOWIE, Robert Harry
1913. "Societies of the Crow, Hidatsa and Mandan Indians". *Anthropological Papers of the American Museum of Natural History*, v. 11, parte 3.
1915. "Exogamy and the Classificatory Systems of Relationship". *American Anthropologist*, n. s., v. 17.
1916. "Plains Indian Age-Societies: Historical and Comparative Summary". *Anthropological Papers of the American Museum of Natural History*, v. XI, parte XIII.
1919. "The Matrilineal Complex". *University of California Publications in American Archaeology and Ethnology*, 16, n.2.
1920. *Primitive Society*. Nova York: Routledge.
1927. *The Origin of the State*. Nova York.
1929a. "Notes on Hopi Clans". *Anthropological Papers of the American Museum of Natural History*, v. 30, parte 6.
1929b. "Hopi Kinship". *Anthropological Papers of the American Museum of Natural History* , v. 30, parte 7.
1929c. *Art*. "Relationship Terms", in *Encyclopoedia Britannica*, 14ª ed.

1936. *The Crow Indians*. Nova York: Farrar & Rinehart.

1937. *The History of Ethnological Theory*. Nova York: Farrar & Rinehart.

1940. "American Culture History". *American Anthropologist*, n. s., v. 42.

1941. "A Note on the Northern Gé of Brazil". *American Anthropologist*, n. s., v. 43.

1942. "A Marginal Note to Professor Radcliffe-Brown's Paper on 'Social Structure'". *American Anthropologist*, n. s., v. 44, 3.

1948a. *Social Organization*. Nova York.

1948b. "Some Aspects of Political Organization among American Aborigenes". *Huxley Memorial Lecture*.

MCCARTHY, F. D.

1938. *Australian Aboriginal Decorative Art*. Sydney.

MCDERMOTT, M. M.

1940. *Vocal Sounds in Poetry*.

MALINOWSKI, Bronislaw

1922. "Argonauts of the Western Pacific". *Studies in Economics and Political Science*, v. 65. Londres [ed. bras.: *Argonautas do Pacífico ocidental*. São Paulo: Abril Cultural, 1976].

1927. *Sex and Repression in Savage Society*. Londres/Nova York [ed. bras.: *Sexo e represssão na sociedade selvagem*. Petrópolis: Vozes, 1973].

1929. *The Sexual Life of Savages in North-Western Melanesia*. 2 v. Londres/Nova York: Routledge/Haloyon House.

1934. "Prefácio", in H. Ian Hogbin. *Law and Order in Polynesia*. Londres.

1935a. *Coral Gardens and their Magic*. 2 v. Londres.

1935b. "*Art*. Culture", in *The Encyclopoedia of the Social Sciences*. Nova York.

1937. "Culture as a Determinant of Behavior", in *Factors Determining Human Behavior*. Cambridge: Harvard Tercentenary Publications.

1939. "The Present State of Studies in Culture Contact". *Africa*, v. 12.

MARTIUS, Carl Friedrich Philipp von

1867. *Beiträge zur Ethnographie und Sprachenkunde Amerikas zumal Brasiliens*. Leipzig: F. Fleischer.

MARX, Karl

[1867] 1950-1954. *Le Capital* (tradução Roy). 5 v. Paris: Éditions Sociales.

1899. *Critique de l'Économie politique* (tradução de L. Rémy). Paris [ed. bras.: *Crítica da economia política*, 22ª ed., Rio de Janeiro, Civilização Brasileira, 2004].

1948. *Pages choisies pour une éthique socialiste* (textos reunidos, traduzidos e anotados por Maximilien Rubel). Paris.

1949. *Le 18 Brumaire de Louis Bonaparte*. Paris: Éditions Sociales.

1953. *Grundrisse der Kritik der Politischen Okonomie*. Berlim: Dietz Verlag.

MASON, D. I.

1952. "Synesthesia and Sound Spectra". *Word*, v. 8, n. 1. Nova York.

MASPERO, H.
1927. *La Chine antique*. Paris.
MAUSS, Marcel
1904-1905. "Essai sur les Variations saisonnières dans les sociétés eskimo". *Année Sociologique*, Paris.
1924."Essai sur le Don, forme archaïque de l'Échange". *Année Sociologique*, n. s.
1924-1925. "Division et proportions des divisions de la sociologie". *Année Sociologique*, n. s.
1947. *Manuel d'ethnographie*. Paris: Payot.
1950. *Sociologie et anthropologie*. Paris: PUF [ed. bras.: *Sociologia e antropologia*. São Paulo: Cosac Naify, 2003].
MAYBURY-LEWIS, M.
1956. "Kinship and Social Organization in Central Brazil". *Proceedings of the 32nd Congress of Americanists*. Copenhague.
MCCARTHY, D.
1938. *Australian Aboriginal Decorative Art*. Sydney.
MEAD, Margaret.
1935. *Sex and Temperament in Three Primitive Societies*. Nova York [ed. bras.: *Sexo e temperamento*. 4ª ed. São Paulo: Perspectiva, 2006].
1937 (ed.). *Competition and Cooperation among Primitive Peoples*. Londres/Nova York.
1949. "Character Formation and Diachronic Theory", in M. Fortes (ed.). *Social Structure*. Oxford.
MERLEAU-PONTY, Maurice
1955. *Les Aventures de la dialectique*. Paris : Gallimard [ed. bras.: *As aventuras da dialética*. São Paulo: Martins Fontes, 2006].
MÉTRAUX, Alfred
1946. "Myths of the Toba and Pilaga Indiana of the Gran Chaco". *Memoirs of the American Folklore Society*, v. 40. Filadélfia.
1947. "Social Organization of the Kaingang and Aweikoma". *American Anthropologist*, n. s., v. 49.
MORGAN, Lewis Henry
1871. *Systems of Consanguinity and Affinity of the Human Family*. Washington: Smithsonian Institution.
MORLEY, Arthur
1956. "Doctors Save Man 'Sung to Death'". *London Sunday Times*, 22 abr. Londres.
MURDOCK, George Peter
1949. *Social Structure*. Nova York: Macmillan.
1957. "World Ethnographic Sample". *American Anthropologist*, n. s., v. 59.
MURDOCK, George Peter & FIRTH, Raymond William
1951. *American Anthropologist*, v. 53, n. 4

MURIE, James R.

1914. "Pawnee Societies". *Anthropological Papers of the American Museum of Natural History*, v. X, parte VII.

NADEL, S. F.

1946. "Shamanism in the Nuba Mountains". *Journal of the Royal Anthropological Institute*, v. 76.

1947. *The Nuba*. Oxford.

1952. "Witchraft in Four African Societies: An Essay in Comparison". *American Anthropologist*, n. s., v. 54, n. 1.

NEUMANN, John von & MORGENSTERN, Oskar

1944. *Theory of Games and Economic Behavior*. Princeton: Princeton University Press.

NIMUENDAJU, Curt

1939. *The Apinayé*. Anthropological Series, n. 8. Washington: The Catholic University of America Press.

1942. "The Serenté". *Publications of the F. W. Hodge Anniversary Publication Fund*, v. 4. Los Angeles.

1946. "The Eastern Timbira". *University of California Publications in American Archaeology and Ethnology*, v. 41. Berkeley/Los Angeles: University of California Press.

NIMUENDAJU, Curt & LOWIE, Robert Harry

1927. "The Dual Organization of the Ramkokamekran (Canella) of Southern Brazil". *American Anthropologist*, n. s., v. 29.

NORDENSKIÖLD, Erland

1938. *An Historical and Ethnological Survey of the Cuna Indians* (organizado por Henry Wassén). Comparative Ethnographical Studies, 10. Göteborg: Göteborgs Etnografiska Museum.

OLIVER, D. L.

1955. *A Solomon Island Society: Kinship and Leadership among the Siuai of Bougainville*. Cambridge.

OPLER, M. E.

1937. "Apache Data Concerning the Relation of Kinship Terminology to Social Classification". *American Anthropologist*, n. s., v. 39.

1947. "Rule and Practice in the Behavior Pattern between Jicarilla Apache Affinal Relatives". *American Anthropologist*, n. s., v. 49.

PAGET, R. A.

1953. "The Origin of Language". *Journal of World History*, 1, 2. Paris: Unesco.

PARAIN, Brice

1956. "Les Sorciers". *Le Monde Nouveau*, mai.

PARSONS, E. C.

1923. "The Origin Myth of Zuni". *Journal of American Folklore*, v. 36.

POTTIER, E.

s/d. "Histoire d'une Bête", in *Recueil E. Pottier*. Biblioteca das Escolas de Atenas e Roma, fasc. 142.

POUILLON, Jean

1956. "L'œuvre de Claude Lévi-Strauss". *Les Temps Modernes*, 12º ano, n. 126, jul.

QUEIROZ, Maria Isaura Pereira de

1953. "A noção de arcaísmo em etnologia e a organização social dos Xerente". *Revista de Antropologia*, v. 1, n. 2. São Paulo.

RADCLIFFE-BROWN, Alfred Reginald

1924. "The Mother's. Brother in South Africa". *South African Journal of Science*, v. 21.

1926. "Father, Mother and Child". *Man*, v. 26, n. 103.

1931. "The Social Organization of Australian Tribes". *Oceania*, 1.

1935. "Kinship Terminology in California". *American Anthropologist*, n. s., v. 37.

1940a. "On Joking Relationships". *Africa*, 13.

1940b. "On Social Structure". *Journal of the Royal Anthropological Institute*, v. 70.

1941. "The Study of Kinship Systems". *Journal of the Royal Anthropological Institute*, v. 71.

1945. "Religion and Society". *Henry Myers Lecture.*

1949a. "A Further Note on Joking Relationships". *Africa*, 19.

1949b. "White's View of a Science of Culture". *American Anthropologist*, n. s., v. 51, n. 3.

1951. "Murngin Social Organization". *American Anthropological*, n. s , v. 53, 1.

1952a. "Social Anthropology, Past and Present". *Man*, v. 62, n. 14.

1952b. *Structure and Function in Primitive Society*. Glencoe [ed. bras.: *Estrutura e função na sociedade primitiva*. Petrópolis: Vozes, 1973].

RADCLIFFE-BROWN, Alfred Reginald & FORDE, Daryll (eds.).

1950. *African Systems of Kinship and Marriage*. Oxford.

RADIN, Paul

1923. "The Winnebago Tribe". *37th Annual Report of theBureau of American Ethnology (1915-1916)*. Washington: Smithsonian Institution.

1945. *The Road of Life and Death*. Nova York.

1949. "The Culture of the Winnebago: as Described by Themselves". *Special Publications of the Bollingen Foundation*, n. 1.

RAPOPORT, A.

1949. "Outline of Probability Approach to Animal Societies". *Bulletin of Mathematical Biophysics*, 11.

REICHARD, Gladys A.

1933. "Melanesian Design. A Study of Style in Wood and Tortoiseshell Carving". *Columbia University Contributions to Anthropology*, n. 18, 2 v.

1950. *Navaho Religion, A Study in Symbolism*. 2 v. Nova York.

REICHARD, Gladys A., JAKOBSON, Roman & WERTH, Elisabeth
1949. "Language and Synesthesia". *Word*, v. 6, n. 2.
REVEL, Jean François
1957. *Pourquoi des philosophes?*. Paris: R. Julliard.
RICHARDS, A. I.
1932. *Hunger and Work in a Savage Tribe*. Londres.
1936. "A Dietary Study in North-Eastern Rhodesia". *Africa*, 9.
1939. *Land, Labour and Diet in Northern Rhodesia*. Oxford.
RIVERS, William Halse R.
1907. "The Marriage of Cousins in India". *Journal of the Royal Asiatic Society*, jul.
1914. *The History of Melanesian Society*. 2 v. Londres.
1924. *Social Organization* (organização de William J. Perry). Londres.
ROBLEY, Horatio Gordon
1896. *Moko or Maori tattooing*. Londres: Chapman and Hall.
RODINSON, Maxime
1955a. "Racisme et civilisation". *La Nouvelle Critique*, n. 66, jun.
1955b. "Ethnographie et relativisme". *La Nouvelle Critique*, n. 69, nov.
ROES, Anna
1936-1937. "Tierwirbel". *Ipek*.
ROSE, H. J.
1911. "On the Alleged Evidence for Mother-Right in Early Greece". *Folklore*, 22.
ROUT, E. A.
1926. *Maori Symbolism*. Londres.
RUBEL, M.
1957. *Karl Marx, Essai de biographie intellectuelle*. Paris.
SAPIR, E.
1949. *Selected writings of – in Language, Culture and Personality* (editado por D. Mandelbaum). Berkeley: University of California.
SARTRE, Jean-Paul
1952. "Les Communistes et la paix (II)". *Les Temps Modernes*, 8º ano, n. 84-86.
SAUSSURE, Ferdinand de
1916. *Cours de linguistique générale*. Paris: Payot [ed. bras.: *Curso de lingüística geral*, 27ª ed. São Paulo: Cultrix, 2006].
SCHRADER, O.
1890. *Prehistoric Antiquities of the Aryan People* (tradução de F. B. Jevons). Londres.
SECHEHAYE, Margarite. Albert
1947. "La Réalisation symbolique". *Revue Suisse de Psychologie et de Psychologie Appliquée*, supl. n. 12. Berna.
SELIGMAN, C. G.
1910. *The Melanesians of British New Guinea*. Londres.

SERGI, Sergio
1944-47. "Terminologia e divisione delle Scienze dell'Uomo: i resultati di una inchiesta internazionale". *Rivista di Antropologia*, t. 35.
SHANNON, Claude & WEAVER, Warren
1950. *The Mathematical Theory of Communication*. Urbana: University of Illinois Press.
SIMIAND, François
1903. "Méthode historique et science sociale". *Revue de Synthèse*.
SOUSTELLE, Jacques
1940. *La Pensée cosmologique des anciens mexicains*. Paris: Hermann.
SPECK, F. G.
1915. "Family Hunting Territories and Social Life of Various Algonkian Bands of the Ottawa Valley". *Canada Department of Mines, Geological Survey*, Mem. 70.
SPIER, Leslie
1921. "The Sun-Dance of the Plains Indians". *Anthropological Papers of the American Museum of Natural History*, v. 16, parte 7.
SPOEHR, A.
1924. "Kinship System of the Seminole". *Field Museum of Natural History, Anthropological Series*, v. 33, n. 2.
1947. "Changing Kinship Systems". *Field Museum of Natural History, Anthropological Series*, v. 33, n. 4.
1950. "Observations on the Study of Kinship". *American Anthropologist*, n. s., v. 62, n. 1.
STANNER, W. E. R.
1936-1937. "Murinbata Kinship and Totemism". *Oceania*, v. 7.
STEINEN, Karl von den
1897. *Unter den Naturvölkern Zentral-Brasiliens*. 2ª ed. Berlim [ed. bras.: *Entre os aborígenes do Brasil central*, São Paulo, Departamento de Cultura, 1940].
STEVENSON, M. C.
1904. "The Zuni Indians". *23rd Annual Report of the Bureau of American Ethnology (1901-1902)* Washington: Smithsonian Institution.
STEWARD, Julian Haynes
1938. *Basin-Plateau Aboriginal Sociopolitical Groups*. Bureau of American Ethnology - Bulletin 120. Washington: Smithsonian Institution.
STEWART, J. Q.
1947. "Empirical Mathematical Rules Concerning the Distribution and Equilibrium of Population". *The Geographical Review*, v. 37, n. 3.
SUTTER, J.& TABAH, Léon
1951. "Les Notions d'isolat et de population minimum". *Population*, 6, 3. Paris.
SWANTON, John R.
1908. "Social Condition, Beliefs and Linguistic Relationship of the Tlingit Indians". *26th Annual Report of the Bureau of American Ethnology*. Washington: Smithsonian Institution.

1909. *Tlingit Myths and Texts*. Bureau of American Ethnology - Bulletin 59. Washington: Smithsonian Institution.

SWELLENGREBEL, J. L.

1948. *Kerk en Tempel op Bali*. Haia.

TAX, Sol

1937. "Some Problems of Social Organization", in Fred Eggan (org.). *Social Anthropology of North American Tribes*. Chicago: University of Chicago Press.

TEISSIER, G.

1936. "La Description mathématique des faits biologiques". *Revue de Métaphysique et de Morale*, jan.

THOMPSON, Laura

1950. *Culture in Crisis, a Study of the Indians*. Nova York: Harper.

THOMSON, Donald F.

1935. "The Joking Relationship and Organized Obscenity in Queensland". *American Anthropologist*, n. s., v. 37.

TROUBETZKOY, Nicolas

1933. "La Phonologie actuelle", in *Psychologie du langage*. Paris.

1949. *Principes de phonologie* (tradução francesa). Paris.

TYLOR, Edward Burnett

1865. *Researchs into the Early History of Mankind and the Development of Civilisation*. Londres.

1871. *Primitive Culture*. 2 v. Londres.

VEGA, Garcilaso de la.

[1633] 1787. *Histoire des Incas, rois du Pérou* (tradução francesa). Paris.

VOTH, H. R.

1903. "The Oraibi Summer Snake Ceremony". *Field Columbian Museum – Publication n. 83*, *Anthropological Series*, v. 3, n. 4. Chicago.

WAGLEY, C.

1940. "The Effects of Depopulation upon Social Organization as Illustrated by the Tapirapé Indians". *Transactions of the New York Academy of Sciences*, 3, n. 1.

WAGLEY, Charles & GALVÃO, Eduardo

1948. "The Tapirapé", in Julian Haynes Steward (ed.). *Handbook of South American Indians*. V. 3. Bureau of American Ethnology - Bulletin 143. Washington: Smithsonian Institution.

WARNER, W. Lloyd

1930-31. "Morphology and Functions of the Australian Murngin Type of Kinship System". *American Anthropologist*, n. s., v. 32 e 33.

1937a. "The Family and Principles of Kinship Structure in Australia". *American Sociological Review*, v. 2.

1937b. *A Black Civilisation*. Nova York.

WATERBURY, Florance
1942. *Early Chinese Symbols and Literature: Vestiges and Speculations*. Nova York.
WHITE, Leslie A.
1943. "Energy and the Evolution of Culture". *American Anthropologist*, n. s., v. 45.
1945. "History, Evolutionism and Functionalism...". *Southwestern Journal of Anthropology*, v. 1.
1947. "Evolutionary Stages, Progress and the Evaluation of Culture". *Southwestern Journal of Anthropology*, v. 3.
1949. *The Science of Culture*. Nova York.
WHORF, Benjamin L.
1952. *Collected Papers on Metalinguistics*. Washington: Department of State, Foreign Service Institute.
1956. *Language, Thought, and Reality* (editado por John B. Carroll). Nova York.
WIENER, Norbert
1948. *Cybernetics, or Control and Communication in the Animal and the Machine*. Paris/Cambridge/Nova York: J. Wiley [ed. bras.: *Cibernética: ou controle e comunicação no animal e na máquina*. São Paulo: Edusp/Polígono, 1970].
1950. *The Human Use of Human Beings*. Boston.
WILLIAMS, F. E.
1932. "Sex Affiliation and its Implications". *Journal of the Royal Anthropological Institute*, v. 62.
1940-41/1941-42. "Natives of Lake Kutubu, Papua". *Oceania*, v. 11 e 12.
1941. "Group Sentiment and Primitive Justice". *American Anthropologist*, n. s., v. 43.
WITTFOGEL, Karl August & GOLDFRANK, E. S.
1943. "Some Aspects of Pueblo Mythology and Society". *Journal of American Folklore*, v. 56.
YACOVLEFF
1932. "La deidad primitiva de los Nasca". *Revista del Museo Nacional*, II, 2.
YETTS, W. Perceval
1929. *The George Eumorphopoulos Collection Catalogue*. 3 v.
1939. *The Cull Chinese Bronzes*. Londres.
1942. "An-Yang: A Retrospect". *China Society Occasional Papers*, n. s., n. 2. Londres.
YNGVE, V. H.
1955a. "Syntax and the Problem of Multiple Meaning", in W. N. Locke & A. D. Booth (eds.). *Machine Translation of Languages*. Nova York: J. Wiley & Sons.
1955b. "Sentence for Sentence Translation". *Mechanical Translation*, v. 2, n. 2. Cambridge.
s/d. "The Translation of Language by Machine". *Information Theory* (Third London Symposium).
ZIPF, George Kingsley
1949. *Human Behavior and the Principle of Least Effort*. Cambridge.

Sobre o autor

CLAUDE LÉVI-STRAUSS nasceu em Bruxelas em 28 de novembro de 1908, durante uma estada de seus pais, pintores franceses, na cidade. Nos anos de guerra, entre 1914 e 1918, sua família viu-se obrigada a mudar para Versalhes, onde o avô materno era rabino. Completou os anos escolares em Paris, ingressando em 1927 na faculdade de Direito (Place du Panthéon) e, ao mesmo tempo, no curso de Filosofia da Sorbonne. Formado em ambas, logo assumiu seu primeiro cargo de professor no liceu de Mont-de-Marsan (sudoeste da França), em 1932.

Dois anos depois, recebia o convite para participar da missão francesa ao Brasil para a criação da Universidade de São Paulo: aos 26 anos seria professor na Faculdade de Filosofia, Ciências e Letras junto com Georges Dumas, Roger Bastide, Fernand Braudel, entre outros, ocupando a cadeira de sociologia. Seus cursos incluíam um amplo leque de temas, de sociologia primitiva a antropologia urbana, passando por lingüística e antropologia física. Durante sua permanência no país, fez expedições ao interior, entre os Bororo, os Kadiwéu (1935) e os Nambikwara (1938), recontadas anos mais tarde em *Tristes trópicos*, seu livro mais difundido. Delas extraiu também o material para o seu primeiro artigo de peso, sobre os Bororo, publicado pela Société des Américanistes em 1936, considerado seu cartão de entrada para o círculo dos americanistas, entre os quais estavam Robert Lowie e Alfred Métraux. Foi durante a estada brasileira, e sobretudo devido à experiência de campo que o legitimou, que o professor de filosofia de liceu se tornou um etnólogo.

No retorno à Europa em 1939, Lévi-Strauss encontrou-se com o ambiente hostil que antecedeu a Segunda Guerra e, em pouco tempo, teve que se exilar nos Estados Unidos: Métraux e Lowie o convidaram – dentro do programa da Fundação Rockefeller que ajudava intelectuais europeus ameaçados pelo nazismo – a assumir o posto de professor na New School for Social Research de Nova York, no curso de sociologia contemporânea da América do Sul. Essa viagem teve implicações fundamentais em sua obra. Na New York Public Library, onde passava as manhãs, descobriu a etnologia americana de Boas, Kroeber, Mead, Linton etc., a muitos dos quais teve acesso pessoal, graças ao seu reconhecimento como etnólogo americanista. A estada nova-iorquina rendeu-lhe ainda a convivência com alguns dos surrealistas históricos também exilados – como André Breton, Marcel Duchamp, André Masson e Max Ernst.

Mas foi a oportunidade de conhecer Roman Jakobson, e assistir a suas conferências sobre lingüística estrutural, o ponto-chave para todo o desenvolvimento futuro de sua obra. Jakobson tornou-se para ele uma espécie de tutor, incentivador e comentador das provas d'*As estruturas elementares do parentesco*, que começava a escrever em 1943 em forma de comunicações, e que defenderia como tese de doutorado na França, quando retornou em 1948. Ali se encontravam as origens do estruturalismo, pensamento que dominaria a cena francesa nos anos 60, ao qual Lévi-Strauss seria para sempre associado.

As *Mitológicas* – sua obra maior, em quatro volumes, na qual põe em prática seus preceitos teóricos – foram escritas entre as décadas de 1950 e 60. Já com vários livros publicados – entre eles *O pensamento selvagem* e *Antropologia estrutural* –, Lévi-Strauss absorveu-se então nessa imensa empreitada: "A série mobilizou meu espírito, meu tempo, minhas forças durante mais de vinte anos. Eu acordava todo dia às cinco ou seis da manhã [...] Eu realmente vivi em um outro mundo".

Sua trajetória profissional foi pontuada a partir de então pelos mais prestigiosos cargos concedidos a um intelectual francês: foi Maître de pesquisa no Centre National de Recherche Scientifique (CNRS), subdiretor do Musée de l'Homme, um dos fundadores da renomada revista de antropologia *L'Homme* (1961), secretário-geral do Conselho Internacional de Ciências Sociais; em 1959, foi eleito, com apoio de Merleau-Ponty, para a cadeira de Antropologia Social do Collège de France; em

1973, sua eleição para a Academia Francesa terminou de consagrá-lo. Em 1960, fundou o Laboratoire d'Anthropologie Sociale, onde trabalharia o resto de sua vida.

Em 2008, ano de seu centenário, Lévi-Strauss viu parte de sua obra incluída na prestigiosa coleção literária "Pléiade" da editora Gallimard.

LIVROS

La Vie familiale et sociale des indiens Nambikwara. Paris: Société des Américanistes, 1948.

Les Structures élémentaires de la parenté. Paris: PUF, 1949. (nova edição revista La Haye/Paris: Mouton, 1967)

Race et Histoire. Paris: UNESCO, 1952.

Tristes tropiques. Paris: Plon, 1955. (nova edição revista e corrigida, 1973)

Anthropologie structurale. Paris: Plon, 1958. (nova edição revista, 1974)

Entretiens avec Claude Lévi-Strauss (com Georges Charbonnier). Paris: Plon, 1961.

Le Totémisme aujourd'hui. Paris: PUF, 1962.

La Pensée sauvage. Paris: Plon, 1962.

Mythologiques I: Le Cru et le cuit. Paris: Plon, 1964.

Mythologiques II: Du miel aux cendres. Paris: Plon, 1967.

Mythologiques III: L'Origine des manières de table. Paris: Plon, 1968.

Mythologiques IV: L'Homme nu. Paris: Plon, 1971.

Anthropologie structurale deux. Paris: Plon, 1973. (nova edição, 1996)

La Voie des masques. Genève: Skira, 1975. (edição revista e aumentada: Plon, 1979)

L'Identité. Paris: Grasset, 1977.

Myth and Meaning: Five Talks for Radio. Toronto: Univesity of Toronto, 1978.

Le Regard éloigné. Paris: Plon, 1983.

Paroles données. Paris: Plon, 1984.

La Potière jalouse. Paris: Plon, 1985.

De près et de loin (com Didier Eribon). Paris: Odile Jacob, 1988.

Des symboles et leurs doubles. Paris: Plon, 1989.

Histoire de Lynx. Paris: Plon, 1991.

Regarder, écouter, lire. Paris: Plon, 1993.

Saudades do Brasil. Paris: Plon, 1994.

Saudades de São Paulo. São Paulo: Companhia das Letras, 1996.

Loin du Brésil: entretien avec Véronique Mortaigne. Paris: Chandeigne, 2005.

Claude Lévi-Strauss – Œuvres. Paris: Gallimard Bibliothèque de la Pléiade, 2008.

ENSAIOS NÃO REUNIDOS EM LIVRO

"Contribution à l'étude de l'organisation sociale des indiens Bororo". *Journal de la Société des Américanistes*, 1936.
"Guerre et commerce chez les Indiens de l'Amérique du Sud". Nova York: *Rennaissance*, v. 1, fasc. 1, 1943.
"Introduction à l'oeuvre de Marcel Mauss", in Marcel Mauss, *Sociologie et anthropologie*. Paris: PUF, 1950.
"Le Père Noël supplicié". *Les Temps Modernes*, n. 77, 1952.
"Diogène couché". *Les Temps Modernes*, n. 110, 1955.
"'Les chats' de Charles Baudelaire" [com Roman Jakobson]. *L'Homme – Revue française d'Anthropologie*, v. 11, n. 1, 1962.
"Le triangle culinaire". *L'Arc*, n. 26. Aix-en-Provence: 1965.
"Retours en arrière". *Les Temps Modernes*, n. 598, 1988.

EM PORTUGUÊS

As estruturas elementares do parentesco, trad. Mariano Ferreira. Petrópolis: Vozes, 1982.
Tristes trópicos, trad. Rosa Freire D'Aguiar. São Paulo: Companhia das Letras, 1996.
Antropologia estrutural, trad. Beatriz Perrone-Moisés. São Paulo: Cosac Naify, 2008.
Entrevistas com Claude Lévi-Strauss (a Georges Charbonnier), trad. Nícia Adam Bonatti. Papirus, 1989.
Totemismo hoje. São Paulo: Abril Cultural, Coleção "Os Pensadores", 1976.
O pensamento selvagem, trad. Tânia Pellegrini. Campinas: Papirus, 1997.
Mitológicas 1: O cru e o cozido, trad. Beatriz Perrone-Moisés. São Paulo: Cosac Naify, 2004.
Mitológicas 2: Do mel às cinzas, trad. Carlos Eugênio Marcondes de Moura e Beatriz Perrone-Moisés. São Paulo: Cosac Naify, 2005.
Mitológicas 3: A origem dos modos à mesa, trad. Beatriz Perrone-Moisés. São Paulo: Cosac Naify, 2006.
Antropologia estrutural dois, trad. Maria do Carmo Pandolfo. Rio de Janeiro: Tempo Brasileiro, 1976.
Via das máscaras, trad. Manuel Ruas. Lisboa: Presença, 1979.
Mito e significado, trad. Antonio Marques Bessa. Lisboa: Edições 70, 1978.
O olhar distanciado, trad. Carmen de Carvalho. Lisboa: Edições 70, 1983.
Minhas palavras, trad. Carlos Nelson Coutinho. São Paulo: Brasiliense, 1986.
A oleira ciumenta, trad. Beatriz Perrone-Moisés. São Paulo: Brasiliense, 1986.
De perto e de longe (entrevistas a Didier Eribon), trad. Lea Mello. São Paulo: Cosac Naify, 2005.

História de Lince, trad. Beatriz Perrone-Moisés. São Paulo: Companhia das Letras, 1993.
Olhar, escutar, ler, trad. Beatriz Perrone-Moisés. São Paulo: Companhia das Letras, 1996.
Saudades do Brasil. São Paulo: Companhia das Letras, 1994.
Saudades de São Paulo. São Paulo: Companhia das Letras, 1996.

"O triângulo culinário", in *Lévi-Strauss*. São Paulo: L'Arc Documentos, 1968.
"Introdução à obra de Marcel Mauss", in Marcel Mauss, *Sociologia e antropologia*. São Paulo: Cosac Naify, 2003.
"Lévi-Strauss nos 90: voltas ao passado". *Mana*, v. 4, n. 2, 1998.
"Sempre haverá o inacessível" [Entrevista a Manuela Carneiro da Cunha]. *Folha de S.Paulo*, Caderno Mais!, 16 nov. 1991.
"Lévi-Strauss nos 90, a antropologia de cabeça para baixo" [Entrevista a Eduardo Viveiros de Castro]. *Mana*, v. 4, n. 2, 1998.
"Claude Lévi-Strauss aos 90" [Entrevista a Beatriz Perrone-Moisés]. *Revista de Antropologia*, v. 42, n. 1-2, 1999.

SOBRE A OBRA DE CLAUDE LÉVI-STRAUSS

ALMEIDA, Mauro W. "Simmetry and entropy: mathematical metaphors in the work of Lévi-Strauss". *Current Anthropology*, n. 31, 1990.
ARAGÃO, Luiz T. "O inconsciente em Claude Lévi-Strauss, ou a dimensão inconsciente nos fenômenos culturais". *Unb – Trabalhos em Ciências Sociais, Série Antropologia*, n. 91, 1990.
AUGÉ, Marcel. *The anthropological circle. Symbol, function, history*. Paris: Cambridge University Press / Maison des Sciences de l'Homme, [1979] 1982.
BADCOCK, C. R. *Lévi-Strauss: Structuralism and Sociological Theory*. Londres: Hutchinson, 1975.
BELLOUR, Raymond & Catherine CLÉMENT (eds.). *Lévi-Strauss* [textos de B. Pignaud, J. Pouillon, P. Clastres, R. Barthes, J. Lyotard, C. Lévi-Strauss, L. de Heusch, A. Glucksmann, C. Ramnoux, J. le Goff, P. Vidal-Naquet, B. Bucher, M. Zéraffa, C. Clément]. Paris: Gallimard, 1979.
BERTHOLET, Denis. *Claude Lévi-Strauss* [biografia]. Paris: Plon, 2003.
BERTING, J. & H. PHILIPSEN. "Solidarity, stratification, and sentiments: the theory of unilateral cross-cousin marriage according to the theories of Lévi-Strauss, Leach, and Homans & Schneider". *Bijdragen tot de Taal-, Land- en Volkenkunde*, n. 116, 1960.
BONTE, Pièrre. L'Échange est-il un universel? *L'Homme*, n.154-55, 2000.
BOON, James A. *From Symbolism to Structuralism: Lévi-Strauss in a Literary Tradition*. Oxford: Basil Blackwell, 1971 / Nova York: Harper & Row, 1973.

Other Tribes, Other Scribes: Symbolic Anthropology in the Comparative Study of Cultures, Histories, Religions, and Texts. Cambridge: Cambridge University Press, 1982.

"Review article: structuralism routinized, structuralism fractured". *American Ethnologist*, n. 11, 1984.

"Lévi-Strauss, Wagner, romanticism: a reading back", in *Romantic motives: essays on anthropological sensibility* (ed.) G.S. Jr. History of Anthropology. Madison: University of Wisconsin Press, 1989.

BOON, J. & David SCHNEIDER. "Kinship vis-à-vis myth: contrasts in Lévi-Strauss' approaches to cross-cultural comparison". *American Anthropologist*, n. 76, 1974.

BOURDIEU, Pierre. "Esquisse d'une théorie de la pratique", in *Esquisse d'une théorie de la pratique (précédé de trois études d'ethnologie kabyle)*. Genève: Librairie Dorz, 1972.

BRETON, Stéphane. "De l'illusion totémique à la fiction sociale". *L'Homme*, n. 151, 1999.

CAIXETA DE QUEIROZ, Ruben & FREIRE NOBRE, Renarde (org.). *Lévi-Strauss: leituras brasileiras*. Belo Horizonte: Editora UFMG, 2008.

CAZIER, Jean-Philippe. *Abécédaire de Claude Lévi-Strauss* (dir. Jean-Philippe Cazier). Paris: Sils Maria, 2008.

CLÉMENT, Catherine. *Lévi-Strauss ou la structure et le malheur*. Paris: Seghers, 1970.

Claude Lévi-Strauss. Paris: PUF, 2002.

COLLARD, Chantal. "Femmes échangées, femmes échangistes: à propos de la théorie de l'alliance de Claude Lévi-Strauss". *L'Homme*, n. 154-55, 2000.

COSTA LIMA, Luiz. *O estruturalismo de Lévi-Strauss* [textos de L. Costa Lima, E. Paci, E. Renzi, P. Ricoeur, N. Ruwet]. Petrópolis: Vozes, 1968.

COURTÈS, Jean. *Claude Lévi-Strauss et les contraintes de la pensée mythique. Une lecture sémiotique des "Mythologiques"*. Tours: Mame, 1973.

DEBAENE, Vincent. "Preface" *a Claude Lévi-Strauss – Œuvres*. Paris, "Bibliothèque de la Pléiade", Gallimard, 2008.

DELEUZE, Gilles. *Logique du sens*. Paris: Minuit, 1969.

Différence et répétition. Paris: PUF [1968] 1981.

DELRIEU, Alain. *Lévi-Strauss lecteur de Freud (le droit, l'inceste, le père, et l'échange des femmes)*. Paris: Point Hors Ligne, 1993.

DELRUELLE, Edouard. *Lévi-Strauss et la philosophie*. Bruxelas: Éditions Universitaires, 1989.

DESCOMBES, Vincent. *La denrée mentale*. Paris: Minuit, 1995.

Les institutions du sens. Paris: Minuit, 1996.

DÉSVEAUX, Emmanuel. "Du dénicheur à la potière", in *Anthropologie: état des lieux (L'Homme 97-98)*. Paris: Navarin / Le Livre de Poche, 1986.

Quadratura americana, essai d'anthropologie lévi-straussienne. Genève: Georg, 2001.

DUARTE, Luiz F.D. "Classificação e valor na reflexão sobre identidade social", in *A aventura antropológica: teoria e pesquisa* (ed.) R.C.L. Cardoso. Rio de Janeiro: Paz e Terra, 1986.

DUCHET, Michèle. *Le partage des savoirs: discours historique, discours ethnologique*. Paris: Editions La Découverte, 1984.

FLEISCHMANN, E. "L'esprit humain selon Claude Lévi-Strauss". *Archives Européennes de Sociologie*, n. VII, 1966.

GEORGIN, Robert. *De Lévi-Strauss à Lacan*. Petit Roeulx (Belgique): Ecrits/Cistre 1983.

GEERTZ, Clifford. *A interpretação das culturas*. Rio: Guanabara, [1967] 1989.

Obras e vidas: o antropólogo como autor. Rio de Janeiro, UFRJ, [1988] 2003.

GODELIER, Maurice. *L'Énigme du don*. Paris: Fayard, 1996.

GOLDMAN, Marcio. *Alguma antropologia*. Rio de Janeiro: Relume Dumará, 1999.

HAWKES, Terence. *Structuralism and Semiotics*. Londres: Methuen, 1977.

HAYES, Nelson & Tanya HAYES (dir.). *Claude Lévi-Strauss: The Anthropologist as Hero* [textos de S. de Gramont, H.S. Hughes, E. Leach, F. Huxley, H. Nutini, B. Scholte, D. Maybury-Lewis, C.M. Turnbull, R.F. Murphy, G. Steiner, S. Sontag, P. Caws, R.L. Zimmerman, L. Abel]. Cambridge, Mass.: MIT Press, 1970.

HÉNAFF, Marcel. *Claude Lévi-Strauss*. Paris: Belfond, 1991.

HÉRITIER, Françoise. *L'Exercice de la parenté*. Paris: Gallimard/Le Seuil, 1981.

HERZFELD, Michael. "Lévi-Strauss in the Nation-State". *Journal of American Folklore*, v. 98, 1985.

IZARD, Michel & Pierre SMITH (eds.). *La Fonction symbolique*. Paris: Gallimard, 1979.

JOSSELIN DE JONG, J.P.B. *Lévi-Strauss's Theory on Kinship and Marriage*. Leiden, Brill, 1952.

KORN, Francis & Rodney NEEDHAM. *Lévi-Strauss on the Elementary Structures of Kinship: a Concordance to Pagination*. Londres: RAI, 1969.

KORN, Francis. *Elementary Structures Reconsidered. Lévi-Strauss on Kinship*. Berkeley: University of California Press, 1973.

LEACH, Edmund (ed.). *The Structural Study of Myth and Totemism*. Londres: Tavistock Publications, 1967.

Lévi-Strauss. Chicago: University of Chicago Press, 1970.

Idéias de Lévi-Strauss. São Paulo: Cultrix, 1973.

LÉPINE, Claude. *O inconsciente na antropologia de Lévi-Strauss*. São Paulo: Editora Ática, 1979.

MACKSEY, Richard & Eugenio DONATO (eds.). *The Structuralist Controversy: The Languages of Criticism and the Sciences of Man*, 1970.

MAKARIUS, Raoul & Laura MAKARIUS. *Structuralisme ou ethnologie; pour une critique radicale de l'anthropologie de Lévi-Strauss*. Paris: Éditions Anthropos.

MARANDA, Pierre (ed.). *The Double Twist: From Ethnography to Morphodynamics*. Toronto: University of Toronto Press, 2002.

MANIGLIER, Patrice. "L'humanisme interminable de Claude Lévi-Strauss". *Les Temps Modernes*, n. 609, juin-août 2000.

Le vocabulaire de Lévi-Strauss. Paris: Ellipses, 2002.

"Des us et des signes. Lévi-Strauss : philosophie pratique". *Revue de Métaphysique et de Morale*, 2005/1, n. 45.

La vie énigmatique des signes: Saussure et la naissance du structuralisme. Scheer, 2006.
MARC-LIPIANSKY, Mireille. *Le Structuralisme de Lévi-Strauss*. Paris: Payot, 1973.
MARQUEZ, Luis V. Abad. *La Mirada distante sobre Lévi-Strauss*. Madri: Siglo XXI, 1995.
MERLEAU-PONTY, Maurice. "De Mauss a Claude Lévi-Strauss", in *Merleau-Ponty*. São Paulo: Abril Cultural, Coleção Os Pensadores, 1980.
MERQUIOR, José Guilherme. *A estética de Lévi-Strauss*, trad. de Juvenal Hahne Jr. Rio de Janeiro: Tempo Brasileiro, 1975.
De Praga a Paris: o surgimento, a mudança e a dissolução da idéia estruturalista. Rio de Janeiro: Nova Fronteira, 1991.
MOORE, Tim. *Lévi-Strauss and the Cultural Sciences*. Birmingham: University Centre for Contemporary Cultural Studies. Occasional studies, n. 4, 1971.
MOSKO, Mark. The canonic formula of myth and nonmyth. *American Ethnologist*, 1990.
MURPHY, Robert. *The dialectics of social life: alarms and excursions in anthropological theory*. Nova York: Columbia University Press, [1971] 1980.
PACE, David. *Claude Lévi-Strauss, o guardião das cinzas*, trad. Maria Clara Fernandes. Rio de Janeiro: Bertrand Brasil, 1992.
PANNOF, Michel. *Les Frères ennemis: Roger Caillois et Claude Lévi-Strauss*. Paris: Payot, 1993.
PANDOLFO, Maria do Carmo Peixoto & Celina Maria Moreira de MELLO. *Estrutura e mito: introdução a posições de Lévi-Strauss*. Rio de Janeiro: Tempo Brasileiro, 1983. / Fortaleza: Universidade Federal do Ceará.
PAZ, Octavio. *Deux transparents. Marcel Duchamp et Claude Lévi-Strauss*. Paris: Gallimard, 1970.
Claude Lévi-Strauss ou o festim de Esopo, trad. Sebastião Uchoa Leite. São Paulo: Perspectiva, 1997.
PEIXOTO, Fernanda. "Lévi-Strauss no Brasil: a formação do etnólogo". *Mana*, n. 4, v. 1, 1998.
"O nativo e o narrativo – os trópicos de Lévi-Strauss e a África de Michel Leiris" in *Antropologia francesa no século* XX. Antonio Motta, Julie A. Cavignac, Miriam P. Grossi (orgs.). Recife: Fundação Joaquim Nabuco/Editora Massangana, 2006.
PINGAUD, Bernard. *Claude Lévi-Strauss*. Paris: Gallimard, 1979.
PONTES, Heloisa. "Os mistérios do número 8 e a aula inaugural de Lévi-Strauss no Collège de France", in Catani, A. & Martinez, P. (org.), *Sete ensaios sobre o Collège de France*. São Paulo: Cortez, 1999.
POUILLON, Jean & Pierre MARANDA (dir.). *Échange et communications: mélanges offerts à Claude Lévi-Strauss à l'occasion de son 60e anniversaire* [coletânea de textos]. La Haye: Mouton: 1970.
PRADO JÚNIOR, Caio. *O estruturalismo de Lévi-Strauss* [*e*] *o marxismo de Louis Althusser*. São Paulo: Brasiliense, 1971.
ROSSI, Ino. *The Logic of Culture: Advances in Structural Theory and Methods*, 1982.

ROSSI, Ino (dir.). *The Unconscious in Culture. The Structuralism of Claude Lévi-Strauss in perspective* [coletânea de textos]. Nova York: E.P. Dutton & Co., 1974.

ROSSI, Ino (ed.). *Structural Sociology*. Nova York: Columbia University Press, 1982.

SCHEFFLER, Harold. "The Elementary Structures of Kinship by Claude Lévi-Strauss: a Review Article". *American Anthropologis*, n. 72, 1970.

SCHOLTE, Bob. "The Structural Anthropology of Claude Lévi-Strauss", in J. Honigmann (ed.) *Handbook of social and cultural anthropology*. Chicago: Rand McNally, 1973.

SCHWARCZ, Lilia K. Moritz. "História e etnologia. Lévi-Strauss e os embates em região de fronteira". *Revista de Antropologia*, v. 42, 1999.

SCUBLA, Lucien. *Lire Lévi-Strauss: le déploiement d'une intuition*. Paris: Odile Jacob, 1998.

SHANKMAN, Paul. "Le Rôti et le bouilli: Lévi-Strauss' Theory of Cannibalism". *American Anthropologist*, n. 71, 1969.

SIMONIS, Yvan. *Claude Lévi-Strauss, ou la passion de l'inceste – introduction au structuralisme*. Paris: Aubier-Montaigne, 1968 (Champs-Flammarion, 1980).

SPERBER, Dan. *Le Structuralisme en anthropologie*. Paris: Seuil, 1968.

Le Savoir des anthropologues: trois essais. Paris: Hermann, 1982.

Le Symbolisme en general. Paris: Hermann, 1974.

STEINMETZ, R. "Le Matérialisme biologique de Lévi-Strauss". *Revue Philosophique*, n. 4, 1984.

SZTUTMAN, Renato. "Lévi-Strauss e o desafio americanista". *Novos Estudos Cebrap*, n. 61, 2001.

VIVEIROS DE CASTRO, Eduardo. "As categorias de sintagma e paradigma nas análises míticas de Claude Lévi-Strauss". *Revista Tempo Brasileiro*, n. 32, 1973."Une mauvaise querelle". *L'Homme*, n. 129, 1994.

PUBLICAÇÕES DEDICADAS A LÉVI-STRAUSS E SUA OBRA

Annales Économies, sociétés, civilisations, n. 6, 1964.

L'Arc. "Claude Lévi-Strauss" [textos de P. Clastres e outros], n. 26, 1965.

Bastidiana. "Roger Bastide: Claude Lévi-Strauss – du principe de coupure aux courts-circuits de la pensée", n. 7-8, juil.-déc 1994.

Cahiers de l'Herne: Claude Lévi-Strauss. Paris: Éditions de l'Herne, n. 82, 2004.

Critique. "Claude Lévi-Strauss" [textos de M. Abeles, A. Cohen-Solal, M. Deguy, F. Héritier, J. Jamin, F. Mâche, J. Petitot, E. Roudinesco, E. Terray, N. Watchtel], t. LV, n. 620-21, 1999.

Esprit: "La Pensée sauvage et le structuralisme", n. 322, 1963; "Structuralisme: idéologie et méthode", n. 360, 1967; "Le Mythe aujourd'hui", n. 402, 1971; "Claude Lévi-Strauss: une anthropologie bonne à penser", n. 301, 2004.

Magazine Littéraire: "Claude Lévi-Strauss", n. 58, 1971; "Claude Lévi-Strauss", n. 223, 1985; "Claude Lévi-Strauss: esthétique et structuralisme", n. 311, 1993; "Lévi-Strauss – l'ethnologue ou la passion des autres", hors-série, 2003. "Claude Lévi-Strauss, le penseur du siècle", n. 475, 2008.

Le Nouvel Observateur. "Lévi-Strauss et la pensée sauvage", (hors-série) 2003. "Lévi-Strauss – le dernier des géants", mai. 2008.

Revue Internationale de Philosophie. "La notion de structure", n. 73-74, 1965.

Revista de Antropologia, número dedicado aos 90 anos de Lévi-Strauss, v. 42. São Paulo: FFLCH-USP, 1999.

Le Siècle de Lévi-Strauss. Paris: Le Nouvel Observateur/CNRS Éditions/Saint-Simon, 2008. (Introdução de Jean Daniel e textos de P. Maniglier, E. Viveiros de Castro e outros)

Les Temps Modernes. "Problèmes du structuralisme", n. 246, 1966; "Claude Lévi-Strauss", n. 628, 2004.

Yale French Studies. "Structuralism", n. 36-37, 1966.

Índice remissivo

Ouvrage publié avec le concours du Ministère Français chargé de la Culture – Centre National du Livre
Publicado com apoio do Ministério francês da Cultura – Centre National du Livre

Coordenação editorial
FLORENCIA FERRARI

preparação e revisão
NINA BASILIO e CLAUDIA CANTARIN

Projeto gráfico da coleção
RAUL LOUREIRO

Capa
MARIA CAROLINA SAMPAIO

Composição
JUSSARA FINO e GUSTAVO MARCHETTI

Ilustração da capa
RIVANE NEUENSCHWANDER
As mil e uma noites possíveis [noite 37] (2006)
colagem sobre papel, 51,5 x 38,5 cm (detalhe)
Foto: Christopher Burke Studio, 2006
[Cortesia Galeria Fortes Vilaça, São Paulo, e Tanya Bonakdar Gallery, Nova York]

Foto do autor
AGENCE FRANCE PRESS / GETTY IMAGES

Para esta edição, as figuras foram redesenhadas por Anna Ferrari.

Dados Internacionais de Catalogação na Publicação (CIP)
(Câmara Brasileira do Livro, SP, Brasil)

Lévi-Strauss, Claude (1908 –)
Antropologia estrutural
Título original: *Anthropologie structurale*
Tradução: Beatriz Perrone-Moisés
São Paulo: Cosac Naify, 2008.
448 pp., 36 ils

ISBN 978-85-7503-249-7

1. Antropologia estrutural I. Título.

08-10046 CDD-301

Índices para catálogo sistemático:
1. Antropologia estrutural: Sociologia 301

COSAC NAIFY
Rua General Jardim, 770, 2º andar
01223-010 São Paulo SP
Tel [55 11] 3218 1444
www.cosacnaify.com.br

Atendimento ao professor [55 11] 3218 1473

COLEÇÃO ENSAIOS

Eduardo Viveiros de Castro *A inconstância da alma selvagem*

Davi Arrigucci Jr. *Coração partido: uma análise da poesia reflexiva de Drummond*

Maurice Merleau-Ponty *A prosa do mundo*

Marcel Mauss *Sociologia e antropologia*

Pierre Clastres *A sociedade contra o Estado*

Ismail Xavier *O olhar e a cena*

Pierre Clastres *Arqueologia da violência*

Maurice Merleau-Ponty *O olho e o espírito*

Franklin de Mattos *A cadeia secreta: Diderot e o romance filosófico*

Antonio Arnoni Prado *Trincheira, palco e letras*

Eunice Ribeiro Durham *A dinâmica da cultura: ensaios de antropologia*

Otília Beatriz Fiori Arantes *Mário Pedrosa: itinerário crítico*

Eduardo Escorel *Adivinhadores de água*

Ronaldo Brito *Experiência crítica*

Fernando A. Novais *Aproximações: estudos de história e historiografia*

Jean-Paul Sartre *Situações I: crítica literária*

Alcides Villaça *Passos de Drummond*

Gérard Lebrun *A filosofia e sua história*

Lúcia Nagib *A utopia no cinema brasileiro: matrizes, nostalgia, distopias*

Alfonso Berardinelli *Da poesia à prosa*

Ismail Xavier *Sertão Mar: Glauber Rocha e a estética da fome*

Marthe Robert *Romance das origens, origens do romance*

Leopoldo Waizbort *A passagem do três ao um: crítica literária, sociologia, filologia*

Michael Hamburger *A verdade da poesia*

Bento Prado Jr. *A retórica de Rousseau e outros ensaios*

Fonte FOURNIER
Papel PÓLEN SOFT 80 g/m²
Impressão GEOGRÁFICA
Tiragem 4.000

Esta edição foi impressa em novembro de 2008 em homenagem ao centenário de Claude Lévi-Strauss.